CHANSON DE GESTE
ET TRADITION ÉPIQUE

François Suard

CHANSON DE GESTE ET TRADITION ÉPIQUE EN FRANCE AU MOYEN ÂGE

PARADIGME

13, boulevard du Maréchal Juin
14000 CAEN

1994

Varia n° 14

Collection dirigée par Bernard Ribémont

Dans la même collection :

Michel Zink, *Les Voix de la conscience. Parole du poète et parole de Dieu dans la littérature médiévale*

Jean Batany, *Approches langagières de la société médiévale*

Cl.-Gilbert Dubois, *Mots et règles, jeux et délires. Études sur l'imaginaire verbal au XVIe siècle*

Robert Sauzet, *Chroniques des frères ennemis. Catholiques et protestants à Nîmes du XVIe au XVIIIe siècle*

Jean-Claude Margolin, *Érasme : une abeille laborieuse, un témoin engagé*

Frank Lestringant, *Écrire le monde à la Renaissance. Quinze études sur Rabelais, Postel, Bodin et la littérature géographique*

Charles Méla, *Le Beau trouvé. Études de théorie et de critique littéraires sur l'art des trouveurs au Moyen Âge*

Jean-Pierre Néraudau (dir.), *L'Autorité de Cicéron de l'Antiquité au XVIIIe siècle*

Denis Hüe (dir.), *Sciences, techniques et encyclopédies*

Villes, bonnes villes, cités et capitales. Études d'histoire urbaine (XIIe-XVIIe s.) offertes à Bernard Chevalier. (Réimpression de l'édition de 1989 des Publications de l'Université de Tours)

Germaine Aujac, *La Sphère, instrument au service de la découverte du monde. D'Autolycos de Pitané à Jean de Sacrobosco*

Marie Madeleine Fontaine, *Libertés et savoirs du corps à la Renaissance*

Jean Dufournet, *Du* Roman de Renart *à* Rutebeuf

95-4612

© *PARADIGME*, Caen, 1994.

ISBN 2-86878-110-1

ACY-0912

Introduction

INTRODUCTION

La recherche dans le domaine épique depuis vingt ans

En guise d'introduction au présent recueil d'articles sur la chanson de geste française et sa postérité jusqu'à la fin du Moyen Âge, on aimerait s'employer à dégager les grandes lignes de la recherche dans le domaine épique depuis une vingtaine d'années. Jouissant auprès du public cultivé – et peut-être des médiévistes – d'un prestige moindre que le roman, l'épopée médiévale a pourtant suscité d'importants travaux et ouvre aux jeunes chercheurs de nombreuses pistes. C'est donc un bilan très rapide, de type prospectif, que l'on trouvera ici[1].

1. L'édition de textes

Indispensable à la connaissance des œuvres et aux études critiques, l'édition des œuvres est un labeur jamais achevé. Elle concerne aussi bien les poèmes déjà édités que ceux qui sont inédits. Pour les premiers, des perspectives éditoriales différentes peuvent être adoptées : ainsi la *Chanson de Roland*, très correctement éditée depuis la fin du XIXe siècle, a été proposée de nouveau par G. Moignet (Paris, 1969), G. Brault (Londres, 1978) et C. Segre (2e éd. Genève, 1989), cette édition permettant la lecture de l'ensemble des versions du texte rolandien. La *Chanson de Guillaume*, éditée en 1949 par D. McMillan, dans un souci de fidélité absolue au manuscrit, l'a été de nouveau en 1975 par J. Watelet-Willem, qui propose un texte reconstruit, puis par nous-même, en 1991, avec le minimum de corrections permettant de rendre le texte compréhensible.

9

S'agissant de textes inédits ou anciennement édités, d'importants travaux ont facilité l'accès à un grand ensemble épique comme le Cycle de Guillaume d'Orange, qu'il s'agisse de la *Prise d'Orange* (Cl. Régnier, 1966), du *Charroi de Nîmes* (D. McMillan, 1972), du *Moniage Rainoart* I et II (G. Bertin, 1973 et 1988), de *Girart de Vienne* (W. van Emden, 1977) et d'*Aliscans* (Cl. Régnier, 1990). Le regretté D. McMillan avait presque terminé l'édition de la *Chevalerie Vivien*, fondée sur le ms. Savile, avant sa brutale disparition, et l'on peut espérer voir la publication de ce travail. On notera ici l'interaction entre l'étude littéraire d'envergure menée par F. Frappier à partir de 1955 (*Les chansons de geste du Cycle de Guillaume d'Orange*) et un tel travail d'édition.

Des chansons faisant partie de cycles plus restreints ont également été éditées au cours de la période écoulée. Il en est ainsi pour *Huon de Bordeaux*, édité par P. Ruelle en 1960 à Bruxelles et étudié par M. Rossi (Paris, 1975), et pour son prologue, le *Roman d'Auberon*, édité par J. Subrenat en 1973. La petite geste de Blaye est maintenant accessible grâce aux éditions de P. Dembowski : *Ami et Amile* (Paris, 1969) et *Jourdain de Blaye* (Chicago, 1969 ; 2e éd. Paris, 1991) révèlent au grand jour leur singularité[2.] Avec *Aye d'Avignon* (S. J. Borg, Genève, 1967), *Gui de Nanteuil* (J. R. Mac Cormack, Genève, 1970), *Parise la Duchesse* (May Plouzeau, Aix-en-Provence, 1986), et *Tristan de Nanteuil* (K.V. Sinclair, Assen, 1971), la geste de Nanteuil est complète elle aussi. Enfin, avec *Renaut de Montauban* (J. Thomas, Genève, 1989), *Maugis d'Aigremont* (Ph. Vernay, Berne, 1980), *Vivien de Monbranc* (W. van Emden, Genève, 1987) et le remaniement en vers du ms. BN. fr. 764 (Ph. Verelst, Gand, 1988), c'est l'ensemble des textes en vers, du début du XIIIe à la fin du XIVe, relatifs à ce grand cycle de la révolte, qui est aujourd'hui disponible.

Un cycle épique traditionnellement peu étudié, le premier cycle de la croisade, a fait l'objet depuis une quinzaine d'années d'une entreprise d'envergure, aujourd'hui presque achevée. Une équipe de chercheurs, groupée autour de J. Nelson et d'E. Mickel, a publié *La Naissance du Chevalier au Cygne* (E. Mickel et J. Nelson), *Le Chevalier au Cygne et la Fin d'Elyas* (J. Nelson), *Les Chétifs* (G. Myers), *La Chanson de Jérusalem* (N. Thorp), une partie des *Continuations de*

Jérusalem (P. Grillo) et la version en prose de la *Geste du Chevalier au Cygne* (E. Emplaincourt), sur les presses de l'Université d'Alabama (Tuscaloosa et Londres). On y ajoutera la *Chanson d'Antioche*, éditée par S. Duparc-Quioc en 1977.

Le volumineux Cycle des Lorrains (plus de 60 000 v.) reste en revanche peu accessible, à l'exception d'*Hervis de Metz*, récemment édité par J.-Ch. Herbin (Genève, 1992), et de *Gerbert de Mez*, édité par P. Taylor en 1952.

Les chansons de geste plus tardives, les mises en prose elles-mêmes ont attiré l'attention des éditeurs. A côté du *Roman d'Auberon*, de *Tristan de Nanteuil* ou du remaniement de *Renaut de Montauban* déjà cité, il faut mentionner des textes relevant du Deuxième cycle de la croisade (*Le Bâtard de Bouillon*, R. Cook, Genève 1972 ; *Saladin*, L. Crist, 1972 ; *Baudoin de Sebourc*, à paraître à Paris, SATF, éd. L. Crist) ou des œuvres isolées, comme *Lion de Bourges* (W. Kibler et collaborateurs, Genève, 1980) ou *Florent et Octavien* (M.-N. Laborderie, Paris, 1991).

On n'aura garde d'oublier le domaine connexe des réfections franco-italiennes : l'exemple est donné en matière par l'édition de G. Holtus, *La versione franco-italiana della « Bataille d'Aliscans »*, Tübingen, 1985 ; la collection épique figurant dans le ms. Venise, Marciana XIII, a été publiée par A. Rosellini (*La « geste francor » di Venezia*, Brescia, 1986) ; on y ajoutera, parmi bien d'autres exemples, et seulement parce qu'il s'agit d'une œuvre en prose, l'*Aquilon de Bavière* de R. de Vérone, dont l'édition a été procurée en 1982 par P. Wunderli (Tübingen).

Ainsi la période écoulée a permis une riche floraison d'éditions, où les textes canoniques côtoient les œuvres moins connues : S. Kay a réédité, en 1992, le prestigieux *Raoul de Cambrai*, tandis que la thèse d'état de Cl. Roussel, soutenue en janvier 1993, était consacrée à l'édition de la *Belle Hélène de Constantinople*, œuvre de la première moitié du XIVe siècle.

2. Les traductions

C'est à coup sûr une originalité des vingt dernières années que le développement régulier des traductions de textes médiévaux en français moderne : l'épopée n'y a pas échappé, même si les exemples sont moins nombreux que pour le roman. Alors que, jusqu'à la fin des années 1960, on ne pouvait guère lire que *Girart de Roussillon*, traduit par P. Meyer en 1884, et plusieurs traductions de la *Chanson de Roland*, dont celle de J. Bédier (1921), c'est une douzaine de textes qui est maintenant accessible, dans des traductions fidèles : on trouve parmi eux des chansons du Cycle de Guillaume (*Aliscans*, par B. Guidot et J. Subrenat, 1993), du Cycle des Lorrains (*Garin le Lorrain* par B. Guidot, 1986), de la geste de Blaye (*Ami et Amile*, par J. Blanchard et B. Quéreuil, 1985) ou de la geste du roi (*Les Saisnes*, par A. Brasseur, 1992). Il reste pourtant beaucoup à faire, au regard des cent textes épiques connus, et alors que des œuvres aussi belles que la *Chevalerie Ogier* ne peuvent être encore lues que des seuls spécialistes.

3. Les études

Sur la longue durée envisagée, trois lignes de force semblent pouvoir être observées : apaisement de la querelle sur les origines de la chanson de geste mais maintien, sous des formes renouvelées, de l'intérêt pour l'histoire ; traversée des méthodes critiques qui se sont succédé depuis 1960 ; ouverture de nouveaux domaines à la recherche.

a) L'histoire

Si la question des origines de la chanson de geste a encore suscité, au cours des vingt dernières années, de nombreuses contributions (64 entrées dans le 3e supplément du Bossuat), elle ne revêt plus le caractère d'urgence qu'elle avait en 1960, au moment de la tempête néo-traditionaliste provoquée par le livre de R. Menendez Pidal (*La Chanson de Roland et la tradition épique des Francs*, Paris, 1960). Il s'agit plutôt de la poursuite et de l'approfondissement de démarches menées antérieurement.

S'expérimentent ou se développent dans le même temps d'autres recherches visant à insérer le texte épique dans l'histoire de son temps. Il s'agit notamment d'analyser les rapports socio-politiques dans l'univers féodal et leur impact sur la chanson de geste : tel est le propos commun de A. Adler (*Rückzug in epischer Parade*, Frankfurt, 1963), K.-H. Bender (*König und Vassal*, Heidelberg, 1967) et W. Calin (*The epic Quest*, Baltimore, 1966). Les épopées de la croisade, pour lesquelles la distance entre texte littéraire et événement-origine est moindre que pour les poèmes carolingiens deviendra, à partir des années 1980, le terrain d'élection d'une recherche où peut être cerné avec plus de sûreté le rapport entre fait historique et fait littéraire.

Pour ce type d'étude, on ne saurait exagérer l'importance, en France, de la collaboration entre historiens et littéraires ou philologues. Les travaux de G. Duby sur la noblesse et la chevalerie médiévales (*Hommes et Structures du Moyen Âge*, 1973), ceux de J. Le Goff sur la mentalité et la culture médiévales (*Pour un autre Moyen Âge*, Paris, 1977), ou les recherches des historiens du droit (J.-P. Poly et E. Bournazel, *La Mutation féodale*, Paris, 1980) ont profondément marqué la démarche des spécialistes de l'épopée. Non seulement des enquêtes systématiques sur un phénomène intéressant aussi bien les rapports sociaux que la mentalité médiévale, comme la chevalerie, trouvent ici leur source (J. Flori, *L'idéologie du glaive*, Genève, 1984 ; *L'essor de la chevalerie aux XI et XIIe siècles*, Genève, 1986), mais les recherches proprement littéraires ne pourront plus se désintéresser du milieu qui a vu naître les chansons de geste et auquel elles étaient destinées.

b) Les méthodes critiques

Le phénomène avait été remarquablement mis en lumière par A. Limentani dans un des rapports généraux du Congrès International de la Société Rencesvals à Liège en 1976 : il s'agit d'abord des apports multiples que le structuralisme a permis à l'étude du texte médiéval, nécessairement refermé sur sa littérarité, comme l'écrit P. Zumthor dans son *Essai de Poétique Médiévale* (1972). Mais les méthodes induites ont été particulièrement fécondes pour l'épopée, étant donné la fermeté des relations qui unissent les différents éléments constitutifs de la chanson de geste. Le livre pionnier en la matière aura été l'essai de J. Rychner, *La Chanson de geste* (Genève-Lille, 1955) qui, avec l'étude des unités récurrentes (motifs, thèmes, formules) et de la structure strophique, a ouvert la voie à une nouvelle rhétorique et à une nouvelle poétique de l'épopée médiévale.

Désormais, en effet, le médiéviste intéressé par la chanson de geste pouvait, en procédant à une étude minutieuse de son texte conçu comme un élément du corpus épique, se dégager du souci de mettre d'abord en évidence l'originalité de son objet ou la richesse du caractère de ses personnages, pour se consacrer à des études narratologiques et lexicologiques permettant, au bout du compte, d'identifier le texte. Les dérapages, qui consistent à oublier que la chanson de geste est une œuvre littéraire, et à croire que son langage peut être remplacé par celui des statistiques, des courbes et des équations, n'ont pas manqué : ils comptent peu au regard de la perception plus précise qui nous est aujourd'hui donnée de ces messages, comme dit encore P. Zumthor où apparaît encore « pour le lecteur attentif, l'intensité de ce que fut un vouloir, une émotion sans doute, et la perception d'une beauté ».

De telles recherches, malgré leur perspective synchronique, n'oubliaient pas en effet la réflexion sur les finalités de l'œuvre épique et sur les conditions de son exécution : dès le départ, J. Rychner avait dégagé avec finesse la double perspective de la chanson, lyrique et narrative, et mis l'accent sur une part nécessaire d'oralité. Il fallait doser, nuancer, réévaluer la part de l'écrit, comme M. Delbouille, en particulier, pouvait le faire avec autorité. Des ouvrages comme *La Lettre et la voix*, de P. Zumthor (Paris, 1987), *Les motifs dans la Chanson de geste*, de J.-P. Martin (Lille, 1992), ou *La Chanson de geste. Forme et signification d'une écriture épique au Moyen Âge* de D. Boutet (Paris, 1993), poursuivent le dialogue sur ce point.

Les démarches inspirées par la psychanalyse ont relativement peu marqué l'analyse critique. La mise en œuvre épique du désir, en rapport ou non avec la sexualité, est moins sujette à variation que dans le roman ou le conte ; le sentiment amoureux façonne relativement peu l'action et s'exprime en termes de besoin, non de désir ; enfin le caractère communautaire du projet épique rejette loin des prises le rapport avec l'individu.

L'analyse de la chanson de geste comme univers de représentation assimilable aux schémas mythiques d'organisation du monde a été beaucoup plus féconde. Les recherches sur les mythes indo-européens menées par G. Dumézil et les analyses de G. Duby sur la représentation que la société médiévale se donne à elle-même de son fonctionnement et de son organisation à travers la répartition en trois ordres (*Les trois ordres ou l'imaginaire du féodalisme*, 1978) ont amené à envisager la chanson de geste comme parole mythique rendant compte, à sa façon, de l'organisation sociale. C'est là un subtil retour de la perspective historique : dans son *Archéologie de l'épopée médiévale* (Payot, 1983), J. Grisward s'intéresse aux rapports du Cycle de Narbonne non seulement avec la mentalité de l'époque qui l'a vu naître, mais avec la préhistoire que suggèrent des constructions apparemment gratuites, comme le partage des tâches et du monde entre les fils d'Aymeri.

c) Nouveaux domaines

Leur défrichage est inséparable des méthodes critiques mises en œuvre. Le trait dominant paraît ici la récupération par la critique de l'ensemble du champ temporel (XIe-XVe siècles) sur lequel se déploie la tradition épique. Le temps n'est plus où l'on privilégiait l'étude des « belles œuvres » par opposition à celles dont la valeur esthétique est plus discutable, et ceci à partir d'un double postulat : seules les œuvres de qualité méritent intérêt, seules les œuvres anciennes permettent de remonter à l'origine de la chanson de geste. L'étude structurale a montré au contraire l'intérêt d'étudier l'évolution de la technique d'écriture du poème épique, même si les œuvres tardives – XIVe et XVe siècles – témoignent d'un goût différent ; parallèlement, l'espoir d'atteindre l'archétype a disparu, ce qui amène à étudier chaque remaniement en lui-même, comme un élément dans un processus d'évolution.

Une nouvelle « histoire littéraire » de l'épopée se fait jour progressivement. Elle ne songe plus à exclure du *Roland* l'épisode Baligant, même si celui-ci est le témoin d'une couche postérieure dans la constitution du poème, ni à retrancher de *Raoul de Cambrai* sa deuxième partie, sous prétexte qu'elle serait un appendice romanesque ; elle s'intéresse au contraire au développement de l'œuvre épique sur la longue durée.

Les contacts entre épopée et les autres formes littéraires - chronique, roman, théâtre - lui apparaissent inévitables et essentiels : dès 1961, une enquête d'inspiration historico-sociologique menée par E. Köhler (*Heidelberger Kolloquium*, 1961), avait mis en lumière l'importance de ces liens, et les rapports entre chanson de geste et roman, étudiés par de nombreux chercheurs, ont été l'un des thèmes abordés par le Congrès Rencesvals de Padoue en 1982.

L'étude des épopées tardives et de leurs mises en prose est devenue un champ de recherches important, qui suscite également, on l'a dit, des éditions de textes relativement nombreuses. Elle a été le thème dominant du Congrès Rencesvals de Strasbourg en 1985 et a donné un nouvel essor à l'étude des relectures étrangères de la chanson de geste, notamment aux Pays-Bas et en Italie.

Une étude génétique du développement de la chanson de geste peut ainsi se développer, comme en témoigne le livre récent de M. Heintze, *König, Held und Sippe* (Heidelberg, 1991), qui suit le développement des cycles jusqu'au XIVe siècle à partir de quelques œuvres-clés, comme le *Girart de Vienne* ou *Aiol*.

Conclusion

Si, au cours des vingt dernières années, les centres d'intérêt se sont déplacés, si les méthodes critiques ont évolué, les grandes questions, abordées de façon différente, ne cessent de stimuler la recherche.

Quel est le rapport de l'épopée médiévale à l'histoire ? On a compris qu'il ne s'agissait pas seulement de repérer dans une chanson une allusion à un fait historique précis, mais de déterminer les relations entre un texte et le moment historique qui le voit naître, de reconnaître en lui une histoire que le jongleur propose à chacun de ses auditeurs, comme l'a bien vu D. Poirion. La chanson de geste demeure donc histoire poétique, pour reprendre le titre que G. Paris donnait à son livre sur Charlemagne, mais les formes de cette histoire sont nombreuses, comme le montrent les recherches de K.-H. Bender sur le Premier cycle de la croisade ; elles se modifient sur la longue durée, passant, dans l'exemple cité, de la chronique à la geste, puis au roman et de nouveau à la chronique (voir *GRLMA* III, t. 1/2, fasc. 3, Heidelberg, 1986).

A quel type de texte avons-nous affaire ? Pour le savoir, il convient de considérer l'épopée comme un tout, dont les variations sur la longue durée et la diversité des adaptations hors de France permettent seules de discerner les caractéristiques essentielles. Dans ce domaine l'étude comparée peut apporter beaucoup, comme le montre l'étude de l'épopée italienne de la Renaissance (voir Kl. Hempfer, *Ritterepik der Renaissance*, Stuttgart, 1989).

Reste, encore et toujours, la redoutable nécessité d'un travail sans cesse renouvelé d'édition de textes. Les meilleures éditions, comme celle de *Huon de Bordeaux* par P. Ruelle, sont introuvables au bout d'une dizaine d'années, que dire de celles du début de ce siècle ? Il faut encourager dans cette voie les jeunes chercheurs, car si certains travaux (les *Enfances Guillaume*, le *Siège de Barbastre*) sont en cours, beaucoup reste à faire.

C'est par rapport à ces grands chantiers que le lecteur pourra situer, s'il le veut bien, le modeste recueil d'articles qui suit.

F. Suard
septembre 1993

Notes

1. Les travaux cités n'ont pour but que de signaler quelques aspects de la recherche, avec exemples à la clé ; le panorama proposé est donc résolument sélectif et ne se substitue pas aux Bibliographies en usage (voir notamment le *Manuel bibliographique de la Littérature française du Moyen Âge*, 3e supplément publié par F. Vielliard et J. Monfrin, 2 vol., 1986 et 1991, et les *Bulletins bibliographiques de la Société Rencesvals*).

2. On sait que le premier poème hésite entre la chanson de geste, le récit hagiographique et le conte folklorique, et que le second utilise la légende d'Apollonius de Tyr.

Ière Partie

La Chanson de Geste :
théorie et histoire

LA CHANSON DE GESTE COMME SYSTÈME
DE REPRÉSENTATION DU MONDE

Chercher dans les poèmes épiques médiévaux une manière de dire l'univers qui entoure les auteurs et les destinataires de ces œuvres expose à rencontrer de nombreuses difficultés, dont la source est apparemment l'extraordinaire durée du "phénomène chansons de geste". Pendant quatre siècles au moins —entre 1100 environ et le xv° siècle— on compose et on écoute, puis on lit des œuvres épiques, sans que l'oralité cesse d'être revendiquée comme condition de composition aussi bien que de diffusion, et ce trait introduit une importante variante par rapport au roman, qui se place d'emblée dans le champ de l'écrit [1].

Si au cours d'une aussi longue période les conditions d'écriture et de réception des œuvres se modifient, c'est donc d'une manière plus complexe pour le genre épique que pour le roman, puisque non seulement le message, mais aussi la représentation d'une donnée essentielle —l'oralité— changent en même temps. Mais chanson de geste et roman se retrouvent sur un pied d'égalité lorsqu'on essaie de repérer leur place dans un système médiéval de la littérature. Non seulement ces deux types d'œuvres sont l'objet de transformations, mais leur place varie, selon les époques, en face d'autres formes d'écriture, qui se positionnent tour à tour dans un univers littéraire évolutif. Comme le disait D. Poirion dans son rapport sur l'épopée française au Moyen

---

1. Voir dans D. Poirion, *Précis de littérature française du Moyen Âge*, PUF, 1983, le chapitre III, "La mise en roman", pp. 84-87.

242

Âge lors du Congrès Budé de 1978: "Il faudrait parler non pas seulement du système médiéval de littérature, mais des divers systèmes qui se succèdent au cours de cette longue période"[2]. Ne risquons-nous pas, dans ces conditions, de considérer comme une représentation relevant de la chanson de geste un effet du modèle historiographique ou du conte populaire, par exemple?

Or nous n'avons, en apparence au moins, pas grand secours à attendre des théoriciens médiévaux, dont le quasi-mutisme contraste avec la bruyante symphonie qui se déchaîne, comme l'a montré Siegbert Himmelsbach[3], à partir du xvi° siècle. La perspective morale l'emporte chez Thomas Cabham[4], tandis que l'originalité de Jean de Grouchy se situe principalement au niveau de la perspective musicale[5]. On reconnaîtra toutefois que de telles indications soulignent la relation perçue au xiii° siècle entre récit hagiographique et chanson de geste. De plus, alors qu'on hésite souvent sur le public de l'épopée[6], J. de Grouchy a le mérite de nous laisser entendre que la classe guerrière n'est pas le seul destinataire imaginable[7] et souligne l'ancrage du genre dans une tradition communautaire[8].

Enfin, lorsqu'un auteur de geste comme Jean Bodel théorise le genre auquel il s'attaque, certaines ambiguïtés subsistent. Si l'opposition bien connue entre contes de Bretagne "vain et plaisant" et ceux de France qui

> sont voir chascun jor aparant[9]

paraît limpide, une nouvelle distinction introduite plus loin par l'auteur complique les choses. Dans son adresse au public, qui ouvre la laisse 2:

2. Voir "Actes du X° Congrès", Paris, 1980, p. 212.
3. Dans son livre *L'épopée ou la case vide*, Niemeyer, Tübingen, 1988.
4. Passage du *Pénitentiel* souvent cité, plus récemment par J. Chailley dans son article *Du "tu autem" de "Horn" à la musique des chansons de geste*, dans *Mélanges R. Louis*. 1982, t. 1, p. 23.
5. Voir J. Chailley, *Études musicales sur la chanson de geste et ses origines*, "Revue de musicologie", 27, 1948, pp. 1-27.
6. Voir J. Flori. *L'historien et l'épopée française*, dans *L'épopée, Typologie des sources du Moyen Âge occidental*, fasc. 49, 1988, pp. 89-91.
7. Voir le commentaire de D. Poirion, cité par J. Flori, loc. cit.: "Si les chevaliers rêvent de bergères, les petites gens peuvent rêver de combats, surtout si l'auteur sait les intéresser au sort de quelques héros qui agissent au nom de la cité."
8. "Et adeo iste cantus valet ad conservationem civitatis." Ce maintien de la cohésion de la cité résulte en effet de la perpétuation de ses traditions poétiques.
9. Nous citons d'après l'édition d'Annette Brasseur, *La Chanson des Saisnes*, Genève, Droz, TLF, 1989, vv. 9 et 11.

> Seignor, ceste chançons ne muet pas de flabiaus,
> Mais de chevaleries, d'amours et de cembiaus (25-26),

Bodel sait assurément de quoi il parle, puisqu'il est lui-même auteur de "flabiaus", mais il rend moins définitive sa première distinction. En quoi "chevaleries, amours et cembiaus" sont-ils, dans la geste, plus véridiques que dans les contes de Bretagne?

Il faut donc se tourner résolument vers les textes eux-mêmes, et tirer des difficultés qu'ils opposent au lecteur une méthode pour mieux les comprendre. Or ces textes ont pour stratégie commune de "mettre à distance" leur objet.

La mise à distance temporelle est la plus immédiatement repérable: si le récit épique prétend par nature à la vérité, comme le déclare Bodel, c'est à une vérité rejetée fort loin des prises de l'auditeur-lecteur. Ainsi le guet-apens pyrénéen de 778 nous est-il transmis par un poème de la fin du XI° siècle, tandis que l'accession au trône royal d'Hugues, duc de France en 987, peut inspirer un auteur de la seconde moitié du XIV° siècle [10].

Ce phénomène, constant, est particulièrement intéressant à étudier lorsque la chaîne des étapes intermédiaires peut être reconstituée avec une relative exactitude. Ainsi la *Chanson d'Antioche*, première épopée de croisade qui nous soit parvenue, dans les vingt dernières années du XII° siècle, est cependant postérieure de près de cent ans aux événements qu'elle raconte: comme l'écrit H. Kleber, "un écart de trois générations sépare l'événement historique de sa représentation épique" [11], tandis que l'*Histoire anonyme de la première croisade (Gesta Dei per Francos)* [12] suit de très près la prise d'Antioche et de Jérusalem.

On peut également parler d'une mise à distance géographique des événements. Si l'on reprend l'exemple des épopées de croisade, sur lesquelles les études de K.-H. Bender et de ses collaborateurs ont apporté, ces dernières années, des éléments décisifs [13], on constate que

---

10. Voir la chanson de *Hugues Capet*, éd. du marquis de La Grange, Paris, 1864.
11. Dans *Pèlerinage, vengeance, conquête; la conception de la première croisade,* dans *Au carrefour des routes d'Europe,* Aix-en-Provence, 1987, II, p. 757.
12. Éd. L. Bréhier, 1924.
13. Voir notamment *Les épopées de la croisade,* Steiner Verlag, 1987 (Beihefte zur ZFSL, NF, 11), et *Le premier cycle de la croisade,* GRLMA, III, 1/2, fasc. 5, Heidelberg, 1986.

244

ces poèmes ne sont pas, en général, l'œuvre de chrétiens de Terre Sainte. L'œuvre de Richard le pèlerin, témoin de la première croisade, a disparu, et les *Chétifs* seuls, parmi les trois premières chansons du cycle, peuvent être l'œuvre d'un autochtone, un chanoine de Saint Pierre d'Antioche, travaillant à l'instigation de Raimond de Poitiers [14]. Or ce texte, tout en intégrant des souvenirs de la première croisade (désastre de Civetot en 1097, captures diverses en 1101-1102), est plus éloigné de la réalité historique que la *Chanson d'Antioche* et s'inspire par exemple de l'épopée byzantine de Digenis Akritas [15].

On notera également que les chevaliers francs ne semblent pas lire en Terre Sainte d'épopée de croisade. Dans les bagages du comte de Nevers, mort à Acre en 1263, on trouve le *romanz des Loheranz*, non *Antioche* ou *Jérusalem*; or si le souffle de la croisade anime le début de *Garin*, il s'agit de la croisade épique traditionnelle, avec le thème de l'invasion sarrasine en France, et non de la croisade outre-mer; par ailleurs, *Garin* et les autres chansons du cycle sont essentiellement une œuvre féodale, une chanson de lignage [16].

Il convient enfin de rappeler la stratégie autoréférentielle du texte épique, habitué à ne désigner son objet qu'à travers la médiation d'œuvres antérieures citées comme version primitive de la chanson:

> Cil qui le cançon fist sot bien dire les nons,
> Ricars li pelerins de qui nos le tenons [17],

ou l'allusion à des exploits prétendument antérieurs au poème:

> "Va, si me di a Willame mun uncle,
> Si li remenbre del champ del Sarraguce,
> Quant il se combati al paen Alderufe" [18].

---

14. Voir le résumé de la question dans K.-H. Bender, *Le premier cycle de la croisade*, p. 52, n. 3.

15. Bender, op. cit., p. 56.

16. Voir D. Jacoby, *La littérature française dans les états latins*, dans *Essor et fortune de la chanson de geste dans l'Europe et l'Orient latin*, Modena, 1984, II, pp. 620-23. On nuancera toutefois l'affirmation de l'auteur, selon laquelle les allusions à la croisade sont une "raison suffisante, semble-t-il, pour exciter l'intérêt d'Eudes de Nevers" (p. 623).

17. *Chanson d'Antioche*, éd. S. Duparc-Quioc, Geuthner, 1978, vv. 9013-14.

18. *Chanson de Guillaume*, éd. McMillan, SATF, 1950, vv. 635-37.

C'est donc à travers une série de "mises à distance" que la chanson de geste communique au public médiéval comme au lecteur actuel son objet, et qu'elle leur renvoie un aspect du monde dans lequel elle est née. Il n'y aurait lieu de s'étonner d'une telle procédure que si le poème épique avait vocation de retransmettre purement et simplement le réel. Or l'épopée, comme l'écrit D. Madelénat, est "parole primordiale", engageant "l'essentiel mythique dans l'événement historique" [19]: cet "essentiel" qui fonde le monde dans lequel et au nom duquel parle le poème ne saurait donc être complètement dévoilé, puisque le propos du mythe est justement de "dire autrement" ce qui ne peut être dénoté.

Notre démarche en vue de saisir le type de lecture que l'auteur de geste et son public font de l'univers qui les entoure doit donc tenir compte de cette attitude fondamentale de "mise à distance". Plutôt que de s'attacher à saisir directement certains contenus, elle doit elle-même être médiatisée et faire apparaître quelques catégories selon lesquelles s'opère le déchiffrement de l'univers, dévoilant certains aspects de la réalité contemporaine (l'histoire) et aidant à cerner le fondement sur lequel repose cette réalité (le mythique ou le sacré) ainsi que la fonction référentielle du poème épique. Nous retiendrons l'espace, le temps et l'imaginaire des répartitions sociales.

1. L'ESPACE

Comme le montre la très belle étude du professeur A. Varvaro qui figure dans le présent recueil d'Actes, l'espace apparaît comme catégorie essentielle de l'agir épique. En tant que cadre imaginaire de la conquête, "géographie du désir":

> "Vez ci les marches de la gent criminel...
> Prenez les armes, sus les destriers montez,
> Alez en fuerre, franc chevalier menbrez" [20],

l'espace épique est l'univers plus vrai que nature, la somme des toponymes originels —"Turrezele castellum, *quod quondam vocabatur Purpallar supra mare*", pour reprendre la formule de Roger de Hoveden

19. Dans *L'épopée*, PUF, 1986, pp. 17 et 121.
20. *Charroi de Nîmes*, éd. McMillan, vv. 850, 854-55.

signalée par A. Varvaro[21]—, qui fonde la géographie réelle, du reste assez bien connue des contemporains de la chanson de geste. Elle est également, pour le chercheur, l'occasion d'un lent travail de déchiffrement, toujours promis à de fructueux résultats, comme le montre l'enquête du professeur A. Roncaglia sur *Durestant* (*Roland*, 870).

Une telle familiarité entre le mythique et l'historique se déploie à plusieurs niveaux. L'espace n'est pas seulement, dans l'épopée, l'aire d'une volonté de conquête par les armes, mais aussi celle du désir d'embrasser par la connaissance, ou du moins cette compréhension en même temps élémentaire et fondamentale qu'est le fait de nommer. En désignant, en énumérant les peuples chrétiens et païens qui forment les armées des Français ou des Sarrasins (échelles de Charles et de Baligant dans le *Roland*, de Charles et d'Agolant dans *Aspremont*, des croisés et de Corbarant dans *Antioche*), le poète épique opère un "devisement du monde", décrit et partage deux univers à jamais affrontés, ce qui permet en outre à l'historien ou au philologue moderne de comprendre ce qui, aux yeux des médiévaux, constituait un environnement hostile.

Quête d'unité mythique, la volonté de saisir l'univers rend le poète attentif aux traces, inscrites dans l'espace, du sacré qui fonde celui-ci. Dans la chanson de geste, la terre est habitée par les signes de la présence divine tels que les reconnaît la pratique chrétienne, inspirée par le discours évangélique de l'Incarnation. Ce sont les reliques les plus saintes, enchâssées dans le pommeau des épées:

> Asez savum de la lance parler
> Dunt Nostre Sire fut en la cruiz nasfret;
> Carles en ad la mure, mercit Deu (*Roland*, 2503-2505);

ce sont les églises, contre lesquelles s'acharnent les ennemis de Dieu, occupés à

> Viles ardoir et violer mostiers,
> Chapeles fondre et trebuchier clochiers[22].

Ainsi s'opposent le côté de Dieu —la terre sanctifiée par sa présence, le ciel auquel sont promis ses amis—:

> L'anme del cunte portent en pareïs (*Roland*, 2396),

21. R. de Hoveden, *Chronica*, ed. by W. Stubbs, Londres, 1870, t. III, p. 178.
22. *Charroi*, éd. cit., vv. 571-72.

et le côté des démons —la terre qu'habitent les païens—:

> Dient alquanz que dïables i meignent (*Roland,* 983).

L'inscription du sacré dans l'espace reçoit, dans les poèmes de croisade, une actualisation singulière. On ne peut plus parler seulement, ici, de traces du sacré, car l'espace tout entier est habité par le divin, et la terre de Jérusalem peut être appelée sainte, puisque cette contrée est témoin d'une histoire où le divin a, pour toujours, rejoint l'humain. Comme le remarque S. Duparc-Quioc, l'auteur de la *Chanson de Jérusalem* "a pris soin d'établir les princes (chrétiens) dans des lieux qu'illustrent des souvenirs chers à la piété chrétienne"[23]. Ainsi Thomas de Marle, qui entrera le premier dans la Ville, s'installe au val de Josaphat,

> La ou la mere Deu fu morte et sepelie;

il pourra puiser de l'eau à la fontaine de Siloé.

L'espace épique est traversé par le mouvement. On rejoint ici, sans doute, le désir de conquête dont parle A. Varvaro. Mais le texte peut évoquer seulement l'imaginaire du mouvement, à travers la litanie des conquêtes effectuées:

> "Jo l'en cunquis e Anjou e Bretaigne,
> Si l'en cunquis e Peitou e le Maine..." (*Roland,* 2322-23);

plus souvent, il se plaît à mettre en scène d'incessants et lointains déplacements, comme les chevauchées de pacification effectuées par Guillaume, dans l'intérêt du roi Louis, dans les "confini meridionali, occidentali e nord-occidentali del regno... denominato Francia", comme l'écrit F. Simoni à propos du troisième épisode du *Couronnement de Louis*[24].

Cette mise en mouvement de l'espace épique est particulièrement remarquable dans les chansons des XIV° et XV° siècles, que W. Kibler appelle chansons d'aventures[25]. L'action de *Lion de Bourges*, par exem-

23. S. Duparc-Quioc, *Le cycle de la croisade,* Champion. 1955, pp. 34-35.

24. Voir *Le tesi di Bédier e le prospettive attuali della storiografia su i pellegrinagi,* dans *Au carrefour des routes d'Europe,* I, p. 59.

25. Voir *La chanson d'aventures,* dans *Essor et fortune de la chanson de geste,* II, pp. 508-15.

248

ple, est répartie sur six lieux, plus ou moins étendus: Bourges, l'Espagne, l'Italie —Calabre et Sicile—, Chypre, Rhodes et la Terre Sainte. Les événements sont concentrés sur l'un de ces domaines, puis sur l'autre, tout en pouvant se déplacer très rapidement à l'intérieur d'un cadre donné: ainsi se tisse entre les lieux épiques un réseau de relations extrêmement complexe.

Cette démarche, qui vise à récapituler la totalité de l'espace imaginaire en le saturant par un mouvement constant, est aussi le fait de poèmes plus anciens, et que l'on croirait pouvoir situer, étant donné leur objet, dans un cadre régional assez limité. Les *Lorrains,* par exemple, font dès le départ éclater le cadre géographique qu'on voudrait leur assigner: à une localisation dans le Nord-Est de la France, il convient en effet d'en ajouter une autre, symétrique, au Sud-Ouest, puisque le conflit avec les Bordelais est constitutif de la geste. Mais les *Lorrains* ne connaissent pas de frontière: ils débordent sur le Nord et le Centre du pays, comme le montre ce passage, extrait du résumé des laisses 155-156 que B. Guidot propose dans sa traduction de *Garin le Lorrain:* "Fromont... demande de l'aide en Angleterre. La Bourgogne a été attaquée pendant qu'Auberi se trouvait aux côtés de Garin. Celui-ci va aider son compagnon à se venger. L'armée progresse de Sens à Langres puis à Château-Thierry... Apprenant l'arrivée de renforts, les assaillants repassent la Saône... Dans le Nord, Fromont est en difficulté face à Gauthier l'orphelin et à Huon de Lavardin..." [26]. Plus tard, avec *Gerbert de Metz,* l'action se déplace vers le Sud; Aix-en-Provence devient l'un des points clés du récit, et Gerbert prend la défense de Saint-Gilles contre les Sarrasins; il secourt également Narbonne et épouse la fille du comte Aymer.

La geste de *Raoul de Cambrai* elle-même, assez rigoureusement circonscrite tout d'abord au Nord de la France (Arrageois, Cambrésis, Vermandois), connaît une extension géographique dans la seconde partie du récit, avec Saint-Gilles, la Gascogne et Cordoue.

Cette profusion de déplacements n'apparente toutefois pas la chanson de geste à la littérature du voyage fantastique, c'est-à-dire à la relation, inspirée par les *imrama* ou le *Pseudo-Callisthène,* des *mirabilia mundi.* Le merveilleux descriptif, dont le *Roman d'Alexandre* devient

---

26. *Garin le Lorrain,* chanson de geste traduite par B. Guidot, Nancy, 1986, p. 238.

l'exemple privilégié, fait du héros une sorte de maître des connaissances en même temps qu'un conquérant; cette image ne coïncide pas avec celle du personnage épique, toujours assujetti à une tâche précise qui relève de la défense du seigneur ou de la foi. Le héros peut traverser des pays étranges, comme Huon de Bordeaux dans sa marche vers Babylone: ils ne sont que rapidement évoqués, comme l'a montré M. Rossi [27], puisque l'essentiel est l'accomplissement de la mission confiée par Charlemagne. On notera pourtant qu'avec le développement des éléments merveilleux dans la chanson de geste de la fin du Moyen Âge, l'itinéraire du héros, dans les continuations de *Huon* ou de *Renaut de Montauban*, commence à ressembler à un voyage fantastique: mais l'inspiration en est prise d'abord dans la tradition du roman arthurien.

Le pèlerinage joue un rôle particulier parmi les divers types de déplacements possibles. Il introduit, en tant que tel, une dimension sacrée dans le récit, marquant par exemple la volonté de rompre avec le péché:

> "Maint home ai mort dont je sui en esfroi;
> Raoul ocis, certes, ce poise moi.
> Dusqu'a Saint Gile vuel aler demanois" [28],

déclare Bernier à ses compagnons, après son mariage avec Béatris. À plus forte raison les chansons de croisade illustrent-elles le caractère exemplaire du pèlerinage: le terme lui-même, fréquemment employé à côté d'*errement* et de *voiage* dans *Antioche* et dans *Jérusalem*, indique, comme le montre H. Kleber, "la portée religieuse de la première croisade et son enracinement dans la tradition du pèlerinage médiéval" [29].

Ce voyage vers des lieux sacrés n'a pas seulement pour objet de relier l'épopée à l'univers de la geste divine. Il peut être aussi un procédé narratif de type romanesque: le pèlerinage expose à des périls et peut relancer l'action, séparant des personnages [30]. Mais il rencontre également la réalité historique contemporaine, et pas uniquement les croisades. Derrière l'itinéraire de Guillaume vers Nîmes, qui emprunte

---

27. Voir *Huon de Bordeaux*, Champion, 1975, pp. 382-423.
28. *Raoul de Cambrai*, éd. Meyer-Longnon, vv. 6590-92.
29. *Pèlerinage, vengeance, conquête*, p. 759.
30. Ainsi, dans *Raoul de Cambrai*, Bernier et Raoul sont-ils séparés à la suite d'une razzia sarrasine sur Saint-Gilles.

250

dans le *Charroi* le chemin des pèlerins de Saint-Gilles [31], F. Simoni nous invite à découvrir le reflet d'ambitions politiques: l'Auvergne n'est pas seulement marquée par de célèbres étapes de pèlerinage (Clermont, Brioude, Le Puy), elle est aussi un itinéraire stratégique, celui qui permet au xII° siècle les interventions de Louis VI et de Louis VII dans le Midi, dans le cadre des nouvelles alliances avec la dynastie toulousaine de Saint-Gilles et le royaume de Castille. La marche de Guillaume vers Nîmes rappelle donc le rapprochement entre la monarchie capétienne et les territoires méridionaux de la zone toulousaine et provençale (appelés par le ms. D Septimanie, Cévennes et Marche Hispanique) [32].

Enfin, après l'association entre le sacré et l'histoire, l'imaginaire de l'espace invoque la tradition épique comme auto-référence. De même que Raymond d'Aguilers, comme le rappelle Joseph J. Duggan, nomme *Hispania* la région d'Antioche, parce que dans la chanson de geste, là où sont les Sarrasins, là est l'Espagne [33], le *Charroi de Nîmes* désigne par Espagne le territoire qui commence au-delà des terres chrétiennes au sud de la France. Quant à la *Chanson d'Antioche*, après avoir vanté la supériorité des croisés sur les héros épiques traditionnels:

> Ki veïst le baron Sarrasins martirier,
> L'un mort deseure l'autre a terre trebucier,
> Por nient ramenteüst Rollan ne Olivier [34],

elle n'hésite pas à convoquer, au moment de la bataille décisive, les

> ... bon chevalier de vielle antiquité,
> Si conquisent Espaigne par la grant poesté [35].

Ainsi, au moment même où le poème de croisade s'efforce d'innover, créant, comme le montre H. Kleber, un "nouvel âge épique" qui "va plus loin que le passé et ne sera plus dépassé en héroïsme par l'avenir", il renvoie aux textes fondateurs, et tout particulièrement au *Roland*, qui fournit aussi le nom donné à la patrie chrétienne, *Terre Major*, origine de tous les croisés.

---

31. Voir Jean Frappier, *Les chansons de geste du cycle de Guillaume d'Orange*, t. II, Sedes, 1965, pp. 189-91, 230-37.
32. *Le tesi di Bédier...*, pp. 64-66.
33. Voir *Medieval epic as Popular Historiography*, in GRLMA, XI/1, Heidelberg, 1986, p. 308.
34. Éd. cit., vv. 9091-93.
35. Vv. 8116-17.

2. Le temps

Récit d'exploits révolus (*gesta*), le poème épique doit ressusciter pour ses auditeurs-lecteurs un passé oublié; il doit par ailleurs introduire des relations entre les différents moments de la diégèse. En apparence, le temps de l'épopée médiévale, contrairement à celui de l'épopée indienne ou de l'épopée homérique, est un temps résolument historique [36]. De fait, on ne trouve pas, dans la chanson de geste, de mythe propre des origines: comment cela serait-il possible, puisque le discours biblique contient toutes les données nécessaires, et qu'il apparaît fréquemment dans les textes, avec les prières du plus grand péril:

> "Glorios pere, qui formas tot le mont,
> Qui fesis terre sor le marbrin perron,
> De mer salee la ceinsis environ,
> Adam fesis de terre et de limon,
> Evain sa per, que de fi le savons..." [37].

Le récit biblique fonde donc, à sa manière, le récit épique.

Parfois affleure une légende, élément qui reste extérieur à l'action, même si elle peut la conforter:

> Quant Deus eslut nonante et nuef reiames,
> Tot le meillor torna en dolce France [38]:

le récit de la Genèse ne s'en trouve pas remis en cause pour autant.

Le poème épique est cependant orienté vers la quête de sa propre origine, aussi bien en ce qui concerne son contenu que les circonstances de sa composition. Ces points sont bien connus: toujours un jongleur a précédé celui qui commence son récit, que le poète mentionne seulement ses devanciers:

> Cil qui le cançon fist sot bien dire les nons,
> Ricars li pelerins de qui nos le tenons [39],

---

36. Voir les têtes de chapitre de D. Madelénat dans sa troisième partie (*L'épopée*, p. 8): "Le modèle mythologique", "Le modèle homérique", "Le modèle historique médiéval".
37. *Le Couronnement de Louis*, éd. Langlois, CFMA, vv. 976-80.
38. *Couronnement*, vv. 12-13.
39. *Antioche*, éd. cit., vv. 9013-14.

252

qu'il leur reproche d'avoir négligé le meilleur de l'histoire:

> Chantet vous ont cil autre jogleor
> Chançon novelle: mais il laissent la flor [40],

ou propose résolument un rajeunissement nécessaire:

> Mais cil qui plus en set, en est tous fins muiaus,
> Car il ne sevent mie les riches vers nouviaus
> Ne la chançon rimee que fist Jehans Bodiaus [41].

À sa manière, le jongleur est bien en quête d'un *Urzeit* expliquant les événements qu'il présente. Jean Bodel est particulièrement net à cet égard, puisqu'il affirme ne pouvoir faire comprendre l'enchaînement des faits qu'en remontant le cours du passé:

> Qui de l'estoire as Saisnes veut conter la raison,
> Des anciiens d'arriere doit mouvoir sa chançon [42];

il fait donc appel à une généalogie fictive des rois de France, qui montre comment après Clovis, couronné par les anges, son fils Floovent n'hésita pas à accorder la main d'Héluis, sa fille, au païen Justamont: les Saxons pouvaient dès lors revendiquer la France comme héritage.

Cette recherche d'une origine précise de la chaîne des événements conduit parfois le jongleur à tenter de cerner le temps qui sépare entre eux les faits marquants de son récit. Ainsi, au début de *Raoul de Cambrai*, des étapes qui marquent la jeunesse du héros. Après le baptême,

> Passa des ans et des mois et des dis,
> Plus de .iii. ans, ce conte li escris [43];

au moment de la spoliation au profit de Gibouin

> Il ot .iii. ans, par le mien esciant [44];

---

40. *Raoul de Cambrai*, éd. cit., vv. 4-5.
41. Jean Bodel, *La chanson des Saisnes*, éd. cit., vv. 30-32.
42. *Chanson des Saisnes*, vv. 43-44.
43. *Raoul de Cambrai*, vv. 94-95.
44. Ibid., v. 344.

c'est à l'âge de quinze ans que Bernier est conduit par Raoul à la cour de Louis [45], et du temps s'écoulera encore avant l'incident malheureux de la mort des fils d'Ernaut:

> Une grant piece estut puis demorer
> Desc'a cele eure qe vos m'orrez conter... [46].

Pourquoi une telle insistance à noter ces durées où il ne se passe rien, sinon parce que le temps —ce "passé indéfini", pour reprendre la formule de S. Kay [47]— apparaît comme le lieu d'une inquiétude: un temps conçu comme le creuset où s'élabore, sans qu'on y puisse rien, la chaîne des faits qui conduit à la catastrophe.

Aussi, devant ce temps qui brouille les pistes, l'attitude la plus fréquente du poète n'est pas ordinairement celle d'un enquêteur obstiné, mais plutôt celle d'un observateur modeste qui puise dans un vivier sans fond pour faire jaillir brusquement, sans souci de cohérence chronologique, des faits qui éclairent le présent. Telle est la fonction de l'apostrophe de Ganelon à Roland:

> "Co set hom ben que jo sui tis parastres" (*Roland*, 287),

ou du rappel des services rendus par Vivien à Guillaume [48]: mésentente ou actions d'éclat méritant la gratitude, c'est un passé inconnu, que ne consigne aucune inscription dans aucun texte, qui surgit à l'improviste.

Convient-il de penser, avec S. Kay, que la chanson de geste marque ainsi sa différence avec l'historiographie et la chronique, très soucieuses du passé, le poème épique étant tourné vers le but à atteindre — donc vers un avenir dont nous rapproche la marche du temps? [49]. Sans mettre en doute une tension proleptique vers la fin de l'histoire, on songe plutôt à la reconnaissance par le jongleur d'une puissance mythique du temps qui en empêche toute saisie exhaustive, et ne peut s'entrevoir que par éclairs. Image et artisan du destin, le temps produit l'enchevêtrement inextricable des événements qui constituent le

---

45. Ibid., v. 382.
46. Ibid., vv. 538-39.
47. *Le passé indéfini: problèmes de la représentation du passé dans quelques chansons de geste féodales*, dans *Au carrefour des routes d'Europe*, II, pp. 697-715.
48. Voir *Chanson de Guillaume*, éd. cit., vv. 635-78.
49. Voir art. cit., pp. 707-09.

254

récit, cette "chaîne où alternent crime et châtiment, accord et rupture, injure et vengeance"[50], dont le *Roland* nous offre la première configuration, mais qui est plus remarquable encore dans la geste des barons révoltés ou dans les chansons de lignage.

Maître absolu, le temps épique crée la précarité essentielle à l'action du héros, dans un univers où toute chose, à tout moment, peut être remise en question, pour le meilleur:

> Sempres fust reis quant Guillelmes i vient[51],

ou pour le pire:

> Guenes i vint, ki la traïsun fist (*Roland*, 178).

Comment ce temps à jamais en mouvement, que des héros-phares comme Roland ou Guillaume ne parviennent pas à maîtriser, pourrait-il être approché autrement que de manière détournée, à travers les coups de projecteur rapides dont nous avons parlé?

Une autre lecture du temps, antagoniste de la précédente, existe cependant. À la conception d'une durée insaisissable parce que fluide s'oppose une représentation de l'immobilisation du temps, image de la clôture eschatologique. On la rencontre chaque fois que, dans un poème, est mis en scène un affrontement grandiose qui est censé mettre un terme à tous les conflits possibles: ainsi de la lutte contre les troupes innombrables réunies par l'émir de Babylone:

> Granz sunt les oz de cele gent averse (*Roland*, 2630),

qui se resserre bientôt autour du duel entre Charlemagne et Baligant; ainsi de la *Chanson d'Aspremont* qui, tout entière, est vouée à la lutte des armées de Charlemagne contre l'ensemble des forces païennes.

Mais le mouvement du temps n'est jamais longuement suspendu; dans le *Roland*, Gabriel vient, après la prise de Saragosse, inviter l'empereur à d'autres combats:

> "Carles, sumun les oz de tun emperie!
> Par force iras en la terre de Bire" (3994-95);

50. Ibid., p. 698.
51. *Couronnement de Louis*, éd. cit., v. 113.

quant à *Aspremont,* l'élimination des païens donne lieu à deux affrontements successifs, et la mort d'Agolant, le dernier chef païen, semble pouvoir laisser place à un conflit avec le terrible Gérard d'Eufrate[52].

Il existe donc une tension entre la manifestation d'une durée constamment fluide et l'aspiration à l'immobilisation eschatologique du temps; cette tension trouve dans les poèmes de la croisade une mise en œuvre particulièrement intéressante. Dans les deux premières chansons du cycle, l'aspect eschatologique l'emporte. Le voyage entrepris pour la délivrance de la Terre Sainte, à l'appel de Dieu lui-même:

> "Si dites a mon pule, li tans est aproismés
> Que me viegne secorre sainte Crestïentés"[53],

rapproche les croisés d'un temps sacré et unique, celui de l'Incarnation et de la Passion. Plusieurs passages de la *Chanson de Jérusalem* soulignent la coïncidence au niveau du temps entre l'action des guerriers francs et la Passion salvatrice du Christ. La progression des croisés dans la prise de la Ville Sainte suit le déroulement des souffrances et de la mort du Sauveur:

> El point que Notre Sire laisa son cors lever
> Ens en le vraie crois, por son pule salver,
> A cele hore tot droit fisent no gent verser
> Del mur de Jursalem .i. grant pan craventer[54],

et l'entrée dans la ville a lieu

> A l'ore que Jhesus soufri le passion[55].

Comme l'écrit A. Dupront: "En ce pèlerinage unique, tout événement profane est transcendé au niveau d'une sortie de l'histoire, c'est-à-dire d'une entrée de plain-pied dans l'éternel, dans la Présence, cette présence que magnifie, postule la guerre sainte, cette guerre qui doit être la dernière des guerres, après quoi ils seront «un»"[56].

---

52. *Aspremont,* éd. L. Brandin, CFMA, vv. 11350-55.
53. *Antioche,* éd. cit., vv. 307-08.
54. Voir S. Duparc-Quioc, *Le cycle de la croisade. Un fragment de la Conquête de Jérusalem,* vv. 1738-41.
55. Ibid., v. 1830.
56. *Du sacré,* Gallimard, 1987, p. 256.

L'immobilisation de l'histoire résulte ici de la convergence entre le temps de la croisade et le temps unique du Salut, fondateur de toute durée; l'attente eschatologique tourne donc vers un temps déjà donné, qui doit être retrouvé. À ce prix, les croisés deviennent les acteurs d'une démarche messianique, annoncée par le Christ lui-même:

> "Amis, dist Nostre Sire, saciés a ensient
> Que dela oltremer venront novele gent,
> De la mort de lor pere pranderont venjement" [57];

tandis que la prophétie de la reine Calabre fait d'eux les égaux du peuple d'Israël, venu cette fois "devers Terre Major" [58].

Les reliques signifient de leur côté la redécouverte du temps divin, surtout la relique de la croix grâce à laquelle, écrit K.-H. Bender, "un pont est jeté, par-delà la première croisade, de l'histoire de la Passion au temps présent, celui de l'auteur, du remanieur et de leur public au XIIe siècle" [59]; mais il faut compter aussi, comme le rappelle A. Dupront, avec "la présence quasi-physique de Dieu dans le combat, par son bras, sa main, son souffle; les apparitions incitatrices, l'onirique révélatrice de l'emblème de la victoire, les signes dans le ciel" [60], sans oublier les saints guerriers. Ceux-ci, représentés comme des chevaliers, emblématisent l'union entre la geste humaine et la geste divine:

> Plus sont blanc que li nois qui ciet aprés fevrier;
> Saint Jorges fu devant tot droit et cief premier,
> Et li ber saint Morisses c'on tint por bon gerrier,
> Domitres et Mercures, ço sunt gonfanonier [61].

Mais cette tension eschatologique ne peut durer, car elle aurait pour résultat d'abolir l'histoire, que la chanson de geste a précisément pour fonction de transmettre à la mémoire. Dans les poèmes de croisade comme dans les autres textes épiques, l'anéantissement symbolique du temps n'est que provisoire. *Antioche* et *Jérusalem*, inspirées par une expérience messianique, visent effectivement à l'abolition de

---

57. *Antioche*, vv. 205-07.
58. Ibid., v. 6941.
59. Op. cit., p. 51.
60. Op. cit., p. 88.
61. *Antioche*, vv. 9062-65.

l'histoire; mais lorsque la conquête s'installe, la durée reprend ses droits, et les chansons de geste qu'inspire la croisade doivent tenir compte de cette réalité.

Analysant l'évolution du premier cycle de la croisade, K.-H. Bender montre la diversité des solutions qui furent essayées par les poètes pour recréer un temps mythique: constitution d'une généalogie épique (*Enfances Godefroy, Retour de Cornumaran*), utilisation de perspectives romanesques (*Chevalier au cygne*), merveilleuses (*Naissance du Chevalier au cygne*) ou hagiographiques (*Fin d'Elyas*). Le terme de ce jeu avec le temps est représenté par le retour à l'historicité, à la fin du XIII⁰ siècle, dans les *Continuations de la Conquête de Jérusalem*. Evoquant avec une relative fidélité l'histoire du premier royaume de Jérusalem jusqu'aux débuts de Saladin, cette "chronique poétisée" immobilise comme une image désirable une période vieille de cent ans environ, qu'elle propose en modèle: "... le revirement vers l'histoire constitue un retour à un passé meilleur en vue de corriger le présent et de lui apporter des compensations exhaustives. Il lance un appel au présent et fait miroiter pour l'avenir les perspectives souhaitées" [62].

Cette recherche, à travers l'histoire même, d'un temps mythique, nous renvoie de nouveau à la fonction auto-référentielle de la chanson de geste. Si les *Continuations de Jérusalem* prennent la forme épique, c'est en effet à cause de la valeur poétique que cette dernière confère à l'histoire. À l'inverse, la chanson de geste traditionnelle peut se retremper à la source du temps eschatologique que proposent les premiers poèmes de croisade. Plusieurs rapprochements sont possibles à cet égard entre *Aspremont* et *Antioche*. Ainsi la séquence dans laquelle l'apostoile, avant le combat décisif contre Agolant, veut confier aux barons français une relique de la vraie croix (laisses 420-423), qu'ils refusent tour à tour, parce qu'ils sont venus pour combattre et non pour porter une relique, renvoie au refus des croisés, dans Antioche assiégée, de porter la sainte lance que leur présente l'archevêque du Puy (7685 ss.). Dans *Aspremont*, Turpin accepte la relique (8490-92), mais la rend au pape lorsque la bataille est engagée (9313-20); dans *Antioche*, l'évêque du Puy est obligé de garder la lance, puisque personne ne l'accepte:

62. Bender, op. cit., p. 77.

258

> "Segnor, çou dist l'envesques, entendés ma pensee:
> Jo porterai le lance, puis qu'ele m'est donee" [63];

il sort d'Antioche, marche au premier rang des combattants "el non de sainte crois" (8554), et encourage les siens, tenant la relique sainte:

> En se main tint le lance dont li felon tirant
> Ocisent Damedeu ens en le crois pendant [64].

On voit ainsi que l'auteur d'*Aspremont* a su garder l'image traditionnelle de Turpin, l'évêque combattant, tout en la nourrissant avec des éléments empruntés au poème de croisade. On rappellera aussi le recours aux saints guerriers: saint Georges et ses deux compagnons interviennent dans la bataille, mais c'est parce que le motif est repris d'*Antioche* qu'il peut être légèrement subverti par l'auteur d'*Aspremont*. Il ne s'agit pas seulement ici d'une aide miraculeuse, mais d'un signe d'élection du jeune Roland. À Ogier qui l'interroge, le saint répond:

> Yorge m'apelent la ou je sui manant.
> Si ai partot le premier cop devant;
> Mais je l'ai ore ballié a cel enfant [65].

Enfin le caractère mythique du temps dans la chanson de geste préside aussi à la fondation du texte. Non seulement le poème est parfois présenté comme le travail de celui qui fut en même temps acteur de l'événement:

> Co dit la Geste et cil ki el camp fut,
> Li ber Gilie, por qui Deus fait vertuz
> E fist la chartre el muster de Loüm (*Roland*, 2095-97),

mais un personnage épique célèbre, attesté par plusieurs poèmes, peut devenir le garant invoqué par l'auteur d'une œuvre ultérieure. Ainsi le poète de la *Naissance du Chevalier au cygne* invoque-t-il, comme le remarque Joseph J. Duggan, l'autorité d'Orable:

---

63. Vv. 7883-84.
64. Vv. 8951-52.
65. *Aspremont*, vv. 8517-19.

En escrit le fist mettre la bone dame Orable
Qui mout fu preus et sage, cortoise et amiable,
Dedens les murs d'Orenges la fort cité mirable [66].

La chanson de geste offre ici un nouvel exemple de fonction auto-référentielle, capable de médiatiser la catégorie du temps.

3. L'ORGANISATION SOCIALE

On peut voir à l'œuvre dans le texte épique plusieurs schémas permettant de signifier quelque chose —parfois d'une manière presque inconsciente— sur les relations entre les groupes qui constituent la communauté au sein de laquelle il est diffusé.

Les travaux de J. Grisward et ceux de G. Duby ont mis en évidence les résurgences de l'idéologie indo-européenne des trois fonctions, dont la théorie des *ordines* constitue l'interprétation explicite [67].

La réflexion biblique sur la fonction royale —rassembler le peuple afin de le garder fidèle aux ordres de Dieu [68]— est reprise, après Grégoire le Grand et Augustin, par les auteurs carolingiens qui l'adaptent à la conception impériale, comme dans la *Vita Hludowici* de Thegan [69], puis par Adalbéron de Laon, qui rend le roi responsable de la paix, "cette projection sur notre monde imparfait de l'ordre qui règne en haut, de la loi" [70].

Enfin l'idéologie féodale et le développement progressif de la chevalerie, sur lequel nous éclairent les recherches de J. Flori [71], constituent des modèles éclairants et complexes, l'idéal chevaleresque apparaissant par exemple comme le retournement, au profit d'un corps terrestre —la chevalerie terrienne— d'un modèle spirituel et d'abord monastique, la *militia Christi*.

---

66. *Version Beatrix*, dans *La Naissance du Chevalier au cygne*, éd. Jan A. Nelson, University of Alabama Press, 1977; citation de J. Duggan, op. cit., p. 304.
67. Voir notamment J. Grisward, *Archéologie de l'épopée médiévale*, Payot, 1981, et G. Duby, *Les trois ordres ou l'imaginaire du féodalisme*, Gallimard, 1978.
68. "Garde les observances du Seigneur, ton Dieu, marche dans ses chemins, garde ses lois, ses commandements, ses coutumes et ses exigences, comme c'est écrit dans la Loi de Moïse", recommandations de David à Salomon, *I Rois*, 2, 3.
69. J. Frappier, op. cit., II, pp. 66-67, 69-71.
70. Duby, op. cit., p. 64.
71. Voir *L'idéologie du glaive*, Droz, 1984, et *L'essor de la chevalerie*, Droz, 1986.

260

Ces modèles de répartition du pouvoir entre différents groupes sociaux apparaissent dans le texte épique sous la forme de récits déjà configurés, pour reprendre une expression chère à Paul Ricœur [72], c'est-à-dire de schémas narratifs autonomes. On peut ainsi reconnaître des récits de partage du monde entre plusieurs frères, lesquels se répartissent en trois groupes correspondant aux trois fonctions: telle est l'étude à laquelle s'est livré J. Grisward à propos des missions qu'Aymeri donne à ses fils dans les *Narbonnais* [73].

Sont également à prendre en compte ces listes des devoirs du souverain, que l'on rencontre au début du *Couronnement de Louis* [74] ou dans *Aspremont* [75]. Des contes folkloriques (T 938, *Placidas* ou la famille dispersée; T 706, La fille aux mains coupées; T 303, conte des deux frères) expriment aussi à leur façon, comme l'a montré F. Wolfzettel à propos des récits d'*Enfances*, la conquête par un héros de son identité et du pouvoir [76].

Le repérage et l'analyse de ces schémas explicatifs sont une tâche indispensable, qui peut demander beaucoup de temps et de travail. Grâce au déchiffrement de ces éléments souvent camouflés, il est possible en effet de répondre à des interrogations de type littéraire aussi bien qu'historique. Pour le groupe des quatre fils Aymon, par exemple, à côté de l'interprétation par la topique, illustrée par J. Thomas [77], J. Grisward propose de voir une articulation "sur le modèle idéologique trifonctionnel", avec "Aalard le sage, Renaut le guerrier, Guichard le tranquille amateur de femmes et Richard l'excessif amoureux des richesses" [78].

Quant à l'objectif poursuivi au terme de l'utilisation de tels schémas, il est à rechercher dans l'étude des problèmes posés à la société médiévale. À propos des *Narbonnais*, par exemple, J. Grisward croit

72. Voir *Temps et récit*. Paris, 3 vols., 1983-1985, et *Du texte à l'action*, Paris, 1986: "D'une manière ou d'une autre, tous les systèmes de symboles contribuent à configurer la réalité... Le monde de la fiction est un laboratoire de formes dans lequel nous essayons des configurations possibles de l'action pour en éprouver la consistance et la plausibilité" (*Du texte...*, p. 17).
73. Voir *Archéologie de l'épopée médiévale*.
74. Vv. 62-86, 150-212.
75. Vv. 11178-264.
76. Voir *Zur Stellung und Bedeutung der "Enfances" in der a-f Epik*, ZFSL, LXXXII 1973, et LXXXIV, 1974.
77. Voir *Les quatre fils Aymon*. "Romanica Gandensia", XVIII, 1981. pp. 47-72.
78. Voir *L'idéologie des trois fonctions dans les Quatre fils Aymon et le Mahabharata*, dans *Essor et fortune de la chanson de geste*, I, pp. 84-85.

reconnaître "dans la réactivation, au début du XIIIᵉ siècle, d'un schème et d'un thème épique vraisemblablement déjà constitués à l'époque indo-européenne", un moyen de mettre en scène et de contribuer à résoudre "les problèmes qui agitent la classe politique à ce moment-là...: la turbulence des *juvenes*, la question des héritages, le refus du démantèlement des fiefs, les difficultés d'installation des cadets de famille, la rivalité des jeunes et des vieux, la répartition des rôles respectifs du souverain et des *milites*" [79]. Peut-être même, ajoute Grisward, peut-on trouver dans ces récits mythiques de partage le souvenir des répartitions de 806 entre Charles, Pépin et Louis, et de 843 entre Charles le Chauve, Louis le Germanique et Lothaire.

Mais le repérage dans la chanson de geste de schémas narratifs enfouis doit aussi permettre d'évaluer le travail de déplacement opéré par le poète; il nous faut examiner comment l'élaboration proprement littéraire brouille les pistes, transformant ces schémas, les faisant jouer les uns contre les autres, de façon à composer à sa guise, par l'occultation comme par la désignation de ses sources, le paysage qui lui est propre. Trois points seront examinés ici.

La fonction royale, tout d'abord, apparaît soumise à des appréciations contradictoires. Recourant en même temps à l'idéologie trifonctionnelle et à l'idéologie féodale, la chanson de geste oscille entre la glorification du roi et la fragilisation systématique de son rôle.

Avec Charlemagne dans le *Roland* ou dans *Aspremont*, la conception indo-européenne et la réflexion biblique s'accordent pour associer le roi à la divinité. Les songes de l'empereur à Roncevaux, les interventions de Gabriel, messager de Dieu, les miracles accomplis en faveur de Charles montrent, comme le proclamera *Aspremont*, que le roi n'est responsable que devant Dieu, de qui il tient son pouvoir:

> "De Damerdeu, le pere esperital,
> Et de mon cors te calenç l'iretal.
> Nel doi tenir de nul home carnal
> Ne mais de Deu, le roi celestïal" [80].

Dès le *Roland* pourtant, du fait de la structure féodale, le roi se trouve lié au *consilium* de ses vassaux, qu'il s'agisse de prendre une décision stratégique ou de rendre la justice. On sait l'importance capitale de

79. *Perspectives Médiévales*, t. 8, 1982, pp. 129-30.
80. Vv. 5855-58.

262

ce fait, puisque le conseil donné par Ganelon —envoyer un messager à Marsile, faire de Roland le chef de l'arrière-garde— décide de la mort du héros.

De cette opposition structurelle entre deux modèles, dont l'un attribue au roi, familier de la divinité, la charge de dire le droit, tandis que l'autre souligne l'interdépendance du seigneur et du vassal, le poème épique tire une grande variété de situations narratives.

Il développe le thème de la fragilité des conseillers: lors du plaid de Ganelon, les barons de Charlemagne capitulent devant la puissance des alliés du traître, et seul Thierry ose définir ce qui est juste:

"Que que Rollant a Guenelun forsfesist,
Vostre servise l'en doüst bien guarir.
Guenes est fels d'iço qu'il le traït..." (3827-29).

Mais il montre aussi un souverain qui reste insensible à la justesse d'un conseil: Naimes, figure du bon conseiller, n'est pas écouté dans *Girart de Vienne* lorsqu'il recommande de faire la paix [81], ou dans *Huon de Bordeaux* quand, en observant les règles de la procédure, il cherche à sauver le héros [82].

L'image d'ensemble que les chansons donnent de la fonction royale est donc celle d'une instabilité conjurée seulement par la présence auprès du souverain de conseillers équitables, qui doivent être des nobles:

Les jentils omes que tes peres nori,
Se tu nes crois, dont seras tu honi [83],

et même des guerriers de premier plan:

... de vilain ne faces conseillier,
Fill a prevost ne de fill a veier...
Mais de Guillelme le nobile guerrier... [84].

Lorsque le roi agit de manière irréfléchie, c'est la notion de droit qui devient floue et révèle son incapacité à maintenir la paix; lorsque

81. Éd. W. van Emden, Picard, SATF, 1977, vv. 2257-61.
82. Éd. P. Ruelle, Bruxelles, 1960, vv. 9692-10128.
83. *Aspremont*, vv. 11206-207.
84. *Couronnement de Louis*, vv. 206-07, 209.

Louis fait à Raoul de Cambrai une promesse inconsidérée, il confère un droit à son vassal, mais ce droit est source de malheur:

> R. ot droit, si con je ai apris;
> Le tort en ot li rois de S. Denis;
> Par malvais roi est mains frans hom honnis[85].

À terme, la relation entre fonction royale et sacré se trouve elle-même atteinte. Des substitutions peuvent intervenir, susceptibles de restaurer la dimension mythique: le personnage d'Auberon, qui rend la justice à la place d'un Charlemagne dominé par son ressentiment contre Huon de Bordeaux est particulièrement éclairant à cet égard. Mais lorsque le sacré ne s'incarne pas, démesure et violence, comme dans *Raoul de Cambrai* ou les *Lorrains*, ne peuvent trouver de fin.

Liée à la fonction royale dans le schéma indo-européen, mais confiée au groupe des *oratores* dans la théorie des ordres, la charge du religieux est également peu honorée dans la tradition épique. Seuls sont nettement valorisés les prélats guerriers, comme l'évêque du Puy dans *Antioche* ou Turpin dans *Roland* et *Aspremont*: reflétant, comme le suggère K.-H. Bender, la fascination qu'exerce la vie chevaleresque sur la haute aristocratie ecclésiastique, ces personnages trouvent précisément leur éclat dans l'appartenance à deux ordres, celui des *bellatores* et celui des *oratores*; Turpin est le "guerreier Charlun" (*Roland*, 2242), celui qui déclare, dans *Aspremont*,

> "... arcevesques sui ge et chevalier"[86].

Sans doute certains *oratores* tirent-ils leur valeur de leur rôle religieux: c'est le cas de plusieurs abbés de Cluny, et notamment de celui qui, dans *Huon de Bordeaux*, met toute sa vie religieuse en balance pour obtenir de Dieu, par une longue prière, la victoire de Huon contre Amaury[87]. Mais la plupart sont appréciés indépendamment de leur fonction religieuse, dans la façon dont ils se comportent à l'égard des chevaliers ou des personnages nobles. Ainsi, dans *Huon de Bordeaux*,

---

85. *Raoul de Cambrai*, vv. 823-25.
86. V. 9317.
87. Vv. 1950-2071. Pour le prestige de Cluny, voir Duby, *Les trois ordres*, pp. 236-51.

264

l'abbé de Saint-Maurice-des-Prés montre-t-il sa valeur en accueillant le
héros avec largesse:

> Mout les fait bien li abes honnorer,
> Ens l'abeïe fait pors et bués tuer [88],

tout comme, dans *Girart de Vienne*, un abbé de Cluny —encore un—
apporte à Renier et Gérard les armes dont ils ont besoin [89].
Les membres du clergé et les religieux sont donc moins invités à
accomplir leur fonction propre —prier pour ceux qui les défendent
et pour ceux qui les nourrissent— qu'à se souvenir des largesses des
nobles, qui, seules, peuvent leur permettre de s'adonner à la prière,
et à se montrer eux-mêmes généreux lorsqu'il en est besoin. Turpin, du
fait de sa double appartenance, est bien placé pour le dire:

> "Quant nos seons a nostre halt disner
> Et nos servons de matines canter,
> Il se conbatent por la tiere garder;
> Et vos et jo et nostre abes Fromer
> Devons por euls nos tresors effondrer.
> Tant lor en doit cascuns de nos doner
> Que il nos viengent servir et honorer" [90].

Mais la plupart des *oratores* se montrent avares et peuvent de la sorte
être assimilés, comme J. Batany en formule l'audacieuse hypothèse, aux
vilains: "... ces moines qui épargnent, qui reçoivent avec avidité les
trésors apportés par leurs riches *conversi* et qui donnent si parcimo-
nieusement, ce sont des bourgeois, c'est-à-dire, pour le public aristocratique, des vilains. Des vilains avec des réserves alimentaires... [91].
Les conséquences d'un tel discrédit sont graves, qui conduisent à
leur éviction par rapport à leur mission essentielle, la mise en relation
de l'univers épique avec le sacré. À leur place, des guerriers, mais
parfois aussi des personnages secondaires —la "cortoise moillier" du
Charroi de Nîmes [92]—, seront chargés de rappeler la mission du cheva-

---

88. Vv. 8868-69.
89. Vv. 381-401.
90. *Aspremont*, vv. 119-25.
91. Voir *Les moniages et la satire des moines aux XIe et XIIe siècles*, dans *Les chansons de geste du cycle de Guillaume d'Orange*, III, Sedes, 1983, pp. 227-28.
92. Il s'agit de la dame qui fait découvrir à Guillaume les exactions des Sarrasins autour de Saint-Gilles (*Charroi*, éd. cit., laisse XXIII).

lier chrétien, non sans que cette désertion du champ visible du sacré ne produise dans les textes des effets terrifiants, avec le déchaînement d'une violence que plus rien ne retient: meurtre de Garin le Lorrain dans une église, blasphèmes de Raoul de Cambrai[93]. Parfois, un contact direct entre le héros épique et l'univers du sacré —prière de Raoul au moment de mourir, repentir d'Isembard— laisse entendre que le sacré, décidément éloigné du théâtre habituel de l'action épique, ne peut être atteint que par le seul héros.

Quant aux *laboratores,* leur exclusion du système de valeurs épique, étudié notamment par M. de Combarieu[94], est bien connue. Cette mise à l'écart n'est toutefois complète que si les non-nobles n'ont aucun moyen de venir en aide aux chevaliers ou de se joindre à eux. Les chansons de geste ne manquent pas en effet d'hôtes courtois, qui sont des bourgeois; ces derniers, dans certains cas, élèvent un jeune héros abandonné au cours de sa petite enfance (*Enfances Vivien, Florent et Octavien*). Mais de telles situations sont exploitées de façon à révéler les traits inaliénables de la véritable noblesse: ou bien le jeune homme prend rapidement ses distances par rapport au milieu qui n'est pas le sien —il préfère la chasse au commerce et gaspille l'argent qu'on lui a remis—, ou bien le bourgeois ou le vilain qui l'élèvent montrent des qualités qui attestent leur noblesse profonde — la noble bourgeoise dans les *Enfances Vivien.*

Ceux qui, dans les chansons, méritent d'être appelés *vilains* sont donc le symbole d'un type de personnage qui ne peut être récupéré par les *bellatores.* Un passage d'*Aspremont* montre bien que chacun, quelle que soit son origine, est appelé à grossir les rangs des chevaliers. Gérard d'Eufrate, après avoir invité au combat les "jeunes" qui se préparent très normalement à la tâche guerrière,

> "... li jovene baceler
> Que nos solons escuiers apeler
> As seles metre, as cevax conreer,

s'adresse ensuite au tout venant de l'armée, à qui il promet l'adoubement chevaleresque:

93. Voir *Raoul de Cambrai,* vv. 3017-18.
94. Voir *Image et représentation du vilain dans les chansons de geste,* CUER MA, Aix-en-Provence, "Senefiance", 5, 1978, pp. 7-26.

> "Vignent avant li bacelier legier,
> Keu de cuisine, senescal, boteillier
> Et damoiseax, jogleor et harpier...
> En cest besoing seront tuit chevalier.
> S'en dolce France poïons repairier,
> Je lor ferai les fiés d'alberc ballier."

Seule condition exigée de cette masse que rien ne prédisposait à la noblesse, la vaillance:

> Por qoi il sace proëce et vaselage,
> Onques ne fu acontés li parages.
> Se il est sers, quités est del servage...
> Car Karlemaines les cuite son aage;
> Deu et Saint Pere for en done en ostage... [95].

Sans doute peut-on retrouver, dans cette abolition de toute distance entre les groupes sociaux, pourvu que la tâche guerrière soit accomplie, l'esprit eschatologique de la croisade "premier événement du haut Moyen Âge à ébranler les masses", selon K.-H. Bender [96], esprit qu'*Antioche* popularise avec la description des Tafurs:

> La peüssiés veïr tant viés dras depanés
> Et tante longe barbe et tans ciés hurepés...
> Portent haces danoises et coutels acerés,
> Gisarmes et maçues et pels en son arsés.
> Li rois porte une fauc dont l'aciers fu tenprés... [97].

Mais cette fusion provisoire de toutes les classes permet de mieux comprendre ce que le jongleur entend par vilenie: c'est l'impossibilité radicale pour certains de changer d'état, la permanence dans l'abjection:

> "Lai le vilain a faire son labor,
> Car li vilains n'a que faire d'onor;
> A sa nature revient al cief del tor" [98].

---

95. *Aspremont*, vv. 7255-57, 7270-72, 7276-78, 7444-46, 7450-51.
96. *Op. cit.*, p. 43.
97. *Aspremont*, vv. 8256-57, 8262-64.
98. *Aspremont*, vv. 11224-26.

Pour le vilain, l'appel de Gérard d'Eufrate n'a pas de sens, alors que la chanson de geste peut être présentée comme le résultat de l'union idéale de l'activité poétique —non-noble— et de l'activité guerrière: que l'on songe au "ber Gilie" du *Roland* ou au jongleur "hardi fereur" que Guillaume, croit-on, ramène du combat[99].

Pointe sans doute ici un ultime appel au caractère auto-référentiel de la chanson de geste: c'est en elle —et peut-être en elle seule— que se réalise de manière nette et durable cette communion exemplaire que le réel autorise seulement aux moments "paniques", comme le dit A. Dupront à propos de la croisade[100]: une communion qui permet l'identification du poète à son texte autant que celle du public à l'action et aux personnages épiques.

Ainsi lancé, le poème ne se contente pas d'associer le guerrier et l'auteur de geste; toute pratique littéraire peut tirer son autorité de la chanson de geste, puisqu'à côté de Bertolai dans *Raoul de Cambrai* nous trouvons dans *Aspremont* un Graelent, dont le nom dit assez les orientations poétiques:

> So siel n'a home mels vïelast un son,
> Ne mels desist un bon ver de cançon.
> Icestui fist le premier lai breton,

mais qui se montre aussi hardi combattant:

> N'i ot mellor fors le neveu Karlon[101].

L'espace, le temps et la réflexion sur l'organisation sociale nous sont apparus comme des médiations décisives à travers lesquelles se livrent quelques aspects de l'univers de réception de la chanson de geste. Grâce à elles, la quête d'un "langage oublié" ouvrant à la société médiévale l'espoir de "prendre conscience de ses origines, de son environnement, de son devenir"[102] dispose d'un moyen d'expression assez complexe pour pouvoir s'adapter, tout au long de son histoire[103],

---

99. *Chanson de Guillaume*, laisse XCVII.
100. Op. cit., pp. 19-20.
101. *Aspremont*, vv. 9487-89, 9993.
102. D. Madelénat, op. cit., p. 94. L'expression "langage oublié" est empruntée à un titre d'E. Fromm.
103. Nous ne partageons donc pas les vues de D. Madelénat sur l'évolution de la chanson de geste —"après l'harmonie initiale de la *Chanson de Roland*, la tra-

268

à des situations idéologiques et politiques des plus variées, sans que se modifie le triple rattachement du poème épique au mythe, à l'histoire et à la tradition de la geste comme système d'autoréférence.

À cet égard, le phénomène de la croisade illustre de manière éclatante le pouvoir du discours épique. Inversant à première vue le rapport entre le dire et le faire —il réalise ce que la geste carolingienne appelle de ses vœux, la lutte contre l'ennemi de la foi—, il reprend presque immédiatement les médiations habituelles à l'épopée: éloignement dans le temps et dans l'espace, hiérarchie de la haute aristocratie.

Enfin notre enquête apporte quelques lumières sur l'épineuse question des destinataires de la chanson de geste. La communauté à laquelle s'adressent nos textes, énigmatiquement désignée par les termes de "segnor" ou "baron", et qui semble, dans des œuvres plus récentes, s'ouvrir à l'ensemble des groupes sociaux:

Signour, or faite paix, chevaillier et baron,
Bourgois et clerc et prestre, gens de religion...

Seigneurs, or faites pais, chevaliers et barons
Et rois et dus et contes et princes de renons,
Et prelas et bourgois, gens de religions,
Dammes et dammoiseles et petiz enfansons,
Clers et lais, toutes gens vivans fois et raisons [104],

coïncide avec un ensemble héroïque représenté par la classe guerrière, qui n'a pour vis-à-vis que l'anti-modèle du vilain.

Il semble bien dès lors que le destinataire du poème soit l'ensemble de ceux qui reconnaissent dans ces héros des figures auxquelles ils peuvent s'identifier, parce que, dans la médiation d'un récit de fiction, ou en raison d'une histoire partagée, ils leur ressemblent. Pour tous ceux —nobles ou non nobles— qui récusent la vilenie, c'est-à-dire l'abjection pérennisée, la geste héroïque propose une généalogie imaginaire, rassemble dans une communion esthétique et idéologique, qui contribue à la *conservationem civitatis*", comme dit Jean de Grouchy, sans prôner une constitution figée. Ainsi s'explique le long, le surprenant succès de la chanson de geste médiévale.

jectoire de l'épopée médiévale ressemble à une belle décadence", op. cit., p. 204—, vues beaucoup moins originales que le reste de son bel ouvrage.

104. *Lion de Bourges*, éd. W. Kibler, J.-L. Picherit et Thelma Fenster, Droz, 1980, vv. 1-2; *Renaut de Montauban* (B.N. fr. 764), éd. Ph. Verelst, Gent, 1988, vv. 1-5.

La configuration épique

Le propos des quelques réflexions qui vont suivre est d'éprouver, à l'égard de trois aspects importants de l'univers littéraire épique, la démarche herméneutique développée par P. Ricoeur dans son oeuvre *Temps et récit*[1]. Partant de la *mimésis* aristotélicienne, Ricoeur, évoquant les rapports du lecteur ou du spectateur à la fiction, repère trois opérations étroitement impliquées: une "précompréhension du monde de l'action", avec ses structures intelligibles, ses ressources symboliques et son caractère temporel[2]: une mise en intrigue qui organise, dans une configuration fictionnelle reliant ses propres objets à la pré-compréhension initiale, l'univers du récit; enfin la refiguration, qui associe l'univers de la lecture, ainsi configuré, et le monde dans lequel se trouve et agit le lecteur[3].

Si nous reprenons en effet la définition de la chanson de geste proposée par Jean de Grouchy, nous y trouvons la définition d'un objet, les *gesta heroum*, et d'une fonction remplie par l'évocation de cet objet: "*iste cantus valet ad conservationem totius civitatis*"[4]: qu'est-ce qui permet de désigner les personnages présentés dans le poème comme des héros, et surtout en quoi leurs hauts faits seraient-ils susceptibles d'assurer le salut de l'ensemble de la communauté? Or la démarche de Ricoeur peut permettre d'éclairer les propositions de Jean de Grouchy: à partir d'une pré-compréhension des conditions de l'agir médiéval, une mise en intrigue configure dans l'oeuvre épique trois éléments importants, les rapports du groupe et des personnages, l'expérience du temps, la structure de l'action; elle propose au lecteur - ou plutôt à l'auditeur - un horizon d'identification possible et désirable, et par conséquent une identité par rapport au monde de l'action qui lui fait face. Pour notre part, c'est le point n°2 de la démarche (la configuration) qui retiendra surtout notre attention.

---

[1]   Paris, 1983-1985, 3 vol.

[2]   *Temps et récit*, I, p. 87.

[3]   *Op.cit.*, I, p. 109.

[4]   Nous empruntons la définition de J. de Grouchy à la citation qu'en fait J. Chailley das "Du *Tu autem* de *Horn* à la musique des chansons de geste", *Mélanges R. Louis*, 1982, t.I, p. 22.

1. Précompréhension

Il s'agit des modes de représentation de l'univers – et particulièrement de l'univers relationnel dans lequel reconnaît se situer le "contemporain" des chansons de geste. On peut aller ici très vite, puisque la recherche, dans l'orbite des travaux de G. Duby en particulier[5], a déjà beaucoup avancé. On rappellera tout d'abord un double système de répartition des fonctions, la *tri-fonctionnalité indo-européenne*, mise au jour par Dumézil, qui distingue fonction royale, associée à la divinité, et dont le rôle est de dire ce qui est juste; la fonction guerrière, associant conquête et défense, et la fonction de production et de reproduction, et le *système des ordres*, élaboré par les clercs du XIe s., qui ne correspond qu'imparfaitement à la distribution indo-européenne (*oratores, bellatores, laboratores*).

Une telle répartition fixe les rapports entre des groupes, du point de vue de la tâche exercée par ses membres. Une autre répartition définit également des groupes, mais selon un principe tout différent, celui de la naissance et des alliances matrimoniales: ce sont les réseaux de parenté.

Un troisième mode tisse des relations de dépendance interpersonnelles: c'est le système féodo-vassalique, qui détermine les obligations entre seigneurs et vassaux ainsi que la répartition des terres, l'attribution des fiefs étant la projection géographique du système.

Enfin le groupe, tout comme l'individu qui le compose, se définit par une appartenance religieuse et sa conséquence, l'exclusion de tous ceux qui ne présentent pas les mêmes caractéristiques: en Europe

Paien unt tort e chrestïens unt dreit (1015).

La représentation des liens sociaux est donc complexe, incomplètement ajustée et donc génératrice de conflits potentiels. Si le principe d'identification religieuse est puissant – et il l'est –, la lutte contre les non-chrétiens est inévitable, ce que les expéditions outre-Pyrénées ou le saint voyage outre-mer (la croisade en Palestine) inscrira dans les faits. Mais que se passe-t-il lorsque les exigences liées au fonctionnement d'un système déterminé se heurtent aux intérêts d'un autre? Comment réagissent les alliés au sein

---

[5] Voir notamment *Les trois ordres ou l'imaginaire du féodalisme*, Paris, 1978.

d'une même parenté lorsque la fidélité vassalique foule aux pieds l'un des leurs? Comment se situe le roi par rapport au système féodo-vassalique, lui dont le pouvoir est d'une autre nature, toujours lié à la divinité, même si l'élection par les pairs a pu jouer un rôle? Est-il d'abord celui qui transmet les messages de la divinité – mais que devient alors le rôle des clercs? – ou bien un seigneur lige – mais son efficacité risque alors de ne se mesurer qu'à l'étendue des terres qu'il possède.

La pré-compréhension médiévale des rapports sociaux laisse donc la place à la possibilité – voir à la nécessité du conflit. La configuration épique – la mise en intrigue opérée par la chanson de geste – va, à partir de lieux rhétoriques ou de catégories du récit mettre en lumière ces tensions nécessaires.

2. Configuration: groupe et personnage

La mise en intrigue propre à l'épopée met tout d'abord en évidence une complémentarité essentielle entre un groupe (la *civitas* mentionnée par Jean de Grouchy) et le personnage.

Au commencement était le groupe, et le terme de *geste* mime la communauté héroïque originelle, que l'action de l'individu doit venir conforter:

Deus me cunfunde, se la geste en desment! (*Roland*, 788);

il en est de même pour le terme de *parenté*, utilisé dans la *Chanson de Guillaume*:

Il fu custume a tun riche parenté
Quant altres terres alerent purchacer,
Tuz tens morurent en bataille chanpel. (1322–24)

Mais le groupe originel mythique n'est affermi qu'à travers des formes multiples de dissociation opérées par l'individu et réalisées par la configuration.

Le "Département des fils d'Aymeri", réalisé au début des *Narbonnais*, met en scène la dislocation du groupe familial constitué autour du fondateur de la lignée; aucun des fils, sauf le plus jeune, destiné à la succession du fief – mais il partira plus tard lui aussi en quête d'exploits – ne peut demeurer à Narbonne: tous doivent se

230

faire un nom grâce à leur vaillance, avant de revenir, comme une phalange héroïque, participer aux grandes actions d'éclat (siège de Narbonne, revanche d'Aliscans).

Nombreux et divers sont les cas où le héros, avant de fonder une lignée – le groupe se trouvera dès lors en aval de lui – doit affronter la dissolution du groupe familial initial vaincu par la mort ou la trahison. Dans *Beuve de Hantonne*, le héros est chassé de chez lui à cause de l'adultère maternel, cause du meurtre de son père; Huon est le fils orphelin de Seguin de Bordeaux, et le groupe qu'il forme avec son frère Gérard est rompu à la fin du récit par la trahison du cadet.

Ailleurs, c'est la disparition du héros qui lui permet de faire souche. La mort de Roland, d'Olivier et des preux donne à Charlemagne le désir de les venger et détermine la victoire sur Marsile ainsi que la conflagration gigantesque avec Baligant; mais elle fait surgir aussi des héros qui se constituent comme les héritiers des martyrs: ce "Gefreid d'Anjou" qui "portet l'orieflambe" (3093), ou Thierry qui combattra Pinabel.

Dans la *Chanson de Guillaume*, la mort du héros est inévitable, puisqu'il a promis à Dieu qu'il ne quitterait pas le champ de bataille par peur de la mort (292-93). Mais cette solitude revendiquée attire auprès de lui des compagnons séduits par son appartenance à une geste glorieuse:

> *Ja fustes fiz Boeve Cornebut al marchis,*
> *Nez de la fille al bon cunte Aimeris,*
> *Nefs Willame al curb niés le marchis:*
> *En grant bataille nus deis ben maintenir* (297-300)

Demeuré seul, le héros brille donc de tout l'éclat du groupe dont il incarne la valeur, et ce de la façon la plus vive à mesure que toute force guerrière lui est enlevée: Dieu ne le sauve pas de la mort – mais Vivien, dans une de ses prières, avait rappelé que Dieu n'a pas récusé pour lui-même la mort –; il lui suscite, avec Guillaume, Girard et Guichard, puis avec Guillaume et petit Gui, enfin avec Guillaume et Renouart, d'innombrables émules qui finiront par venger sa mort.

Un seul texte, *Renaut de Montauban*, paraît d'un bout à l'autre fondé sur l'exaltation du groupe – les quatre fils Aimon, auquel s'est joint Maugis, leur cousin. Mais il faut y regarder de plus près, car des ruptures existent, significatives de la tension vivifiante entre communauté et individu: Maugis est alternativement présent dans le groupe et absent de celui-ci[6]; Renaut, au début de l'épisode de Vaucouleurs, est pris à partie par ses frères qui croient voir en lui un traître[7], mais surtout, après le pèlerinage à Jérusalem et la victoire de ses fils sur les traîtres, Renaut s'écarte pour toujours du groupe fraternel: ermite, puis ouvrier attaché à la construction de Saint-Pierre de Cologne, il meurt, seul, en martyr. La couronne de la sainteté n'est-elle destinée qu'à lui? Sans doute, mais elle éclaire d'un jour nouveau l'ensemble de la fratrie.

Les qualités fondamentales du héros – vaillance, force physique – s'inscrivent elles aussi dans l'ambiguïté caractéristique des relations entre le personnage et le groupe auquel il appartient et qu'il doit servir. Ganelon, dont la beauté, qui attire les regards

Tant par fu bels, tuit si per l'en esguardent (Roland, 285)

signifie que le personnage est effectivement problématique, se laisse aller à la dévaluation des liens de parenté – il est jaloux du renom de Roland, son fillâtre – et oublie ainsi le devoir qu'il pense pourtant ne pas trahir, le service vassalique.

Les termes connotés de façon péjorative, comme *orgueil*, sont plus ambigus encore, dans la mesure où leur rapport avec l'intérêt de la communauté peut faire question. Sans doute la formule qui désigne les projets destructeurs de Déramé est-elle claire:

Le sun orguil le deit gueres durer (Guillaume, 1594),

puisque le comte d'Orange est en train d'inviter les siens à venger la mort de Vivien. Mais l'orgueil de Gérard d'Euphrate est-il aussi négatif dans *Aspremont*:

Mais Gerars est durement orghellos;
Mes parens est et li fel et li rous (v. 1046–47)?

Sans doute se montrera-t-il violent à l'égard de Turpin et méprisant pour l'autorité de Charlemagne: cette démesure sera toutefois mise au service des Français dans la lutte contre les païens.

---

[6] Il est absent – du moins dans la version la plus ancienne – lors de la partie d'échecs et du siège de Montessor, ainsi qu'à la fin du siège de Montauban.

[7] Voir, dans l'édition J. Thomas (Genève, Droz, 1989) les v. 6942–55.

232

L'ambiguïté la plus grande concerne toutefois le comportement d'un personnage comme Roland. Accusé d'orgueil par Ganelon:

Cunseill d'orguill n'est dreiz quë a plus munt (228)

et de bravoure téméraire par Olivier

Mielz valt mesure que ne fait estultie (1725)

le personnage est posé en énigme par le poète, qui nous suggère ainsi la question qui seule importe ici: l'action du héros, compte tenu de l'ensemble de ses circonstances, héroïsme de l'arrière-garde, fidélité aux impératifs du service vassalique et de la foi chrétienne

Pur nostre rei devum nus ben murir.
Chrestïentét aidez a sustenir! (1128-29)

punition exemplaire des païens et triomphe ultérieur sur le chef suprême de ceux-ci, cette action, donc, dessert-elle les intérêts fondamentaux du groupe, ou bien, de façon paradoxale, ne lui rend-elle pas le témoignage le plus éclatant?

On notera enfin, dans la recherche de complémentarité instituée dans la configuration épique entre personnages et groupe originel cette autre relation manifestée entre personnages masculins et personnages féminins. A plusieurs reprises, le personnage féminin a pour mission de rappeler les valeurs de la communauté au héros qui les oublie. Ainsi Aude manifeste-t-elle, dans son refus de continuer à vivre, la rupture absolue que constitue la mort d'un héros tel que Roland:

Ne place Deu ne ses seinz ne ses angles
Aprés Rollant que jo vive remaigne (3718-19)

Aalais, qui a tant désiré la restitution du fief de Cambrai pour son fils Raoul, le dissuade de se rendre complice d'une injustice - la spoliation des fils d'Herbert - pour arriver à cette fin; enfin, aux portes d'Orange, Guibourc refuse d'ouvrir à Guillaume les portes de la ville, tant l'identité héroïque est liée à l'action en faveur du groupe:

Se vus fuissez Willame al curb niés,
Ja fust escuse sainte crestïentez (Guillaume, 2268-69)

Ailleurs, la femme est présentée comme l'objet du désir masculin – Orable, que convoite Guillaume dans la *Prise d'Orange* – ou comme un être de désir (Esclarmonde, dans *Huon de Bordeaux*. Ce qui intéresse alors le poète, ce sont les transformations opérées dans les personnages, et par conséquent dans les relations qu'ils entretiennent avec le groupe dont ils sont solidaires. Guillaume, à Orange, devient "Guillelmes l'Amïable" (1563), mais cela ne l'empêche pas de tenir tête à l'ennemi et, en fin de compte, de réaliser, comme il l'avait fait à Nîmes – c'est-à-dire sans que l'amour entre en jeu – la conquête d'une ville.

Avec Esclarmonde, le jongleur étudie la puissance d'un désir qui impose à la demoiselle sa volonté:

> *Amors le point, qui ne le laist durer* (5873),

mais la tourne aussi au service de la communauté, en libérant Huon avec l'intention de se convertir, au moment même où le héros, sans qu'on puisse savoir s'il s'agit d'une ruse ou s'il est sincère, se déclare prêt à être libéré coûte que coûte:

> *Se jou devoie tos les jors Diu flamer*
> *Dedens infer, en la cartre cruel,*
> *Si ferai jou tout vo volenté* (5931–33)

Ici encore, mais cette fois à travers ce qu'on pourrait appeler les "inconséquences" des personnages, le texte épique place l'interprétation des personnages qu'il nous propose à l'intersection de la figure individuelle et de la communauté qu'il permet d'imaginer.

3. Configuration: l'expérience du temps

Si la mise en intrigue du personnage épique ne cesse de renvoyer au groupe originel, la représentation du temps mime le temps des origines, auquel se mesure la chronologie de l'action épique, à laquelle est associé à son tour l'auditeur-lecteur.

Les annonces successives faites par le poète scandent aussi bien le temps épique que celui de la réception de l'épopée:

> *Dés or cumencet le cunseill qu'en mal prist (Roland, 179)*

> *Des ore mes dirrai de Girard l'esquier*
> *Cum il alad a Willame nuncier (Guillaume, 929-30)*

mais ce temps ne cesse d'osciller entre le ponctuel, le fragmentaire, et la suggestion d'une durée sans limite.

Le refrain semainier de la *Chanson de Guillaume* est un bon exemple de cette fluidité essentielle de la durée. Les indications proposées (*lunsdi al vespre, joesdi al vespre, lores fu mecresdi*) désignent en principe un bref laps de temps, mais l'usage qui en est fait dans la chanson est tout différent: le premier refrain scande l'interminable passion de Vivien et la marche de Girard vers Barcelone[8], mais on le retrouvera au début du troisième engagement de Larchamp; le second figure aussi bien dans la deuxième bataille que dans la scène où, dans sa ville, Guillaume pleure les preux disparus; quant au troisième, il alterne avec le premier au cours du troisième engagement. Le refrain, dans sa permanence au cours d'une tranche développée de l'action, ne désigne donc pas un point de la durée, mais symbolise plutôt la brièveté oxymorique de l'interminable et condense une durée qu'indique ailleurs la succession des repérages chronologiques. Ainsi, lors de la seconde bataille de Larchamp, l'indication des jours qu'occupe le combat débouche tout-à-coup sur une indication comparable, mais en fait d'une nature tout autre, puisqu'elle les résume toutes:

> *Cele bataille durad tut un lundi,*
> *E al demain, e tresqu'a mecresdi..*
> *Jusqu'al joesdi devant prime un petit..*
> *Des homes Willame ne remist un vif*
> *Joesdi al vespre* (1120-21, 1123, 1126-27)

Ailleurs, c'est la fragmentation d'un texte en épisodes brefs qui donne à voir l'écoulement d'un temps indéfini, comme dans le *Couronnement Louis*, où la lutte contre les usurpateurs et la défense de l'église mobilisent alternativement, sans qu'un terme puisse jamais être envisagé, la vaillance de Guillaume mise au service du roi:

> *En son servise vueil ma jovente user* (2674)

---

[8] La dernière occurrence (pour le premier engagement) figure au v. 1063.

La chanson peut aussi, au moment où son action paraît close, nier en quelque sorte cette clôture en laissant imaginer un prolongement qui, relié à un passé lui-même non précisé, dilate à l'infini le temps de la diégèse; sommé par Gabriel de secourir le roi Vivien en Imphe, Charlemagne laisse deviner que sa tâche n'a pas de fin:

> *"Deus!", dist li reis, "si penuse est ma vie!"* (*Roland*, 4000)

Certains cycles épiques, comme celui des *Lorrains*, se construisent sur la recherche d'une continuité indéfinie de l'action épique qui, de génération en génération, prolonge les combats entre lignages ennemis:

> *Granz fu la guerre qui ja ne prendra fin.*
> *Aprés les mors la reprennent li vif;*
> *Aprés les peres la racuellent li fil* (*Gerbert de Mez*, 2471-73).

Et c'est peut-être dans ce souci d'opposer la chronologisation inévitable de l'action épique et une durée privée de repères précis, seule mesure du temps héroïque, qu'il faut chercher l'origine d'un long prologue comme celui de *Garin le Lorrain*, qui commence son récit, sans relation directe avec le contenu de la chanson, en contant

> *Si con li Hongre vinrent en cest païs* (3)

Ainsi, dans une conception de l'épopée qui exclut la représentation de la création du monde et de la durée – puisque la Révélation a donné, à cet égard, tous les éléments nécessaires – l'action épique ne cesse de jouer avec le temps: vouée à la mesurer, pour obéir aux lois de la diégèse, elle s'empresse d'effacer les repères, en renvoyant parfois à un au-delà du temps. A cet égard, l'exemple le plus paradoxal est fourni par les premières épopées de la croisade qui, très proches de la vérité historique – pour la *Chanson d'Antioche* au moins – se pensent comme la réplique au Mystère de l'Incarnation, et se projettent du même coup hors du temps:

> *De la sainte cité vos vaurai conmenchier,*
> *U Diex laissa son cors pener et travellier* (35-36)

4. Configuration: l'action épique

A partir des deux aspects de l'épopée étudiés précédemment – la relation entre le personnage et le groupe conçu comme originel, l'expérience d'un temps qui rejoint l'en-amont de la durée – l'action épique se trouve configurée de manière à exploiter les éléments de pré-compréhension sociale de l'univers de représentation médiéval.

Elle est vouée à mettre en scène un conflit mettant en jeu soit l'un des réseaux structurants, soit les heurts qui surgissent de la confrontation entre plusieurs réseaux. En fait, il est très rare qu'un seul réseau soit concerné dans un texte: même dans un poème apparemment limpide, comme le *Charroi de Nîmes*, la défense de la foi – l'appartenance au groupe des chrétiens – ne justifie pas à elle seule l'expédition contre les Sarrasins, adversaires du christianisme; le réseau féodo-vassalique et la répartition des pouvoirs, notamment celui du roi, sont en cause.

L'action épique met en évidence le caractère essentiellement instable de ces réseaux, et la nécessité de leur recomposition au nom des valeurs qui les fondent. Dans le *Roland*, la mise en garde effectuée à l'égard des liens de parenté n'est sans doute pas l'élément qui se trouve mis au premier plan; il n'en a pas moins une importance essentielle. La relation du parâtre et du filâtre se trouve dénoncée – elle conduit Ganelon à trahir à la fois Roland et son seigneur – ainsi que l'alliance proposée par Charlemagne entre Aude et son fils Louis – rien ne saurait faire oublier la mort du preux. Mais la relation de parenté entre l'oncle et le neveu – relation de parenté elle aussi – brille d'un éclat incomparable: la question qui se trouve posée est donc de savoir comment constituer des liens de parenté tournés vers l'honneur et non vers la trahison, qui produisent des Roland et non des Ganelon.

Avec le drame de Larchamp, c'est l'instabilité de la hiérarchie féodale qui se trouve dénoncée: Tiébaut de Bourges, le comte puissant, à qui Vivien peut dire

> *Vus estes cunte e si estes mult honuré*
> *Des meillurs homes de rivage de mer* (Guillaume, 51-52)

est un ivrogne et un poltron. Devant cette déchéance, le lignage présente un recours, et Vivien, on l'a vu, est reconnu comme chef à cause de son appartenance à la geste prestigieuse. Mais le lignage lui-même ne saurait être considéré comme une garantie absolue, et malgré l'aide que les parents de Guillaume lui apportent pour la dernière bataille de Larchamp, c'est Renouart, étranger à un double titre à la geste – il ne fait partie ni du lignage ni de la communauté des chrétiens, puisqu'il est sarrasin et n'a pas encore reçu le baptême – qui permet de remporter la victoire.

Destinée à montrer l'instabilité des réseaux et la possibilité de leur recomposition sur de nouvelles bases – le jeune comme petit Gui, qui sauve son aîné; Renouart, l'étranger, qui deviendra l'illustration du lignage dont il fera partie par alliance – l'action épique est fondée sur le conflit, et donc sur l'action guerrière. Mais elle accorde aussi une place importante à la parole, non seulement pour dire les circonstances, les enjeux et les modalités de la lutte, mais pour le déployer dans une durée qui dépasse le cadre étroit de la chanson: ainsi Vivien, qui apparaît comme un jeune au moment où ses compagnons le choisissent pour chef, se présente-t-il comme l'auteur d'exploits innombrables qu'il fait rappeler à Guillaume:

> *Va, si me di a Willame mun uncle*
> *Si li remenbre del champ de Saraguce (Guillaume, 635–36)*

ainsi Roland, au moment de mourir, rejette-t-il sur une durée privée de toute mesure l'espace de ses exploits:

> *Jo l'en conquis e Anjou e Bretaigne (Roland, 2322)*

Fondée sur le principe de l'alternance entre décomposition et recomposition, le schéma structurel de l'épopée est simple; il doit toutefois tenter de rejoindre la durée immémoriale et recourt à cet effet à divers procédés de réitération, dont l'objectif n'est pas seulement de provoquer l'émotion du public. Les quatre engagements successifs de Larchamp, en même temps que le sacrifice de jeunes héros, manifestent le pouvoir de renouvellement perpétuel de l'univers héroïque et suggèrent, à travers cette réitération, une chaîne indéfinie de malheurs et de triomphes depuis les origines. La réitération constitue, de la sorte, une victoire sur le temps qui échappe aux prises par une projection sur une sorte de temps éternel.

Dans certains cas, le poète recherchera cette permanence de l'action épique dans un schéma folklorique qui multiplie les occurrences de l'abaissement et de l'exaltation du héros: ainsi, comme dans *Beuve de Hantonne* ou *Huon de Bordeaux*, l'exil du jeune homme, ses exploits en terre étrangère, parfois au service d'un

238

païen, sa conquête d'une amie et les vicissitudes d'un itinéraire visité tantôt par la joie, tantôt par la peine, jusqu'au moment du triomphe.

Mais qu'elle soit simple ou apparemment complexe, l'action épique aura toujours pour but de configurer, en rejoignant le temps des origines, les rapports sociaux qui peuvent être perçus par l'auditeur-lecteur médiéval.

5. Refigurer: chanson de geste et mémoire

Déchiffrant le message épique à partir de la pré-compréhension du monde qui est la sienne, l'auditeur-lecteur est appelé à *refigurer* cet univers et le rapport qu'il entretient avec lui. Sensible à l'importance du temps des origines qui peut se lire à travers l'expansion infinie de la durée contrastant avec le morcellement des différents épisodes de l'action épique, ainsi qu'à la cohérence d'une communauté que le personnage met en péril tout en la reconstruisant sans cesse, ce lecteur se découvre à son tour porteur d'une mémoire collective, héritier d'innombrables généalogies qui lui ont légué cette "civitas", ce bien commun si différent de ce qu'il peut connaitre - car cet auditeur-lecteur n'est pas nécessairement un guerrier, dont les préoccupations seraient de toute façon bien différentes de celles des héros épiques -, mais pourtant essentiel.

Lecture d'un univers aux multiples réseaux, portant en euxmêmes ou dans la rencontre avec les autres, des germes de fragilité, la chanson de geste manifeste ces réseaux comme périssables et appelés à d'incessantes reformulations, auxquelles participent des figures énigmatiques - à la fois salvatrices pour la communauté, et introduisant de profondes ruptures. Appel aussi, à partir d'une telle refiguration, à l'intervention de l'auditeur-lecteur dans l'univers du réel - mais ici, on s'en doute, Jean de Grouchy est resté bien loin en arrière, lui qui n'attribue aux chansons de geste qu'une incitation à la patience à l'égard des difficultés de l'existence:

"ut auditis miseriis et calamitatibus aliorum suas facilius sustineant et quilibet opus suum alacrius aggrediatur".

Mais peut-être, après tout, cet "opus suum" correspond-il à ce que Ricoeur appelle "une condition de l'existence temporelle"[9], autrement dit l'action dans le monde.

Peut-être trouvons-nous aussi dans les considérations qui précèdent le moyen de faire justice du qualificatif "nationaliste" appliqué à l'épopée. S'il est vrai en effet que dans les temps de péril la communauté nationale paraît se ressourcer dans l'épopée – considérée alors comme épopée nationale[10] – il ne s'agit là, on le voit, que du travestissement – même émouvant – d'une réalité beaucoup plus vaste et plus riche: le sentiment, parfaitement justifié, de rejoindre par la mémoire de la "refiguration" une communauté et un temps originels qui dépassent toutes frontières.

---

9   *Temps et récit*, I, p. 85.

10 Voir L. Gautier, après la défaite française de 1870, ou l'édition de la *Geste Francor*, considérée comme une tâche patriotique, par R. Mortier, au cours de la 2e guerre mondiale.

LA CHANSON DE GESTE EN FRANCE

Apparue au début du XIIe s., la chanson de geste française est florissante pendant deux cents ans environ ; elle donne encore au XIVe siècle des œuvres nombreuses. Elle se prolonge, vers 1450, dans les mises en prose que l'imprimerie saura, dans certains cas, populariser jusqu'au XIXe s.

Esquisser la typologie du genre épique et de son évolution en France, c'est d'abord, nous semble-t-il, rechercher les caractéristiques de la chanson de geste susceptibles de conditionner ses transformations ; c'est aussi décrire les principaux aspects de sa longue histoire. Ainsi, notre propos sera double : établir une problématique de l'évolution du poème épique, puis décrire les faits les plus significatifs de cette histoire. Ensuite, on s'interrogera sur le rapport que l'inspiration épique entretient avec la réalité historique et sur ce que l'historien d'aujourd'hui peut espérer retirer de l'étude des épopées françaises pour reconstruire l'histoire du Moyen Age.

CONDITIONS DE L'ÉVOLUTION ET RÈGLES DE CRITIQUE

L'histoire de la chanson de geste en France au Moyen Age est marquée par trois traits essentiels :
- un rapport original entretenu avec la mémoire collective ;
- la richesse du contenu, qui autorise les combinaisons les plus variées ;
- l'influence précoce du roman.

Toute utilisation du texte épique comme source passe donc nécessairement par la prise en compte de ces différents éléments.

1. CHANSON DE GESTE ET MÉMOIRE

C'est par rapport à une certaine conception de l'histoire que se définit tout d'abord le texte épique.

- Il affirme sa vocation à faire œuvre de mémoire. En divulguant les *gesta heroum et antiquorum patrum opera*, pour reprendre la formule exemplaire de Jean de Grouchy[1], il se propose de rassembler la communauté en la divertissant et en l'instruisant[2]. Pour ce faire, il ne se coupe jamais de la réalité historique, même dans les transpositions purement fictionnelles, soit, comme l'écrit Jean Frappier, que la chanson "hérite d'une tradition où subsistent des parcelles d'une vérité historique transfigurée en mythe", soit "qu'elle retrempe la légende en utilisant consciemment l'histoire"[3].

- Dans le même temps, cette mémoire généalogique apparaît comme fait poétique. C'est grâce à l'incantation de la tirade monorime que les figures héroïques - seraient-elles purement légendaires - parviennent à

---

[1] Citée par exemple par J. CHAILLEY, *Du "Tu autem" de "Horn" à la musique des chansons de geste*, dans *La chanson de geste et le mythe carolingien. Mélanges René Louis publiés par ses collègues, ses amis et ses élèves à l'occasion de son 75e anniversaire*. Mayenne, 1982, t. I, p. 22.

[2] Voir D. POIRION, *Précis de littérature française du Moyen Âge*. Paris, 1983, p. 60-62.

[3] Voir *Réflexions sur les rapports des chansons de geste et de l'histoire* dans *Zeitschrift für romanische Philologie*, 73 (1957), p. 19.

58

leur réalité ultime et prennent place dans l'imaginaire collectif. Inutile, en ce sens, de chercher Roland dans telle ou telle famille de manuscrits de la *Vita Karoli* d'Eginhard : sa présence dans le texte d'Oxford lui confère une réalité – ou une *historicité* ? – qui fait de lui le modèle, explicite ou non, de tous les héros épiques.

De ces deux caractères découlent, à notre avis, des conséquences importantes.

– Œuvre de mémoire, le poème épique appartient à la communauté, ou plutôt à tous les poètes qui, en elle, viendront se manifester. Il peut, indéfiniment, être transformé, afin de parfaire, entre le texte et son public, la relation vivante que le temps, ou la médiocrité d'un jongleur, auraient obscurcie. De là le *remaniement*, forme paradoxale et pourtant *originelle* du récit épique, puisque c'est sous cet aspect que nous sont parvenues les œuvres les plus anciennes, *Chanson de Guillaume, Prise d'Orange* et, peut-être, *Roland d'Oxford*.

Toujours un poète nouveau se déclare prêt à dépasser ses devanciers :

> *Cist novel jougleor qui en suelent canter*
> *Le vrai commencement en ont laisié ester*

ou à faire connaître l'œuvre oubliée d'un prédécesseur :

> *Cil qui le cançon fist sot bien dire les nons,*
> *Ricars li pelerins de qui nos le tenons* [4].

– Œuvre généalogique, la chanson de geste ne peut proposer au public les figures dans lesquelles il reconnaît son origine sans se constituer elle-même en univers ordonné selon les lois du lignage. De là ces *gestes*, pour reprendre le terme célèbre de Bertrand de Bar-sur-Aube [5], à la fois lignages de héros et ensembles épiques, ces *cycles*, terme inévitablement ambigu dans la mesure où ce n'est que dans le poème et dans l'univers poétique que peuvent prendre naissance de telles généalogies. Mais la généalogie, on le verra, échappe parfois au contexte lignager : c'est en lui-même que l'événement ou le personnage épique peut être fondateur, et bien des textes affectent de se situer par rapport à Roncevaux ou à Roland.

---

[4] Voir *La Chanson d'Antioche*, éd. S. DUPARC-QUIOC. Paris, 1977 (Documents relatifs à l'histoire des croisades publiés par l'Académie des Inscriptions et Belles-Lettres, 11), t. 1, v. 12-13 et 9013-9014.

[5] Au début de *Girart de Vienne*, éd. W. Van EMDEN. Paris, 1977 (Société des anciens textes français = SATF), v. 11.

- Enfin la relation substantielle réalisée par le poème épique entre l'histoire et la légende fait que, si la chanson n'est jamais asservie par l'histoire, elle lui reste toujours disponible. A tout moment, l'historiographie peut se tourner vers la chanson de geste, afin de recourir à la puissance incantatoire qui lui est propre :

> Huimais porés oïr de Jursalem parler
> Et de cels ki alerent le Sepucre honorer :

ainsi s'exprime Graindor de Douai, remanieur de la *Chanson d'Antioche*[6], témoin le plus ancien du cycle de la croisade. A l'inverse, d'autres poèmes de ce cycle s'écartent de l'histoire : avec la *Conquête de Jérusalem*, mais surtout avec les *Chétifs* et le *Chevalier au Cygne*, l'historiographie cède la place au poème pseudo-historique.

La chanson de geste ne peut être tenue pour un document historique à l'état brut, car ce n'est pas à des faits totalement vérifiables qu'elle nous ramène. Le texte épique est en revanche d'une grande richesse dans la mesure où il confronte le lecteur avec une certaine conception médiévale de l'histoire, dans laquelle représentation généalogique et volonté de célébrer jouent un rôle important.

2. VIRTUALITÉS COMBINATOIRES DE LA CHANSON DE GESTE

Rien de plus limité, en apparence, que le contenu du poème épique : une succession d'exploits, se déroulant dans un cadre spatio-temporel étroit, est contée sur un ton uniforme. La réalité est plus complexe : d'une part les valeurs épiques, singulières ou collectives, sont variées et donnent lieu à des combinaisons nombreuses ; d'autre part ces valeurs peuvent être considérablement transformées, voire affrontées à leur contraire ; enfin espace et temps sont soumis au mouvement.

Déjà, avec le *Roland* d'Oxford, la défense de la foi et la fidélité au contrat vassalique, pourtant nettement soulignées

> Pur nostre rei devum nus ben murir,
> Chrestïentet aidez a sustenir ! (1128-29),

ne sont pas les seules valeurs célébrées : le poète exalte aussi des relations familiales - l'affection mutuelle de l'oncle et du neveu -, guerrières - le

---

[6] *Op. cit.*, v. 16-17.

60

compagnonnage de Roland et d'Olivier – ou amoureuses, avec l'aveu d'Aude :

> Ne place Deu ne ses seinz ne ses angles
> Aprés Rollant que jo vive remaigne ! (3718-19).

Dès le *Roland* également, la valeur servie par un héros peut être niée et combattue par d'autres personnages : ainsi Ganelon offre-t-il l'image d'une relation familiale faussée – la relation parâtre-fillâtre parodie et détruit la relation oncle-neveu –, de même qu'il renie à la fois son serment vassalique et la foi chrétienne.

La démesure, caractéristique essentielle du héros épique, peut être soumise à de tels déplacements : puissance rédemptrice chez Roland, Vivien ou Guillaume, elle est risque de destruction chez Ogier, vocation au malheur pour Raoul :

> S'en lui n'eûst .i. poi de desmesure,
> Mieudres vasals ne tint onques droiture.
> Mais de ce fu molt pesans l'aventure ;
> Hom desreez a molt grant painne dure [7].

Les relations lignagères, source de cohésion et de stabilité dans le cycle de *Guillaume d'Orange*, sont la cause de guerres inexpiables et de destructions infinies dans la geste des *Lorrains* ; par ailleurs, de même que le vassal fidèle peut devenir guerrier révolté (*Girart de Roussillon, Ogier le Danois, Renaut de Montauban*), le seigneur gardien du droit cède parfois la place à un tyran (*Huon de Bordeaux*) ou à un personnage faible (*Aliscans*).

A côté des jeux de symétrie de ce type, on peut observer des déplacements de moindre amplitude. Le héros unique (Huon) ou duel (Roland-Olivier) s'élargit, dans *Renaut de Montauban*, à un groupe solidaire de cinq personnages (les quatre fils Aimon, plus Maugis), sur lequel repose l'organisation du récit ; quant à *Ami et Amile*, qui se fonde sur le thème du double, une exploitation originale du compagnonnage épique suffit à rendre compte des aspects atypiques du poème.

En face du héros épique, la chanson peut aussi disposer des créatures fantastiques, qui projettent dans l'imaginaire la démesure du héros : Chernuble de Munigre, déjà, est doué de la puissance d'un autre monde,

---

[7] *Raoul de Cambrai*, Paris, 1882 (SATF), éd. P. MEYER-A. LONGNON, v. 495-98.

et les géants, enchanteurs, nains ou génies marins ne cesseront de figurer parmi le personnel épique.

Enfin, le poète explore parfois les marges de la parodie : nous n'entendons évidemment pas ici une déformation systématique telle que la présente *Audigier*, mais la recherche précoce d'un écart par rapport au type reconnu, distance permettant une approche différente de ce type : c'est la présence, au sein même de l'univers héroïque, d'une dimension héroï-comique, faite d'actions aberrantes (les gabs du *Voyage de Charlemagne*), de personnages décalés (le géant Rainouart) ou de manifestations choquantes (brutalité des jeunes héros dans certaines chansons d'enfances).

La mobilité du personnage ou du système de valeurs épiques est sensible également dans la mise en œuvre du cadre spatio-temporel. Il n'est pas de chanson de geste sans ébauche de voyage, et le cadre strict imposé aux scènes typiques (le verger du conseil, le champ de bataille, le tertre et l'arbre des derniers instants) ne doit pas faire oublier un mouvement qui, par ailleurs, traverse le texte : ainsi, dans le *Roland*, la marche en retraite de l'armée impériale, puis sa volte-face et son retour en Espagne, le voyage de Baligant de Babylone vers Saragosse, le départ pour Aix-la-Chapelle et le projet d'expédition vers la terre du roi Vivien. Le poème épique s'inscrit de la sorte dans un espace soumis au mouvement des personnages, mais aussi au déplacement imaginaire du lecteur, qui associe les terres connues (Espagne, Aix-la-Chapelle) et les pays imaginaires (Imphe).

Quant au temps, il est l'objet d'un travail constant de dissociation et de mise en relation des différents plans de la durée : annonces, faites par le narrateur, de ce qui adviendra, lecture proposée du présent à la lumière du passé, récapitulation du temps caractéristique du *planctus*.

Ainsi, dès l'origine, la chanson de geste présente un système ouvert, dont les éléments constitutifs sont susceptibles d'entrer dans des combinaisons très diverses. Il ne faut donc pas lire l'évolution du genre comme la dégradation progressive d'un modèle unique représenté notamment par le *Roland*, mais comme le résultat du déplacement de certains traits présents, parmi d'autres, dès le début.

Ainsi s'explique encore la longévité de la chanson de geste, qui impose au critique la tâche de déchiffrer les rééquilibrages ainsi opérés, dans leur relation avec des transformations d'ordre esthétique, social ou politique.

62

3. L'INFLUENCE DU ROMAN

Parmi toutes les influences qui se sont exercées sur la chanson de geste et l'ont conduite à opérer le tri dont nous venons de parler, la plus importante et la plus constante est sans doute celle du roman. Ce genre littéraire apparaît en France, on le sait, vers 1150, à un moment où le poème épique est déjà né, mais l'existence du mode d'écriture romanesque doit être située bien avant la date des premières chansons de geste. Comme l'a montré M. Delbouille[8], on connaît des versions de l'*Historia Apollonii Regis Tyri* datant du IXe s., et ce texte, le modèle du roman d'aventures médiéval, explique aussi le choix littéraire opéré précocement par certaines chansons de geste.

Dès le XIIe siècle en effet, certains poèmes épiques sont considérés par les critiques, soit en partie, soit en totalité, comme des romans d'aventures. Tel est le cas, par exemple, pour la seconde partie de *Raoul de Cambrai*, que Bédier considère comme "postiche" et néglige à ce titre[9], ou pour *Beuve de Hantone*, que M. de Riquer qualifie de "pur roman d'aventures"[10].

Chercher à expliquer de telles appréciations, c'est constater tout d'abord, dans les poèmes considérés, le renforcement du tissu narratif. L'action devient plus complexe, fait intervenir des péripéties plus nombreuses qui concourent, au même titre que les exploits guerriers, à la création du pathétique. Cette modification est déjà repérable dans les *Roland* rimés, à propos desquels J. Horrent évoque un "frisson d'aventure" : que l'on songe aux fuites de Ganelon, ou à cette "nouvelle" que constitue le passage où Aude apprend la mort de Roland[11]. Mais avec la deuxième partie de *Raoul* ou avec *Beuve de Hantone*, un pas nouveau a été franchi : l'agencement des péripéties devient le centre d'intérêt majeur du poème, et la structure narrative, qui accorde aux amours du héros une place accrue, a pour principe l'alternance de la manifestation et de l'occultation du héros, du bonheur et du malheur amoureux dans la succession indéfinie des séparations et des retrouvailles.

Or l'histoire mélodramatique, et perçue pourtant comme véridique,

---

[8] Voir *Apollonius de Tyr et les débuts du roman français*, in *Mélanges R. LEJEUNE*, t. 2, p. 1171-1204.

[9] Voir *Légendes épiques*. Paris, 3ᵉ éd., 1926-1929, t. 2, p. 319-20, n. 2.

[10] Voir *Les chansons de geste françaises*. Paris, 1957, p. 273.

[11] Voir *La chanson de Roland dans les littératures française et espagnole au moyen âge*. Paris, 1951 (Bibliothèque de la Faculté de Philosophie et Lettres de l'Université de Liège, 120), p. 351-2.

d'Apollcnius de Tyr, apparaît comme l'origine lointaine de ce type de roman d'aventures, qui est également récit de voyage[12]. Le héros, pourchassé par la haine de l'incestueux roi de Tarse, conquiert l'amour de la fille du roi de Tyr, est séparé de son épouse, qu'il croit morte après qu'elle lui a donné un enfant, lui-même perdu un peu plus tard. Il erre quatorze ans tandis que sa fille, emmenée à Mytilène, parvient à échapper au déshonneur. A la fin, il retrouve sa femme et sa fille, qui épouse le prince de Mitylène.

Le romanesque à l'œuvre dans une telle légende, et que l'on retrouvera aussi bien dans certaines chansons de geste que dans les romans d'aventures, est donc d'abord un art du récit ; il ne peut être confondu avec la triple quête de l'aventure, de l'amour et de l'identité qui fonde le roman arthurien.

Mais ce romanesque du pittoresque entraîne le risque de voir s'effacer le caractère lyrique de l'épopée. A mesure qu'une place plus grande est faite au récit, la structure de la laisse se modifie ; ses dimensions augmentent et ses contours perdent de leur netteté[13], dans la mesure où le passage d'une strophe à l'autre est désormais perçu comme un obstacle pour la continuité de la narration. Le point extrême de cette évolution sera le passage à la forme prose, qui devrait, en principe, bannir toute rupture dans le texte. On verra pourtant que, même dans ce cas, le texte épique ne renonce pas complètement à la composition en unités distinctes qui le caractérise au départ.

Ecrire de geste, au début comme à la fin de l'évolution, c'est donc affirmer une fidélité à la tradition, en dépit de toutes les modifications progressivement acceptées par la forme épique. La chanson de geste, du point de vue de l'histoire, doit donc être interrogée dans son contexte précis à partir de cette volonté énigmatique de permanence et de maintien des valeurs que les emprunts consentis tendent justement à nier.

---

[12] Voir M. DELBOUILLE, *art. cit.*, notamment p. 1179-81.
[13] Voir la thèse de B. GUIDOT, *Recherches sur la chanson de geste au XIIIe siècle.* Aix-en-Provence, 1983, t. II, p. 871.

LA PRODUCTION ÉPIQUE FRANÇAISE AU MOYEN ÂGE ET SON ÉVOLUTION

Une fois signalées les lignes directrices de l'évolution, il convient de grouper les éléments qui permettent d'embrasser le panorama de l'histoire épique au Moyen Âge. Bien que le passage de la chanson en vers au texte en prose ne constitue pas de soi une rupture complète, il crée des problèmes spécifiques que nous devrons examiner à part. Nous présenterons donc nos observations en deux parties.

1. LA TRADITION ÉPIQUE : LES POÈMES

A) *Quelques chiffres*

La production épique représente une centaine de textes ou de versions distinctes [14]. Sur ce total, les trois quarts environ sont antérieurs à 1300 ; le XIVe siècle apportera encore dix-neuf poèmes, et huit chansons peuvent être datées du XVe.

Si donc le poème épique fleurit aux XIIe et XIIIe siècles, les épopées plus tardives sont en nombre non négligeable ; leur tradition manuscrite peut être riche (onze mss. pour la *Geste de Liege*, de Jean d'Outremeuse), et leur fécondité, étonnante : *Lion de Bourges* est à l'origine d'une traduction en prose allemande, et *Hugues Capet*, traduit lui aussi, est devenu, sous le titre de *Hug Schapler*, un véritable livre populaire.

B) *Vigueur du remaniement*

A la fin de l'ère épique comme à son commencement, le lecteur se trouve généralement en face de remaniements. Sans négliger, à la fin du XIIIe siècle, les contributions éminentes de trouvères comme Jean Bodel

---

[14] Voir G. DOUTREPONT, *Les mises en prose des épopées et des romans chevaleresques du XIVe au XVIe siècle.* Bruxelles, 1939 (Mémoires, Classe des Lettres et des Sciences morales et politiques. Académie royale de Belgique, 40), Introduction, p. 8.

ou Adenet le Roi, on peut noter que le phénomène, à partir du XIVe, devient plus impressionnant, pour plusieurs raisons. D'une part, il est possible, plus souvent qu'à date ancienne, de comparer les versions successives : nous avons perdu en effet la version primitive de la *Chanson de Guillaume* ou celle de *Raoul de Cambrai*, alors que nous possédons le modèle du *Roman de Girard de Roussillon* et du *Roman du Chevalier au Cygne et de Godefroy de Bouillon*, œuvres du XIVe s. Par ailleurs ces remaniements accroissent souvent de façon notable les proportions de la source utilisée : *Ami et Amile* passe ainsi de 3504 vers à 14000 et *Jourdain de Blaives* de 4245 vers à 22000 [15]. Enfin ils sont parfois exécutés à partir d'originaux eux-mêmes tardifs : R. Bossuat a pu supposer que *Hugues Capet*, composé après 1356 en Ile-de-France, a été ensuite transporté en Hainaut et transcrit vers le milieu du XVe siècle en dialecte du Nord-Est de la France [16] ; quant à *Théséus de Cologne*, écrit dans la 2e moitié du XIVe , il a été pourvu avant 1400 d'une continuation qui ajoute au texte plus de 11000 vers [17].

C) *L'esprit cyclique*

La parenté mythique unissant, dans l'esprit du poète et de l'auditeur ou du lecteur médiéval, tous les poèmes épiques, revêt des formes diverses.

On distinguera d'abord une parenté de type *généalogique*.

C'est elle, par exemple, que revendique Guillaume d'Orange dans le *Couronnement Louis* :

> J'ai nom Guillelmes li marchis, a nom Dé,
> Filz Aimeri, le vieil chenu barbé,
> Et Hermenjart, ma mere o le vis cler,
> Frere Bernart de Brubant la cité
> Et frere Ernalt de Gironde sor mer,
> Frere Guarin, qui tant fait a loer,
> De Commarchis Bovon le redoté,
> Frere Guibert d'Andernas le meinsné,
> Si est mes frere li gentilz Aïmers [18].

---

[15] Il y a des exceptions : le remaniement de *Girart de Roussillon* (éd. E.B. HAM, New-Haven, 1940) ne compte que 6.800 vers environ, et le *Huon de Bordeaux* du ms. BN. fr. 1451 est plus bref que le poème du XIIIe siècle.

[16] Voir R. BOSSUAT, *La chanson de "Hugues Capet"*, dans *Romania*, 71 (1950), p. 450-81.

[17] Voir R. BOSSUAT, *Théséus de Cologne*, dans *Moyen Age*, 65 (1959), p. 97-133, 293-320, 539-77.

[18] Éd. E. LANGLOIS. Paris, 1888 (SATF), v. 818-26.

66

De fait, autour de Guillaume et d'Aymeri son père se constitue, du XIIe à la fin du XIIIe ou au début du XIVe siècle, un ensemble cyclique contenu dans des manuscrits-recueils, désignés eux-mêmes sous le nom de manuscrits cycliques. C'est le cycle ou la geste évoquée par Bertrand de Bar-sur-Aube :

> La tierce geste, qui molt fist a prisier,
> fu de Garin de Monglenne au vis fier[19].

On peut situer sur le même plan, parce qu'elle répond aux mêmes critères, la geste des *Lorrains*, dont ne parle pas Bertrand : c'est l'histoire d'un héros fondateur, Garin, et de ses descendants, transmise par de nombreux manuscrits cycliques.

La parenté généalogique est encore présente dans *Renaut de Montauban*, mais la réalisation cyclique est plus limitée. De nombreux manuscrits ne présentent que *Renaut*, certains, il est vrai, avec le prologue de *Beuves d'Aigremont* ; quelques-uns y ajoutent *Maugis d'Aigremont*, mais seul le BN. fr. 766 présente un récit de la mort des frères de Renaut ainsi que de Maugis ; seul également le ms. H. 247 de Montpellier donne un prolongement à *Maugis* avec *Vivien de Monbranc*. Le cycle de *Huon de Bordeaux*, qui se crée à la fin du XIIIe siècle ou au début du XIVe, est lui aussi représenté par des témoins peu nombreux[20] : seul le ms. L II 14 de la Bibliothèque de Turin contient le prologue (*Roman d'Auberon*) et l'histoire complète des descendants de Huon.

La parenté généalogique voit sa signification considérablement modifiée dans la geste de Nanteuil. Certes, les héros d'*Aye d'Avignon*, de *Gui de Nanteuil*, de *Parise la duchesse* et de *Tristan de Nanteuil* restent unis par des liens familiaux, mais la cohérence du cycle – que nous transmettent des manuscrits consacrés à un ou deux textes[21] – est assurée par un élément extérieur au lignage et qui participe lui-même aussi bien de la thématique que du domaine généalogique (il s'agit de l'intervention constante de traîtres rattachés à la famille de Ganelon).

Cet élément mixte – à la fois thème de la trahison et histoire d'une famille épique – paraît également constituer le principe unificateur de la geste de Doon

---

[19] *Girart de Vienne*, éd., v. 46-47.
[20] Voir notre article, *Le cycle en vers de Huon de Bordeaux*, dans *Mélanges R. LOUIS ...*, t. II, p. 1035-50.
[21] Ainsi *Aye d'Avignon* nous est transmis dans un ms. (BN. fr. 2170) qui comporte également une œuvre romanesque (*Brun de la Montaigne*), mais aucun autre texte épique, sinon peut-être l'annonce de *Gui de Nanteuil*. Quant à cette chanson, elle figure bien dans un manuscrit cyclique, le ms. H 247 de la Bibliothèque de Montpellier, mais la geste qui y figure par ailleurs est celle de *Renaut de Montauban*. Les mss. du cycle de Nanteuil, s'ils ont existé, ont été perdus (voir le recueil de Claude Fauchet, étudié par J. G. ESPINER-SCOTT, *Documents concernant la vie et les œuvres de Claude Fauchet*. Paris, 1938, p. 233-63.

de Maience, puisque la formulation de Bertrand de Bar-sur-Aube invite à reconnaître dans ce lignage la source de toutes les trahisons :

> De ce lingnaje, ou tant ot de boidie,
> fu Ganelon qui, par sa tricherie,
> en grant dolor mist France la garnie[22].

Le cycle de la croisade présente un autre type de contamination : ici, comme le montre du reste le titre retenu pour l'ensemble des poèmes, les événements sont premiers et constituent les héros qui

> Nike prisent par force, Rohais et Tabarie,
> Antioce le riche qui'st de tel segnorie ;
> Tot prisent de par Deu qui lor fu en aïe,
> Jherusalem conquisent, la fort cité antie.[23]

Ce n'est que dans un deuxième temps que s'organise, autour de Godefroi, une histoire légendaire de la famille de Bouillon, depuis les origines - histoire du *Chevalier au cygne, Enfances Godefroi* - jusqu'à l'histoire des descendants, les différentes réalisations cycliques aboutissant, au XIVe siècle, à l'énorme compilation du *Chevalier au cygne et Godefroi de Bouillon*[24].

Enfin la cohérence d'un ensemble épique aussi étendu et varié que le cycle du roi n'est pas dû seulement au lien généalogique. Celui-ci, à coup sûr, n'est pas répudié : la famille de Charlemagne joue un rôle important dans *Mainet* aussi bien que dans la *Reine Sebile* ; quant à Roland, personnage capital de la geste, on sait qu'il est le neveu, ou le fils incestueux, de l'empereur. L'essentiel est toutefois ici le personnage ou l'événement fondateurs, ainsi que le thème traité.

Charles, Olivier et Roland, Ogier et Renaud, sont en effet les piliers sur lesquels repose le cycle. Leur pouvoir de fascination peut être le résultat de l'exploit "qualifiant" auquel ils ont participé : le texte qui raconte un tel exploit devient à son tour fécond et engendre d'autres récits, la généalogie textuelle se substituant à la généalogie du personnage : ainsi de nombreux poèmes naissent à partir du *Roland*, dont ils se veulent la suite (*Gaydon, Anséis de Carthage* et, à un moindre degré, les *Saisnes*) ou le prélude (*Aspremont*), à moins que, comme *Galien*, ils n'en aient inséré le contenu au milieu d'une trame narrative différente. De son côté, la thématique, notamment celle de la révolte, liée à la critique de

---

[22] *Girart de Vienne,* éd. cit., v. 21-23.
[23] *La chanson d'Antioche,* éd. cit., v. 113-116.
[24] Voir S. Duparc-Quioc, *Le cycle de la croisade.* Paris, 1955 (Bibliothèque de l'École des Hautes Études, Sc. Hist. et Philol. 305).

68

l'injustice royale, s'est révélée particulièrement riche, puisqu'on peut y rattacher *Ogier le Danois*, *Renaut de Montauban* ou *Huon de Bordeaux* : cycle thématique et cycle généalogique peuvent se recouper.

Tels sont les aspects variés de la parenté qui relie, dans les textes comme dans l'imaginaire médiéval, les récits épiques entre eux. Cet esprit cyclique ne fait que s'accentuer entre le XIIe et le XIIIe siècle et peut prendre des formes curieuses. Parfois les héros d'une geste ou d'une chanson se trouvent en quelque sorte transplantés dans un autre récit, à l'action duquel ils prennent part.

C'est le cas pour Guillaume d'Orange qui, à la fin du remaniement de *Jourdain de Blaives*, retrouve et met en fuite son vieil ennemi Tiebaut[25], de même qu'il aide Lion, dans la chanson de *Lion de Bourges*, à venir à bout des traîtres[26]. C'est également le cas pour Raoul de Cambrai qui, dans la continuation de *Gerbert de Metz* contenue dans le ms. BN. fr. 1622, confisque pendant 784 vers le premier rôle, l'auteur se préparant du reste à faire intervenir Bernier, dans un texte qui ne nous est pas parvenu[27]. Dans le même esprit, mais avec un procédé tout différent, le remaniement du XVe siècle de *Renaut de Montauban* détourne à son profit le thème bien connu de la translation en France des Reliques de la Passion : ce n'est plus Charlemagne qui accomplit cette tâche prestigieuse, mais Renaut, qui rejoint ainsi, jusqu'à l'éclipser, la gloire de l'empereur.

D) *Importance de l'histoire*

La relation paradoxale que nous avons signalée entre poème épique et histoire est plus évidente à mesure qu'on avance dans le temps. D'un côté en effet des textes essentiellement légendaires, comme *Hugues Capet*, sont en contact avec l'actualité immédiate : dans ce poème, comme l'a montré R. Bossuat, on trouve des allusions précises à la crise monarchique de 1358, avec le souvenir du siège mis devant Paris par le Dauphin, futur Charles V, et celui des combats menés, avec l'aide de la bourgeoisie parisienne, contre les Anglo-Navarrais[28].

À l'inverse, l'historiographie continue d'emprunter la forme, et donc le projet littéraire de la chanson de geste.

Tel est le cas de la *Chanson de Bertrand du Guesclin*, écrite par Cuvelier,

---

[25] Voir notre thèse, *Guillaume d'Orange. Étude du roman en prose*. Paris, 1979 (Bibliothèque du XVe siècle, 44), p. 533.
[26] *Lion de Bourges. Poème épique du XIVe siècle*, édd. W.W. KIBLER, J.L.G. PICHERIT, T.S. FENSTER. Genève, 1980 (Textes littéraires français, 285), vol. II, v. 31763-32465.
[27] Voir *Raoul de Cambrai*, éd. cit., p. LII-LV et 297 s. (BN. fr. 1622, 306b-312d).
[28] R. BOSSUAT, art. cit. à la note 16, p. 463-71.

qui a su composer une œuvre alerte et vigoureuse, destinée à glorifier non seulement son héros, mais surtout Charles V, en faveur de qui combat Bertrand, tout en laissant pressentir l'émergence de mentalités nouvelles, qui manifestent "l'effondrement – et non la permanence des valeurs morales, et, face aux vieilles structures féodales, la lente apparition de la raison d'état"[29]. Tel est aussi le cas pour la *Geste des ducs de Bourgogne*, composée en 1420 à la gloire de Jean sans Peur, poème moins stimulant que l'œuvre de Cuvelier, dans la mesure où son auteur est un rimeur didactique, plus à l'aise dans l'exploitation apologétique et morale que dans le souffle épique.

E) *Avancées et limites du narratif*

L'influence du romanesque et la recherche de la péripétie ont profondément marqué le développement du genre épique en France : des limites manifestent cependant le désir constant de ne pas rompre avec la tradition.

Ainsi, dès la *Bataille Loquifer*[30], un véritable motif romanesque se glisse dans la chanson de geste avec le séjour du héros dans le royaume de féerie : après Renouart, qui combat Chapalu et devient l'amant de la fée Morgue, Ogier le Danois (remaniement de la *Chevalerie* en alexandrins), Hugues de Tabarie (*Bâtard de Bouillon*), Dieudonné de Hongrie, Tristan de Nanteuil et Lion de Bourges pénètrent dans l'univers enchanté. Pourtant cette transgression des lois épiques ne modifie pas sensiblement le statut du héros ; elle lui procure, certes, une consécration d'une autre nature que celle de la valeur guerrière, mais ne fait pas de lui un personnage véritablement compromis avec l'autre monde. S'il affronte en effet une épreuve initiale lui ouvrant l'accès du royaume de féerie, le héros ne s'y trouve pas associé, sauf exception[31], à de véritables aventures romanesques ; aussi bien doit-il, de toute façon, retourner dans l'univers épique, non pour porter, comme Lanval ou Désiré, la malédiction de son élection, mais pour y poursuivre sa mission héroïque.

De même, la multiplication des événements insérés dans la trame épique a bouleversé l'équilibre établi initialement entre éléments lyriques

---

[29] Voir J. Cl. FAUCON, *La sagesse populaire au service du roi*, dans *Richesse du proverbe. Études réunies par F. SUARD et C. Buridant.* Lille, 1984 (Bien dire et bien aprandre, 3), vol. I, p. 110.

[30] Voir notre article, *La Bataille Loquifer et la pratique de l'intertextualité au début du XIIIe siècle*, dans *VIIIe Congresse de la Société Rencesvals*, p. 497-503.

[31] Dans la partie *Mabrien* de la prose amplifiée de *Renaut* (BN. fr. 19177) le héros subit des épreuves non seulement pour mériter d'être accueilli dans le royaume d'Arthur (f. 123-126), mais aussi pour conquérir Gracienne (129-132) ; il devra à nouveau combattre lorsqu'il quitte son amie (138-139).

70

et éléments narratifs. Si l'histoire d'*Ami et Amile* s'est amplifiée démesurément, c'est parce que la geste des deux héros se trouve au XIVe
siècle précédée par l'histoire de leurs parents et suivie par les aventures
- fort longues - des deux enfants d'Amile et de Bellissant.

Devant cette inflation du récit, la structure strophique de la laisse, on
l'a dit, s'est modifiée : de façon générale, le passage d'une strophe à
l'autre n'apparaît pas dicté par des considérations de contenu ou des
objectifs poétiques mais par des contraintes très formelles, les exigences
de la rime par exemple [32]. Mais, dans le même temps, le poète, au lieu
de chercher à gommer le passage d'une laisse à l'autre, le souligne par
les procédés traditionnels (vers d'intonation ou de conclusion), ou par
des moyens nouveaux ; ainsi, au XIIIe siècle, le vers orphelin ou bien,
au XIVe, la locution sentencieuse : celle-ci, fréquemment constituée en
distique, s'affirme, mieux parfois que le reste de la laisse, comme texte
poétique ; mais elle a aussi pour fonction de rappeler les origines du
genre, c'est-à-dire le souci partagé de communication rituelle, qui fonde
la relation entre un disant et un écoutant. Par le discours de sagesse, le
texte épique, au moment où il cesse d'être communiqué par la parole,
redevient, au niveau mythique, un langage vivant [33].

F) *Modifications apportées à "l'esprit" épique*

Certains traits du personnage ou de l'action épique peuvent surprendre,
notamment dans les œuvres du XIVe siècle. On constate par exemple
l'existence d'un type de héros grand séducteur comme Baudouin de
Sebourc, père de trente bâtards, ou bien Hugues Capet aux innombrables
conquêtes :

> Que dira Katerine et Agniez et Riqueus,
> Quant d'ellez ay eus les premiers honneurs ?... [34].

Apparaît même, avec Tristan de Nanteuil, l'image d'un héros ambigu
puisqu'il s'agit, au début de ses aventures, d'un personnage peureux,
n'hésitant pas à proférer des affirmations peu glorieuses, et même
passablement anti-chevaleresques :

---

[32] Voir B. GUIDOT, *op. cit.*, *loc. cit.*
[33] Voir notre article, *La fonction des proverbes dans les chansons de geste des XIVe et XVe
siècles*, dans *Richesse du proverbe* ..., *op. cit.*, vol. 1, p. 143.
[34] *Hugues Capet*, éd. du Marquis de la Grange. Paris, 1864 (Les Anciens poètes de la
France), p. 9.

J'aim mieulx estrë en paix, et n'aye point d'amye,
Que maintenir debat et avoir seignorie[35].

Peut-être trouvons-nous ici, come tout-à-l'heure chez Cuvelier, une marque de l'érosion des valeurs épiques soumises à l'épreuve des crises de l'époque, et notamment de la guerre de Cent Ans. Il reste pourtant difficile de parler d'un embourgeoisement de la chanson de geste : dans un poème aussi favorable à la bourgeoisie que *Hugues Capet*, la classe noble, même contestée par la mise en évidence de ses trahisons, reste le pivot du récit et Hugues, le héros principal, est "gentils hons et fils de chevalier"[36] ; quand les valeurs chevaleresques vacillent et se cherchent, la bourgeoisie n'est appelée qu'à un rôle de soutien.

G) *Évolution et identité épique*

Existe-t-il, à travers l'histoire de la chanson de geste en France, une conscience claire de la spécificité de celle-ci : telle est la question que nous devons nous poser après avoir souligné les traits caractéristiques de l'évolution du genre et, tout particulièrement, les contaminations romanesques.

Rappelons d'abord que certains manuscrits groupent, dès le XIIIe siècle, chansons de geste et romans.

C'est le cas du BN. fr. 1364, qui contient *Parise la duchesse* et *Girart de Viane*, mais aussi *Cligés*, le *Roman de la Violette* et *Florimont*, ou du BN. fr. 22516, qui place *Robert le Diable* à côté de *Beuve de Hantonne*, *Elie de Saint Gilles* et *Aiol*. Pour le XIVe siècle, on peut citer le BN. fr. 368, dans lequel on trouve neuf poèmes du cycle de Guillaume d'Orange, mais aussi une collection romanesque, avec *Partonopeus de Blois*, *Alexandre* et les *Vœux du paon*[37] ; quant au XVe siècle, on peut songer au magnifique Royal 15 E VI du British Museum, cette "anthologie chevaleresque" qui associe par exemple *Pontus et Sidoine* ou *Gui de Warwik* à *Fierabras* ou aux *Enfances Ogier*[38].

De telles observations renseignent sur la "réception" des œuvres : elles indiquent qu'il n'y a pas d'incompatibilité entre le goût romanesque et celui pour la chanson de geste. D'autres éléments semblent mettre en

[35] *Tristan de Nanteuil*, éd. K.V. SINCLAIR. Assen, 1971, v. 6567-68.
[36] *Hugues Capet*, éd. cit., p. 1.
[37] Voir M. TYSSENS, *La geste de Guillaume d'Orange dans les manuscrits cycliques*. Paris, 1967 (Bibliothèque de la Faculté de Philosophie et Lettres de l'Université de Liège, 178), p. 357-62.
[38] Voir A. de MANDACH, *L'anthologie chevaleresque de Marguerite d'Anjou*, dans *VIe Congrès Recesvals. Actes*. Aix-en-Provence, 1974, p. 317-50. A noter que les romans figurant dans le recueil sont en prose, alors que la plupart des textes épiques sont en vers.

72

cause la possibilité d'une distinction des genres : telle épopée est écrite dans le mètre romanesque, tel roman revêt la forme de l'épopée. Ainsi *Octavien*, poème octosyllabique, revendique-t-il son appartenance au genre épique :

> Seigneor preudon, or escoutés,
> Qui les bones chançons amés,
> D'une tant bone oïr porrés,
> Ja de meilleor dire n'orrés [39].

De fait, malgré les influences romanesques perceptibles, le texte célèbre les vertus héroïques et accorde une grande importance à la lutte contre les Sarrasins ; de plus, le remaniement, composé au XIVe siècle, sous le titre *Florent et Octavian* [40], reprend la structure habituelle de la laisse d'alexandrins.

À l'inverse, la *Belle Hélène de Constantinople*, écrite en laisses d'alexandrins et comportant une adresse de style épique :

> Seigneurs, plaist vous oÿr bonne chanson,
> Je croy que de meilheur dire ne pourroit hom,

apparaît au lecteur moderne comme une œuvre essentiellement romanesque que rien, sauf la structure formelle, ne sépare de la *Manekine* de Beaumanoir : les deux récits utilisent en effet le thème folklorique de la main coupée [41].

Il faut quitter le domaine spécifique de la chanson de geste pour découvrir ce qui constitue, aux yeux du lecteur ou de l'auteur médiéval, le bien propre de celle-ci. D'abord, semble-t-il, un certain contenu guerrier, mettant aux prises chrétiens et ennemis de la foi.

Ainsi peut-on comprendre qu'à côté de la *Chevalerie de Judas Macabé*, écrite en couplets d'octosyllabes, il a existé une version de type épique, c'est-à-dire composée en laisses de décasyllabes monorimes, dont il subsiste un fragment de 320 vers, où l'on rencontre les traditionnels récits de combat :

> Fiert le del bran, u bien li poist u place,
> K'envers le cercle aval le queffle glace,
> Sor les iliers le heaume li delace [42].

---

[39] E. K. VOLLMÖLLER. Heilbronn, 1883, v. 1-4.

[40] Voir l'article de R. BOSSUAT, *Florent et Octavien*, dans *Romania*, 73 (1952), p. 289-331.

[41] La notice de la *Belle Hélène* figure d'ailleurs dans le tome IV du *Grundriss der romanischen Literaturen des Mittelalters* (GRLMA), réservé au *Roman jusqu'à la fin du XIIIe siècle*, Heidelberg 1978, p. 476 (notice rédigée par A. MICHA).

[42] Voir la *Chevalerie de Judas Macabé*, éd. J. R. SMEETS, Assen, 1955, p. XVII. Les fragments en alexandrins ont été édités par E. STENGEL, dans *Rivista di filologia Romanza*, 2 (1875), p. 82-90 : c. r. et corrections de G. PARIS dans *Romania*, 4 (1875), p. 498.

De même, alors que la plupart des vies de saints en vers sont composées en octosyllables, la *Vie de Saint Auban* en anglo-normand adopte la structure épique ; les païens, ennemis de saint Auban, deviennent des Sarrasins

> Mes Sarrazins la tindrent, dunt fu grant duel et mal,
> K'en Apolin creient, Sathan et Belial ;

le texte nous présente aussi des récits de bataille, qui recourent aux formules habituelles :

> Grant fu la bataille, meint en i out blescé,
> Meint mort et defulé, maubailli et nafré[43].

En somme, dès qu'il y a des luttes à mener, la chanson de geste apparaît comme la référence, quand bien même les ennemis ne seraient pas des païens ; les adversaires que combat Oton, dans *Florence de Rome*, sont des Grecs, mais le sujet guerrier, en dépit des éléments folkloriques, détermine le choix du genre : le poète, écrit A. Wallensköld, éditeur du texte, "tout en prenant pour sujet un conte d'origine orientale, qu'il tenait on ne sait d'où, a évidemment voulu composer une véritable chanson de geste. Pour lui, l'essentiel était donc ce qui constitue l'élément principal des chansons de geste : l'apparat guerrier avec tout ce qui s'ensuit"[44].

Une autre caractéristique de l'œuvre épique réside dans la fonction de célébration.

C'est elle que manifeste Jehan Malkaraume dans sa *Bible* lorsque, délaissant un instant l'octosyllabe du récit, il adopte, au moment de commencer l'histoire de David, la structure de la chanson de geste :

> Signor, or faites pais, si oiéz ma raison,
> Que Dieus de gloire vous doint benïeçon,
> Si orréz que dirai une neuve chanson ;
> Onques ne fu oïe de persone tel son :
> C'est des rois de Juerie, si com trové avons.
> *J'ai ma rime muee*, il est drois et raison,
> Je la dois bien müer, *car c'est roiaus chanson* ;
> Car ce est la racine et se sont tuit li tron
> De oui nasquist Marie que nous vierge disons,

[43] *Vie de Saint Auban*, éd. A.H. HARDEN, Oxford, 1958 (Anglo-Norman texts, 19), v. 13-14, 1767-68 ; voir aussi v. 65 et 821.

[44] *Florence de Rome. Chanson d'aventure du premier quart du XIIIe siècle.* Paris, 1907-1909 (SATF), t. 1, p. 42-43. Le conte utilisé est celui de la femme chaste convoitée par son beau-père (conte de Crescentia).

74

> Qui porta en ces flans le petis anfanson
> Par cui serons sauvé se ne demore an nons[45]

C'est donc la noblesse du sujet – le début de l'histoire de la Rédemption – qui impose à Malkaraume un mètre nouveau, ou plutôt, puisque son imitation ne dure que quelques vers, l'engage à saluer, par un bref pastiche, le genre qui lui paraît s'accorder le mieux avec le sujet "royal" qu'il aborde.

La Belle Hélène, mère des saints Brice et Martin, doit probablement à la même fonction de célébration le fait de voir ses aventures confiées à une chanson de geste : c'est ce que nous suggère en tout cas le prologue en vers d'une mise en prose de ce texte :

> Segneurs, faittes chi paix, plaise vous d'escouter,
> Et vous orrés histoire qui moult fait a loer.
> Chest d'armes et d'amours, et des fais d'oultremer,
> De paiens convertir, de mescreans tuer[46].

Il subsiste donc, au XVe siècle, une perception de l'identité épique, associant, comme par le passé, la célébration des *gesta heroum et antiquorum patrum opera*, et celle des *vita et martyria sanctorum*[47], après avoir intégré l'apport romanesque ("armes et amours") dans les thèmes traditionnels de la lutte contre les païens.

2. LA TRADITION ÉPIQUE : LES MISES EN PROSE

Reste à tenter d'apprécier, dans l'histoire de l'épopée médiévale française, l'importance et la spécificité du phénomène de la mise en prose, événement majeur de la seconde moitié du XVe s. On étudiera ce nouveau mode d'écriture d'un triple point de vue : relation à l'histoire, rapport au roman et structure textuelle, auteurs et succès.

A) *Mises en prose et histoire*

Avec la disparition progressive de la forme versifiée, une simplification s'introduit dans la relation complexe que le texte épique entretient avec l'histoire : la forme poétique n'est plus disponible pour célébrer – comme le faisait Cuvelier – personnage ou événement historique exceptionnel. Comme en contrepartie, la prose prend délibérément le parti de l'histoire,

---

[45] *La Bible de Jehan Malkaraume*, éd. J. R. SMEETS. Assen-Amsterdam, 1978, v. 8118-28.
[46] Voir BN. fr. 1489, 1r.
[47] Voir *supra* n. 1.

dont elle se donne le ton. Une compilation purement fictionnelle telle que les *Croniques et conquestes de Charlemaine*, de D. Aubert, adopte le ton et les tournures de la chronique, comme l'a montré R. Guiette, en rapprochant le prologue de cet ouvrage de celui des *Grandes Chroniques*[48]. De façon plus générale, les prosateurs conçoivent le travail même de compilation comme l'équivalent de la collecte de documents à laquelle se livre le chroniqueur : la rédaction en prose d'*Anséis de Carthage* (ms. Ars. 3364) associe les données de la chanson à celles du *Pseudo-Turpin*, ce qui lui permet de donner une vue d'ensemble de l'expédition d'Espagne ; quant à la version de *Fierabras* imprimée en 1478, elle fait du texte qu'elle translate un sorte de prélude à Roncevaux, dont elle raconte l'histoire à partir de l'inépuisable *Pseudo-Turpin*. De véritables chroniques peuvent du reste être mises à profit : Pierre Desrey, auteur de la *Genealogie avecques les gestes et nobles faictz d'armes du ... prince Godefroy de Boullion*, après avoir utilisé le remaniement du *Chevalier au cygne*, n'hésite pas à recourir à l'*Histoire de Guillaume de Tyr*.

L'objectif du translateur est parfaitement clair ; il s'agit d'écrire une histoire exemplaire, destinée à l'édification du lecteur :

"Tous jeulnes cuers de chevaliers et escuiers s'en doibvent esveiller et eslever en hauteur et proesses quant telz fais oyent recorder, penssant tousjours y pervenir", déclare par exemple, dans son prologue, l'auteur de la prose de *Florent et Octavien*[49] ; que le destinataire soit parfois un grand personnage, comme Louis XII, à qui Pierre Desrey dédie sa généalogie et rappelle les exploits accomplis par les rois précédents – "ainsi que plussieurs voz predecesseurs ont voluntairement excersez en la confidence du nom de Dieu"[50] – ne fait que préciser les choses : avec la prose épique plus qu'avec la chanson de geste, le lecteur, quel qu'il soit, est convié à entrer dans une généalogie imaginaire qui fait de lui l'héritier des preux d'autrefois.

B) *Rapport au roman et structure textuelle*

Avec le passage à la prose, la frontière palpable qui sépare, en apparence au moins, poésie et récit, disparaît. Est-ce à dire que toute prose épique doive être considérée désormais comme un roman ?

---

[48] Voir son article *Chanson de geste, chronique et mise en prose*, repris dans *Forme et Senefiance. Études médiévales recueillies par J. DUFOURNET, M. DE GRÈVE, H. BRAET.* Genève, 1978 (Publications romanes et françaises, 148), p. 135-62.

[49] Ms. BN. n. acq. fr. 21869 lc.

[50] Prologue de la *Genealogie*, éd. Lenoir 1504, BN. Rés. Ln 27 38857.

76

Il serait d'abord excessif de penser que le romanesque est nécessairement plus sensible dans les proses que dans les chansons de geste qui leur ont servi de modèle – du moins lorsque ces poèmes ont suivi l'évolution décrite plus haut : pas de différence notable, par exemple, entre l'histoire de *Milles et Amys* et le remaniement d'*Ami et Amile*, entre la prose de *Jourdain de Blaives* et le poème transformé au XVe siècle. Certains textes épiques même, sans connaître l'étape intermédiaire du remaniement en vers, ont pu être translatés sans que des modifications romanesques importantes puissent être décelées : tel est le cas de *Renaut de Montauban* ou du *Roman de Guillaume d'Orange*. On assiste même parfois à une sorte de retour en arrière : la prose conservée sur *Florent et Octavien* est faite d'après la chanson du XIIIe siècle, et non le remaniement épique du XIVe.

Des exemples de développement romanesque peuvent toutefois être cités : on songe à la prose imprimée de *Huon de Bordeaux*, qui renchérit dans le domaine des aventures fantastiques sur la continuation du XIVe siècle[51] ; mais ce texte n'est-il pas, en lui-même, une invitation lancée au pouvoir d'imaginer ?

Ainsi, du point de vue du romanesque, le phénomène prose marque dans l'ensemble l'aboutissement d'un processus et non le commencement d'un nouveau développement. Si une tendance précise pouvait être décelée, elle inclinerait la prose épique, nous le savons, plutôt vers l'histoire que vers le roman.

De même, en ce qui concerne la structure du texte, le passage à la prose n'est que le terme d'une évolution qui a conduit à l'effacement progressif des caractères lyriques.

Privés du soutien de la laisse et du vers, les translateurs s'efforcent d'adapter les structures et les procédés littéraires de la prose aux exigences du modèle. La matière est répartie en chapitres et en paragraphes, ce dernier élément représentant, pour certains auteurs, l'équivalent de la laisse, sur laquelle ils s'efforcent, non sans quelque raideur, de le calquer[52] : de même que le remanieur cherchait dans le vers orphelin ou la locution sentencieuse un moyen de délimiter la laisse, de même le prosateur ne perd pas espoir de conserver une sorte de configuration mythique du texte épique.

---

[51] Voir M. ROSSI, *Huon de Bordeaux et l'évolution du genre épique au XIIIe siècle.* Paris, 1975, p. 627.
[52] Voir notre thèse, *op. cit.*, p. 166.

Il est également en quête de style, et oscille à cet égard entre deux directions. Ou bien, sensible à l'incantation épique, il cherche dans un style soutenu, volontiers oratoire –" prolixement et bien aourné"[53] une expression digne de l'épopée[54] ou bien, intéressé d'abord par la vivacité du récit, il adopte un style alerte et parfois réducteur[55].

Comment se pose, dans ces conditions, la question de l'*identité épique* ? Les données du problème n'ont pas changé à l'égard du roman arthurien, en ce sens que le statut du personnage, dans sa relation avec l'aventure de l'Autre Monde, reste totalement différent du statut du héros épique. La distance par rapport au roman d'aventures s'est en revanche considérablement réduite.

Si l'on compare en effet le titre de la deuxième édition de *Mabrian*, suite de *Renaut de Montauban*

"La Cronique et hystoire singuliere et fort recreative des conquestes et faictz bellicqueux du preux, vaillant et le nonpareil chevalier Mabrian"

et celui de *Florimont*, translation en prose du roman d'Aimon de Varennes

"Hystoire et ancienne Cronicque de l'excellent roy Florimont... En laquelle est contenu comment en sa vie mist a fin plusieurs adventures et en faictz chevalereux se maintint si vaillamment... que devant sa mort se trouva couronné de cinq royaumes",

seule, l'expression typée "mettre fin aux aventures" pourrait situer nettement *Florimont* du côté du roman : l'ennui est que les aventures du héros sont plutôt de type chevaleresque, alors que Mabrian, pendant quelque temps au moins, côtoie l'univers arthurien.

Toute différence n'est pourtant pas abolie, et nous avons vu l'auteur – ou le copiste – d'une translation de la *Belle Hélène* situer nettement son modèle du côté de l'épopée. Pour notre part, nous considérons que le critère décisif reste celui de la parenté généalogique imaginaire que le lecteur peut entretenir avec les héros des textes épiques, lien fort distinct de la dilection qui le porte vers les héros de roman. Reste que la prose, utilisée dès le XIIIe siècle pour le roman, pouvait être considérée au XVe comme une sorte de critère du romanesque, et que le lecteur médiéval, dès lors, risquait de ne plus reconnaître *Jehan d'Avesnes* et *Baudouin de Flandre* – textes étroitement reliés au cycle de la croisade – comme des

---

[53] *Ibid.*, p. 262.

[54] Tel nous apparaît le *Guillaume d'Orange* en prose, la rédaction amplifiée en prose de *Renaut de Montauban* et les diverses productions de D. AUBERT.

[55] Les imprimés révèlent fréquemment, lorsque la comparaison est possible, un style plus rapide que les proses manuscrites correspondantes.

78

récits épiques. [56] Une sorte de nivellement inévitable se produit alors dans la conception du roman, dans lequel on ne repérera plus que deux catégories : le récit "d'armes et d'amours", issu de l'épopée ou du roman d'aventures, et le récit de type arthurien.

C) *Les proses : auteurs et succès*

De l'importance du phénomène "prose", le manuel fondamental de G. Doutrepont, *Les mises en prose des épopées et des romans chevaleresques*, donne une image impressionnante, dont nous retiendrons quelques aspects.

Sur les cent textes épiques environ qui nous sont parvenus, la moitié a fait l'objet d'une translation. Certains sont à l'origine de plusieurs versions en prose : on connaît trois dérimages différents pour le *Chevalier au cygne*, deux pour *Fierabras* et *Renaut de Montauban*, et pas moins de quatre pour *Théséus de Cologne*. Dans certains cas – *Valentin et Orson* –, la prose est le seul témoignage que nous conservions d'un modèle épique en vers perdu.

L'activité des prosateurs s'est tout d'abord exercée dans l'entourage et à l'intention des grands seigneurs de la deuxième moitié du XVe siècle ; il s'agit tout d'abord de la cour de Bourgogne – Philippe le Bon, Jean de Créquy, Charles de Rochefort –, mais aussi de Marie de Clèves, veuve de Charles d'Orléans, ou des rois de France, Charles VIII et Louis XII.

L'écriture "prose" s'insère donc dans un système de mécénat qui ne suscite pas forcément des productions originales : liés à Philippe le Bon, dont ils nourrissent la nostalgie de grandeur chevaleresque, David Aubert et Jean Wauquelin, le premier surtout, ne sont pas de très grands écrivains. Il n'en faut pas moins souligner que le travail du prosateur est ressenti comme une activité littéraire à part entière, qui peut attirer des auteurs moins liés à l'intérêt d'un prince commanditaire : le champenois Pierre Desrey, auteur de la *Genealogie*, est un historien, connu pour sa traduction du *Compendium de origine et gestis Francorum* de R. Gaguin ; quant à Philippe de Vigneulles il n'est pas seulement le translateur de la *Geste des Lorrains*, mais on connaît de lui des *Nouvelles*, un *Journal* autobiographique et des poèmes. Des esprits frottés d'humanisme s'intéressent même parfois à la prose épique : Guy Bounay et Jehan le Cueur, le

---

[56] G. Doutrepont classe lui aussi ces deux textes parmi les proses romanesques ; il en est de même pour la *Belle Hélène*, dont le modèle est qualifié par lui de "roman en vers" (*Les mises en prose...*, p. 242).

premier étant lieutenant du bailli de Châteauroux, le second écuyer de René d'Anjou, sénéchal du Maine, réécrivent un *Mabrian* bien différent de la prose bourguignonne, tandis que la *Conqueste de Trebizonde* n'hésite pas à mêler Tisiphone et Mercure aux exploits de Renaut et de Maugis.

Bientôt, certaines proses manuscrites – un peu plus de vingt – sont imprimées[57]. Il s'agit, la plupart du temps, de translations réalisées à partir de chansons de geste tardives – *Siperis de Vignevaulx, Théséus de Cologne* – ou de remaniements en vers – *Huon de Bordeaux, Ami et Amile, Jourdain de Blaives.* A l'inverse, *Renaut de Montauban* et *Fierabras* utilisent une version traditionnelle.

Il n'est pas toujours facile de comprendre pourquoi certains textes n'ont pas été repris par l'imprimerie : on notera que les deux cycles épiques les plus caractéristiques – *Guillaume d'Orange* et les *Lorrains* – qui tous deux avaient été mis en prose, n'ont pas fait l'objet d'une édition ancienne. L'impopularité éventuelle du texte cyclique comme tel ne semble pas susceptible d'expliquer le phénomène : les imprimés font un triomphe au cycle de *Huon de Bordeaux* – présenté en un, puis en deux volumes – et à celui de *Renaut de Montauban* – *Maugis, Renaut, Mabrian,* la *Conqueste de Trebizonde.*

Outre les explications ponctuelles, nécessairement aléatoires[58], force est de se demander si ce n'est pas le succès de certaines éditions qui impose assez vite une sorte de modèle, du reste varié, et écarte par conséquent toutes les autres œuvres : avec *Renaut de Montauban* (1482-85), *Fierabras* (1478) et *Valentin et Orson* (1489), l'édition épique possède les trois *bestsellers* qui seront sans cesse imprimés jusqu'à la fin du XIXe siècle ; rejoints en 1513 par *Huon de Bordeaux* – lui-même promis à un succès durable – ils incarnent les deux tendances constantes de la tradition épique : la peinture du personnage héroïque et des situations paroxystiques d'un côté, le récit d'aventure de l'autre.

Pour la transmission de l'héritage épique, l'imprimerie a donc joué un rôle des plus importants. Elle a tout d'abord détaché des milieux aristocratiques la prose issue des chansons de geste : ouvrages luxueux au départ, souvent dédiés à un prince – *Ogier le Danois* offert à Louis XII, les *Neuf preux* présentés à Charles VIII – ces "miroirs du prince" vont passer dans la librairie de colportage et devenir le bien propre de

---

[57] Voir une liste de ces éditions dans notre thèse, *op. cit.*, p. 541-43.
[58] Ainsi la mort de Jacques de Nemours, commanditaire du *Guillaume* en prose, pourrait expliquer le fait que cette prose n'a pas été imprimée.

80

lecteurs bourgeois et même populaires, au moment où de nouveaux modèles, héritiers de la matière de Bretagne mais renouvelés par la galanterie, s'offrent au goût aristocratique.

Tandis que les gens de condition vont s'enthousiasmer pour les *Amadis* – sans peut-être rejeter complètement les "contes bleus"[59] –, d'autres lecteurs, capables de s'identifier aux grandes figures héroïques, retrouvent, dans les exploits de *Renaut* ou de *Huon*, cette parenté imaginaire qui fait la substance vivante de l'histoire. Grâce à l'imprimerie, la tradition épique est portée jusqu'au moment où le travail des érudits peut enfin prendre le relais : c'est en 1859 que paraît l'une des dernières éditions de colportage de *Huon de Bordeaux* ; c'est en 1860 que F. Guessard procure la première édition de la chanson de geste du XIIIe siècle.

[59] On sait par exemple que PERRAULT se sert d'une version de colportage pour écrire son histoire de Griselidis.

BIBLIOGRAPHIE SÉLECTIVE

1. La chanson de geste

Actes des Congrès internationaux de la Société Rencesvals, où l'on trouve l'écho de la réflexion théorique sur le genre épique dans la "Romania". Consacrés essentiellement, au départ, à une réflexion sur les rapports entre chanson de geste et histoire, posant tout particulièrement le problème des origines du genre épique (voir par exemple la première rencontre, *Coloquios de Roncesvalles,* Universidad de Zaragoza, 1956), les Congrès ont rapidement intégré, à partir des travaux de Jean Rychner, la réflexion sur les structures littéraires (voir le titre du Colloque de Liège, 1957 : *La technique littéraire des chansons de geste,* Les Belles-Lettres, 1959).

GAUTIER, L., *Les épopées françaises,* 2e éd. Paris, 1878-1892, t. 1 et 2.

ID., *Bibliographie des chansons de geste.* Paris, 1897.

DE RIQUER, M., *Les chansons de geste françaises.* Paris, 1957.

FRAPPIER, J., *Réflexions sur les rapports des chansons de geste et de l'histoire,* dans *Zeitschrift für romanische Philologie,* 73 (1957), p. 1-19.

BOSSUAT, R., *La chanson de "Hugues Capet",* dans *Romania,* 71 (1950), p. 450-81.

ID., *"Charles de Chauve", Étude sur le déclin de l'épopée française,* dans *Lettres romanes,* 7 (1953), p. 107-32, 187-99.

ID., *Florent et Octavien, chanson de geste du XIVe siècle,* dans *Romania,* 73 (1952), p. 289-332.

ID., *Théséus de Cologne,* dans *Le Moyen Age,* 65 (1959), p. 97-133, 293-320, 539-77.

SUARD, F., *L'épopée française tardive,* dans *Mélanges J. HORRENT.* Liège, 1980, p. 449-60.

2. Les mises en prose

DOUTREPONT, G., *Les mises en prose des épopées et des romans chevaleresques du XIVe au XVIe siècle.* Bruxelles, 1939 (Mémoires, Classe des Lettres et des sciences morales et politiques, Académie royale de Belgique, 40).

82

ID., *La littérature française à la cour de Bourgogne*. Paris, 1909 (Bibliothèque du XVe siècle, VIII).

WOLEDGE, B., *Bibliographie des romans et nouvelles en prose antérieures à 1500 et Supplément. 1954-1975*. Genève, 1975 (Publications romanes et françaises, 130).

SUARD, F., *La tradition épique aux XIVe et XVe siècles*, dans *Revue des sciences humaines*, 55 (1981), p. 95-107.

IIème Partie

La Chanson de Geste
aux XIIᵉ et XIIIᵉ siècles

LES PETITES LAISSES DANS LE CHARROI DE NIMES

La critique reconnaît généralement dans le Charroi de Nîmes un poème original. M. Dc.Mc. Millan écrit
par exemple à son propos, dans l'introduction à l'édition
qu'il vient de donner récemment du texte : "Le Charroi
de Nîmes fait partie intégrante de ce beau patrimoine
que sont les chansons de geste ; mais tout en étant chanson de geste, il l'est de façon bien à lui..." (1) Renon-
çant ici à une analyse des motifs et des thèmes utilisés
ou bien à une réflexion sur la distance qui sépare l'expédition vers Nîmes et la prise de la ville des combats
livrés par Guillaume ou Vivien dans d'autres chansons —
un tel travail est en effet réalisé (2) - nous voudrions
saisir l'originalité du Charroi de Nîmes dans un aspect
de la structure strophique, celui qui concerne les dimensions de la laisse.
On s'aperçoit très vite, en lisant le Charroi
(3), à la fois de la disproportion dans la taille des
laisses et de la régularité dans la disposition des
strophes selon leur importance. La première laisse du
poème est nettement plus longue que les suivantes, qui
s'ordonnent elles-mêmes en deux groupes : un premier formé de laisses qui comptent à peu près dix vers (6 pour
la l.2, 12 pour la l.3, 9 pour la l.4), un autre dont les
couplets dépassent en moyenne les trente vers (38 pour
la l.5, 29 pour la l.6, 38 pour la l.7, 36 pour la l.8).
Ces huit premières laisses permettent donc de distinguer
trois catégories : des laisses petites ou moyennes, qui

654

apparaissent par séries et, isolée, une grande laisse.
    Est-il possible de retrouver dans l'ensemble du
poème une répartition analogue et de donner à celle-ci
une explication ? Dans l'économie de l'oeuvre les strophes ont-elles une fonction différente selon qu'elles
sont grandes, moyennes ou petites et d'autre part la
répartition des laisses selon leurs dimensions est-
elle cohérente au point de jouer dans le texte un rôle
fonctionnel et de permettre une certaine interprétation
de l'oeuvre ? Pour tenter de répondre à ces questions
nous nous intéresserons d'abord aux petites laisses,
afin de situer les autres par rapport à elles.

    La première tâche qui s'offre à nous est évi-
demment de déterminer les critères qui permettront de
répartir les laisses par catégories. On pourrait songer
pour cela à des points de repère quantitatifs : l'examen
des huit premières laisses permettrait par exemple de
calculer qu'une grande laisse doit dépasser 80 vers,
une moyenne se situer autour de 35 vers, une petite autour de 9 vers. Mais cette façon de procéder n'est pas
satisfaisante : nous savons en effet que le nombre de
vers à la laisse est variable, ce qui signifie non seulement qu'il y a des laisses grandes et petites, mais
qu'il y a une infinité possible de types pour une grande et pour une petite laisse. Il faut donc associer à
des critères quantitatifs des critères "structuraux" :
nous savons que chaque couplet est étroitement solidaire
de ceux qui l'entourent:ce qui est vrai pour les motifs
ou les formules doit l'être aussi pour les autres éléments constitutifs, et par conséquent pour le nombre de
vers.
    Nous avons donc examiné chaque laisse dans son
contexte, nous demandant si, pour le contenu comme pour
le nombre de vers, elle se détachait résolument de tout
ce qui l'entoure ou bien, quitte à se trouver numériquement différente des laisses voisines, elle constituait
avec elles un ensemble. Nous sommes parvenus de la sorte au tableau ci-dessous, qui nous permet de dresser
notamment l'inventaire des petites laisses.

TABLEAU

(Le nombre de vers à la laisse est porté en exposant)

655

Grandes laisses	Laisses moyennes	Laisses petites
1^{87}		
		$2^6, 3^{12}, 4^9$
	$5^{38}, 6^{29}, 7^{38}, 8^{36}$	
		$9^{16}, 10^6, 11^{16}, 12^6,$ $13^{15}, 14^{13}$
15^{76} (328-403)		
	$16^{24}, 17^{16}, 18^{46}$	
		$19^4, 20^7, 21^{11}$
	$22^{26}, 23^{42}, 24^{55},$ 25^{22}	
26^{113} (657-769)		
		$27^5, 28^7, 29^6$
	30^{43}	
		$31^5, 32^6$
	$33^{60}, 34^{28}, 35^{25}$	

656

		$36^9,37^{10},38^4,39^4$
	40^{54}	
		$41^{11},42^{23},43^{15},44^{16}$ 45^{11}
	$46^{42},47^{31},48^{20}$	
49^{110} (1205-1314)		
		$50^{12},51^{17},52^8$
	$53^{35},54^{16},55^{28}$	
		$56^{10},57^{14},58^8$
	59^{24}	

Neuf séries de petites laisses, soit au total trente-deux laisses et 322 vv., avec un nombre moyen de 10 vers à la laisse, tel est le résultat que nous pouvons lire sur ce tableau. Avant d'aller plus loin, il nous faut présenter brièvement ces différentes séries.

1) **Laisses 2,3,4**. Après une grande laisse (1.I, 87 vv.) et avant une série de laisses moyennes (11.5,6,7,8), une séquence où Guillaume déplore sa pauvreté, rappelle les offres de Gaifier et menace de quitter le service du roi. Le passage est essentiellement lyrique : le héros chante son amertume, évoque les occasions manquées, songe à des changements d'attitude mais ne passe pas à l'acte : c'est dans la 1.5 qu'il donnera à sa "mesniee" le signal d'un départ véritable ou peut-être simulé.

657

2) Laisses 9,10,11,12,13,14. Cette séquence est
délimitée d'un côté par une série de laisses moyennes
(ll.5,6,7,8), de l'autre par une grande laisse (l.15).
Les deux premiers couplets (ll.9 et 10) concluent sur
les reproches jusqu'ici exprimés par Guillaume, en re-
prenant à la fois le motif de la menace (vv. 270-271)
et celui du dénuement ; mais il ne s'agit plus seulement
ici d'une pauvreté matérielle : servir un tel roi c'est
s'exposer pour rien au péché, à perdre son âme (vv. 274-
275).

Les laisses suivantes renouent le dialogue entre les deux interlocuteurs, dialogue qui n'a été jusqu'-
ici qu'ébauché (l.I, l.4). Suite d'échanges rapides ou
plutôt de passes d'armes brutales (4), le dialogue about-
tit d'abord, au début de la laisse 13, à la mise en
accusation de Louis comme "mauvés segnor" (v. 303) ;
puis le rythme se régularise, se développant suivant le
schéma de la demande et du refus : Louis supplie Guillaume de se contenter des fiefs qu'il lui propose et le
héros lui montre à quel point ses propositions sont
inacceptables.

Dans son ensemble ce passage est surtout lyrique ; mais le dialogue est aussi dramatique lorsque
l'auteur nous rend attentif à la sécheresse exemplaire
des premières réponses de Guillaume.

3) Laisses 19,20,21. Cette séquence très homogène est délimitée par deux séries de laisses moyennes, la première étant formée par les ll.16-18 (intermède Guillaume-Bertrand qui sépare les deux entrevues
avec Louis), l'autre par les ll.22-25 (épisodes précé-
dant le départ de l'expédition).

Entre deux séquences narratives ces petites
laisses constituent une triple requête lyrique dans
laquelle Guillaume affirme sa fidélité au roi, son désir
de conquête territoriale et son esprit de croisade. Le
parallélisme de ces trois laisses est renforcé par certains procédés comme l'annominatio ("Valsoré et Valsure",
v. 501) ou les jeux de miroir (Moie iert la terre, tuens
en iert li tresors, v. 491).

4) Laisses 27,28,29. Cette série est circonscrite par la très grande laisse 26 - la plus longue du
poème - et une laisse moyenne ; l'une raconte le départ
des Français et le châtiment du vieil Aymon, l'autre les
derniers scrupules de Guillaume et le réconfort qui lui
est donné par Bertrand.

658

Les petites laisses sont différentes de celles
que nous avons examinées jusqu'ici, car elles comportent
des énumérations à valeur descriptive ou narrative. Dans
les deux premières l'auteur fait l'inventaire des bagages de Guillaume, qui emporte avec lui à la fois ce qui
est nécessaire pour assurer le service divin et ce qui
permettra le service du seigneur terrien : missels et
crucifix d'un côté, chaudrons et trépieds de l'autre ;
dans la troisième le jongleur nous donne une idée de la
marche de l'expédition en citant les principales étapes
jusqu'en Auvergne.

5) <u>Laisses 31-32</u>. Entre la 1.30, dont nous
avons parlé plus haut, et les 11.33-35, strophes moyennes qui racontent la rencontre avec le vilain de Saint-
Gilles, cette séquence, très semblable à la précédente,
comporte l'énumération de quelques toponymes et l'évocation des gestes accomplis à la fin d'une étape.

6) <u>Laisses 36,37,38,39</u>. Après la rencontre pittoresque du vilain de Saint-Gilles et la naissance de
l'idée du "charroi", avant la piteuse équipée de Bertrand mauvais bouvier (5), quatre petites laisses montrent
différents aspects de la réalisation du stratagème.
L'expédition retourne sur ses pas afin de rassembler tonneaux et attelages (1.36) ; le matériel
nécessaire est fabriqué (1.37) et les tonneaux remplis :
les chevaliers s'y dissimulent, avec leur maillet
(1.37), d'autres tonneaux reçoivent lances (1.38) et
écus (1.39).
Ce sont donc des laisses à la fois descriptives
et narratives, qui se soucient plus de suggérer que de
montrer : le jongleur utilise en effet le "signal épique" que constitue la formule "Qui dont veïst" (v. 963)
ou bien rapproche les éléments présentés de l'utilisation qui en sera faite au cours du combat, mettant
ainsi l'accent sur la fonction plus que sur la matéria-
lité de l'objet :
A chascun font un grant mail aporter...
Nostre François se puissent aïdier (vv. 970,973)

Et en chascune font fere dos ensaignes...
N'i entrepaingnent li soldoier de France.
(vv. 975,977)

7) <u>Laisses 41-45</u>. De nouveau un ensemble descriptif et surtout narratif, plus composite que les

précédents. Nous avons même hésité à classer cette séquence parmi celles qui regroupent des petites laisses,
car la 1.42 est nettement plus développée (23 vers) que
celles qui font habituellement partie de cette catégorie (6). Mais l'ensemble est assez nettement circonscrit
entre une laisse moyenne (1.40) et une séquence de laisses de ce même type (11.46-48) pour que nous puissions
voir ici une série de petites laisses.
     La 1.41 complète la 1.40 : tandis que cette
dernière était consacrée aux malheurs de Bertrand, l'autre décrit l'accoutrement ridicule de Guillaume. A partir de la 1.42 le jongleur suggère ce que sont les dernières étapes vers Nîmes et les circonstances dans lesquelles le "charroi" pénètre dans la ville. La 1.42
montre les dispositions stratégiques prises - on écarte
les vilains et l'on met une troupe en réserve -, les
premières réactions des païens et les premières affirmations ambiguës sur le contenu des chariots ; la
1.43 souligne un autre aspect de l'entrée dans la cité : les chars qui se suivent à la file salués par
l'intérêt constant des habitants. La 1.44 constitue une
sorte de parenthèse, avec l'intervention du jongleur
qui rapporte la situation de la ville pendant l'occupation sarrasine, tandis que la 1.45 montre Guillaume
se souciant des formalités à remplir pour entrer sans
dommage dans Nîmes et les Sarrasins figés dans une
naïve confiance.
     Cette série nous propose donc quelques éclai-
rages apparemment dispersés, parce que procédant selon
l'usage habituel, c'est-à-dire par touches successives ;
il s'agit pourtant d'un faisceau d'informations qui
concordent entre elles : Nîmes est dominée par les
païens et par conséquent appelée à la délivrance (1.
44) ; Guillaume fait bien son métier de prétendu chef
d'une troupe de marchands (1.45) ; les Sarrasins s'intéressent beaucoup aux marchandises qu'ils croient deviner dans les tonneaux : ils sont cupides et peu intel-
ligents (11.42,43,45).

     8) Laisses 50,51,52. Après la 1.49, une grande
laisse où apparaissent les prodromes du dénouement -
Harpin tue les deux maîtres limonniers de l'attelage
de Guillaume - et avant une série de laisses moyennes -
11.53-55 - qui racontent le meurtre d'Harpin et la bataille dans Nîmes, trois laisses courtes, de ton narratif, montrent Guillaume aux prises avec les deux rois
sarrasins : le héros est brocardé par Otran (1.50),

660

puis par Harpin ; mal traité par ce dernier (1.51) il
révèle pour son seul public le caractère hyperbolique
de la vengeance que laisse attendre l'injure faite à un
membre d'un lignage aussi prestigieux.

9) Laisses 56,57,58. Entre la bataille dans
Nîmes et la laisse 59, laisse moyenne qui termine le
poème, trois laisses surtout lyriques exposent le pathétique dialogue entre Guillaume et Otran, qui refuse
de se convertir, et la mort du païen.

Nous savons donc maintenant que les petites
laisses se présentent d'une façon suivie et équilibrée
dans le Charroi. Non seulement en effet elles constituent une fraction importante du nombre des vers et surtout des laisses, mais elles apparaissent de façon régulière, groupées en séries d'importance équivalente :
toutes les trois strophes environ on rencontre des séquences de trois à quatre petites laisses. Cette régularité permet à ce type de couplet de figurer dans
des passages très différents et d'avoir par conséquent
des contenus et des tonalités très divers.   Est-il
possible de découvrir sous cette diversité une fonction
identique permettant de comprendre pourquoi le jongleur,
dédaignant des couplets plus développés, fait appel au
cadre exigu des petites laisses lorsqu'il veut faire
apparaître des éléments lyriques, descriptifs ou narratifs ?

Les éléments lyriques sont importants ou pré-
dominants dans les séquences I (11.2-4), 2 (11.9-14),
3 (11.19-21, 8 (50-52) et 9 (56-58). Qu'il s'agisse
des reproches ou des lamentations de Guillaume (séquence 1), du jeu des propositions et des refus (séquence
2), de la requête formulée au sujet des terres païennes (séquence 3) ou de la tentative de conversion à
l'égard d'Otran (séquence 9), il apparaît que le lyrisme de ces passages repose d'abord sur le principe
du parallélisme, et d'abord d'une laisse à l'autre. Or
de telles reprises, qui se veulent pathétiques, ne sont
efficaces et d'ailleurs possibles que si elles concer-
nent un nombre de vers limité, mais qui épuise la totalité de la laisse : d'où l'importance des petites laisses ici. Certes ces couplets ne possèdent pas le mono-
pole de l'émotion, mais dans le cas d'autres laisses le
pathétique a des causes différentes : la 1.I5, destinée
à montrer l'ingratitude de Louis d'une manière exemplaire
comporte un véritable récit épique, dont les petites

661

laisses précédentes n'offraient que les éléments.
    Toutefois le lyrisme des petites laisses ne
résulte pas exclusivement des jeux de miroir auxquels
elles procèdent les unes par rapport aux autres : il
est le fruit de la structure même de la petite laisse.
Articulée autour de l'assonance et des accents, celle-
ci laisse étinceler comme dans un écrin étroitement
ajusté toutes les ressources formelles dont dispose le
poète : images efficaces
    Mon auferrant m'estuet livrer provende
    Encor ne sai ou le grain en doi prendre (vv. 91-92),
jeu des oppositions
    N'a que doner ne a son hués que prendre (v. 90),
formules quasi-magiques tant elles sont chargées de sens:
    Si est pour voir dant Aymeri mon pere,
    Cil de Nerbonne, qu'a proesce aduree.
    Ge sui Guillelmes, qui la barbe a tiree.(vv. 1347-
                                                    1349)
    Le registre dont peut user le jongleur est
ample, qui va du lamento à l'invective, portant à l'in-
candescence les mots, puisqu'il n'a à se soucier ni de
la trame du récit, ni d'une scène à construire. Laisses
offertes à l'émotion du public, au moment où les personnages eux-mêmes s'effacent derrière la réussite poétique
de leurs paroles ou de leurs échanges.
    L'élément   lyrique est donc important dans les
petites laisses du Charroi, et nous ne sommes du reste
pas étonnés de voir une telle mission leur être confiée ;
il en est de même dans d'autres chansons de geste, comme
par exemple le Guillaume, avec les recommandations faites
par Vivien à Girard :
    "Cosin Girard, di li, ne li celer,
    E li remenbre de Limenes la cité,
    Ne del grant port al rivage de mer,
    Ne de Fluri que jo pri par poesté.
    Aider me vienge en bataille champel."(1.52, vv.650-
                                                    654)
ou les reproches adressés par Girard à ses armes :
    "Ohi, grant targe, cume peises al col ;
    Nen aidera a Vivié a la mort."
    El champ, si la tolid de sun dos. (1.61, vv. 720-
                                                722)
    On est en revanche plus surpris de voir figurer
dans les petites laisses des passages à caractère descriptif, comme dans les séquences 4 (bagages emportés
par Guillaume), 6 (préparation du "charroi") et 7
(accoutrement de Guillaume) (7) : pourquoi le jongleur

n'a-t-il pas choisi, pour montrer à son public ce que Guillaume emporte avec lui ou bien ce que renferment les tonneaux, des strophes plus développées, offrant un espace plus vaste.

En fait, on le sait, les chansons de geste - et le <u>Charroi</u> n'échappe pas à la règle - n'offrent pas de description développée ; la différence qui sépare les passages à valeur descriptive que l'on trouve dans les petites laisses et ceux qui appartiennent aux laisses moyennes n'est donc pas une différence de dimension : le jongleur n'est pas plus prolixe pour décrire des préparatifs de cuisine dans la l.30 (laisse moyenne)

En cez cuisines ont cez feus alumez ;
Cil queu se hastent del mengier conraer. (vv. 788-
789)

qu'il ne l'avait été dans la l.28 (petite laisse) pour énumérer le matériel de cuisine emporté. Mais dans l'une la description sert de point de départ à une scène - les scrupules de Guillaume et les exhortations de Bertrand -, dans l'autre l'énumération descriptive à valeur symbolique, car ces

Poz et paielles, chauderons et trepiez (v. 776)

évocateurs de bombance annoncent également la puissance de Guillaume servi bientôt en maître du pays, de même que les objets de culte font affleurer à cet endroit le motif de la croisade. Comme pour l'élément lyrique, le cadre étroit de la laisse focalise l'attention du public : il rapproche certaines images et certains actes, mettant ici en valeur la tâche qui attend les chrétiens une fois Nîmes conquise (service de Dieu,service du seigneur), là tout ce qu'il faudra faire avant : défoncer les tonnes lorsque retentira le cor de Guillaume (l.27), récupérer les armes grâce aux indications portées sur les tonneaux qui les renferment (ll.28-29).

Ainsi, bien que le registre soit différent, le principe de fonctionnement est analogue pour l'élément descriptif et pour l'élément lyrique : en détournant notre attention de la progression du récit ou de la scène dans laquelle s'opposeraient et se construiraient des personnages, le jongleur fait jaillir devant nos yeux des images qui valent à la fois pour elles-mêmes - car il ne renonce pas, bien sûr, au pittoresque - et pour la signification qui s'y attache, le drame qui se joue.

C'est à propos des <u>éléments narratifs</u> que nous aurons peut-être le plus de mal à dégager l'originalité de la petite laisse dans la mesure où nous semblons entrer ici en contradiction avec certains points importants de notre étude sur le lyrisme et les éléments descriptifs. De véritables scènes sont en effet construites dans les passages narratifs, au point que nous pouvons nous demander, ou bien si nous avons eu raison de reconnaître ici de petites laisses, ou bien si le poète ne confie pas à des strophes courtes les scènes qu'il juge moins importantes, à moins que son génie enfin ne sommeille avec elles.

Les séquences en question sont au nombre de trois : ll.31-35 (séquence 5, quelques étapes sur la route de Nîmes), ll.42-45 (séquence 7, quelques étapes sur la route de Nîmes) et ll.50-51 (assauts d'Harpin et d'Otran contre Guillaume) (8). Pour mieux les comprendre on pourra comparer l'une de ces séries, la séquence 8, avec les ll.53-55. Les deux groupes de laisses, dont le second est constitué de laisses moyennes, se répondent en effet, pour le contenu comme pour la forme ; l'un raconte l'injure faite à Guillaume, l'autre la vengeance du héros ; ils sont d'autre part introduits par des appels du jongleur qui situe bien le parallélisme des deux passages :

"Oez, seignor, que Dex vos beneïe,
Confetement Guillelme ataïnent." (vv. 1315-1316)

"Oez, seignor, Dex vos croisse bonté,
Confaitement Guillelmes a ovré." (vv. 1352-1353)

Il n'en est pas moins vrai que les deux séries se distinguent assez nettement. Tout d'abord la place de l'action proprement dite est plus importante dans la seconde que dans la première, où elle se limite à l'atteinte portée par Harpin à la barbe de Guillaume (9) ; d'autre part les faits exposés par la première séquence sont destinés à préparer l'action de la seconde : la riposte de Guillaume sera d'autant plus terrible qu'il a supporté "l'arrachage" de sa barbe. Enfin, en ce qui concerne les parties parlées, la place réservée au dialogue reste mince : Guillaume s'adresse à nous "que ne l'entendi ame" (v. 1335), "en bas, a recelee" (v. 1344) plutôt qu'à ses interlocuteurs dans le récit : dans la l.53 au contraire le héros menace vigoureusement les Sarrasins (vv. 1360-1371) et ceux-ci lui répondent dans le même sens (vv. 1381-1385).

Avec la séquence 7 (préliminaires à l'entrée dans Nîmes), nous nous trouvons également en présence de scènes ayant valeur pour elles-mêmes mais significatives aussi pour l'avenir. Par approches successives, nous

l'avons vu (10), nous sommes renseignés sur le théâtre
des exploits imminents de Guillaume ainsi que sur les
conditions dans lesquelles la lutte, oratoire d'abord
puis militaire, va s'engager.

Les petites laisses brossent donc le décor,
créent un climat : c'est dans d'autres types de couplets
que l'action proprement dite se joue. Nous retrouvons
chez elles cette valeur significative dont les passages
lyriques nous ont permis de comprendre le mécanisme.

Le rôle des petites laisses est important dans
le Charroi de Nîmes : c'est avec elles que le poète
aiguise notre regard et notre ouïe, nous rendant accueil-
lants à la beauté de tel passage, à la signification de
telle image, à la valeur anticipatrice de certaines
scènes. Loin de constituer des "laissés pour compte",
les petites laisses sont comme autant de jalons, de repères lumineux qui convient le public à méditer non
seulement ce qui est dit mais encore ce qui est tu.

S'il en est bien ainsi, quelle est dans le
Charroi la fonction des autres types de laisses ? Les
laisses moyennes constituent certainement le tissu
narratif du texte : le rappel fait par Guillaume des
services rendus au roi (11.5-8), la mise au point avec
Bertrand de la demande hyperbolique qu'il faudra présenter à Louis (11.16-18), la présentation de cette demande
et le recrutement de l'armée des croisés (11 22-25), la
prise en main de l'expédition (1.30), la rencontre du
vilain et la conception du stratagème (33-35), les mésaventures de Bertrand (1.40) la discussion avec les
rois de Nîmes (11.46-48), la bataille (11.53-55) et la
conclusion du poème (1.59) représentent la presque totalité de la chaîne narrative du poème. C'est dans les
laisses moyennes que les scènes se bâtissent, donnant
aux personnages et aux événements d'exister. Cela ne
veut pas dire que de tels passages ne soient pas en
même temps poétiques : grâce au procédé du "récit dans
le récit" l'histoire des grands services de Guillaume
ou l'anecdote de la dame de Saint-Gilles surgissent du
passé et donnent, par la bouche du héros, un sens au
présent du texte.

Quant aux grandes laisses, qui n'apparaissent
que quatre fois dans le texte et se trouvent toujours
isolées, elles sont composites dans la mesure où elles
comportent plusieurs scènes différentes. Dans la 1.1
Bertrand accueille Guillaume au retour de la chasse et
lui annonce l'ingratitude royale ; le héros, empli de
courroux, se rend au palais et reproche au roi ses

torts. La l .15 comprend aussi deux moments distincts :
l'histoire du marquis Bérenger qui se termine par les
manifestations d'allégeance de la "mesniee" du vassal et
la proposition faite par Louis de partager le royaume
en faveur de Guillaume. La l.26 montre l'afflux des
pauvres bacheliers, qui répondent à l'appel de Guillaume
et raconte la trahison et le châtiment d'Aymon. Enfin
la l.49 expose avec quelle habileté le héros déjoue les
soupçons d'Otran mais raconte aussi le meurtre des
boeufs de Guillaume et le début des attaques dont il va
être l'objet.
     Les grandes laisses proposent donc des complexes
narratifs ; ceux-ci se situent par ailleurs à des moments
importants pour la progression dramatique du récit :
lorsque l'action se noue (l.1), au point culminant du
premier entretien entre le vassal et son seigneur (l.15),
à la fin de la première grande partie du texte (l.26)
enfin lorsqu'est proche le moment où Guillaume devra se
découvrir et combattre. Narratives comme le sont les
laisses moyennes, les grandes laisses ont une fonction
dramatique particulière : elles peuvent être considérées
comme les charnières du récit.
     Telle est donc, nous semble-t-il, l'économie
des laisses dans le Charroi. Le poème est-il original à
ce titre, ou bien une telle disposition se retrouverait-
elle dans d'autres textes épiques, en particulier ceux
qui se rapprochent de lui•par l'époque de composition et
la place dans le cycle de Guillaume, le Couronnement de
Louis et la Prise d'Orange ? Nous verrons, sans entrer
dans le détail, qu'il n'en est rien.
     Le Couronnement, plus long que le Charroi,
comporte dans l'édition Langlois (11) 2695 vers et 63
laisses. Le nombre des grandes laisses est plus élevé
que dans le Charroi (11 laisses se situent entre 76 et
151 vv., soit 17% pour l'ensemble du poème contre 7%
environ dans le Charroi) tandis que les petites laisses
sont plus rares (24 laisses inférieures ou égales à 23
vers, soit 40% contre 52% dans le Charroi). Mais c'est
surtout dans la distribution des couplets qu'apparaît
la différence : nous ne trouvons en effet dans le
Couronnement que trois séries de petites laisses (1-6,
10-12, 47-50), les autres exemples de petites laisses
alternant isolément avec des laisses moyennes ou grandes. En revanche nous remarquons plusieurs séries de
grandes laisses (18-19, 28-30, 56-59) (12). Quoi qu'il
en soit de la signification d'une telle distribution,
il convient donc de remarquer qu'elle est très différente

666

de ce que nous trouvons dans le Charroi.

Quant à la Prise d'Orange (13), sa physionomie pour la taille et la répartition des laisses est différente à la fois du Charroi et du Couronnement. Avec 1617 vers et 62 laisses dans la rédaction AB ce poème présente une tendance à la régularisation du volume des laisses : quatre seulement sont inférieures ou égales à 10 vers (contre 13 dans le Couronnement et 18 dans le Charroi), une seule supérieure à 70 vers (contre 16 dans le Couronnement et 4 dans le Charroi). La moyenne des vers se trouve située entre 20 et 40 vers, alors que 23% des strophes dans le Charroi et moins de 20% dans le Couronnement se situent à l'intérieur de cette fourchette.

La distribution des laisses dans le Charroi de Nîmes ne peut donc être assimilée à ce qu'elle est dans d'autres textes, pourtant proches de lui. Au même titre que le choix des motifs, des thèmes ou de l'assonance, la détermination du nombre des vers dans une laisse et la distribution des couplets selon leur taille à l'intérieur du poème font partie du bien propre du jongleur. Elément important d'appréciation littéraire,l'économie des laisses donne au poème son rythme, sa respiration : à côté de la vigueur et de la fougue narrative du Couronnement de Louis, de la régularité sans monotonie de la Prise d'Orange,la variété équilibrée du Charroi révèle un art peut-être plus élaboré et plus subtil. Nous retrouvons ainsi cette conception à la fois originale et très classique du poème épique que les critiques ont reconnue à notre poème. L'étude des dimensions et de la répartition des laisses nous paraît donc constituer une approche possible et assez riche du mystère poétique de la chanson de geste.

---

(1) Le Charroi de Nîmes, chanson de geste du XIIème siècle, éditée d'après la rédaction AB, Paris, Klincksieck, 1972, p. 43 -
(2) Notamment par M. Frappier dans son deuxième tome des Chansons de geste du cycle de Guillaume d'Orange, Paris,SEDES, 1965.
(3) Nous suivons ici l'édition de M. Mc Millan, autrement dit la rédaction A ;. des différences apparaissent déjà avec le texte de B, qui, au lieu de trois petites

667

(3) (suite) laisses, comporte aux vv. 964-981 une l.
moyenne et une petite laisse. Nous n'avons pas tenu
compte du texte de C et de D qui est, on le sait, très
remanié.
(4) 1.11 : Guillaume est sans pair ; 1.12 : Guillaume,
comme tout son lignage, est victime de l'ingratitude et
réagit comme tel.
(5) Cette mésaventure est aussi racontée par la laisse
moyenne.
(6) D'une manière inverse nous avons rangé les laisses
17 et 54, qui comptent chacune 16 vers, parmi les laisses
moyennes.
(7) Il s'agit des laisses 27-29, 36-39, 41. D'autres
laisses comportent également des éléments descriptifs,
qu'il est difficile de distinguer des éléments narratifs, cf. 11.32, 45.
(8) La séquence 8, notamment dans la 1.52, contient
également des éléments lyriques, cf. supra, p. 659-660
(9) La seconde séquence raconte le meurtre d'Harpin,
l'arrivée à la rescousse des chevaliers dissimulés dans
les tonneaux et la bataille générale qui s'engage alors.
(10) cf. supra, p.658-659. Nous apprenons aussi à la 1.43
le nom des rois sarrasins qui gouvernent la ville.
(11) Nous suivons l'édition publiée dans les CFMA,
Paris, Champion.
(12) Nous parlons de "grandes", de "moyennes" ou de
"petites" laisses par référence au Charroi, mais il
est certain que ces termes sont très approximatifs et
n'ont vraiment de sens qu'à l'intérieur d'un poème donné.
(13) Nous suivons l'édition de la rédaction AB par C.
Régnier, Paris Klincksieck, 1967.

Le Motif du déguisement dans quelques chansons du cycle de Guillaume d'Orange

U N PERSONNAGE ÉPIQUE, le plus souvent un héros masculin, revêt un harnois ou un accoutrement qui n'est pas le sien; ainsi travesti, il peut côtoyer sans danger ses adversaires et prendre sur eux un avantage: Huelin, dans *Gormont et Isembart*, s'empare du cheval du renégat (éd. Bayot, vv. 262-63) et Maugis, dans *Renaut de Montauban*, apprend le sort que Charles réserve à Richart (éd. Castets, vv. 9773-74).

Tel est, dans son principe, le motif du déguisement, qu'on rapprochera du sarcasme épique: vaincu par la force et par la vaillance du héros, l'adversaire, traître ou Sarrasin, est également victime de l'ingéniosité du bon chevalier: blessé ou tué, il peut encore être rendu ridicule. On comprend, dans ces conditions, que le motif du déguisement, loin de nuire à la valeur épique, puisse la mettre en valeur grâce à l'utilisation d'un registre essentiellement comique.

Cependant l'étude de quelques chansons du cycle de Guillaume d'Orange permet de révéler une autre perspective. Dépassant la fonction traditionnelle du déguisement—duper l'adversaire—le poète des *Enfants Vivien* ou d'*Aliscans* nous invite, grâce à ce motif, à réfléchir sur l'identité du héros épique. Par le décalage qu'il instaure entre une image prévisible du héros—celle à laquelle d'autres textes nous ont habitués—et celle que produit le travestissement, il déplace toute limite imposée au personnage de chanson de geste. C'est ce travail que nous allons suivre sur quelques exemples.

Sans doute, dans plusieurs chansons du cycle, le motif relève bien de la conception habituelle. Avec le déguisement de Guillaume en marchand dans *CN*[1] ou celui du même Guillaume en Sarrasin dans *PO*,[2] il s'agit de

---

[1]Nous utilisons les sigles consacrés par l'ouvrage de M. Tyssens, *La Geste de Guillaume d'Orange dans les manuscrits cycliques* (Paris: Belles Lettres, 1967), p. 39.

[2]Sur l'utilisation du déguisement dans *PO*, voir l'article de J. Dufournet, "La Métamorphose d'un héros épique," *Revue des Langues Romanes*, 78 (1968), pp. 17-51.

344

tromper la vigilance des païens, soit afin de pénétrer dans Nîmes pour prendre la ville, soit afin de s'approcher d'Orable. Le travestissement est décrit avec minutie, qu'il s'agisse de Guillaume:

> Des or devons de Guillelme chanter,
> Com fetement il se fu atornez.
>
> Li cuens Guillelmes vesti une gonnele
> De tel burel conme il ot en la terre
>
> (*CN*, vv. 1033-1037)[3]

ou de tous ceux qui utilisent ce stratagème:

> Arrement fist tribler en un mortier
> Et autres herbes que connoissoit li ber
> . . .
> Lor cors en taignent et devant et derrier
> Et les visaiges, la poitrine et les piez;
> Tres bien resemblent deable et aversier
>
> (*PO*, vv. 376-377, 379-381)

C'est donc une sorte de prise d'habit, un adoubement d'un nouveau genre, puisque l'on s'équipe afin de combattre l'adversaire avec des armes jusque-là inusitées.[4]

L'objectif est atteint, puisque les Français réussissent de la sorte à entrer dans Nîmes et dans Orange, et l'on rit des Sarrasins pour deux raisons: d'une part ils se sont laissés prendre — au moins pour un certain temps — au déguisement, d'autre part ils n'ont pas saisi la véritable signification du discours tenu par les chrétiens.

---

[3]Les citations épiques faites dans cet article renvoient aux éditions de référence. *N: Les Narbonnais*, éd. H. Suchier (Paris: Didot, 1898), 2 vols., SATF; *CL: Le Couronnement de Louis*, éd. E. Langlois (Paris, 1938), CFMA, 22; *CN: Le Charroi de Nîmes*, éd. D. McMillan (Paris: Klincksieck, 1972), Bibliothèque française et romane, Série B; *PO: Les Rédactions en vers de la Prise d'Orange*, éd. Cl. Régnier (Paris: Klincksieck, 1966); *EV: Les Enfances Vivien*, éd. C. Wahlund, H. von Feilitzen, & A. Nordfelt (Upsala & Paris, 1895); *Al: Aliscans*, éd. E. Wienbeck, W. Hartnacke, & P. Rasch (Halle: Niemeyer, 1903); *MR: Le Moniage Rainouart* I, éd. G. Bertin (Paris: Picard, 1972); *MG: Moniage Guillaume*, éd. W. Cloetta (Paris: Didot, 1906-11), 2 vols., SATF.

[4]Cf. Dufournet, p. 32, qui souligne le caractère épique des formules utilisées dans *CN*.

Interrogé par Otran, Guillaume décrit en effet le contenu des tonneaux qu'il fait charroyer:

> "Et blans hauberz et forz heaumes luisanz,
> Tranchanz espiez et bons escuz pesanz,
> Cleres espees au ponz d'or reluisant"
>
> (*CN*, vv. 1141-1143);

il dit la vérité, mais les armes ne sont pas seules: les accompagnent des chevaliers qui savent les manier. Guillaume n'en souffle mot, et Otran entend marchandise là où il faudrait comprendre armes menaçantes. De même, lorsque Guillaume affirme ses bonnes intentions:

> "Ja ne verroiz demain midi passer,
> Vespre soner ne soleil resconser,
> De mon avoir vos ferai tant doner,
> Toz li plus forz i avra que porter"
>
> (*CN*, vv. 1165-1167)

il sous-entend que ces cadeaux, si difficiles à porter, sont des coups dont les païens ne se remettront pas.

Dans *PO*, la vérité est formulée de façon beaucoup plus précise, soit au moment où Guillaume menace Arragon:

> "Ne te garront les tors ne li piler,
> Les amples sales ne li parfont fossé;
> A maus de fer te seront estroé"
>
> (*PO*, vv. 586-588),

ou bien lorsqu'il fait son propre éloge:

> "N'a si grant home desi que en Arabe,
> Se il le fiert de l'espee qui taille,
> Que ne li tranche tot le cors et les armes;
> Desi en terre cort l'espee qui taille"
>
> (*PO*, vv. 727-730);

mais ce qui manque à une information complète d'Arragon ou d'Orable, c'est justement le nom du personnage qui parle de la sorte, et qui n'est autre que l'ennemi implacable, ou le chevalier séduisant, ce Guillaume qui est à la fois sujet et objet de son discours.

Donc les païens sont dupés, mais il faut noter qu'ils ne le seront pas très longtemps; dans *CN* comme dans *PO*, les Sarrasins découvrent l'identité du héros avant le moment où celui-ci avait l'intention de jeter le

masque. Dans *CN*, le roi Harpin tue deux boeufs de l'attelage, puis insulte
Guillaume et lui tire la barbe: le chrétien répudie aussitôt son déguisement et renonce à la ruse:

> "Ge ne sui mie marcheant, par verté,
> Raol d'Omacre ne sui mes apelé;
> Que par l'apostre qu'en quiert en Noiron pré,
> Encui savroiz quel avoir j'ai mené!"
>
> (*CN*, vv. 1363-1366)

Dans *PO*, Guillaume est reconnu sous son déguisement par Salatré, qui le
dénonce à Arragon et prouve la supercherie en faisant apparaître la
blancheur de la peau du héros:

> Prist une cote, Guillelme en a hurté,
> Qui tote estoit de fin or esmeré;
> Fiert en Guillelme el front desus le nes;
> Lors se descuevre et la color li pert:
> Blanche ot la char comme flor en esté
>
> (*PO*, vv. 775-779)

et Guillaume, saisissant un bourdon, fait justice du délateur.

Ainsi le déguisement, aussi habile soit-il, ne dissimule pas longtemps
le héros; on le reconnaît ou bien il est obligé de se signaler lui-même, en
tout cas il se jette aussitôt dans l'action guerrière. Dans *CN*, le combat est
précédé de la nomination du héros par lui-même, et de la proclamation
d'appartenance au lignage:

> "Por ce, s'ai ore mes granz sollers de vache
> Et ma gonele et mes conroiz si gastes,
> Si ai ge non Guillelmes Fierebrace,
> Filz Aymeri de Nerbonne, le sage"
>
> (*CN*, 1336-1339)

tout ceci visant uniquement le lecteur-auditeur, puisque Guillaume parle
"que ne l'entendi ame."

Les deux exemples que nous venons d'analyser sont donc clairs: ils
utilisent le motif du déguisement dans une double perspective, stratégique: pénétrer à l'insu de l'ennemi dans une ville, et comique: faire rire
aux dépens des Sarrasins. Cependant le motif laisse déjà apparaître
d'autres traits: la découverte du héros sous son déguisement semble
inévitable, comme si le personnage épique s'imposait malgré son masque

et devait se manifester avec éclat. Apparaît donc un rapport entre déguisement et révélation du héros, et l'on verra si d'autres exemples permettent de préciser cette hypothèse.

On peut rattacher au motif du déguisement la situation du héros d'enfances qui, éloigné des siens, vit une jeunesse non chevaleresque: pour le cycle de Guillaume, c'est le cas de Vivien dans *EV*. Alors que Godefroy, son père adoptif, le promet à une destinée mercantile:

"riches seras a trestot ton aé,
toz mon tresor te soit abandoné"
(*EV*, A, vv. 851-852),

son instinct de chasseur s'affirme:

"mes .i. destrier me fetes amener,
et .ii. brachez s'il vos plest me donez,
.i. esprevier me fetes aporter,
par ces montaignes m'en iré en gibier"
(*EV*, A, vv. 855-858)

et rejoint ainsi, au niveau du désir, l'occupation traditionnelle du jeune chevalier. La réalité profonde de Vivien transparaît également auprès des marchands qui, précisément parce qu'ils ne sont pas nobles, sont bons juges en matière de noblesse: ils sentent immédiatement ce qui se distingue d'eux:

dist l'un a l'autre: "onques ne m'aït De
s'onques cist enfés fu de marcheant ne:
il est de France, del riche parenté"
(*EV*, A, vv. 930-932)

et, dans les manuscrits de la famille A et dans D, rattachent aussitôt le jeune homme au lignage Aymeri:

"il apartient Aymeri le barbé,
Buevon le duc, le chaitif Aymer,
et Guielin et Guichart l'alosé,
et dant Guillaume, le marchis au cort nes,
le duc Garin qui molt fet a loer"
(*EV*, A, vv. 933-935, 937-938)

Ainsi, avant même que le personnage n'ait commencé d'agir, il laisse pressentir ce qu'il est grâce au désaccord entre ce que son apparence prétend signifier—l'appartenance à l'état de marchand—et la valeur qui l'habite.

348

Cette révélation sera bien entendu beaucoup plus précise lorsque les actes du jeune homme entreront en conflit avec son "déguisement." La méconnaissance de la valeur réelle d'un cheval (vv. 1045-1047) est en effet une tare pour un marchand, mais elle est aussi exercice de la vertu de largesse, qualité essentielle au chevalier: Vivien paie donc cent livres ce dont on lui demande soixante (vv. 978-984) et distribue ses biens aux marchands, considérant que les richesses sont faites pour être données:

> "segnor baron, dist Vivien le sage,
> de mon avoir despendez a grant masse;
> je sui molt riches et je le puis bien fere"
> (*EV*, A, vv. 1624-1626).

Il ne peut supporter les vilains qui, par définition, hantent les foires, mais représentent l'opposé du chevalier:

> mes des vilains li anuia le plet;
> une grant perche fors de son tref a tret,
> parmi les testes les fiert pleins de dehet
> (*EV*, A, vv. 1265-1267)

et assène un démenti définitif à l'amirant de Luiserne, qui croit voir en lui un marchand:

> "ja n'i lerez pleie ne guionnache
> fors solement les testes en ostage"
> (*EV*, A, vv. 1862-1863),

en nommant son lignage

> "filz sui Garin d'Anseüne a la barbe,
> que vos tenistes l'autre an en vostre chartre,
> et je meïsmes fui livrez en ostage"
> (*EV*, A, vv. 1871-1874),

puis en tuant son adversaire (vv. 1883-1886).

Dans *EV* par conséquent, les traits qui, dans *CN* et *PO*, étaient les plus marquants, s'affaiblissent ou changent de signification. Le déguisement a encore un but stratégique: il s'agit de faire croire que Vivien est le fils de la marchande, afin de tromper Godefroy aussi bien que les païens; mais le stratagème est, presque jusqu'à la fin, purement défensif, en tout cas il est le fruit des circonstances et non le résultat du choix délibéré du héros. Les effets comiques existent aussi, mais ils s'attachent aux déceptions de Godefroy—qui n'est pas un ennemi—plus

116

qu'à l'erreur des Sarrasins. Le plus important devient ici le pressentiment de la valeur du héros, qui nous est signifié par des indices et à travers des canaux différents: désirs ou actes du jeune homme, hypothèses des marchands; ce pressentiment débouche sur l'acte fondateur du personnage, la nomination de Vivien et le meurtre de l'amirant. Le motif du déguisement apparaît donc lié à la manifestation du héros, au sens où il permet au poète épique de dire ce qui, à ses yeux, est caractéristique du personnage épique.

Dans un autre registre, *Al* nous permettra d'aller un peu plus loin dans ce sens, avec un exemple d'où le comique est presque complètement évacué, et qui repose sur une construction littéraire extrêmement intéressante. Après sa victoire sur Aérofle, Guillaume s'est emparé de Folatille, le cheval de son ennemi, et a revêtu les armes païennes:

> Le Tur resemble plus c'ome, qui soit nes
> (*Al*, v. 1368).

Le héros, qui est seul désormais, tente de se glisser à travers les lignes sarrasines; on comprend donc qu'il cherche à se faire passer pour un païen qui aurait tué Guillaume:

> Li quens parole a aus en leur latin:
> "Je ai laissié le roi Alipantin
> Desos l'Arcant, delés un pin ombrin.
> La troverés Guillame mort sovin;
> Je l'ai ocis a mon bran acerin."
> (*Al*, vv. 1422-1425)

Mais l'erreur des Sarrasins, qui se laissent prendre un instant à la ruse du héros, n'est pas comique, car la situation est tragique. Guillaume ne bénéficie que d'un instant de répit, car on reconnaît ses vêtements sous l'armure:

> Mais li païen ont veü son hermin
> Et ses .ii. cauces, ki furent de sanguin
> (*Al*, vv. 1437-1438)

et la poursuite recommence aussitôt.

Le déguisement s'est donc révélé à nouveau inefficace: mais voici que le poète le transforme tout à coup en obstacle interdisant à Guibour de reconnaître son époux. Le héros est pris pour un païen et doit, s'il veut

350

convaincre son épouse, prouver qu'il est bien Guillaume et renoncer ainsi
à son déguisement:

> Et dist Guibors: "Paien, vos i mentés,
> Mais par l'apostle, c'on quiert en Noiron prés,
> Anchois verré la boce sor le nes
> Qu'il vos soit porte ne guichet deffermés."
>
> (*Al*, vv. 1641-1644),

Pourtant, au moment où il obéit et montre son visage:

> Ot le li quens, lait la ventaille aler
>
> (*Al*, v. 1661)

voici que Guillaume, bien que s'offrant aux regards de Guibour, devient
comme opaque: les enseignes la "boce sur le nes" perdent tout
pouvoir et le visage lui-même devient un masque. C'est que l'arrivée d'un
cortège de prisonniers impose désormais d'autres preuves — ou plutôt une
autre expression—de l'identité héroïque: seul le combat de Guillaume en
faveur des captifs authentifiera son personnage:

> ". . . se fussiés dans Guillames li ber,
> La Fierebrace, cui on seut tant loer,
> Ne laississiés paiens noz genz mener . . ."
>
> (*Al*, vv. 1676-1678).

L'auteur d'*Al* a donc utilisé d'une manière particulièrement originale
les virtualités du motif du déguisement, montrant tour à tour que le travestissement—l'armure sarrasine—s'oppose au personnage réel —
Guillaume, mari de Guibour—, mais que le héros ne peut vraiment se
dire, et par là-même échapper au masque, sans recourir à des éléments
aussi typés que le déguisement: ici, par exemple, le combat inégal qui rend
présente la gloire passée. La contribution propre à *Al* consiste donc à
nous faire comprendre que le déguisement est une des nombreuses figures
dont le poète se sert pour suggérer la valeur épique comme ce qui est au-
delà de toute représentation. Le déguisement renvoie au personnage,
mais ce dernier est lui-même un masque auquel des actes, ou des
paroles—d'autres figures réussissent à communiquer la vie.

Les *Moniages* offrent un exemple très différent, mais également
intéressant. Ils créent tout d'abord, et contre le gré du héros, une situation
de déguisement; en effet Guillaume ou Rainouart ne songent qu'à

embrasser, en devenant moines, une forme de vie qui leur permet de faire pénitence:

> Hui mais orrés d'une boine canchon,
> C'est de Guillaume au cort nés le baron:
> Laissa le siecle por devenir preudom,
> Si prist le froc et le grant pelichon
> (MG^2, vv. 301-304)

> "Moines serai ains ke past li tirs dis;
> servirai Dieu, car talens m'en est pris.
> Ce poise moi ke tant home ai ocis"
> (MR, vv. 8-10).

mais les interventions du poète ou des spectateurs, en soulignant l'inadaptation du personnage à son nouvel habit, transforment le vêtement monacal en déguisement. L'auteur de MG^2 insiste sur la dimension des effets de Guillaume:

> "Si drap estoient lé et grant et plenier,
> Quatre autre moine s'i pëussent mucier"
> (MG^2, vv. 243-244)

ou sur l'énormité des portions englouties:

> Autant mangüe con troi autre cloistrier,
> Et but del vin plus de demi sestier
> (MG^2, vv. 248-249);

celui de MR fait du géant un moine terrifiant:

> Quant Rainuars ot les noirs dras vestus,
> bien samble moine dou cloistre soit issus;
> mais tant par fu et quarrés et corsus,
> n'est hom, sil voit, ki n'en soit esperdus
> (MG^2, vv. 73-76)

L'habit monacal va donc assez mal aux héros épiques; mais d'autres désaccords, beaucoup plus profonds, vont faire du moniage un projet paradoxal. Lorsque Guillaume, dans MG^2, s'en va acheter des poissons pour la communauté, l'abbé lui interdit d'emporter ses armes:

> "N'afiert a moine que il doie estre armés"
> (MG^2, v. 463),

ce qui conduit le héros à opposer vigoureusement état chevaleresque et état monastique:

352

> "Assés vaut mieus ordene de chevalier:
> Il se combatent as Turs et as paiens,
> Por l'amor Dieu se laissent martirier,
> Et sovent sont en lor sanc batisié,
> Pour aconquerre le regne droiturier.
> Moine ne voelent fors que boire et mengier,
> Lire et canter et dormir et froncier,
> Mis sont en mue si com por encraissier,
> Par maintes fois musent en lor sautier"
>
> (*MG²*, vv. 513-521)[5]

ou à brocarder l'habit qu'il a revêtu, ce froc

> "Qui plus est noirs que corneille de bos,
> Lais et hisdeus et malaisieus et gros"
>
> (*MG²*, vv. 574-575),

ou ces bottes

> "Qui sont si grans que es piés me lolotent"
>
> (*MG²*, v. 658).

Si l'on ajoute qu'à ce moment les moines sont occupés à trahir leur frère et que Guillaume finira par quitter le monastère, on pourrait conclure que *MG* se donne pour fin de démontrer que l'opposition entre moines et chevaliers est irréductible.[6] En fait, les choses sont plus complexes. Au cours de sa lutte contre les brigands du val de Sigré, Guillaume respecte les consignes qui lui ont été données par l'abbé: ne défendre que ses braies, ne pas utiliser d'armes; mais cette contrainte ne fait que mieux ressortir sa force extraordinaire:

> Par tel aïr li a un cop paiét
> Que il li a tout le caon froissié,
> Ront li les ners, brise le hanepier
> Et les deus iex li fait voler del cief,
> Que devant lui l'a jus mort trebucié
>
> (*MG²*, vv. 1511-1515)

---

[5] Cf. aussi *MG²*, vv. 637-646.

[6] *MG²* situe en effet l'anecdote des "famles" dans un contexte très différent de la source probable; la version de Léon d'Ostie, proche de cette dernière, est nettement destinée à faire comprendre au novice la grandeur de la vie monastique (éd. Cloëtta, II, p. 132, n. 2).

et Dieu accomplit même pour lui un miracle, en ressoudant la cuisse que le héros avait arrachée au sommier. Ainsi l'obéissance au précepte monastique accomplit en Guillaume la vaillance chevaleresque, tout en lui conférant l'aura religieuse.

Le motif du déguisement se prête donc ici à une mise en oeuvre subtile. Il permet tout d'abord de maintenir la distance entre Guillaume et les moines, qui seraient pour leur part incapables de venir à bout des brigands, Guillaume ne respectant pas de son côté l'esprit du précepte monastique en utilisant une massue qui, pour originale qu'elle soit, demeure une arme. Mais le héros opère cependant la synthèse entre un certain esprit monastique—l'idée de risque pris pour Dieu—et l'esprit chevaleresque—l'efficacité recherchée pour Dieu. La satire antimonacale ne disparaît donc pas, mais la réfutation de l'état monastique ne concerne que la réalité constatable: il pourrait exister un bon moine, celui qui aurait en même temps—ou plutôt d'abord—les qualités du héros épique, Guillaume lui-même.

Le rôle confié à Rainouart dans *MR* permet une analyse convergente. Certes l'auteur de la chanson n'est pas plus tendre à l'égard des moines que le poète de *MG*[2]: c'est même apparemment le contraire; on trouve cependant au bout du compte une tentative comparable pour rapprocher dans une figure exceptionnelle deux types de personnage irréductibles.

La gageure est plus forte à tenir que pour Guillaume, dans la mesure où, comme on sait, Rainouart n'est pas un personnage épique banal. On ne s'étonnera donc pas de voir *MR* donner beaucoup d'importance au motif du déguisement. Pas question pour Rainouart de respecter le jeûne:

> "j'en mangerai—ja mar en parlerés—
> de cras bacons et des oisiaus pevrés"
>
> (*MR*, vv. 299-300);

impossible pour lui de chanter avec les moines, puisque sa psalmodie ne se distingue pas des cris de guerre:

> Adont quida Rainuars bien canter;
> adont a pris durement a crïer
> tout ensement com il soloit hüer
> en la bataille en Alissans sor mer
>
> (*MR*, vv. 343-346);

121

impossible encore de refréner sa brutalité: il tue le portier qui refuse de lui ouvrir (vv. 184-193) et le cenelier qui l'invite à la sobriété (vv. 1616-1627), frappe l'abbé d'une écuelle de pois au lard (vv. 3138-3142).[7] Pourtant Rainouart veut rester fidèle à l'état monastique; tout au long de la chanson, il se considère comme membre de l'abbaye de Brioude, dont il invoque fréquemment le patron, Saint Julien; ce dernier le favorise de miracles[8] et, après sa mort, Rainouart devient lui-même thaumaturge:

> sains fu li cors et en terre posés.
> Dedens Espaigne fu li cors enterrés
> en une terre, che dist l'auctorités,
> ou li cors sains est de tel dignités,
> enfers nel quiert que lués ne soit sanés
>
> *(MR, vv. 7458-7462).*

Ici encore, on peut donc parler d'un personnage paradoxal, à la fois totalement fidèle à sa nature—goinfrerie, naïveté, brutalité—mais aussi moine plus que les moines.

Signalons encore que la situation de moniage permet encore une autre exploitation du motif du déguisement: Rainouart vivant—avec quelles difficultés!—son état monastique est en effet mis en présence de Thibault et de ses dix mille Sarrasins déguisés en moines. Le poète tire de ce passage des effets comiques particulièrement efficaces, puisqu'il oppose deux utilisations du même motif: d'un côté un changement d'état pas toujours convaincant mais sincère, de l'autre un travestissement destiné à tromper. On retrouve les données de *CN*, mais avec interversion des rôles: tout comme Otran croyait reconnaître Guillaume,[9] Rainouart soupçonne les prétendus moines:

> "Cha en voi un et merveillous et fier,
> ne quit si grant desci a Montpellier.
> Com il devroit ces paiens manoier!

---

[7]Guillaume se montre au contraire d'une piété assidue: "Vait a matines et est en orison" (*MG²*, v. 306).

[8]Cf. *MR*, vv. 911-935, 4433-4445. Sur cette question, voir dans le t. III des *Chansons de geste du cycle de Guillaume d'Orange*, à paraître, notre article "L'Originalité littéraire du *Moniage Rainouart*."

[9]*CN*, vv. 1207-1211.

Mais mout resamble roi Tiebaut le guerrier,
un mien parent, qui ne m'a gaires chier . . . ."
                              (*MR*, vv. 3571-3575):

lui-même joue, si l'on peut dire, parfaitement son rôle; sollicité par ses
"confrères" de s'asseoir honorablement sur un siglaton, il refuse tout net,
au nom de la règle monastique:

"Mieus ainc jesir sor pierre et sor moillon.
Ja savés vous, che vos dist la lechon,
qu'il n'afiert mie a no religion
c'on doie querre son aise ne son bon.
Puis que on entre en la religion,
n'i doit avoir orguel ne mesprison"
                              (vv. 3746-3751).

Cependant l'effet comique n'est pas seul en cause; sans doute cette fidélité
proclamée par le héros à une règle si souvent répudiée—au moins en ce
qui concerne le jeûne—a-t-elle de quoi surprendre. Mais Rainouart unit
ici, comme en d'autres circonstances Guillaume, une certaine valeur
monastique—son expédition a pour but de secourir des moines—et la
tradition chevaleresque. En effet la forme d'ascétisme qu'il préconise est
autant celle des guerriers qui combattent les infidèles les armes à la main
que celle des tenants de la prière, et l'on pourrait rapprocher les paroles de
Rainouart du voeu d'Aymer:

"Puis que g'istrai do crestïen regné
Et j'enterrai en la paieneté,
Chevron ne laste n'ert sor moi por oré,
Ne ne jerrai desoz fete levé,
Se Sarrazin ne m'ont enprisoné"
                              (*N*, vv. 2916-2920).

C'est donc bien à un moine de type nouveau que nous renvoie Rainouart,
un moine dont il est probablement le seul exemple.

Allant plus loin, nous pouvons considérer que l'étude du motif du
déguisement a quelque chose à nous apprendre sur la genèse du
personnage de Rainouart. Jean Frappier a bien montré les
constrastes nombreux qui caractérisent ce héros: équipement de
vilain et courage de chevalier, vertus guerrières et manque de
cervelle.[10] Or nous avons vu que de tels contrastes accompagnent

---

[10] *Les Chansons de geste du cycle de Guillaume d'Orange*, I (Paris: SEDES, 1955),
pp. 223-225.

356

l'usage du motif du déguisement, dans la mesure où ce dernier fait transparaître a travers une gangue l'essentiel de la nature chevaleresque. Le personnage de Rainouart ne serait-il pas, en ce sens, une sorte de masque chevaleresque, destiné à faire éclater, grâce aux contrastes que nous avons signalés, les grandes caractéristiques du héros épique?

Nous terminerons en évoquant quelques exemples qui, de façon moins directe, se rattachent encore au motif du déguisement. Au début de deux chansons, *CL* et *CN*, Guillaume revient de la chasse; cette situation, en elle-même non significative, détonne avec le contexte: on est en train de célébrer l'association de Louis au trône (*CL*), ou bien de distribuer les fiefs (*CN*). Le héros, qui est pourtant chez lui à la cour, fait figure d'étranger et, chasseur parmi les courtisans, accomplit des actes prophétiques. C'est la brutale assommade d'Arneïs qui fait éclater la force et le courage de Guillaume, privé pourtant de son épée. C'est, dans *CN*, l'image de l'arc brisé par le héros:

> Sor l'arc d'aubor s'est un pou acotez
> Que il avoit aporté de berser,
> Par tel vertu que par mi est froez,
> Que les tronçons en volent trusqu'as trez
>
> (*CN*, vv. 124-126);

la signification en est ambiguë, comme dans toutes les occurrences du motif du déguisement: Guillaume, d'une certaine façon, est un rustre au milieu de cette cour; mais son attitude est aussi un signal qui nous invite à dépasser le sens obvie de la discussion: il ne s'agit pas en effet de disputer au sujet de l'attribution d'un fief, mais de faire apparaître les responsabilités du seigneur et du roi.

On pourrait aussi rapprocher du motif du déguisement le pèlerinage que Guillaume fait à Rome au début de la seconde partie de *CL*. Sans doute un tel voyage a-t-il un rôle de transition; il permet de rapprocher en vue de l'action deux lieux géographiques bien éloignés, Aix-la-Chapelle et Rome; mais il permet aussi d'occulter un instant le héros épique derrière l'apparence du pèlerin:

> Al mostier fu Guillelmes Fierebrace
>
> (*CL*, v. 326).

C'est donc en pèlerin que Guillaume répond tout d'abord à la demande de secours que lui adresse le pape:

> "Hé! Deus, aïde!" dist li cuens Fierebrace,
> "Ci sui venuz en mon pelerinage,
> S'ai amené molt petit de barnage"
>
> (*CL*, vv. 382-384);

mais bientôt, sans que les conditions de la lutte aient changé, il jette en quelque sorte le masque et se déclare prêt à combattre:

> "Or ne laireie, por nul ome que sache,
> Ne por paien, tant seit ne fel ne aspres,
> A cels glotons ne me voise combatre"
>
> (*CL*, vv. 400-402).

La situation de pèlerinage avait donc surtout pour but de manifester l'audace du héros, qui se prépare à affronter des forces bien supérieures aux siennes.

Enfin, dans *CL* encore, nous évoquerons le passage où Guillaume et ses compagnons chevauchent vers Tours où est enfermé le jeune Louis. Les héros ne sont pas déguisés mais, comme ils se dirigent vers Acelin le rebelle, ils ne portent aucun signe distinctif, et malgré cela on aboutit à la révélation de leur identité épique. Une première fois, un "gaillard pelerin" ne peut s'empêcher d'évoquer en leur présence—comme s'il pressentait à qui il a affaire—le lignage Aymeri:

> "Ou sont alé li chevalier gentill
> Et li lignages al pro conte Aimeri?"
>
> (*CL*, vv. 1471-1472);

un peu plus tard le portier de Tours, parce qu'il refuse d'ouvrir à d'éventuels alliés d'Acelin, oblige le comte à se nommer:

> "Je sui Guillelmes de Narbone sor mer"
>
> (*CL*, v. 1570).

Cet incognito, qui tient aussi peu de temps que le déguisement proprement dit, permet lui aussi de révéler une valeur plus profonde que l'apparence.

Ainsi le motif du déguisement, bien qu'il ne soit pas constamment présent dans les chansons du cycle de Guillaume, joue un rôle très important. Au-delà de sa fonction comique, qui peut du reste être très

358

réduite, comme dans *Al*, il concourt essentiellement à la manifestation éclatante du héros épique: le déguisement, tel une chrysalide, souligne la valeur qu'il ne peut longtemps dissimuler. Guillaume "éclate" dans son habit de marchand, la blancheur de sa peau se révèle nécessairement à travers le maquillage qui la recouvre, et l'habit monastique renvoie chez lui comme chez Rainouart à la vaillance chevaleresque.

Mais la référence ainsi utilisée n'est pas toujours le héros épique traditionnel, car le déguisement fait émerger un type nouveau de personnage qui participe, dans une certaine mesure, de l'enveloppe qui l'a un instant abrité. La faconde de Guillaume qui harangue les rois païens n'est pas absolument surprenante chez un homme qui tance son roi avec tant d'éloquence; cette abondance verbale prend ici toutefois une nuance comique qu'elle n'abandonne pas tout à fait par la suite, même lorsque le héros, à l'intention du public, se nomme (vv. 1336-1339). Vivien devient une sorte de modèle pour les marchands—avoir des richesses, c'est pour les donner—lui qui se révèle capable d'en faire des combattants vertueux. Enfin, dans les *Moniages*, Guillaume et Rainouart incarnent un personnage paradoxal qui, bien après Turpin, est une sorte de moine-soldat.

C'est donc la manifestation du personnage héroïque qui représente la finalité essentielle du motif du déguisement. Sans doute ce procédé n'est-il pas le plus fréquemment usité dans les chansons de geste, et le personnage épique se révèle avant tout par des paroles et des actes qui sont ceux d'un combattant. Cependant le recours au déguisement apparaît comme la réponse exemplaire apportée au problème que se pose tout auteur de geste: comment dire ce qui est indicible, la valeur héroïque? En effet, à côté des situations hyperboliques prêtées au héros (la lutte seul contre tous, la force au-delà de l'humain), à côté de procédés rhétoriques divers qui se placent eux aussi dans le registre de l'hyperbole (choix des images et des formules), le déguisement impose à son tour, par son jeu de contrastes, un "ailleurs" à la personnalité héroïque; préparant la nomination du personnage et l'affirmation du lignage, il entre dans un système de références qui renvoient les unes aux autres et projettent de plus en plus loin, sans cesser de la valoriser, l'image ultime du héros.

La *Bataille Loquifer* et la pratique de l'intertextualité au début du XIIIe siècle

La *Bataille Loquifer* est un texte paradoxal[1] : de composition relativement tardive par rapport à l'ensemble des chansons du cycle de Guillaume, il semble pouvoir être daté du début du XIIIe siècle – environ 1204, selon G. Bertin[2] – et se trouve donc contemporain de très grands poèmes épiques, comme *Renaut de Montauban* ou la *Chevalerie Ogier*. Or, contrairement à ces chansons, et bien plus que n'importe quel autre poème du cycle de Guillaume[3] – *BL*[4] est fortement contaminée par des éléments extérieurs à l'épopée : elle introduit dans le récit des personnages féeriques – les luitons Ysabras[5] et Picolet[6] – et propose un passage développé où Renoart est transporté en Avalon, auprès du roi Arthur et de la fée Morgue.

Notre propos sera d'interroger cette transgression des schémas épiques traditionnels. S'agit-il de la « détestable invention », pour reprendre les termes de Melle Tyssens[7], d'un auteur médiocre, autrement dit d'un phénomène isolé et par conséquent inexplicable ? Au contraire, des exemples comparables peuvent-ils être relevés, qui nous mettraient sur la voie d'une sorte de logique de la contamination des genres ? S'il en est ainsi – comme nous le croyons –, nous espérons jeter quelque lumière sur la façon dont, au début du XIIIe, un auteur et ses lecteurs perçoivent les relations entre les genres, comment ils associent et confondent chanson de geste, conte, roman.

On connaît les problèmes de critique textuelle posés par *BL*. Avec J. Runeberg[8], on pouvait croire qu'il existe, parmi les témoins conservés, deux versions totalement différentes du texte, la version Ars - C et celle de tous les autres mss. La première était jugée plus ancienne que les autres, à la fois parce qu'elle possède le vers orphelin et parce qu'elle est la moins riche en éléments féeriques : on n'y rencontre pas la visite de Renoart en Avalon. L'interprétation littéraire qu'on pouvait donner de ce fait était la suivante : l'intervention des éléments extra-épiques est, dans *BL*, progressive ; un premier remanieur introduit quelques données féeriques (luitons, oiseau alecion[9]), c'est la version Ars - C ; un autre recourt massivement à l'utilisation des éléments folkloriques et romanesques, et voici l'ensemble des autres versions, que Runeberg appelle la vulgate.

Melle Tyssens, dans sa *Geste de Guillaume d'Orange dans les manuscrits cycliques*[10], devait mettre en lumière l'erreur de Runeberg. La version Ars - C, même si elle contient des éléments anciens, n'est pas antérieure aux autres : le remplacement de l'épisode d'Avalon par l'enlèvement de Desramé dans les serres de l'oiseau alecion, s'explique par les nécessités cycliques : il s'agit de préparer l'insertion de *Foucon de Candie*[11], chanson dans laquelle le roi païen est encore vivant ; quant au petit vers, il n'est pas un indice d'ancienneté. Il n'y a donc pas deux versions de *BL*, mais, comme pour les autres textes, plusieurs familles de mss., dont l'archétype contenait les aventures de Renoart en Avalon. C'est ce passage que nous avons choisi d'étudier, en le replaçant dans la structure d'ensemble du poème : nous utiliserons le manuscrit D, d'après l'édition récente de M. Barnett[12].

BL est dans l'ensemble, comme l'a souligné Melle Tyssens, un texte « fort bien charpenté »[13], si on laisse justement de côté l'épisode féerique. On y distingue deux grands ensembles : la lutte de Renoart contre Ysabras et Clarion, qui se termine par la naissance d'Aélis et la mort de Maillefer (1-798), et l'invasion sarrasine (799-3490), que clôt la mort de Desramé. Cette seconde partie se subdivise elle-même en deux moments : le combat de Renoart contre Loquifer (799-2450) et le duel de Guillaume et de Desramé (2451-3490). Les relations entre les trois étapes du récit sont claires. L'épisode Ysabras est sans doute le résultat du désir de vengeance de Desramé :

> par haute mer voit venir .I. dromont
> que Desramé i envoioit par non
> pour Renoart faire metre en prison (7-9);

mais il est surtout introduction à l'invasion sarrasine ; Renoart mutile cruellement ses prisonniers « n'i a celui n'ait .I. des ialz crevés,/et .I. des piés et .I. des pons copés » (736-737) et provoque ainsi la riposte des païens[14]. La naissance de Maillefer et la mort d'Aélis sont également à replacer dans la perspective de l'invasion et de ses différentes péripéties : c'est juste au moment où l'aide de Renoart devient indispensable aux chrétiens que la douleur l'accable :

> « An la cuisine seoit, joste .I. pilier,
> nus pies, en langes, n'ot chauce ne soleir » (1117-118);

il faut bien par ailleurs que Maillefer soit encore tout petit pour que Picolet puisse l'enlever à ses nourrices.

La première partie de la guerre est fondée, comme dans *CL* par exemple, sur l'appel à un personnage exceptionnel qui doit assurer la victoire ; le poète justifie cet appel par le souvenir, longuement rappelé, de tous les échecs essuyés par les Sarrasins (877-884, 910-931). La défaite et la mort de Loquifer contraignent les païens à rechercher d'autres moyens de vengeance : c'est ainsi qu'ils attaquent Renoart et Guillaume (2451-2541, 2594-2624), font enlever Maillefer (2542-2593), s'emparent de Porpaillart et de Guibour (2625-2673), jusqu'au moment où Guillaume, aidé de Renoart, vient la délivrer et tue Desramé.

Dans cette partie du poème qui s'arrête ainsi au v. 3599, il s'agit de conter la mort de Desramé, chef suprême des Sarrasins, et de montrer comment Renoart et Guillaume tirent de cette action une gloire comparable : si le premier tue le géant Loquifer, l'autre abat Desramé. Tout n'est pas dit, cependant : Thibaut, neveu de Desramé, a survécu et Maillefer, enlevé par Picolet, n'a pas été rendu. Mais une autre chanson, le *Moniage Rainouart*, répond précisément aux questions qui restent posées. La douleur du héros à la fin de *BL* « por Maillefer a grant dolor menee » (3572) est justement l'une des causes qui, dans *MR*, le poussent à quitter le monde :

> Or est dolans Rainuars et marris
> por sa moillier la gentil Aelis,
> de son enfant, ki de Turs est ravis (1-3)

quant à Tibaut, on sait que *MR* raconte ses nouvelles luttes contre les chrétiens.

Pourtant le texte de *BL* ne s'arrête pas ici. Renoart décide de partir, seul, à la recherche de son fils (3500-3521, 3569-3599) ; mais, épuisé par la douleur, il s'est endormi au bord de la mer (3603-3608). Arrivent trois fées ; nous connaîtrons plus tard le nom de deux d'entre elles, Morgue (3671, 3703 sqq.) et Marsion, sa sœur[15]. Séduites par la valeur du héros « car ge ne sai si prout ne si hardi » (3647) elles décident de l'emmener en Avalon, où il restera toute sa vie (3636), à moins qu'il ne préfère être reconduit sur la terre (3640-3643).

En Avalon, Renoart trouve un séjour d'une beauté merveilleuse (3675-3676, 3678-3700), que gouverne le roi Arthur ; autour de lui sont des êtres fées, mais aussi des personnages littéraires qui sont passés dans un autre monde « et de cest sicle venu et trespassé » (3900). A côté d'Arthur, des fées et de Chapalu, on trouve donc l'épouse d'Arthur (3906), Roland (3663-3902), Gauvain (3663, 3903), Yvain (3904) et Perceval (3905).

Ce qui attend le héros, c'est une épreuve destinée à vérifier son renom de prouesse :

> esprover volent sa grande baronie ;
> s'an Renoart a tel chevalerie
> con an on dit, ja sera essaïe (3719-3721) ;

mais il ne s'agit pas seulement de confirmer en Avalon ce que tout le monde, au sein de l'univers épique, reconnaîtrait ; l'épreuve imposée à Renoart est aussi aventure, au sens arthurien du terme, c'est-à-dire affrontement du mystère par celui à qui cela était depuis toujours destiné, et libération d'un interdit. Le combat contre Chapalu brise une malédiction : ce fils d'une fée et d'un luiton avait été condamné par sa mère à prendre une apparence monstrueuse (3745-3757) et à ne jamais quitter Avalon

> Tant qu'il eüst but del sanc del talon
> de Renouart, lou mellor champïon
> c'onques portast ne escut ne baston (3815-3817);

il retrouve, grâce à Renoart, sa beauté première (3806-3807, 3865-3869).

Ayant triomphé, notre héros peut s'abandonner aux délices du royaume de féerie. Il désire connaître les faveurs de Morgue, devient effectivement son ami et engendre en elle Corbon « .I. vif diable, ans ne fist se mal non » (3923). Après avoir séjourné quatorze jours au royaume enchanté (3928), il se voit demander par Morgue en quel pays il désire être transporté ; mais comme Renoart prétend rejoindre son fils en Odierne, la fée, redoutant que Corbon ne soit deshérité, décide de le faire noyer au cours du voyage où Chapalu l'accompagne. Au cours de la traversée une sirène, capturée sur la demande de Renoart, est libérée par lui (3963-3996).

Pendant ce temps, Tibaut veut faire périr Maillefer afin de venger le meurtre de Desramé par Guillaume ; l'enfant est sur le point d'être brûlé, mais Picolet a pitié de lui : il le délivre, s'empare de la nef de Tibaut et gagne de cette façon Monnuble où il hérite du royaume de son frère Auberon (3997-4139) ; c'est là que Maillefer va désormais demeurer.

On revient à Renoart et à Chapalu : le luiton accomplit la trahison dont il avait été chargé :

> Vers Borïene a la nef restornee ;
> a une roche l'a si fort ahurtee
> que la nef est par mi lou fons quassee (4148-4150).

Près de se noyer, Renoart invoque la vierge, Saint Julien et la sirène à laquelle il avait rendu la liberté : c'est cette dernière et ses compagnes qui le conduisent, endormi, sur le rivage de Porpaillart, point de départ de la fantastique aventure (4207-4210).

Il n'est pas besoin d'un long examen pour reconnaître que cette dernière partie de *BL*, d'une étendue assez considérable – vv. 3504-4210 –, trahit des influences qui n'ont rien d'épique. Renoart entreprend, à la manière d'Erec, d'Yvain ou de Perceval, une quête résolument solitaire. Il pénètre dans l'autre monde parce qu'une fée, amoureuse de lui, l'attire ; c'est le cas de nombreux lais, mais la ressemblance est plus nette avec *Lanval*. Dans *BL* en effet, les trois fées apparaissent au moment où Renoart, accablé par le chagrin, s'est endormi :

> Sor la marine se colche molt maris,
> desos son chief a sa grant mace mis ;
> tout maintenant est de duel andormis (3606-3608) ;

de même Lanval, désespéré par l'injustice du roi et de ses propres compagnons, s'est couché dans une prairie ; c'est dans cette position, complice du sommeil[16], qu'il aperçoit les suivantes de la fée :

> La u il gist en teu maniere,
> Garda aval lez la riviere,
> Si vit venir deus dameiseles :
> Unkes n'en ot veü plus beles (*Lv*, 53-56).

Renoart remporte, comme un personnage romanesque, une épreuve qualifiante « vers Chapalu l'ostel desraisnera » (3790) qui est en même temps, comme on l'a vu, une épreuve libératrice. Avalon, comme permettent de l'imaginer *Lanval* (vv. 641-644) et la fin de la *Mort Artu*, est une terre lointaine «. C. lues outre l'Arbre qui fant » (3635), isolée au milieu des eaux (3952). Morgue a les traits peu favorable que lui donnent, par exemple, les *Prophéties de Merlin*[17], tandis qu'Arthur reste un roi plein d'autorité. Enfin les monstres comme Chapalu (3745-3757) sont empruntés au bestiaire médiéval : il faut noter, du reste, qu'ils renchérissent à peine sur le Corsolt de *CL* ou le Chernuble de Munigre du *Roland*.

La structure narrative est elle-même différente de celle de l'épopée traditionnelle, dans la mesure où le poète interrompt une action avant son terme normal pour se tourner vers une autre péripétie et procède de la sorte à un certain entrelacement des aventures. Ainsi Morgue donne l'ordre à Chapalu de « pesoier et quasser » la nef de Renouart (3957), mais l'événement ainsi annoncé n'a lieu que plus tard, après l'épisode où Picolet sauve Maillefer et l'emmène à Monnuble (3997-4139) ; de même la rencontre du héros et de la sirène est dépourvue de signification jusqu'au moment où, après l'épisode Picolet, Renoart se trouve en danger d'être noyé et doit le salut à l'être fantastique qu'il avait autrefois libéré.

Notons encore que le départ de Renoart pour Loquiferne et le nouvel enlèvement de Maillefer par Picolet s'opposent radicalement sur l'axe narratif : les héros, au lieu de se rejoindre, s'écartent un peu plus l'un de l'autre. Ainsi l'auteur combine le système d'entrelacement des aventures, emprunté à la tradition romanesque en prose[18], et celui des déplacements contradictoires, qui s'inscrit dans la tradition du roman d'aventures.

Enfin cette dernière partie du récit modifie assez considérablement l'équilibre du texte. Désormais, la part n'est plus égale entre Guillaume et Renoart. Seul le géant est admis à pénétrer dans l'univers magique d'Avalon : capable non seulement d'exploits épiques mais aussi d'aventures fantastiques, il devient sans conteste le héros principal de l'ensemble du poème.

Comment comprendre la place accordée par un poète épique à l'entrée d'un de ses personnages dans le domaine, en principe interdit aux héros de chansons de geste, des « contes vains et plaisants » ? Que la fin de *BL* soit le résultat d'un remaniement, comme le pense Melle Tyssens[19], ne change rien au problème, car il convient d'expliquer comment un tel projet a été possible, et s'il pouvait ou non choquer les lecteurs du début du XIIIᵉ siècle.

Nous remarquerons d'abord que, si le voyage en Avalon était apparu comme une invention scandaleuse, une censure aurait pu s'exercer, qui aurait témoigné des réticences du public. L'assembleur du cycle pouvait faire disparaître un épisode qui sur certains points, se raccorde mal avec *MR*[20] ; l'interpolateur de la famille Arsenal - C, qui devait laisser Desramé en vie, tenait là une bonne occasion de faire disparaître toute trace de féerie dans l'œuvre : or nous savons qu'il conserve, contre toute logique, l'épisode des sirènes, et qu'il écarte Desramé de la scène en le confiant à un monstre inspiré par les *Mille et Une Nuits*, l'oiseau alecion. La censure n'a donc pas fonctionné. Mais surtout l'épisode de *BL* est le point de départ d'une série impressionnante de visites au royaume d'Arthur et des fées, que nous rencontrons dans les œuvres épiques du XIVᵉ siècle.

Les deux remaniements d'*Ogier le Danois* en décasyllabes (vers 1310) et en alexandrins (vers 1330)[21] sont nettement influencés par *BL*, car le héros, parvenu en féerie, doit combattre Chapalu – qui est également un luiton –, et connaît l'amour de Morgue qui lui donne un fils, Meurvin.

Nettement tributaire de *Huon de Bordeaux*[22], dont elle constitue la première suite, *Esclarmonde* (avant 1310) contamine l'image de la féerie qu'elle doit à son modèle, avec des éléments proches de *BL* : le roi Arthur prétend exercer un pouvoir sur le royaume d'Auberon devenu celui de Huon ; tous les ans, à la Saint-Jean, les deux rois s'affrontent, mais ils ne pourront jamais venir à bout l'un de l'autre.

Quant à Morgue, parce qu'elle est la mère d'Auberon (3261), elle se présente comme la véritable maîtresse du royaume de féerie, à qui elle impose de rendre hommage à Huon (3256-3265) ; c'est elle qui, en compagnie de trois autres *dames* (3207, 3216, 3298, 3333, 3344, 3365, 3371), procède au baptême féerique qui donne à Esclarmonde la qualité de fée.

Dans le *Bâtard de Bouillon*[23], Baudouin de Bouillon pénètre avec douze compagnons dans une contrée qu'on lui a présentée comme la féerie, la terre « Artus et Morgue la jolie » (3309-3310). Seul Hugues de Tabarie parvient à faire résonner un cor d'ivoire et à cueillir la rose destinée au plus vaillant chevalier du monde (3625-3626). Lorsque les héros quittent le royaume d'Arthur et de Morgue[24], il s'aperçoivent qu'ils y ont demeuré cinq ans (3688-3689).

Dieudonné de Hongrie[25], à la recherche de Supplante, pénètre dans la forêt qui est le royaume des fées (4957-4641). Il combat et vainc un chevalier dans lequel s'est transformé Maufuné, le nain serviteur de la fée Gloriande . Sous la forme d'une vieille puis d'une très belle femme, Gloriande propose son amour au héros et l'invite à partager le royaume de féerie. En dépit du refus de Dieudonné, elle offre au jeune homme des présents magiques : un cor dont le son peut susciter une armée de sept mille hommes, une nappe qui procure de la nourriture, un hanap qui se remplit de vin. Mais, comme dans *Huon de Bordeaux*, dont *Dieudonné* est très proche, ces éléments ne conservent leur efficace que si aucune faute – aucun mensonge – n'est perpétrée par le héros ; cette condition n'ayant pas été remplie, Dieudonné restera longtemps attaché au rocher d'aimant.

Dans *Tristan de Nanteuil* qui, comme *Dieudonné de Hongrie*, date du milieu du XIVe siècle[26], la fée Gloriande pousse le héros, qui n'est encore qu'un poltron, à combattre un serpent monstrueux, qui est du reste une « beste faee » (8511). Gloriande, cousine de Morgue et du roi Malabron (8403), mène Tristan dans un château où il trouve Artus, Morgue et Auberon. Artus lui impose l'épreuve du cor que le jeune homme, conscient de sa lâcheté d'autrefois, se croit indigne de sonner :

> Adonc a prins le cor, de ceur tristre et dolant.
> Sy con par moquerie s'en va dedens soufflant,
> Mais ung son en jetta sy grant et sy poissant,
> Que plus de .IIII. lieues oyst on le son grant (8604-8607).

Tristan devra porter ce cor toute sa vie : s'il s'en séparait, il serait aussitôt voué au malheur ; plus tard, le héros oubliera le précepte et trouvera la mort.

Enfin la route de Lion de Bourges croise, elle aussi, le chemin de féerie. Une première fois, dans la forêt des Ardennes, le héros combat successivement un nain et un géant, qui ne sont que des avatars d'Auberon. Il est alors conduit dans un château merveilleux où il est réconforté par la fée Morgue (« Morgan la fay »), Arthur et la fée Gloriande. Il y reste six années, croyant n'y demeurer que six jours : c'est son mentor, la Blanc Chevalier, qui l'arrache enfin aux délices de féerie (20644-21069[27]). Plus tard la fée Clariande, qui est sans doute en réalité Gloriande[28], lui remet pour un an une armure et lui fait jurer de rendre visite à cette date aux fées Morgue, Gloriande et Clarisse (30499-30985). Au bout d'un an, et après de nombreuses aventures, Lion se rend au rendez-vous de Clariande ; il quitte fils et amis et disparaît à tout jamais, sans doute en féerie (33155-34095).

L'examen de ces différents textes et leur comparaison avec *BL* fait apparaître de nombreuses variantes qui résultent essentiellement de l'influence plus ou moins importante de *Huon de Bordeaux*. Dans les chansons où la relation avec *HB* est étroite – c'est le cas de toutes, sauf de *BL* et de *BB*[29] – on constate un amoindrissement du rôle d'Arthur (*Esclarmonde, Lion, Tristan*) ou même la disparition du personnage (*Dieudonné*) ; de son séjour en féerie, le héros rapporte un ou plusieurs talismans, qui constituent à la fois des aides magiques et un moyen de contrôler la fidélité à l'interdit affirmé : ne pas mentir, dans *Dieudonné* ; ne pas oublier le cor, dans *Tristan*. La relation entre univers magique et univers épique est donc étroite, comme dans *HB*, et le héros peut demeurer définitivement en féerie (*Escl., Ogier*).

Dans les poèmes où l'influence d'*Huon* est moindre ou nulle, Arthur et Morgue restent les personnages essentiels du royaume enchanté, et les talismans, lorsqu'ils existent, n'ont pas d'impact sur la carrière ultérieure du personnage.

Les points d'accord sont également nombreux, et certains d'entre eux vont nous permettre de comprendre pourquoi, dans *BL*, la convention épique se trouve transgressée. Tout d'abord il est clair que ces différents textes utilisent tous, à des degrés divers, un schéma proche de celui de *Guingamor* : un personnage , attiré par l'amour d'une fée, pénètre dans l'autre monde et devient insensible à la fuite du temps[30]. Dans cet univers, que l'image des chants et des danses exprime le plus communément :

> « Faes i chantent dolcement, a cler ton,
> si dolcement c'onques ne l'oït on » (*BL*, 3675-3676)[31]

le héros subit victorieusement une épreuve qui consacre sa valeur, une épreuve *qualifiante* : c'est le combat contre Chapalu dans *BL* ou *Ogier*, le combat contre les avatars de Maufuné dans *Dieudonné* et d'un luiton dans *Tristan* et dans *Lion*[32], l'épreuve du cor dans *BB*. Si l'on ne rencontre pas d'épreuve qualifiante dans *Esclarmonde*, c'est qu'elle a déjà eu lieu dans *HB*[33]. L'exemple le plus significatif est celui de *BB*, où l'épreuve du cor distingue Hugues de Tabarie, personnage jusqu'alors secondaire, parmi tous ses compagnons et notamment le roi Baudouin de Bouillon ; il devient, à partir de ce moment, le compagnon prestigieux du Bâtard.

Il apparaît, dans ces conditions, que le recours à la féerie a pour signification première de manifester (*BB*) ou de confirmer (dans tous les autres textes, et notamment *BL*), une valeur par ailleurs reconnue. Tout se passe donc comme si l'élection venue de l'autre monde apparaissait à l'auteur de geste comme le moyen privilégié d'apporter à son héros la consécration suprême. Ainsi l'univers littéraire romanesque, se constituant en référence, pèse de l'extérieur et devient une contrainte nouvelle pour le poème épique à partir du début du XIII siècle.

Mail il faut ajouter tout aussitôt qu'une telle contrainte s'exerce dans des limites très rigoureuses. Tout d'abord le héros épique pénétrant dans l'autre monde ne peut, au-delà de l'épreuve initiale, être vraiment associé à des aventures de type romanesque, car le roi Arthur n'est plus le maître des compagnons de la Table Ronde, donc d'une cour en activité, mais plutôt le gardien d'une sorte d'empyrée peuplé des gloires épiques et romanesques. A l'inverse, Arthur ne devient pas, comme Charlemagne, un auxiliaire ou un adversaire pour des exploits épiques : Auberon lui-même, dans *HB*, se contente d'aider Huon à faire éclater son bon droit. Ajoutons toutefois que ce qui se trouve vécu dans l'autre monde est destiné à donner un nouvel élan à l'itinéraire épique du personnage : Renoart trouve en Avalon son fils[34], et le héros qui rencontre l'aventure merveilleuse est destiné à retourner sur la terre[35].

La constatation de la double attitude du poète épique – soumission à la contrainte romanesque et conscience des limites à respecter – nous renvoie à la question des modalités selon lesquelles fonctionnent, dans la pratique de l'écrivain, ces différentes références. Qu'est-ce qui fait que le narrateur, à un moment précis, passe du registre épique à un registre différent et trouve la possibilité de céder à une contrainte qui n'a jamais cessé de s'exercer sur lui ? Après la question du *pourquoi*, nous sommes donc conduits à poser la question du *comment* : nous cherchons à deviner comment un auteur médiéval – les lecteurs à qui il s'adresse – pratique une lecture intertextuelle.

Or *BL* nous offre, de ce point de vue, un poste d'observation privilégié. Alors que la lecture intertextuelle échappe, par définition, à toute vérification, le lecteur-écrivain qu'est le narrateur peut être pris en flagrant délit de confusion entre deux domaines, et le poète de *BL* nous offre précisément cette chance.

Au début de l'épisode d'Avalon, Renoart décide de partir, seul, à la recherche de son fils. Cette démarche, ce refus de toute compagnie suggèrent bien un rapprochement avec la quête romanesque, et nous avons l'impression que l'auteur abandonne l'hypothèse du rapt de Maillefer par un Sarrasin aisément localisable, pour celle de la disparition dans un univers inconnu, où des aides surnaturelles seront nécessaires. Mais nous ne pouvons rien affirmer jusqu'ici : d'autres raisons qu'un caractère fantastique pourraient faire que Loquiferne reste inaccessible. En revanche, un autre élément va se révéler décisif.

A l'entrée du récit comme à son terme, Renoart est au bord de la mer. Dans les deux cas cette situation du héros est le point de départ d'exploits qui, avec des difficultés plus ou moins importantes, peuvent rentrer dans le cadre épique :

« Renoars fut sor mer ens el sablon
ensanble o lui estoient si baron » (4-5)

et nous voici à la veille de l'épisode Ysabras ;

> « Sor la marine se coche molt maris »(3604)

et c'est le *Moniage* qui va commencer. Mais on rencontre une troisième évocation de la mer :

> « Renoars dort sor mer an .I. larris » (4211)

et nous débouchons, comme on l'a vu, sur le royaume de féerie : Renoart n'est plus Renoart, mais Lanval ou Arthur.

Grâce à *BL* qui choisit de nous donner le versant romanesque d'un motif jusque-là perdu dans le mouvement épique, nous comprenons que la station du héros au bord de la mer rejoint dans l'esprit et dans la pratique du narrateur les récits d'*imram* ou d'aventure au bord d'un lac.

Peu importe qu'ici un aspect ludique se mêle à cette extension ; la superposition de deux registres est pour une part iconoclastique, et le poète s'amuse à coup sûr des métamorphoses que les fées apportent au harnois de Renoart, donc à l'image traditionnelle du héros :

> sa mace font müer an .I. falcon,
> et son hauberc .I. jugleor gascon
> qui lor viole clerement a cler ton,
> et son vert hiame müer en .I. Breton
> qui dolcement harpe lou loi Gorehon (3655-3659):

mais ce qui compte, c'est que Renoart ne soit pas rendu ridicule : ce n'est pas lui qui devient un « jugleor gascon » ; et cependant il pénètre bien, comme Arthur, en Avalon.

Concluons. *BL* est la première des chansons de geste à développer ce qui va devenir un nouveau motif épique : le voyage du héros en féerie. Ce choix témoigne de la pression qu'exercent au début du XIIIe siècle des textes qui – romans ou contes – sont étrangers à la chanson de geste. Il témoigne également de la vive conscience que le poète garde d'une convention épique : le voyage en Avalon reste essentiellement un motif isolé.

Mais la particularité de *BL* est de montrer sur quels points précis la lecture intertextuelle a pu se faire : recherche devenant quête, lieu d'un combat devenant territoire qui côtoie l'autre monde. Il serait intéressant, en scrutant d'autres poèmes épiques des XIVe et XVe siècles, de vérifier sur quels motifs, sur quelles images et peut-être sur quels mots la rigidité relative des genres vacille, pour faire place au domaine incertain que hantent de gracieux fantômes tout-à-coup libérés.

Notes

1. Édition de la version Arsenal - Boulogne par J. Runeberg, *La Bataille Loquifer I, Édition critique d'après les Mss. de l'Arsenal et de Boulogne*, Acta Societatis Scientiarum Fen., t. XXXVIII, Helsingfors, 1913 ; édition du ms. D (BN. fr. 1448) par M. Barnett, *La Bataille Loquifer*, Medium Aevum Monographs, New Series VI, Oxford, 1975.

2. *Le Moniage Rainouart I, publié d'après les manuscrits de l'Arsenal et de Boulogne*, Paris, SATF Picard, 1973, pp. LXXV-LXVII.

3. Nous mettons bien entendu à part un remaniement tardif comme les *Enfances Garin de Monglane*, BN. fr. 1460, qui date du XIVe siècle.

4. Nous utilisons les sigles courants depuis le travail de Melle Tyssens, cf. n. 10.

5. D, 193-196.

6. D, 1238-1239, 2560-2561, 3312-3315.

7. *Geste de Guillaume*, p. 274.

8. Voir son édition et les *Études sur la Geste Rainouart*, Helsingfors, 1905.

9. Cet oiseau monstrueux, voisin du griffon avec lequel Huon de Bordeaux a maille à partir dans *Esclarmonde* (éd. M. Schweigel, Marburg, 1889, 1172-1295), s'empare de Desramé, qui a été grièvement blessé par Guillaume, et l'abandonne sur une nef où il sera recueilli par des marchands. Citons encore l'épisode des sirènes : Renoart capture l'un de ces êtres fantastiques et le laisse repartir sur sa prière.

10. Bibliothèque de la Faculté de Philosophie et Lettres de l'Université de Liège, fasc. CLXXVIII, 1967.

11. *Op. cit.*, p. 271.

12. On regrettera de ne pas trouver dans cette édition la liste exhaustive des variantes de A et de B ; une édition synoptique d'A, B et D reste à faire.

13. *Op. cit.*, p. 274.

14. On reconnaît ici la même organisation que dans *CV*.

15. On trouve dans *Esclarmonde* une fée Marse (3208, 3321) qui, en même temps qu'Oriande (3209, 3319, 3346, 3379) et Sebile (3209, 3322), accompagne Morgue lorque l'épouse d'Huon, baignée dans l'eau de Jovent et bénie par Jésus, devient fée (3318-3370).

16. Auquel Lanval ne cède pas, comme on sait.

17. Cf. J. Dufournet, *Adam de la Halle à la recherche de lui-même ou Le Jeu dramatique de la Feuillee*, Paris, SEDES, 1974, pp. 158-162.

18. Ainsi, dans le *Lancelot-Graal*, la réalisation par Lancelot de la fresque accusatrice, lorsque le héros est prisonnier de Morgue (éd. Sommer, V, pp. 214-218, 222-223),

est-elle nettement séparée du moment où la fresque est montrée par Morgue à Arthur.

19. Cf. *Geste de Guillaume d'Orange*, pp. 274-275. La question est malgré tout complexe ; certes l'épisode d'Avalon n'est pas indispensable à la liaison *BL-MR*, et la haine de Tibaut pour Maillefer, qui explique l'enlèvement à Monnuble, est en contradiction avec la bonne entente qui règne au début de *MR* entre les deux personnages. Mais l'hypothèse d'un épisode consacré aux aventures de Maillefer en terre païenne, qu'aurait fait sauter le remanieur, ne s'accorde pas mieux avec *MR* : lorsque le héros apparaît, au début de ce poème, c'est encore un bacheler qui brûle de faire ses preuves (981-982). En revanche l'annonce de la fin d'*Al* : « Et com ses fius Maillefer fu emblés / En Odierne et norris et levés... / Trusqu'au Montnuble conquist les herités » a quelque consonance avec la dernière partie de *BL*. Dans la mesure où le texte, tel que nous le possèdons, ne permet pas d'envisager un archétype fondamentalement différent, il est plus sage d'envisager *BL* comme une œuvre cohérente, en dépit de ses obscurités : l'entrelacement des aventures ne commence pas avec la fin de la chanson, puisque l'enlèvement de Maillefer par Picolet figure tout d'abord au milieu des combats livrés par Desramé et Tibaut contre les chrétiens (2542-2593) ; de même on rencontre des luitons bien avant Picolet : les caractères extra-épiques nous semblent présents dans l'ensemble de l'œuvre.

20. Cf. n. 19.

21. Cf. K. Togeby, *Ogier le Danois dans les Littératures européennes*, Munksgaard, 1969.

22. Les rencontres avec *Huon de Bordeaux* – qui sont notables dans les remaniements d'*Ogier* – sont dans *BL* assez marginales et peuvent être le fait du hasard. Picolet est frère d'Auberon (3314, 4093) et la conception du sort du luiton Chapalu, dont la laideur provient d'une malédiction, ou l'histoire d'Isabras, qui a été condamné à devenir luiton *pendant un certain temps*, peut nous faire songer à l'histoire d'Auberon et à celle de Malabron (comparer *BL*, 3808-3811 et *HB*, 3520-3525 ; *BL*, 830-831 et *HB*, 5350 sqq.). Mais l'orientation générale du récit est totalement différente dans les deux œuvres : *HB* est fondé sur l'hypothèse d'une relation constante entre le monde épique et la féerie, alors que *BL* ne fait pas intervenir Arthur ou Morgue en dehors de leur domaine propre ; c'est dans les textes postérieurs qu'une certaine confusion s'introduira.

23. Éd. R. F. Cook, Droz, Genève-Paris, 1972, TLF, n° 187.

24. L'auteur de *BB* se souvient que c'est Morgue qui a conduit Arthur en Avalon, vv. 3570-71.

25. J'utilise ici l'analyse publiée par L. F. Flûtre, *Dieudonné de Hongrie*, ZRP, t. 68, 1952, pp. 321-400. L'auteur y rapelle la formule de P. Paris (HLF, XXVI, p. 247 : « C'était au XIVe siècle un lieu commun des chansons de geste que de conduire les héros en féerie ».

26. Édition K. V. Sinclair, Assen, 1971.

27. Nous recourons ici à une analyse obligeamment fournie par M. W. Kibler, de l'Université du Texas, à Austin, qui prépare une édition de *Lion de Bourges*.

28. Hypothèse formulée par M. Kibler, et qui est confirmée par le fait que le nom de Gloriande apparaît parmi celui des fées avec lesquelles Lion a rendez-vous.

29. Les remaniements d'*Ogier* se trouvent dans une situation intermédiaire. Accusant nettement l'influence de *BL*, comme on l'a dit, ils empruntent à *HB* et surtout à *Esclarmonde* de nombreux éléments, comme l'île d'aimant ou le luiton protéiforme. D'ailleurs Huon se trouve à la cour d'Arthur, « mais n'estoit mie la haulte mer passee » (Ars. 2985, p. 650).

30. Cet aspect est très discret dans *BL*. Le fait pourtant que Renoart passe auprès de Morgue « .XIIII. jors aconplis et passés » (3928) sans se souvenir de la peine qu'il a éprouvée au sujet de son fils peut être interprété comme une trace de ce motif.

31. Cf. *BB*, 3583-3584 ; *Esclarmonde*, 3411-3413.

32. Dans *Tristan*, malgré l'affirmation de Sinclair (éd. p. 28), le luiton ne se présente pas comme étant Malabron ; dans *Lion*, il s'agit d'Auberon.

33. Par exemple, avec l'épreuve du hanap qui fait immédiatement connaître si l'on est « nes et purs et sans pecié mortel » (éd. Ruelle, 3693).

34. Il faut signaler ici une difficulté du texte ; lorque Picolet enlève Maillefer, il l'emmène à Loquiferne (2590,2686) ; or, lorsque les fées évoquent l'endroit où se trouve l'enfant, elles ne parlent que d'Odierne (3641, 3876, 3880), ce qui n'empêche pas que, au moment où Tibaut veut faire mourir Maillefer, la scène se passe bien à Loquiferne (4004). Comme l'annonce qui se trouve à la fin d'*Al* évoque un compagnonnage de Maillefer et de Picolet à Odierne, il semble bien qu'on se trouve ici devant le résultat maladroit de deux traditions différentes.

35. Les remaniements d'*Ogier* ne font pas véritablement exception. Certes, à la fin du récit, le héros est emporté par Morgue en féerie, mais nous n'avons plus rien à savoir de lui ; en revanche, lors de son premier séjour, l'objectif du narrateur est bien d'insister sur la valeur des preux d'autrefois : lorqu'il revient sur terre, Ogier ne trouve plus que des nains. Le cas d'*Esclarmonde* est différent, car une partie importante du récit a pour cadre le royaume de féerie ; on remarquera toutefois que ce royaume n'est pas celui d'Arthur, mais d'Auberon, et que ce royaume doit être défendu, tout comme un autre, contre des agressions, ici celle d'Arthur : le féerique n'est donc pas pur, mais contaminé par les éléments épiques.

L'originalité littéraire du Moniage Rainouart

Nul, mieux que Jean Frappier, ne saurait évoquer les dernières aventures du géant Rainouart, ce personnage "réjouissant et envahissant" (1) qui devient, dans l'avant-dernière chanson du cycle de Guillaume, le héros d'un "moniage". Que ces lignes, où l'on tentera de montrer que ce poème n'est pas indigne des grands textes de la geste, soient dédiées à sa mémoire : si elles ont quelque valeur, c'est au maître qu'elles le doivent.

I. Un projet original.

Si l'on privilégie les aspects comiques du texte, dans leur robustesse et leur simplicité, le *Moniage Rainouart* ne peut manquer d'apparaître comme une chanson parodique composée à partir du *Moniage Guillaume* (2). Formulée par M. Lipke en 1904 (3), cette hypothèse a été reprise par Ph. Ménard (4) et par Melle Tyssens (5); pourtant, en 1905, J. Runeberg avait contesté le rôle que

---

(1) *Les chansons de geste du cycle de Guillaume d'Orange,* t. I, SEDES, 1955, p. 221.

(2) Nous utiliserons désormais les abréviations courantes pour désigner les textes du cycle de Guillaume, notamment *MR* (notre chanson) et *MG (Moniage Guillaume);* cf. Melle Tyssens, *La geste de Guillaume d'Orange dans les manuscrits cycliques,* 1967, p. 39.

(3) *Ueber das Moniage Rainoart,* Inaug. Diss., Halle, pp. 18-19.

292

MG aurait pu jouer dans l'élaboration de *MR :*
"l'affabulation de ce dernier" écrit-il, "n'a absolument pas le moindre trait commun avec l'un quelconque des deux *Moniages Guillaume*, si nous
exceptons cette idée générale d'un héros au couvent qui embarrasse ses frères par son appétit et
sa force : toutes les aventures sont complètement
différentes, sauf peut-être certains traits de l'entrée
au couvent et de l'épisode des voleurs . . ." (6).

De son côté G. Bertin, éditeur de la chanson
dans la version Ars-C, insiste sur les "solides qualités
littéraires" de l'œuvre, bien qu'il reconnaisse l'existence de "parallélismes nombreux entre le *Moniage
Rainouart* et les deux *Moniages Guillaume*" (7).
Pour notre part, nous sommes également enclin à
percevoir dans *MR* un projet littéraire original.

On rappellera tout d'abord que les textes épiques
qui font vivre de manière durable un héros au
monastère sont très rares. Fréquente est au contraire
la fin édifiante d'un personnage se retirant dans
un ermitage (8), comme c'est le cas dans *Beuves
de Hantonne* (9), *Gui de Warewic* (10), *Esca-*

---

(4) *"Le Moniage Rainouart* est une imitation et une déformation caricaturale du *Moniage Guillaume"*, dans *Le
rire et le sourire dans le roman courtois*, p. 85 ; voir aussi
p. 82.

(5) *Op. cit.*, p. 304 : "Le *Moniage Rainouart* exploite la
veine du *Moniage Guillaume*, utilisant sans vergogne les
mêmes thèmes et grossissant les effets comiques" ; Melle
Tyssens évoque, il est vrai, un courant littéraire plutôt
qu'un texte unique.

(6) *Etudes sur la geste Rainouart*, p. 152.

(7) *Le Moniage Rainouart* I, SATF, Paris, Picard, 1973,
pp. XLI et XLVIII.

(8) Voir Ch. Boje, *Ueber den altfranzösischen Roman
von Beuve de Hamtone*, Halle, 1909, pp. 132-133.

(9) *Der festländische Bueve de Hantone*, Fassung II, éd.
Stimming, Dresde 1912, 18950-19127.

nor (11), *Gaydon* (12), *Lion de Bourges* (13) et *Lohier et Mallart* (14); seule l'attitude de Renaut de Montauban, qui se met au service de la collectivité artisanale de Saint Pierre de Cologne, se rapprocherait du "moniage" proprement dit, puisqu'il ne s'agit plus dans ce cas de vie solitaire. Mais on ne voit que trois poèmes mettant vraiment le héros en rapport avec une communauté monastique (15). Le premier, *Gerbert de Metz* ne fait du bref séjour de Fromondin au couvent qu'une parenthèse dans le récit : le héros se fait moine pour échapper à la mort; il quitte le monastère dès que la pression de l'ennemi est moins forte (16). Par ailleurs, si les religieux prêtent à rire lorsqu'ils sont insultés ou frappés, il n'y a pas dans *Gerbert* de satire antimonacale : l'abbé est loyal à l'égard de Fromondin, alors que le chevalier ne respecte pas sa parole. En fait deux chansons seulement, *Moniage Guillaume* et *Moniage Rainouart,* accordent une place importante à l'histoire du héros épique devenu moine, mais c'est notre texte qui demeure le plus fidèle à ce thème.

(10) Ed. Ewert, CFMA, t. II, vv. 11417-11632.
(11) Ed. H. Michelant, Tübingen, 1886, vv. 24671-25165.
(12) Ed. Guessard, Paris, Franck, 1862, pp. 327-328.
(13) Cf. H. Zeddies, *Weitere Studien zur Chanson Lion de Bourges,* Inaug. Diss., Greifswald, 1907 pp. 29-30.
(14) Voir l'analyse de G. Paris dans HLF, t. 28, 1881, p. 249.
(15) Il n'y a pas lieu de retenir la *Chevalerie Ogier* malgré Th. Walker, *Die altfranzösischen Dichtungen vom Helden im Kloster,* Inaug. Diss. Tübigen, 1910, pp. 13-17, car c'est Broiefort, et non Ogier, qui est en relation avec les moines dans la *Chevalerie* (éd. Eusebi, 10161-10253).
(16) Ed. P. Taylor, Namur, 1952, 9206-9463.

294

Dans *MG* (17) en effet, la partie qui relève du "moniage" se termine au v. 2070 ; à partir de cet endroit, Guillaume mène une vie érémitique interrompue deux fois par des attaques sarrasines qui ne sont en rien liées aux moines. Si le héros retrouve le couvent, c'est uniquement pour reprendre ses armes, avant l'épisode Ysoré (5195-5346), ou les rapporter, après la victoire sur le païen (6529-6540).

Avec *MR* au contraire, non seulement la première partie du récit (1-3102) fait de Rainouart un moine, mais l'action de la suite du poème est déterminée par la donnée littéraire du moniage. Dans *MG*, l'attaque de Synagon ou celle d'Ysoré sont dues à l'initiative des Sarrasins, et le poète a parfois du mal — au moins en ce qui concerne l'épisode Synagon — à rattacher ces événements à la trame générale du récit : rien de plus facile en revanche dans *MR*, où les péripéties maritimes (3759-4445), le siège d'Aiete (4446-6495) et le combat contre Gadifer (6496-7365) sont la conséquence de la jalousie des moines et de la haine de l'abbé. Enfin Rainouart meurt dans l'état monastique

> A s'abeïe est Rainuars ralés,
> car il dist bien et sot par verités
> que la morra et iert a fin alés (7453-7455)

alors que Guillaume termine sa vie comme ermite.

MR et *MG* ont donc exploité de façon très différente le thème du "moniage", de sorte que notre texte ne saurait passer pour un simple démarquage de l'histoire de Guillaume.

----

(17) Il s'agit évidemment, comme pour toutes nos références, de *MG*2.

II. *Un récit cohérent.*

L'unité du projet suffit-elle à assurer la cohérence du récit ? Runeberg, malgré sa sympathie pour *MR*, se montrait critique devant l'accumulation de péripéties qui marque la seconde partie (18) : avons-nous affaire à un texte qui, relativement construit au début, se désagrège progressivement ?

Certes la cohérence de la première partie est facile à démontrer. Aux remarques de G. Bertin (19), on ajoutera les constatations suivantes. L'épisode des larrons (354-622) est rattaché au "moniage" par le motif du chant "desmesuré" : ce sont les hurlements du héros qui le font juger indésirable à l'office (343-353), or Rainouart sera trahi par ses "vocalises" auprès des brigands :

> Ot ces oisiaus chanter par ces vregiés . . .
> lors huce et crie contreval le ramiés (382, 384).

L'embuscade contre la troupe sarrasine qui maltraite les prisonniers ne retarde pas inutilement l'arrivée du secours à Orange, car elle permet d'évoquer l'angoisse de Guillaume :

> "Grant poour ai d'Orenge ma maison
> que ne soit arse en fu et en carbon.
> Haï, Guiborc ! Dex te face pardon ;
> de prison vous defende" (1816-1819)

Enfin l'épisode burlesque de Rainouart empêtré dans le marais montre que le héros, qui apporte son aide à Guillaume, peut avoir lui-même besoin d'être secouru (1922-1925).

---

(18) *Op. cit.*, p. 52, n. : "le style en est tellement délayé qu'il serait impossible de donner partout le numéro des feuilles".

(19) *Ed. cit.*, pp. XLII-XLIII.

296

Mais le lien le plus fort entre les divers épisodes de la première partie de la chanson est incontestablement celui qui unit aussi le père au fils, Rainouart à Maillefer. Le souvenir du fils perdu

de son enfant, ki de Turs est ravis . . . (3)

comme celui du père glorieux

"Mout fu de fiere jeste" . . . (1423)

vont guider petit à petit l'un vers l'autre les deux héros. Rainouart tue les marchands sarrasins parce que leur porte-parole a présenté Maillefer comme un païen convaincu (662-669) : ce geste entraîne la riposte de Tiebaut avec l'expédition de Turgant. L'échec de cette tentative conduirait le roi sarrasin à renoncer à tout projet offensif, mais Maillefer est hanté par la pensée de son père, dont il veut conquérir l'héritage (985-986) : le souvenir de Rainouart est donc la cause immédiate de l'invasion sarrasine, et cette partie de la chanson peut être assimilée à une quête du père, dans laquelle Guillaume, par son voyage à Brioude, joue un rôle important.

Une telle cohésion narrative se retrouve-t-elle dans les vers 3103-7531 de *MR* ? Ainsi que l'a montré Melle Tyssens, la deuxième partie de la chanson accuse avec la première des différences certaines (20), mais elle n'en possède pas moins sa cohérence interne et manifeste avec le début du récit des liens structurels profonds.

L'orientation générale de l'action est commandée, on l'a vu, par l'hostilité des moines et notam-

_____

(20) *La composition du Moniage Rainouart, Actes du VIe Congrès international de la Société Rencesvals*, Aix-en-Provence, 1974, pp. 587-589, 591-594.

ment de l'abbé à l'égard de Rainouart, mais certaines scènes peuvent paraître surprenantes, comme la lutte du héros contre les léopards, la mise en pièces du cheval de Tiebaut ou la démarche de l'abbé Henri au camp sarrasin. Faut-il mettre en cause ici un goût pour la péripétie qui ferait fi de toute vraisemblance ? il nous semble que de tels passages se rattachent à certaines constantes de la chanson ou de la tradition épique.

Les combats contre les animaux sauvages ne sont pas rares dans les chansons de geste (21) : ils manifestent la force et la courage du héros. Ici toutefois le motif comporte un trait supplémentaire, caractéristique du personnage de Rainouart : le comique culinaire. Les léopards affamés (3220) se précipitent sur le héros alors que celui-ci est en train de manger :

> Rainuart truevent, qui trestos seus menga . . .(3221)

et ce sont des aliments (pain) ou des ustensiles domestiques (barisel, espoi) qui serviront d'armes. Ce combat entre deux types de goinfres ne heurte pas la vraisemblance, puisqu'il s'accorde avec la logique des personnages : quoi de plus normal que d'opposer à Rainouart des animaux ayant en commun avec lui l'appétit démesuré ?

Comique culinaire encore lorsque Rainouart, affamé par le siège, menace les moines de les manger (5379-5385) et s'empare d'une moitié du cheval de Tiebaut. Les motifs utilisés sont ceux

---

(21) Le motif se trouve dans *Berte aus grans piés,* éd. A. Henry, vv. 50-79, *Beuves de Hantonne,* cf. Boje, *op. cit.,* p. 35, ainsi que dans les remaniements en vers de la *Chevalerie Ogier,* cf. K. Togeby, *Ogier le Danois dans les littératures européennes,* p. 141.

298

de la famine qui règne dans une place assiégée (22) et de la sortie pour s'emparer d'un convoi de vivres (23); le poète les a colorés de la truculence et de la force du héros, mais il faut rappeler que Guillaume, lui aussi, est capable de démembrer un "soumier" (24).

Reste la trahison et l'abjuration de l'abbé Henri, qui orientent de façon décisive la seconde partie du poème. Le trait, sans doute, est gros, mais il paraît excessif de parler de "l'invraisemblable métamorphose de l'abbé Henri" (25), puisque le narrateur a pris soin d'expliquer la noirceur exemplaire de son personnage. L'abbé, nous dit-il, appartient au lignage des traîtres et se trouve possédé par l'esprit du mal (3378-3391); la double référence à la trahison de Ganelon et à l'intervention diabolique résoud le problème de la vraisemblance : si un chevalier aussi réputé que Ganelon a pu faire alliance avec Marsile, pourquoi un moine, à qui l'ennemi infernal ferait perdre toute qualité religieuse, ne renouvellerait-il pas le crime de Roncevaux ? Les rapprochements avec le *Roland* sont en effet relativement précis; à côté du motif de l'ambassade, on trouve celui de la cupidité : Henri demande, en échange de Rainouart, de riches présents (3365-3374) comme Ganelon reçoit les cadeaux de Marsile et de Bramimunde (laisses XLVIII-LII); par ailleurs l'abbé indique un moyen − le travestissement monastique − pour s'emparer

---

(22) Voir les allusions épiques au siège d'Orange, Frappier, *op. cit.*, t. II, pp. 270-272, *Chevalerie Ogier*, 8453-8477, *Renaut de Montauban*, éd. Castets,13171-13550.
(23) *SB*, 4243-4398.
(24) *MG*, 1575-1580.
(25) Melle Tyssens, *art. cit.* p. 591.

de son adversaire (3425-3435), comme Ganelon suggère l'attaque de l'arrière-garde (laisse XLIV).

Malgré l'apparence, la seconde partie de *MR* est solidement charpentée ; elle entretient également des liens étroits avec le début du récit. L'arrivée burlesque de dix mille païens tonsurés et vêtus de noir (3525-3526) est l'écho de l'entrée de Rainouart au monastère, avec la même opposition fondamentale entre un personnage et l'état que suggère son vêtement ; l'effet se trouve ici multiplié dans la mesure où il ne s'agit pas d'une figure unique, si monstrueuse qu'elle soit (90-91), mais de dix mille (26). L'appel adressé par Rainouart à Guillaume et à Maillefer (5163-5176) reprend de façon symétrique le motif du secours apporté par Rainouart à Guillaume dans la première partie, tandis que le combat contre Gadifer inverse les données de la lutte contre Maillefer : c'est Gadifer et non Rainouart qu'on est allé chercher au loin pour en faire un champion ; c'est un authentique sarrasin qu'affronte le chrétien, et non un chrétien qui s'ignore.

Enfin, si l'on examine l'un des traits structuraux les plus caractéristiques de notre chanson, le passage fréquent d'un plan spatial à un autre, on s'aperçoit que cet élément est plus marqué dans les trois mille premiers vers que dans la suite de la chanson. Dans la partie du texte qui est en principe destinée à présenter les aventures de Rainouart à Brioude, les lieux se succèdent en effet à un rythme extrêmement rapide ; nous voyons défiler

---

(26) Les soupçons de Rainouart à l'égard de certains de ces moines (3574-3575) rappellent ceux qu'Otran, le roi de Nîmes, conçoit à l'égard de Guillaume dans CN.

300

les environs de Porpaillart, où Rainouart rencontre le moine, Brioude, où il affronte la commune, la forêt, théâtre du combat contre les larrons, le rivage, puis Cordes, le rivage de nouveau, enfin la mer avec la scène de la tempête. Le mouvement tend à se ralentir avec l'entrée en scène de Maillefer (954), mais l'action se déroule tantôt à Cordes (954-1082), tantôt sur la mer (1083-1115), à Porpaillart (1116-1157), à Orange (1158-1574), à Brioude (1575-1771), sur le chemin d'Orange (1158-1941) et dans la ville elle-même, où l'on s'arrête décidément pour la fin de l'épisode (1942-3050), exception fait d'un court séjour à Porpaillart (3051-3102)(27).

Les changements de lieux sont plus rares dans la seconde partie. Brioude est le lieu où s'effectue le retour de Rainouart au couvent mais aussi le combat contre les léopards; la scène se déplace ensuite à Cordes, avec la démarche ganelonienne de l'abbé, puis revient à Brioude en même temps que le traître et les Sarrasins-moines. Après les péripéties du voyage en mer (3670-4445), l'action tend à s'immobiliser devant Aiete jusqu'à la fin de la chanson, le motif de l'envoi de messagers permettant toutefois de relier le théâtre des exploits de Rainouart et les lieux où se trouvent Guillaume et Maillefer.

---

(27) Ces déplacements du champ sont naturels à l'épopée, dans la mesure où ils sont nécessaires pour exprimer, à travers une succession de vues partielles, une image globale de l'espace; ils se limitent toutefois, de façon générale, à deux ou trois plans qui alternent entre eux, par exemple au début du *Roland* : camp de Marsile (1-95), camp de Charlemagne (96-366), camp de Marsile (367-660), armée de Charlemagne en marche (661-840).

Au total, on constate entre les deux parties de *MR* un équilibre réel, que ne rompent pas les traits inspirés par le roman d'aventures ou les éléments merveilleux. Le recours au motif de la tempête, qui permet de séparer ou de réunir les protagonistes du récit d'aventures, figure aussi bien au début (886-935) qu'à la fin (4409-4445) du poème (28) ; quant au merveilleux, s'il est vrai qu'il est plus accusé dans la seconde partie, avec l'allusion aux prédictions des fées à propos de Rainouart ou les personnages de messagers-fées (29), il convient de ne pas oublier la pierre magique qui guérit Maillefer et Rainouart dans le premier épisode (2138-2141, 2875-2904). Du reste, l'élément féerique reste discret et ne supporte pas la comparaison avec *BL*. L'allusion que nous trouvons dans *MR* aux démons qui emportent l'âme de Gadifer :

> l'ame enporta Belgebus et Barrés,
> au feu ardant, as arbres alumés . . . (7364-7365)

est peu de chose à côté du véritable combat que Rainouart livre dans *BL* contre Beugibu, Pylate et Barré (2237-2602). Enfin il n'y a pas lieu de considérer comme un fait nouveau le merveilleux chrétien qui se manifeste à la fin de *MR*, avec les interventions des saints (4435-4446) ou l'apparition de l'ange (7331-7336) : la communication entre l'action épique et la geste divine est consubstantielle à l'épopée et n'a donc rien de particulièrement original ici (30).

---

(28) Le motif reste toutefois subordonné aux finalités épiques : la tempête n'empêche pas la première fois R. de revenir à Brioude ; la seconde fois, elle ne le détournera pas de conquérir la ville de Tiebaut. Dans les deux cas, l'élément romanesque est maîtrisé grâce au merveilleux chrétien, élément romanesque de l'épopée.

(29) Melle Tyssens, *art. cit.*, pp. 592-594.

302

Si les quatre mille derniers vers de *MR* sont l'œuvre d'un continuateur, comme le pense Melle Tyssens (31), il faut donc insister sur l'habileté avec laquelle cette seconde partie est reliée à la première : il ne s'agit pas de deux types juxtaposés, mais de deux moments du récit qui se complètent (32). Dans ces conditions, il semble opportun de renoncer à parler d'*épisode Gadifer* pour désigner la partie de la chanson qui commence avec le retour de Rainouart à Brioude (3103). Sans doute le combat des champions est-il fort développé (huit-cent-soixante-dix vers), mais il ne représente que le cinquième environ de la partie considérée et n'est que l'aboutissement d'une chaîne narrative commandée par l'hostilité des moines à l'égard de Rainouart, non un objectif visé dès le départ. Si l'on cherche à donner un titre aux deux parties du texte, *"Rainouart et Maillefer"* pourrait désigner la première, *"Rainouart, les moines et Tiebaut"* la seconde.

III. Rainouart et les moines.

MR est-il féroce à l'égard des moines ? On le croirait facilement en voyant le rôle grotesque et parfois odieux que le poète leur fait jouer : ces personnages prompts à l'épouvante (203-211) n'hésitent

---

(30) L'aide apportée par des saints à un guerrier chrétien en péril est un motif fréquent *(Antioche, Jérusalem, Garin le Loherain, Aspremont)* ; l'ange qui réconforte figure dans *Al* (éd. Rasch, p. 26, vv. 15-18) et dans *MG* (3300-3306).
(31) *Art. cit.*, pp. 594-597.
(32) La question de l'unité ou de la dualité de *MR* est donc totalement différente de celle du *Guillaume*, dont les deux parties se contredisent sur certains points, cf. J. Frappier, *op. cit.*, t. I, pp. 142-148.

pas à trahir leur frère, soit qu'ils imaginent eux-mêmes des stratagèmes — c'est le prieur, et non l'abbé, qui invente la ruse des léopards — soit qu'ils donnent leur accord aux machinations de l'abbé. Toutefois la concentration progressive de toutes les tares sur le chef de la communauté (33) absout paradoxalement les moines des fautes les plus graves (34) : ils se refusent à abjurer et dix d'entre eux seulement, ceux qui prêtent l'oreille à la promesse d'une existence voluptueuse (4947-4974), voudront trahir Rainouart à Aiete ; les autres l'accompagnent jusqu'à la fin du siège, sans faire preuve il est vrai d'une excessive témérité (5484-5498).

Les moines de Brioude font donc rire, mais l'ordre monastique lui-même n'est pas fondamentalement mis en cause, parce que le personnage de Rainouart est conçu comme celui d'un moine authentique. Nous ne reviendrons pas, naturellement, sur les traits burlesques du héros : ils sont évidents (35) et, pour reprendre l'expression de J. Frappier, réjouissants. Mais à côté des dialogues savoureux avec le crucifix ou la statue de Mahomet, de ces pitreries et de ces compisseries, il est un aspect extrêmement sérieux du personnage que le poète épique a su mettre en valeur, la piété pro-

(33) Outre la cupidité et l'esprit de trahison, on remarquera que l'abbé est également possédé par le démon de la luxure, cf. 3799-3801.

(34) La vie déréglée des moines est d'ailleurs souvent fustigée par les prédicateurs (cf. J. Longère, *Oeuvres oratoires de maîtres parisiens au XIIe s*, 2 vol., Paris, 1975, t. I, pp. 361-368), ce qui nous incite à penser que le poète épique n'exagère pas systématiquement (cf. A. Luchaire, *La société française au temps de Philippe-Auguste*, Paris, 1909, pp. 190-264).

(35) Cf. Ph. Ménard, *op. cit.*, pp. 82-85 ; Th. Walker, *op. cit.*, pp. 17-20 ; Bertin, *éd. cit.*, p. XLV.

304

fonde de Rainouart, qui joue un rôle dramatique considérable. Outre la très belle prière prononcée par le héros au moment où il affronte son fils Maillefer (2480-2551), on soulignera que certaines péripéties ne sont possibles qu'en raison de l'esprit religieux du héros. Rainouart pardonne aux moines qui confessent leur participation à la trahison de l'abbé parce qu'ils crient merci au nom de Dieu (3884-3886); de même l'abbé est sûr d'obtenir son pardon s'il proclame sa réconciliation avec Dieu :

"Rainuars est uns hom de tels pensés,
Mout aime Dieu, le roi de maïstés.
Onques encore ne fu il tant irés,
que s'il oïst de Damedieu parler,
que maintenant ne fust adominés". (4782-4786),

et les événements lui donnent raison : Rainouart fait ouvrir la porte d'Aiete :

"Ouvrés lui l'uis por amor Damedés,
le glorïous de sainte majestés.
Por soie amor li ai tot pardoné
quancque il a envers moi meserré". (4852-4855).

Cependant Dieu protège son serviteur : il empêchera le héros d'être victime de sa bonne foi :

et Diex de glorie li a mis en pensés,
que il ne vielt que il soit vergondés. (4911-4912).

D'autres chrétiens que les moines pratiquent il est vrai le pardon des offenses au nom de Dieu, mais il est un trait qui manifeste la volonté du poète de rattacher explicitement Rainouart à l'abbaye de Brioude : la dévotion à saint Julien, sous la protection duquel le héros ne cesse de se placer. Dès l'entrée à Brioude, Rainouart fait de Julien son *avoué* (178, 280) ; il l'invoquera lorsqu'il enfonce dans le marais (1909) comme lorsqu'il est emporté sur la nef de Turgant (899-910, 931-933), lorsqu'il souffre de la famine à Aiete (5339) comme lorsqu'il aperçoit la statue de Mahomet (4611-4612). Très souvent du reste Rainouart justifie sa demande en rappelant qu'il est le *moine* du saint :

> "Saint Julïen, ne m'oublïes vous mie,
> car jou sui vostre moine" (891-892) (36) ;

de son côté le saint récompensera la dévotion de son moine en accédant à sa prière (934-935) et même en lui apparaissant à la tête d'une phalange céleste (4435-4436).

On notera aussi que les vertus prêtées à Julien par *MR* sont en accord avec le culte qui lui est rendu traditionnellement. Par trois fois en effet la protection du saint est évoquée à propos de la tempête et du mauvais temps : ainsi, lorsque les moines sont épouvantés par l'abjuration de leur abbé, Rainouart croit qu'ils redoutent les périls de la mer ; il tente de les rassurer en disant :

> "N'aiés paour des vens ne des orés ;
> saint Julïen sera vos avoués" (3843-3844).

Or cette croyance en la protection accordée par Julien contre l'orage et la tempête peut être rapprochée d'un passage des *Miracula* de Grégoire de Tours (37), qui raconte comment l'église de Brioude fut préservée des atteintes de la foudre :

---

(36) Cf. aussi 931-932, 3924-3925, 4330-4331, 4611, 5339.

(37) "Quadam autem die orta tempestas cum magno venti impetu super vicum Brivatensem rapide descendebat : micabant enim de nubibus fulgura ac tonitrua terribilia, voces dabant, quatitur terra fragore, et exuri a coruscatione pene omnia putabantur : sola erat exspectatio in virtute martyris gloriosi. Nec mora, dato cum fulgore gravi sono

306

"Un jour un orage, accompagné d'un vent violent, fondait rapidement sur le bourg de Brioude ; dans le ciel les éclairs étincelaient, le tonnerre se faisait entendre, la terre était ébranlée par les grondements et tout semblait destiné à devenir la proie du feu : le seul espoir était la protection du martyr glorieux. Bientôt un grondement puissant de tonnerre accompagne l'éclair et un trait de feu pénètre par une ouverture ; il frappe deux colonnes qu'il ébranle en vain, est projeté de là vers la fenêtre qui domine le tombeau sacré et disparaît : il ne fait de mal à personne grâce à la protection du saint."

L'auteur de *MR* a donc voulu faire de son héros un moine, et un moine de Brioude ; à sa mort, l'âme de Rainouart est emportée par les anges (4540-4542), tandis que ses reliques reçoivent la grâce d'accomplir des miracles :

enfers nel quiert que lués ne soit sanés (7462).

Comme dans G^2 et dans *Al*, le personnage de Rainouart est donc bâti sur le contraste entre un extérieur burlesque et la valeur profonde ; mais le deuxième terme de l'antinomie voit ici son contenu modifié, car ce ne sont plus seulement la force et la vaillance chevaleresque qui sont célébrées, mais la foi sincère, associée à l'état monastique. C'est donc à l'aune de Rainouart qu'il convient de juger l'attitude de *MR* vis-à-vis des moines : les attaques vigoureuses contre les défaillances n'empêchent pas une admiration réelle pour l'idéal monastique.

---

tonitrui, jaculum igneum per aditum ingreditur : percussisque duabus columnis, frustra excussit : inde repercutiens per fenestram, quae super sanctum habetur tumulum, est egressum : nullum tamen per beati custodiam de populo laesit", *Acta sanctorum, augusti,* t. VI, p. 183, B.

307

IV. Les autres personnages.

MR est le dernier texte épique qui rassemble Rainouart, Guillaume et Guibourc, figures-clés du cycle, auquel il adjoint Maillefer (38); l'auteur a su donner des traits intéressants à chacun de ces personnages.

Guillaume, en dépit du caractère envahissant de Rainouart, n'est pas éclipsé. Sans doute dans la première partie du poème Guillaume doit-il faire appel à Rainouart contre Maillefer, mais ce dernier est un géant, qui ne peut être vaincu que par un autre géant (39). Toutefois, avant de laisser la place à Rainouart, Guillaume fait preuve d'un grand courage : il relève le défi de Maillefer malgré les supplications de Guibourc (1299-1329) et n'abandonne pas le combat lorsque son adversaire le lui propose (1453-1470). Après la victoire de Rainouart, notre héros revient au premier plan : à la tête des chrétiens qui donnent la chasse à l'armée sarrasine, il renverse⁻ l'étendard ennemi (2751-2760) et se couvre de gloire; c'est également lui qui découvre la pierre merveilleuse grâce à laquelle Maillefer et son père seront guéris de leurs blessures (2870-2891).

Le seul élément qui ne soit pas à l'avantage de Guillaume est bien, comme l'a noté G. Bertin, l'aide que le héros se propose d'apporter à Rainouart lorsque celui-ci va combattre Maillefer (2208-2237); il convient toutefois de ne pas exagérer la portée de cet épisode. Guillaume n'a pas

---

(38) Dans *MG* Guillaume reste le seul personnage du lignage.

(39) Dans *Al*, déjà, Rainouart se substitue à Guillaume pour abattre le terrible Margot, 5700-5769.

308

l'intention d'intervenir de façon déloyale : il refuse
l'attitude passive à laquelle veut le réduire le géant
et préfère, plutôt que de prier, se préparer à la
lutte :

> "Par cel Segneur qui el ciel fait vertu,
> ja me verrés lacier mon elme agu" (2209-2210) ;

du reste, lorsque Rainouart proteste, il s'engage
à respecter le contrat, et c'est pour cette raison
qu'il envoie Guibour auprès des champions lorsque
l'attitude de ceux-ci devient incompréhensible :

> "Jou i iroie, mais ne m'os parjurer ;
> en couvent l'eu, pour ce ne l'os fauser" . . .
> (2669-2670) (40)

Nous ne pensons donc pas que Guillaume perde
dans cette affaire "une partie de son auréole héroïque" (41), le rôle du héros continuant d'être
très important dans la seconde partie du récit.
Chef des chrétiens, il répond favorablement à la
demande de secours présentée par Rainouart
(5270-5276) et commande en personne l'expédition qui dégagera Aiete ; c'est lui qui parlemente
avec Tiebaut et accepte la proposition de duel
entre deux champions (5847-5913) ; durant la
bataille il négocie avec Tiebaut le retrait du "travail" déloyal (7007-7035) et porte secours à
Rainouart que les païens attaquent traîtreusement
après la défaite de Gadifer.

Ainsi Guillaume apparaît-il dans *MR* comme le
chef de file des chrétiens, dont le champion est
devenu Rainouart. Cette répartition des rôles entre
les deux personnages a commencé avec *Al*, mais

---

(40) A la fin du poème, lors du duel avec Gadifer, c'est
Guillaume qui empêche Maillefer de porter secours à son
père, 7315-7318.
(41) Bertin, *éd. cit.*, p. XLIV.

elle franchit ici un degré supplémentaire dans la mesure où Guillaume porte secours à Rainouart : le héros assume donc la fonction de suzerain que Charlemagne et Louis ont incarnée au début du cycle, cette idée royale qui affirme la permanence de la chrétienté et la solidarité avec les chevaliers menacés (42).

Guibourc demeure, comme l'écrit G. Bertin, "la compagne courageuse de Guillaume" (43), dans un rôle certainement influencé par *Al*; comme dans ce texte en effet la dame redoute le départ de Guillaume lorsque celui-ci va chercher du secours (1556-1559); elle arme son frère avant le combat contre Maillefer (2193-2197) et va le trouver après la victoire (2669-2670). Elle participe à la défense d'Orange et prend même des initiatives stratégiques, ce qui n'est pas le cas dans *Al* : elle envoie à Guillaume un secours décisif lorsque le héros est aux prises avec Maillefer (1491-1518) ou lorsqu'il revient à Orange, accompagné de Rainouart (1964-1985).

Enfin le personnage de Maillefer, dont *MR* fait pour la première fois un combattant (44), est construit dans une relation étroite avec son père. Ressemblant beaucoup à Rainouart (1092, 1183, 1320), il n'en a pas la *niceté* ou la brutalité (45);

---

(42) Dans *MG* on revient à la répartition des rôles antérieurs à *Al* : Guillaume est le champion de la chrétienté et Louis incarne l'idée royale.

(43) *Ed. cit.*, p. XLIII.

(44) La fin d'*Al* précise seulement les circonstances de la naissance du héros, 8490-8495 ; *BL* rapporte aussi cette naissance (482-494), puis s'intéresse aux aventures de l'enfant, enlevé par Picolet (2425-2486) puis sauvé de la mort à laquelle Tiebaut le destinait (3659-3791).

(45) *MR* écrit au sujet de Maillefer qu'il "samble hom roial" (5553).

310

son baptême ne donne pas lieu aux scènes burlesques qu'on peut lire dans *Al* et il reçoit l'inves-
titure de son fief comme n'importe quel vassal
(2958). La piété filiale, on l'a vu, est un trait
caractéristique du jeune homme : s'il se querelle
avec Rainouart au moment où il faut désigner
l'adversaire de Gadifer, il s'apaise dès que son
père, poussé par Guillaume, prononce des paroles
de réconciliation (6057-6072).

Le *MR*, tard venu dans le cycle de Guillaume,
ne peut donc être considéré comme un texte mineur. Composé de deux parties dues peut-être à
des auteurs différents, ce poème présente une
cohérence réelle, le continuateur, s'il a existé,
ayant parfaitement compris la logique du texte à
partir duquel il travaillait.

Critique à l'égard des moines, *MR* n'a pas voulu
mettre en cause l'état monastique en lui-même,
puisqu'il fait de Rainouart un modèle paradoxal
pour les religieux : au-delà de ses outrances, le
héros vit en effet une piété profonde et manifeste
à l'égard de saint Julien, protecteur de l'abbaye
de Brioude, une dévotion constante. L'ironie à
l'égard du fait monastique est donc beaucoup
moins virulente que dans *MG*, où Guillaume ne
peut s'acclimater à la vie cénobitique et finit ses
jours dans un ermitage.

Enfin notre texte présente la particularité de
mettre en scène pour la dernière fois les protagonistes du cycle : avec Guillaume, Guibourc et
Rainouart du côté chrétien, avec Tiebaut du côté
païen, nous retrouvons, assemblés en vue d'un
ultime affrontement, les piliers de la geste. A ce
titre *MR* apparaît donc comme une conclusion

311

générale apportée au cycle, tandis que *MG* a limité sa visée aux derniers exploits de Guillaume.

Ogier le Danois et Renaud de Montauban

Bien des liens unissent deux des plus grands poèmes épiques consacrés aux barons rebelles, *La chevalerie d'Ogier de Danemarche* et *Renaut de Montauban* [1]. Dans leur structure profonde, les deux textes sont proches et paraissent suivre les mêmes étapes: une *transgression*, qui ouvre le conflit avec le roi et crée le récit; un *exil*, conséquence inévitable du conflit; le *séjour* auprès d'un souverain étranger, qui accorde son appui mais ne tient pas toutes ses promesses; une *guerre* très longue, que vient clore une *réconciliation*.

En suivant un tel cheminement, on associera le meurtre de Bertolai par Renaud et celui du neveu de la reine par Ogier (I), la fuite dans les Ardennes et l'exil en Lombardie (II), le séjour auprès du roi Yon et l'aide apportée par Désier (III), la guerre devant Montauban puis Trémoigne et le siège de Castelfort (IV), enfin la paix conclue entre Charlemagne et les quatre fils Aimon, et la réconciliation d'Ogier avec l'empereur (V).

Les deux chansons, pourtant, restent distinctes [2]; elles utilisent de façon autonome le schéma narratif qui les réunit et traitent de façon différente une même séquence. Ainsi, dans *RM*, la transgression qui lance l'action est celle que commet Renaud, avec le

---

[1] Pour la *Chevalerie*, nous utilisons l'édition de M. EUSEBI, Milano-Varese, Cisalpino, 1963. Pour *Renaut* nous recourons, en ce qui concerne le début du poème, à l'édition synoptique de J. THOMAS, *L'épisode ardennais de "Renaut de Montauban"*, Bruges, 1962 et, pour la suite du texte, à l'édition F. CASTETS, Montpellier, 1909. Toujours pour *Renaut*, nous utiliserons couramment le sigle *RM*, et modernisons l'orthographe du nom du héros en Renaud.

[2] Les relations littéraires entre les deux chansons ont été mises en lumière par L. JORDAN, *Die Sage von den vier Haimonskindern*, «Romanische Forschungen», XX, 1907, pp. 105-7, par J. BÉDIER, *Légendes épiques*, IV, 215-7 et par K. TOGEBY, *Ogier le Danois dans les littératures européennes*, Copenhague, 1969, pp. 47, 53, 67, 71. La filiation entre les deux textes, qui se connaissent l'un et l'autre, est très difficile à préciser: l'opinion de Bédier «Le roman de *Renaud* exploite la *Chevalerie Ogier*, mais, chose singulière et pourtant assurée, la réciproque est vraie» (*op. cit.*, p. 217) est plus convaincante que l'hypothèse d'une antériorité de *Renaut* sur *Ogier* (Togeby). Signalons enfin qu'A. ADLER, dans les études successives qu'il consacre aux deux poèmes dans *Rückzug in epischer Parade*, Frankfurt am Main, 1963, procède à des rapprochements littéraires.

186

meurtre de Bertolai [3]; dans la même fonction, on en trouve deux dans *Ogier,* avec la mort de Bauduinet, tué par Charlot, puis l'assassinat du neveu de la reine, mis à mort à la place du roi. La place de cet événement fondateur est différente en ce qui concerne l'histoire des héros: dans *Ogier,* le héros est déjà reconnu, grâce à des exploits redoutables, alors que dans *RM* il vient tout juste d'être adoubé.

Autre exemple: au cours de leur fuite, les rebelles trouvent deux asiles successifs. Pour Ogier, c'est un *castel* anonyme (v. 5987), qui lui permet de reprendre haleine, puis *Castelfort,* mais dans les deux cas, la scène se passe après la défection de Désier. Dans *RM,* le premier asile, Montessor, est trouvé avant la rencontre avec Yon, et le second, Montauban, est construit bien avant la trahison du roi de Gascogne.

Ce réseau serré de ressemblances et de différences nous semble singulièrement propice à une réflexion sur l'art épique. Il découpe en effet un champ d'observation privilégié, où les éléments constituants du poème se trouvent placés sous une lumière vive, du fait des convergences et des contrastes qui les affectent. Ceci est particulièrement vrai pour les personnages qui supportent l'action épique: d'un côté, avec Ogier, un héros solitaire et puissant, véritable figure de hors-la-loi [4], de l'autre les fils Aimon et leur cousin, rassemblés autour de la figure rayonnante de Renaud.

Utilisant la situation d'observation qui nous est procurée, nous nous proposons ici de réfléchir à nouveau sur la question du personnage épique [5]. A cet égard, les personnages fascinants d'Ogier et de Renaud nous autorisent à formuler l'hypothèse suivante: le personnage épique est lié à la faculté qu'il a de créer les liens qui constituent une communauté, mais aussi au fait de dépasser de tels liens et de se situer dans l'espace fulgurant où toute relation, tôt ou tard, se déchire soit par la faute du héros, soit par celle de ses ennemis, par la volonté du poète en tout cas.

Nous commencerons par le personnage qu'incarne Ogier, parce qu'il nous apparaît immédiatement définissable: Ogier, de façon presque constante, est solitaire. La première image que nous avons de lui est significative: les liens auxquels il doit la naissance sont brisés, car son père a fait de lui un otage auprès de Charlemagne et n'hésite pas à transgresser le pacte conclu, sa mère est morte et sa marâtre l'a trahi. «Er war so gut wie elternlos», écrit A. Adler [6], et le début de la branche II décrit avec éloquence cette situation:

---

[3] Il y en a eu d'autres auparavant, mais elles précèdent l'entrée en scène des fils Aimon: manquement au devoir vassalique reproché par l'empereur à Beuves; meurtres d'Enguerran d'Espolice puis de Lohier, tués par Beuves; meurtre de Beuves.

[4] Voir P. LE GENTIL, *Ogier le Danois, héros épique,* «Romania», 78, 1957, p. 209.

[5] Voir notre précédente recherche dans *Société Rencesvals, Proceedings of the fifth Conference,* Salford, 1977, pp. 167-76, *Le personnage épique.*

[6] *Op. cit,* p. 102. L'auteur poursuit: «Er war und ist wieder kindernlos geworden».

> Tot ont canté du bon Danois Ogier
> C'onques Gaufrois ses peres ne l'ot chier:
> Envers Kallon le fist forostagier,
> Por sa marrastre, que Dex doinst enconbrier!
>
> (vv. 3105-8)

Isolé sur l'axe du lignage, Ogier ne l'est pas moins sur l'axe de l'alliance féodale. *Forostagié,* il n'est pas à la cour impériale pour y faire son apprentissage chevaleresque et se préparer à tenir une terre de Charles: c'est un captif, un homme qui compte pour rien,

> Sers de la teste rendans .iiii. deniers
>
> (v. 1502)

comme le lui reproche Charlot.

Or cette situation initiale pourrait bien être le destin du héros qui, tout au long de son histoire, semble n'entrer que dans des relations fortuites, fragiles et souvent paradoxales.

Relation fortuite, par exemple, que l'union d'Ogier et de la fille du châtelain de Saint Omer, ou bien, tout à la fin de l'histoire, la rencontre du héros, vainqueur de Bréhier, avec la fille d'un roi d'Angleterre. Encore y a-t-il une certaine logique dans le premier fait, car Guimer, le châtelain, a été bien imprudent en confiant le jeune homme à sa fille:

> Avec Ogier anuit mais villirés
>
> (v. 52)

il n'y a rien d'étonnant à ce que la jeune fille perde la tête, émue par la beauté qu'elle découvre:

> En nule terre n'ot plus bel baceler,
> Et la pucele prist lui a en amer
>
> (vv. 67-8)

En revanche l'introduction dans le récit de la fille du roi Angart est aussi peu prévisible que possible, et le poète montre bien, en multipliant les précautions oratoires, qu'il a conscience de s'écarter de la présentation habituelle des faits:

> Encor orrés canchon et bone et bele;
> Cil joglëor, saciés, n'en sevent gere,
> De la canchon ont corunpu la geste;
> Mais jel dirai, ben en sai la matere
>
> (vv. 11158-61);

nous sommes ici, comme l'écrit A. Adler, en plein *roman d'aventures* [7], ou plutôt dans un récit arthurien: le héros s'élance au secours d'une belle pucelle que des chevaliers indignes – ici

> .XX. Sarrasins, Dex confonde lor geste!

veulent forcer.

(v. 11187).

Souvent dues au hasard, les relations que noue Ogier sont également marquées du sceau de la fragilité. Nous ignorons si Ogier vivra longuement auprès de son épouse; en tout cas son amour pour la fille du châtelain ne paraît guère durer plus d'une nuit [8]. Mais il y a plus grave: la plupart des amis d'Ogier meurent prématurément. C'est le cas, tout d'abord, de Bauduinet, l'enfant merveilleux:

> Ains plus bias fix de mere ne fu nes

(v. 89);

il ne dépassera pas le stade de l'apprentissage chevaleresque, car Charlot le tue, d'un coup d'échiquier, alors qu'il est encore écuyer (v. 3151). De même les deux couples de frères qui, dans la guerre contre Charlemagne, ont embrassé la cause d'Ogier – Gerin et Berron, Benoît et Gui –, ont une existence éphémère. Gerin est tué au cours de la première bataille devant Pavie (vv. 5580-608), et Berron le suit de très près (vv. 5652-7); Benoît, qui ouvre à Ogier les portes de Castelfort (vv. 6420-61), participe à ses côtés à de nombreux combats et finit par trouver la mort, lui aussi (vv. 8000-13); quant à la carrière de Gui, son frère, elle est rendue très brève par sa démesure (vv. 6932-7737).

Enfin les relations qui se constituent autour d'Ogier ne sont pas exemptes de paradoxe. Dans la première branche – la campagne contre les Sarrasins en Italie – nul couple d'amis n'est plus uni que celui du sarrasin Karaeu et du chrétien Ogier. Alors que Charlot abandonne Ogier aux mains des païens (vv. 1965-85), Karaeu tente d'obtenir la libération du héros (vv. 2025-37, 2111-32) puis, en désespoir de cause, se livre en otage à Charlemagne (vv. 2135-54). De son côté, Ogier prend la défense des intérêts de Karaeu et de son amie Glorïande, n'hésitant pas à combattre Brunamon, qui veut épouser la jeune femme (vv. 2603-7). Autre relation étonnante, que celle qui unit Ogier et l'archevêque de Reims, Turpin. Cette fois, il s'agit de deux chrétiens, mais de chrétiens que tout devrait opposer, puisque le héros est devenu le prisonnier de Turpin, après une bataille sanglante (vv. 9189-235). En fait, dès qu'Ogier est capturé, il n'y a pas meilleur geôlier que Turpin: s'il garde en prison son ancien adversaire, c'est d'abord pour le sous-

---

[7] *Op. cit.*, p. 117.

[8] Les vers 8745-9, où la jeune fille est nommée Beatris, font son éloge («Beatris la bele au cuer senée»), mais la présentent d'abord comme la mère de Bauduinet.

traire à la vengeance de Charlemagne, qu'il a berné en lui promettant d'affamer le Danois (vv. 9463-75); mais il ne le réduit pas à la famine, puisque le vin dont il l'abreuve lui est servi dans un vase

> Qui tint de vin un sistier mesuré
> A la mesure de Rains la grant cité
>
> (vv. 9495-6),

et que le pain dont il le nourrit épuiserait l'appétit de sept chevaliers (v. 9509).

Sur le plan structural, on notera du reste que ces relations déconcertantes utilisent le plus souvent un schéma simple, celui du couple épique. Parfois s'ébauche une structure de groupe, lorsque deux personnages viennent s'associer à Ogier: Gerin et Berron devant Pavie, Benoît et Gui à Castelfort. Mais s'agit-il vraiment d'un groupe, avec les interrelations que cela suppose entre les trois personnages? Sûrement pas dans le premier cas, où les héros ne sont cités ensemble qu'une seule fois (vv. 5573-6); un peu plus dans le second, où le groupe est présenté en action, c'est-à-dire en train de combattre:

> Lors vint Ogiers et Benëois et Guis,
> Et lor masnie qui ont lor escus pris
>
> (vv. 6976-7),

ou bien évoqué dans sa dislocation, lorsque Gui est séparé de ses amis:

> Castel Fort, crie, c'or n'est Ogier ichi,
> Et Benëoit mes freres au cuer hardi.
>
> (vv. 7637-8) [9].

Mais, à Pavie comme à Castelfort, le couple reste l'élément dominant, et Ogier n'en fait pas partie, du moins pour l'action qui se déroule sous nos yeux. Ainsi Berron le courageux s'oppose à Gerin le tiède, et renvoie à un compagnonnage avec Ogier qui est antérieur au récit:

> Per Dieu, biaus frere, vos ne m'amastes mie
> Quant le laissastes por aperdre la vie,
> Car mes compains estoit per foi plevie...
>
> (vv. 5433-6);

à Castelfort encore, l'élément dominant est le couple Gui-Benoît, dans lequel s'incarne le topos *fortitudo-sapientia* [10]. Dans cette situation, Ogier est d'abord le témoin du

---

[9] Voir encore vv. 7723-34, lorsque la mort arrache Guielin à ses amis.

[10] Voir notamment vv. 7136-57, lorsque Gui veut poursuivre le combat, dans des conditions très défavorables, contre l'avis de Benoît.

190

système d'opposition qui fonctionne à côté de lui, et le couple joue son rôle ordinaire: il exprime, à distance du personnage épique idéal ou bien, comme ici, d'une figure centrale réellement mise en scène (Ogier), les virtualités qui sont les siennes.

L'espace relationnel d'Ogier est donc limité, mais il semble aussi que, par une sorte de contrepartie, il soit voué à détruire l'espace d'autrui. Le meurtre de Bertrand (vv. 5697-5719) est la réponse à la mort de Berron (vv. 5636-57); Ogier perd son compagnon:

> Sire compains, mar fu vestre bontés
>
> (v. 5684),

il doit donc se venger:

> Qui vos a mort, certes mult m'a iré
>
> (v. 5686)

et détruit ainsi le lien qui unit un père et son fils, Naimes et Bertrand; du même coup, il met en cause la relation d'amitié qui existait entre lui-même et le conseiller de Charlemagne, d'où la plainte de Naimes:

> Mult me penoie de ton cors acorder,
> Et or m'as fait de mon fil desevrer
>
> (vv. 5728-9).

Ogier est donc condamné à l'absurde, et il le manifeste de manière éclatante avec le meurtre d'Ami et Amile, qui expient leur amitié avec Charles:

> Por Kallemainne le roi faire dolant,
> Vos ocirai a m'espee trenchant
>
> (vv. 5874-5).

Par ce geste, on peut dire que le héros accède au mythe puisque, en faisant disparaître les deux compagnons, il érige à la place de la représentation idéale de l'amitié, la figure paroxystique de la destruction et de la solitude.

Sort tragique par conséquent que celui d'Ogier, et que certains passages de la chanson mettent admirablement en valeur:

> .M. cristïens ai mors et detrenchiés;
> Mais ne poi mais, si me puist aidier Dex
> Car tous li mons me faisoit decachier,
> Por moi grever, ocirre et damagier;
> Trestot crioient: "Ferés, tués Ogier!"
> Si durs eürs m'est tousjors otroiés.

> C'ainc ne fis ben nul home desous ciel
> Qu'au dereain ne me vuele tricier
>
> (vv. 11703-10) [11].

Cette image d'un personnage victime de contradictions insurmontables subsiste du reste dans *RM*, où Ogier est pourtant intégré à la cour de Charles et fait partie des pairs. Le lien de parenté qu'il a avec Aimon le met en porte-à-faux par rapport à son seigneur: on connaît les reproches sanglants, inspirés par la *Chevalerie Ogier*, que lui adresse Roland:

> Si mauvais cerf coart de mere ne nasqui [...]
> Fix a putain, coars, mauvais sers acatis,
> Par .iiii. deniers l'an estes aculvertis
>
> (vv. 8146, 8148-9).

Mais sa situation n'est pas plus confortable du côté de Renaud, pour qui Ogier reste en deça de ses obligations à l'égard de la parenté:

> Tu n'i assaillis mie, tant feis que preudom.
> Selonc celui servisse as ci le guerredon.
> Mais de tant te tieng je a traïtor felon
> C'onques a nul de nos n'i feïs garisson
>
> (vv. 7810-3).

Ogier est donc une figure paradoxale, dans la *Chevalerie* comme dans *RM*, et si nous avons, dans un premier temps, insisté sur la solitude du héros – où plutôt sur sa tendance à se trouver isolé et à isoler les autres [12] –, nous ne devons pas oublier que cette tendance est constamment en conflit avec une propension extraordinaire à créer des liens. Nous avons déjà évoqué la séduction exercée sur la fille du châtelain de Saint Omer, la fidélité de Gerin, Berron, Benoît et Gui, la bienveillance de Turpin, l'amour de la fille du roi Angart, mais il faut mentionner aussi le courage tranquille de Baire l'arbalêtrier, qui n'hésite pas à parler d'Ogier devant l'empereur – ce qui lui fait risquer la mort [13] –, ou l'enthousiasme suscité parmi les écuyers, lorsque le héros les engage à secourir Charlemagne accablé par Danemon:

> Toz soit honis, Ogier, qui te falra!
> Mal ait de Deu qui armes lor laira!
>
> (vv. 570-1).

---

[11] Voir aussi vv. 4876-95, 6202-6, 7220-7.

[12] *Isoliertheit*, écrit A. ADLER, *op. cit*, p. 77.

[13] Vv. 9788-821. Ogier est regretté par les humbles. Ce sont *Li vavassor et li bas chevalier* (vv. 9773) qui rappellent à Baire les bienfaits de son maître: il lui a donné armes et destrier, et lui a permis d'épouser sa femme.

192

De cette tension, la *Chevalerie* porte la marque jusque dans ses incohérences. Benoît, on l'a vu, est assez vite arraché à l'amitié d'Ogier, mais ceci n'empêche pas le poète – qui utilise peut-être la *Conversio Othgerii* [14] – de célébrer vigoureusement le compagnonnage des deux héros:

> Compagnon furent entre lui e Ogier:
> Plus ne s'amerent Rollant e Oliver
>
> (vv. 3433-4),

et à les montrer, contre toute vraisemblance, reposant côte à côte pour l'éternité:

> Apres sa fin fu a Mialx enterrés,
> Les lui Beneoit, de cui fu tant amés
>
> (vv. 12342-3).

Avec Ogier, par conséquent, l'auteur de la *Chevalerie* nous invite à concevoir le personnage épique à travers la tension qui oppose une stérilité relationnelle, associée à la solitude et à la mort, et une fécondité reliée à la vie. Bien que privilégiant le premier aspect, le texte ne se résigne jamais à n'illustrer que l'isolement du héros [15]: à la fin du récit Ogier, qui a pourtant achevé toute mission guerrière, qui a aimé et perdu le fruit de son amour, rencontre une belle princesse, la délivre de ses agresseurs et l'épouse: peut-être en aura-t-il des enfants.

Le choix du poète de *Renaut de Montauban* se situe apparemment à l'opposé: règne ici, sans ambiguïté, une profusion relationnelle multiforme, avec les liens du service vassalique et ceux de la parenté – liens du sang, qui préexistent au héros. ou alliance choisie par lui. Le support visible de toutes ces relations est le groupe des quatre frères, groupe autour desquels gravitent les protagonistes dont l'ensemble des actions constitue la chanson de geste. Nous n'insisterons pas sur cet aspect essentiel de *RM*, qui est maintenant bien connu, notamment grâce aux travaux de J. Thomas et à ceux de J. Grisward [16]. Rappelons seulement les relations entre le groupe des frères et leur père, le

---

[14] C'est la *Conversio,* traduite et citée par BÉDIER (*Légendes épiques,* IV, pp. 289-90), qui évoque le compagnonnage puis le moniage d'Ogier et de Benoît: «Ogier décide à le suivre un compagnon des ses guerres, Benoît. Ils déposent tous deux à l'abbaye de Saint-Faron leurs armes et tout ce qu'ils avaient possédé dans le siècle.»

[15] Voir ADLER, *op. cit.,* p. 118: «Ogier ist also nicht mehr allein, er wird nunmehr ebenso geehrt wie Roland und wie Vivien».

[16] Voir J. THOMAS, *Les quatre fils Aymon. Structure et origine du thème,* «Romanica Gandensia», XVIII, 1981, pp. 47-72; la communication de J. GRISWARD au Congrès Rencesvals de Padoue, figurant dans le présent recueil; notre thèse, *Guillaume d'Orange. Etude du roman en prose,* Paris, 1979, pp. 564-6, A. ADLER, *Epische Spekulanten,* pp. 121-34.

vieil Aimon, ou leur mère, la duchesse; avec le roi Yon de Gascogne et la soeur de celui-ci, Clairice, que Renaud épouse, mais dont les trois autres Aimonides deviennent les amis [17]; avec les fils de Renaud, avec les compagnons de Charlemagne, Ogier, Roland et Richard de Normandie, et avec l'empereur lui-même.

Mais la clarté et la simplicité de *RM* ne résistent pas à l'analyse et révèlent une fragilité et une complexité qui permettent de réduire la distance entre la chansons *des* vassaux rebelles et celle *du* baron révolté.

Les liens dans lesquels les héros sont impliqués ne sont pas exempts de soupçon, et d'abord parce qu'ils entrent en conflit les uns avec les autres.

Ainsi Aimon, origine charnelle de la phalange héroïque, fait de ses fils des chevaliers en les envoyant à la cour; mais cet acte, qui devrait leur être bénéfique, se retourne contre lui-même et contre eux, puisqu'il doit *forjurer* ses enfants:

> Hahi! beaux filz toz .iiij., mult vos deüsse amer
> Et encontre toz homes garantir et tenser.
> Or m'estuet que vos face toz en essil aler! [18].

Plus tard, lorsque les quatre frères vont demander du secours à leur mère, un accommodement peut être trouvé, puisqu'il suffit à Aimon de rester à l'extérieur de Dordonne tant que ses fils y sont pour échapper à l'accusation de trahison:

> Je vois la dedefors, ce est la veritez:
> Ne voil que vostre afaire soit de par moi esgardez,
> Que envers Karlemaine n'en fusse parjurez [19].

Mais au siège de Montauban, lorsque la famine accable Renaud et les siens, il faut prendre parti. Puisque le coeur d'Aimon se fend de pitié et qu'il envoie de la nourriture dans la ville en utilisant les mangonneaux (vv. 13497-591), il ne lui est plus possible de continuer à servir l'empereur:

> Charlemaignes se lieve tot droit en son estage;
> Aymon dona congié et trestot son barnage
> Que il voist fors de l'ost que fait li a damage
>
> (vv. 13625-7).

L'exemple du siège de Montauban montre que le conflit entre les différents types de relations peut avoir un rôle positif, et que la parenté est souvent un recours contre

---

[17] Les trois frères de Renaud lui reprochent, après la trahison de Yon, sa cruauté à l'égard de Clarice et obtiennent qu'il se réconcilie avec son épouse (vv. 8517-73).

[18] THOMAS, *Episode ardennais*, I, p. 267, vv. 1359-61.

[19] THOMAS I, p. 283, vv. 1763-5.

194

les obligations vassaliques. Aucun des pairs ne saurait participer à l'exécution de Richardet, car ils lui sont parents, que ce soit Ydelon

> Sire, dist li Baiviers, en moie foi je non.
> Cousin somes germain, pres nos apartenom.
>
> (vv. 9959-60),

Turpin

> Mais ja hom crestïens n'estra par moi ocis,
> Ne nel comencerai a Richart mon cousin
>
> (vv. 10003-4),

Richard de Normandie

> Richars est de ma jeste et de mon parenté
>
> (v. 10194),

ou naturellement, Ogier:

> Cousin somes germain, pres nous apartenon
>
> (v. 9979) [20].

Mais d'autres cas de figures sont possibles. En Charlemagne, par exemple, tout conflit entre parenté et exigence à l'égard du contrat vassalique a disparu, car le second terme a complètement oblitéré le premier lorsque Naimes conseille la modération envers les quatre frères

> Et si sont de vo geste et de vo parenté
> De par Aymon lor pere, si que bien le savés
>
> (vv. 10211-2),

l'empereur répond que la parenté disparaît, dès que le lien vassalique est tranché:

> Non sunt, dist Charlemaignes, car Renaut m'a fausé
>
> (v. 10213).

A l'inverse, un lien de parenté peut se constituer comme pôle de malédiction, ennemi de tout recours; c'est le lignage des traîtres:

---

[20] Voir aussi vv. 5514, 7765, 7772-4. Les deux dernières occurrences sont placées dans la bouche de Maugis, qui reproche à Ogier de trahir le lignage et maudit l'origine du héros.

> En France ot .i. linage cui Dame Dex mal dont:
> Ce fu Grif d'Autefueille et son fil Guenelon,
> Beranger et Hardré et Hervi de Lion,
> Antiaumes li felon, Fouques de Morillon.
>
> (vv. 1447-50).

Il préside à tous les mauvais coups: à la mort de Beuves (vv. 1447-625), à la perte de Montessor (vv. 2560-636), à l'exécution du guet-apens de Vaucouleurs, avec le rôle joué par Fouques de Morillon (vv. 6221-994), aux efforts pour faire mourir Richardet (vv. 10315-49), ou au complot monté contre les fils de Renaud (vv. 16788-17433).

Ainsi la richesse relationnelle qui s'organise autour des fils Aimon'n'est-elle pas à l'abri du soupçon; nous allons voir maintenant qu'elle pose aussi des problèmes de définition, tant en ce qui concerne les limites du groupe des protagonistes, qu'à propos de la conception de chaque personnage, et notamment de Renaud.

Au centre de l'action de *RM*, le groupe lumineux des quatre frères. Mais comment situer Maugis, le cousin, et Bayard, le cheval? Pour ce dernier, la réponse est relativement claire: Bayard est lié au groupe, pour toute la durée de la guerre contre Charlemagne, comme l'emblème est attaché à la réalité emblématisée: présent dès l'adoubement de Renaud [21], il joue un rôle métaphorique depuis le moment où il réunit deux des frères, Guichard et Richard, qui le chevauchent ensemble en fuyant la cour de Charlemagne [22].

La place de Maugis est plus difficile à cerner [23]. Pourquoi ce personnage est-il introduit de manière fortuite, au moment où les quatre frères, à Dordonne, s'apprêtent à quitter leur mère:

> Atant es vos Maugis qui fu preuz et senez,
> Et repaire de France ou il ot conversez [24]?

Des manuscrits moins anciens que D s'efforceront de rendre plus logique l'intervention de Maugis et l'associeront au début de la querelle entre Charles et les quatre frères [25], ce qui ne pose aucun problème théorique, mais porte clairement la marque du remanieur.

Plus tard, le choix du moment choisi par Maugis pour se séparer du groupe, puis pour le retrouver au cours d'une brève visite, fait également question, même si l'on peut rendre compte des intentions du personnage. Maugis quitte en effet Montauban sans donner d'explications, après avoir remis Charlemagne entre les mains de Renaud

---

[21] THOMAS I, p. 220, vv. 45-9.

[22] THOMAS I, p. 227 v. 241.

[23] Nous évoquerons plus loin le rôle qu'il joue dans le groupe, une fois qu'il s'y trouve associé.

[24] THOMAS I, p. 285, vv. 1826-7.

[25] Manuscrits Z, M et O, THOMAS II, pp. 172-3, 176-7, 224.

196

(vv. 12557-610); on peut estimer qu'il s'en va de la sorte expier le crime de lèse-majesté [26], mais il laisse ses amis dans une situation difficile. De même le moment retenu par Maugis pour faire visite à Trémoigne n'est guère expliqué; une vision l'émeut:

> Renaus li vint devant, Aalars autresi;
> De Charlon se pleignoient molt durement a li,
> Que Baiart li toloit, son destrier arrabi...
>
> (vv. 14242-4);

il rejoint aussitôt son lignage, mais c'est pour lui dire qu'il ne le reverra plus:

> Jamais ne me verreis, par le Dex c'on apele;
> A Dex me sui donés et a la dame bele
>
> (vv. 14444-5).

Cette visite est probablement à rapprocher du pèlerinage de Renaud à Jérusalem, puisque l'enchanteur affirme qu'il s'en va outre-mer (v. 14496), mais la scène est assez mal rattachée au contexte.

Les allées et venues de Maugis nous montrent donc que le groupe héroïque est instable; nous allons voir maintenant que cette instabilité est un élément essentiel à la construction narrative, révèle d'autres éléments structuraux que celui du groupe, et débouche sur une conception déterminée du personnage épique.

L'éclatement possible du groupe et la réalisation temporaire de cet éclatement est une des sources du pathétique dans la chanson. A *l'être ensemble* [27] du groupe, qui représente la plénitude et le bonheur, s'opposent les moments où le groupe est dissocié; alors en effet l'ennemi exulte, puisqu'il a brisé l'alliance:

> Or sont descompaignié li .iiii. fil Aymon
>
> (v. 7135)

clame Girard de Valcorant lorsqu'il pense avoir tué Richard, tandis que Renaud, toujours à cause de Richard, mais dans une circonstance différente, crie son désespoir:

> Hui main estions .iiii., tuit chevalier baron,
> D'un pere et d'une mere, molt nos entramiom.
> Or ne somes que .iii., ne nos pris .i. boton
>
> (vv. 9397-9).

---

[26] Voir les allusions à la peur de Maugis, vv. 12732-9. La fin postiche ajoutée à *RM* par le ms. BN. fr. 766 illustre la gravité de la faute, puisque le récit se fixe comme objectif de dire *Comme il ot puis pes a Charle le doté* (CASTETS, *Maugis d'Aigremont,* Montpellier 1893, p. 281).

[27] Sur ce terme, voir ADLER, *Epische Spekulanten,* München, 1975, p. 123.

Mais la structure du groupe, même si elle éclate dans sa puissante nouveauté, n'est pas la seule qui soit repérable ici. Sans mettre en cause l'hypothèse de J. Grisward, exposée brillamment dans le présent recueil, selon laquelle l'origine du groupe des Aimonides est à chercher du côté du schéma trifonctionnel indoeuropéen, il faut bien reconnaître que la chanson, dans son fonctionnement. recourt au schéma binaire traditionnel du couple épique, comme l'a montré J. Thomas [28]. Comment ignorer en effet un couple Renaud-Allard, dans lequel s'opposent et se complètent *fortitudo* et *sapientia* ou, pour rejoindre Dumézil et Grisward, la fonction guerrière et celle de la souveraineté? Inutile ici de refaire la démonstration très soigneuse de J. Thomas [29]; en revanche, nous sommes tenté d'expliquer d'une manière un peu différente de notre collègue le couple Renaud-Richard, autre pièce maîtresse de l'oeuvre. Sans doute y a-t-il surenchère entre les deux personnages, Richard étant à la fois imitateur et modèle de Renaud, mais si l'on met en regard les couples Renaud-Allard et Renaud-Richard, on constate que l'on a affaire à une inversion des rôles en ce qui concerne le topos *fortitudo-sapientia:* c'est Renaud qui, sans cesser d'être un guerrier, incarne la sagesse, tandis que Richard, au moment même où il exerce une fonction de conseiller, exalte la démesure:

> Certes, ce dist Richars, qui en pris veut monter,
> Ja mer se gardera de sagement aler,
> Mais voist en avanture por honor conquester
>
> (vv. 11116-8)

ou la force brute:

> Se j'en ere creüz de Renaut le baron,
> Ja perderez le cief par desoz le menton
>
> (vv. 12784-5) [30].

Si Guichard n'entre dans aucun couple significatif, il n'en est pas de même pour Maugis, qui forme avec Renaud un couple stable, destiné à prendre à plusieurs reprises le relai du groupe. Si l'on cherche à caractériser ce binôme en termes d'opposition, il faut se tourner vers le domaine folklorique, plutôt que vers la topique classique. Le plus souvent en effet, Maugis apparaît comme l'auxiliaire magique d'un héros de conte: il conseille et guide Renaud tout au long de l'équipée à Paris avec le cheval Bayard (vv. 4730-5134), lui apporte Bayard et un secours important lors du guet-apens de Vaucouleurs (vv. 7541-675), guérit les blessures des quatre frères (vv. 8266-320), observe, dé-

---

[28] Nous distinguons ici l'analyse du fonctionnement du groupe fraternel, pour laquelle nous rejoignons les conclusions de J. Thomas – utilisation de «lieux communs et de procédés fournis par la tradition», p. 72 – et l'origine du thème, pour laquelle l'hypothèse trifonctionnelle de J. Grisward nous paraît très intéressante.

[29] Voir *op. cit,* pp. 58-62.

[30] Il s'agit des menaces adressées à Charlemagne captif.

198

guisé en pélerin, le sort de Richard, remet à son cousin la couronne impériale et les épées des pairs (vv. 11714-33) puis Charlemagne lui-même, qu'il a enchanté et enlevé (vv. 12546-78).

Héros talismanique pour le groupe des frères, Maugis dépasse même la complémentarité de type folklorique. Mieux que l'adjuvant de Renaud, Maugis est son double, seul capable de dompter et de monter Bayard, alors que le cheval n'accepte que les cavaliers qu'il connaît bien:

> Maugis li corut seure, iriés comme lions,
> Et garda a ses piés, si choisi .i. baston;
> A .ii. mains l'a saisi par grant aïroison,
> Et va ferir Baiart parmi le chief amont.
> Tot l'orgueil en abat dans Maugis le baron
>
> (vv. 7645-8; 7650) [31]

seul capable aussi de capturer l'empereur, alors que Renaud s'y est vainement essayé [32]. Si un ennemi du groupe héroïque, Girard de Valcorant, place la valeur guerrière de Richard immédiatement après celle de Renaud:

> Par ma foi, il n'est mie li mains cevaleros,
> Ançois estoit li mieldres, fors Renaut l'orguelos
>
> (vv. 7137-8),

Renaud, lui, préfère Maugis à tous ses frères. Les déclarations abondent à ce sujet, avant le combat qui suit la rescousse de Vaucouleurs

> Encor n'ai meillor frere quant tu iés bien armés
>
> (v. 8828),

après la mort de Ripeu de Ribemont:

> S'or aviés Aallart en vo prison geté
> Et Richart et Guichart que je doi molt amer,
> Certes, ains les lairoie a martire livrer
> Et les membres del cors .i. a .i. desevrer,
> Que rendisse Maugis, mon cousin l'aduré
>
> (vv. 10982-6)

---

[31] Une autre fois, Bayard guide, de lui-même, Renaud vers Maugis (vv. 11693-6).
[32] THOMAS, *op. cit.,* p. 69.

et lorsque l'empereur a été capturé:

> Maugis est mes secors, m'esperance et ma vie;
> Mes escus et ma lance et m'espee forbie,
> Mes pains, mes vins, ma charz et ma herbergerie,
> Mes serganz et mes sire, mes maistres et ma guie ...'
> Se teniez mes freres en vo tante serie
> Et les volsissiés pendre ençois l'aube esclarie,
> Se n'aviez Maugis en la vostre baillie,
> Et je l'eüsse o moi en la moie partie,
> Si m'aït Dex de glorie, vos n'en averiez mie...

(vv. 12834-7; 12840-4).

Ainsi, aux yeux de Renaud, le prix inestimable de Maugis ne résulte pas uniquement de sa familiarité avec la magie, mais aussi de sa prouesse guerrière. Il existe du reste entre les deux personnages une étrange connivence qui fait, par exemple, que Renaud devine la raison pour laquelle Maugis a quitté Montauban:

> Il li caï el cuer, trestot sanz oïr dire,
> Que fuïz s'en estoit por la Charlemaigne ire

(vv. 12732-3),

et que Maugis, du fond de son ermitage, est sensible à l'inquiétude de ses amis [33].

Deux autres traits doivent être relevés à propos du couple que forment le guerrier et l'enchanteur-chevalier. D'abord, la structure plus restreinte ainsi formée se substitue par deux fois à celle du groupe, soit au cours de l'équipée à Paris avec Bayard, où les deux personnages affrontent seuls l'épreuve de la course (4820-5018), soit lors du pélerinage à Jérusalem et des combats de Palerne, où le groupe est totalement hors de cause [34].

Enfin, pas plus que le groupe, le couple n'est le dernier mot du texte: à la fin du récit Renaud, que Maugis a de nouveau quitté (vv. 16568-82), tranche les liens fraternels et ceux qui l'unissent à ses enfants (vv. 17905-14). Suivant un itinéraire opposé à celui d'Ogier qui, à la fin de sa course, entre dans des liens nouveaux, Renaud débouche sur la solitude du pélerinage et du martyre. Victime de la jalousie de quelques ouvriers, le héros est massacré sans pouvoir se défendre, puis jeté à l'eau (vv. 18155-209). Il appartiendra donc à Dieu de sauver son témoin de l'abjection:

---

[33] Cette inquiétude le pousse à retrouver pour un instant ses amis à Trémoigne, comme nous l'avons montré.

[34] Il faut noter qu'une autre structure de couple marque fortement la dernière partie du récit où le groupe, moins Maugis, est encore à l'oeuvre: c'est le couple formé par les deux fils de Renaud, Yvon et Aimon, qui s'opposent à Constant et Rohard, fils de Fouques de Morillon.

200

> Mais Dex i fist miracles qu'an doit amentevoir
>
> (v. 18236),

et le corps saint, arraché au fleuve et servi par les anges, ira de lui-même jusqu'à Trémoigne où il est enfin reconnu.

Ainsi, dans *RM*, les manifestations du personnage épique sont nombreuses, puisqu'elles vont, en passant par le couple, du groupe de héros au personnage isolé. Essayons de montrer les rapports qui existent entre ces trois types.

Le groupe est une traduction en termes de modèle littéraire du dynamisme relationnel du héros épique. La phalange, toujours susceptible d'extension, que Renaud rassemble autour de lui, manifeste l'énergie profonde du personnage héroïque apte à créer une communauté, tant par les liens du service vassalique que par les liens de parenté.

Les couples qui se forment à l'intérieur du groupe sont d'abord mis au service du dynamisme de celui-ci, dans la mesure où ils se trouvent eux aussi en mouvement, mettant aux prises des personnages différents suivant les circonstances du récit et les virtualités à exprimer. Ainsi, devant Allard, Renaud exprime la prouesse et la force guerrières; devant Richard, au contraire, il est chargé de dire la sagesse. A la limite, à chaque situation peut correspondre un couple, où chaque personnage interviendrait à son tour.

Est-ce à dire que la circulation des rôles dans le groupe va jusqu'à l'indifférenciation des personnages? Certainement pas, mais la distinction entre les héros se fait moins par l'inaptitude de certains à telle fonction que par leur degré de compétence pour l'ensemble des fonctions. Richard, comme l'a montré J. Thomas, est tour à tour guerrier et conseiller, mais il est moins bon guerrier et moins bon conseiller que Renaud; Allard est un excellent conseiller, mais Renaud donne lui aussi de bons conseils, non seulement au moment de la lutte [35], mais quand une décision cruciale est à prendre, comme lorsqu'il faut imposer silence à Richard devant Charles:

> Tais toi, ce dist Renaus, fiz a putain, garçon;
> Lai dire son pensé a no seignor Charlon;
> Mes crions lui merci et si nos acordon
>
> (vv. 12786-8)

Si le groupe est lié au dynamisme du récit, le couple, tout en contribuant à l'animation du groupe par la circularité des rôles, dégage une hiérarchie et, paradoxalement, finit par isoler le personnage de Renaud, expression parfaite de la fonction guerrière:

> Plus set Renaus de guerre que nus hom ki soit nés
>
> (v. 8864),

---

[35] Voir THOMAS I, p. 233, vv. 396-8; éd. CASTETS, vv. 7061-2, 8847-53.

aussi bien que de la fonction de souveraineté: plus sage que les autres

> Molt fu sages Renaus, si ama molt la pes   (v. 12791),

c'est aussi lui qui prend les décisions – il se rend, malgré les avis contraires, à Vaucouleurs, il délivre Charlemagne.

Un attribut de la souveraineté semble pourtant manquer à Renaud, c'est le contact avec le domaine magique, qui appartient au seul Maugis: à cet égard, le couple que forment les deux personnages manifesterait-il la supériorité de Maugis? Nous ne le pensons pas. Certes, les talents d'enchanteur de Maugis sont une réalité incontournable, et le poète en use largement dans la construction de son récit; mais il procède aussi à une transposition progressive du rôle de Maugis, qui le détourne du magique et l'introduit dans l'univers religieux, univers dans lequel la concurrence est possible entre les deux personnages, dans lequel aussi la supériorité de Renaud s'affirmera. Maugis se convertit et devient ermite, avant de partir en pélerinage: déjà, il fait école auprès de Renaud, qui le rejoint à Jérusalem. Au moment de la séparation définitive, le larron repenti invite son cousin à la conversion:

> Si pensés de bien faire, que maufés ne vos tente.
> Par vos sont mort mil homme en la terre vaillante,
> Por elx devons proier et avoir bonne entente,
> Que Dex en ait merci. les gete de tormente
>
> (vv. 12579-82),

et à la fin de la chanson, Renaud fait siens les arguments de Maugis:

> Je vois m'arme sauveir, si vivrai netement.
> Par moi sont mort mil homme don ge sui molt dolant;
> Si doi espeneïr et soffrir maint torment.
>
> (vv. 17911-3).

Mais il va plus loin que son maître; ce dernier mène désormais une vie édifiante et trouve la fin paisible du juste:

> Cascuns jor dit ses horres et en bien s'umilie.
> Ensinc i fu .vii. ans et mena bonne vie..
> A l'uitieme morut a la Pasque florie.
> La gent de la contree qui n'est pas agastie,
> L'ont enfoï a joie, nus n'i brait ne ne crie
>
> (vv. 16589-90, 16592-4),

tandis que Renaud connaît l'épreuve du martyre et reçoit l'éclatante consécration des miracles.

Ainsi, dans *RM,* les trois modèles structuraux que nous avons reconnus, le groupe, le couple et le personnage isolé, se complètent et contribuent à dégager la figure du héros central, Renaud. Désigné, sans être tout-à-fait nommé, par le groupe qu'il rassemble et les couples dans lesquels il entre – son rôle, on l'a vu, est à certains moments échangeable avec d'autres –, il totalise les vertus de tous les membres constituants, puisqu'il les possède à un degré supérieur: de ce fait. il est conduit à s'affranchir du groupe comme du couple, pour déboucher sur la solitude de l'ouvrier anonyme qui travaille à la construction de la cathédrale de Cologne, sur la mort abjecte, mais aussi sur la récompense du martyr à qui Dieu rend son nom et ses amis.

La problématique relationnelle que nous avons appliquée à la *Chevalerie d'Ogier de Danemarche* et à *Renaut de Montauban* nous permet, à travers les figures complémentaires d'Ogier et de Renaud, de vérifier la pertinence de notre hypothèse de départ en ce qui concerne le personnage épique: celui-ci est le fruit d'une confrontation entre l'un et le multiple, entre l'aptitude à créer les liens nécessaires à toute communauté – et notamment à la communauté médiévale – et la nécessité de situer au-delà de tout échange, dans une impérieuse solitude, la source d'une telle richesse.

Utilisant des modèles simples – le couple épique et le héros isolé – la *Chevalerie* choisit de mettre l'accent sur la solitude: dans la tension qu'elle édifie chez Ogier entre fécondité relationnelle et destruction des liens, elle met au premier plan la difficulté d'inscrire la communauté dans la durée et suggère, malgré le happy end, une vision tragique du héros épique, *démesuré* au sens premier du terme, c'est-à-dire risquant de ne jamais faire souche avec d'autres.

A partir de modèles plus complexes, *Renaut de Montauban* développe une vision concordante. La complémentarité des structures de groupe et de couple donne à voir progressivement la figure d'un héros qui, à la fois, récapitule les vertus de tous, et se trouve projeté au-delà de toute relation. Mais l'accent est placé ici du côté de la communauté. Au terme du poème en effet, Renaud, séparé des siens par le départ solitaire puis par la mort, se fait présence et illumination: mû par une force miraculeuse, le corps du héros martyrisé se met en mouvement. entraînant à sa suite une foule immense et exerçant cette fois sans limite, bien qu'il échappe à toute prise désormais, sa fonction de rassembleur de la communauté.

CHANSON DE GESTE TRADITIONNELLE ET EPOPEE DE CROISADE

A côté des grands cycles dans lesquels on range habituellement l'épopée traditionnelle (cycles du roi, de Guillaume d'Orange, des Lorrains, des barons révoltés) figurent les deux cycles de la croisade inspirés, du moins au début, par les événements de 1097-1099, la conquête d'Antioche et de Jérusalem et ses conséquences : l'installation de seigneuries chrétiennes en Terre Sainte. Considérés comme des "tard-venus" dans la production épique, ces textes ont été longtemps moins étudiés que les autres, et les éditions critiques sont encore rares[1]. Pourtant, sous l'impulsion de chercheurs illustres comme E-R. Labande et S. Duparc-Quioc[2], un intérêt justifié se manifeste aujourd'hui pour ces oeuvres, ainsi qu'en témoigne le récent Colloque International organisé en 1984 à Trêves par K.H. Bender, l'un des maîtres de la recherche en ce domaine[3].

Parmi toutes les questions que posent les épopées de la croisade, l'une des plus importantes pour la typologie de la chanson de geste est précisément celle des relations littéraires entre ces oeuvres et les chansons traditionnelles : y a-t-il des emprunts réciproques, et de quelle nature ?

Dans une communication faite en 1978 au Congrès Rencesvals de Pampelune-Saint-Jacques de Compostelle, K.H. Bender avait examiné ce problème du point de vue de la chanson de croisade[4]. Etudiant les **Chétifs,** l'un des premiers poèmes, il avait montré comment s'opère progressivement la réintégration dans la tradition épique de chansons qui, dans leurs premières manifestations - **Antioche,** par exemple - se

183

1034

tournent avant tout vers la tradition historique.

Notre enquête s'inscrira dans une direction complémentaire de celle de K.H. Bender, dans la mesure où, nous plaçant du point de vue de la chanson de geste "traditionnelle", nous essaierons de mesurer ce qu'elle peut devoir à la chanson de croisade. Ce faisant, nous utilisons encore des suggestions de Bender, puisque ce dernier montrait également dans sa communication de 1978 comment certains aspects des **Chétifs** - présence d'alliances franco-musulmanes, existence d'animaux fabuleux, inspirés par le cycle grec de Digenis Acritas - participent au "développement ultérieur des épopées de croisade"[5] : un tel développement, fondé sur des éléments de ce genre, concerne en effet l'ensemble des chansons de geste, et montre comment les deux types d'oeuvres peuvent se rapprocher.

Mais sur quels textes fonder notre recherche ? Contrairement à ce que nous aurions pu penser, l'influence des chansons de croisade n'est pas sensible d'abord dans les chansons d'errance, c'est-à-dire dans les poèmes qui, tels des romans d'aventures, promènent leur héros d'un pays à l'autre, et notamment au Proche Orient, dans les contrées où se déroule la guerre sainte. Ni **Beuves de Hantonne**, ni **Huon de Bordeaux** n'ont, à proprement parler, d'épisode de croisade.

Echappé de sa prison de Damas, Beuves arrive à Jérusalem et se rend aux lieux saints :

> A la Monjoie[6] s'en vint sans delaier,
> Il bat sa coupe et pleure ses pechiés,
> Vait au Sepulcre pour Damedieu proier,
> Au flun Jordain, u Dieus fu baptisiés,
> Pour la vermine s'i est trois fois baigniés
> Qui en la chartre l'avoient angoissié ;
> Au patriarche s'est alés desraisnier,
> Touz ses pechiés li a dit et nonchié ..[7]

1035

de même, sur la route de Babylone (Le Caire), Huon passe avec
ses compagnons par Jérusalem et va prier au Sépulcre :

> Puis vont le lieu veoir et esgarder
> U Jhesucris fu couchiés et posés ;
> La lance virent, sel baisierent asés.
> Et puis revinrent el Temple d'outre mer ;
> L'autel basierent u Dix fu presentés,
> La u Diex meismes ot le messe canté[8].

Huon fait ensuite une prière pour la réussite de sa mission,
dépose son offrande sur l'autel et s'en va.

Dans ces deux textes, tout se passe donc comme si
Jérusalem n'était qu'une sorte de point de passage obligé
pour les héros, dans le cadre d'une action sans rapport avec
l'esprit de croisade. Beuves accomplit sans doute un geste
symbolique de purification en se lavant dans le Jourdain,
mais il se débarrasse en même temps de la vermine qui l'a
fait souffrir dans sa prison ; Huon va prier au Sépulcre,
mais en accomplissant la mission que Charlemagne lui a
imposée.

En revanche, les **Enfances Renier**[9] et **Renaut de Montauban** vont nous proposer des exemples de relation indiscutable
avec la croisade. Or, même si le premier texte a des traits
qui rappellent la chanson d'errance[10], et si le second insère
son épisode de croisade dans la construction générale du
récit[11], les deux poèmes sont des épopées traditionnelles.

1. Les Enfances Renier.

La présence de l'histoire est très sensible dans ce
poème de la seconde moitié du XIIIe s., épigone du cycle de
Guillaume d'Orange. L'auteur anonyme des **Enfances,** qui
connaissait bien la Sicile, a peut-être écrit sous la
domination de Charles d'Anjou, comme le pensait G. Paris[12] ;
en tout cas, il est l'ennemi des Gibelins, dont les ancêtres
sont à ses yeux des bâtards :

1036

> Un grant lignage des enfans esleva :
> Gybelin furent, ainsi l'en les nonma,
> enquore durent, qui le voir en dira,
> male gent sont, poi de bons en y a (17907-910).

Les souvenirs de la conquête normande sont également présents avec le personnage de Robert Ricart, qui joue dans la seconde partie de la chanson un rôle important, et dans lequel on peut facilement reconnaître Robert Guiscard, qui conquiert la Calabre et la Pouille (1059-1071) et, avec l'aide de son frère Roger, la Sicile (1060-1072) : Messine est prise dans notre texte comme dans l'histoire, même si c'est Renier, et non Robert Ricart qui la prend (mais dans la réalité, c'est Roger qui s'empare de la ville, en 1061[13]).

Enfin la croisade a marqué la chanson de son empreinte de deux façons différentes. D'un côté on peut repérer le souvenir de la IVe croisade, avec la volonté de faire de Renier un empereur de Constantinople, comme le lui prédisent les fées :

> "Coustantinoble, qui moult fait a douter,
> tenra cis enfes ains qu'il doie finer.
> Rois iert et sires de Gresce sus la mer" (68-70),

ou l'histoire de Baudouin de Grèce, qui lutte pour retrouver son héritage, dont il a été dépossédé par l'usurpateur Pierrus. A travers ce Baudouin on peut deviner la figure de Baudouin II de Constantinople (1217-1274), qui combattit longtemps pour sauvegarder son empire ; chassé de Constantinople en 1261, il céda en 1267 à Charles d'Anjou la suzeraineté de la Morée : on comprend ainsi pourquoi des allusions à la IVe croisade peuvent avoisiner des traits se rapportant à la Sicile angevine. Mais nous n'approfondirons pas ce premier type d'interférences avec la croisade, que Mme Carla Cremonesi a déjà étudié[14].

Nous nous intéresserons en revanche à un second type d'allusions, qui concerne la première croisade. On notera

1037

tout d'abord quelques souvenirs du cycle, inscrits dans l'onomastique ou dans certains motifs. Ainsi le roi de Jérusalem, où Renier se rend

> pour vir les liex ou Jhesu Crist passa (19731)

se nomme Corbadas, comme dans **Antioche** et dans **Jérusalem** ; de même Grandoce évoque la perte prochaine de la Terre Sainte par les païens :

> "Sarrazins ont sorti, n'a pas lonc tans,
> c'un si grant peuple qui iert en Dieu creans
> venra ça outre, ce fu li sors disans,
> tout conquerra maugré tors et persans" (19360-363),

en renvoyant aux prophéties de la reine Calabre dans **Antioche** :

> "Bien a cent ans passés, disent nostre ancissor
> Que uns pules venroit devers terre Major,
> Ki conquerroit no terre par force et par vigour"[15]

Mais le plus frappant est la volonté que manifeste l'auteur des **Enfances Renier** de relier ce poème et, à travers lui, l'ensemble du cycle de Guillaume, au cycle de la croisade par un lien généalogique. Dès la rencontre de Renier et de Baudouin, le poète indique le nom et la vocation des fils qui naîtront d'eux :

> "de ceuls issirent Buevon[16] et Tancré
> qui en l'ost furent Godefroi le membré
> quant il conquist le temple domine" (5015-17) ;

cette annonce revient régulièrement dans la chanson et débouche toujours sur les deux princes normands qui vont s'illustrer aux côtés de Godefroy de Bouillon :

> Vraie est l'estoire, bien fet a recorder,
> du bon Renier, filz Maillefer le ber,
> et du lignage que Diex li vout doner :
> de lui issirent Buimont et Tancré,

1038

> li uns fu dus, li autre quens clamez ;
> preudome furent et plain de loiautez
> et si conquistrent le sepulcre outre mer
> avoec le duc de Bullon sanz fauxer (11566-573).

Ici encore, on peut noter la logique qui relie entre
eux les éléments extérieurs à la trame narrative essentielle
de la chanson. Nous avons vu plus haut que l'auteur, qui
connaît bien la Sicile du XIIIe s., s'intéresse aux ancêtres
normands ; il n'est donc pas surprenant que, parmi les héros
de la 1ère croisade, il retienne d'abord des normands,
fondateurs de la principauté d'Antioche.

Comme dans l'histoire, Bohémond (1050-1111) est le
fils de Robert Guiscard et l'oncle de Tancrède (mort en
1112) ; mais, afin de relier le cycle de la croisade au cycle
de Guillaume, l'auteur de geste fait de Tancrède le fils de
Renier (v. 17942-44). Dans ces conditions, les exploits des
héros carolingiens, Vivien, Guillaume ou Renouart, trouvent
leur achèvement symbolique dans l'action des conquérants de
la Terre Sainte dont ils sont, par le sang et la valeur, les
pères. Mais le poète a encore voulu étendre cette notion de
paternité : dans un raccourci saisissant et amusant, il nous
montre en effet les principaux héros de la croisade engendrés
la même nuit que Bohémond et Tancrède : Godefroy de Bouillon
(v. 17960-72), Hugues de Vermandois, frère du roi Philippe
Ier (v. 17973-75), et tous les héros des **Chétifs** :

> le bon Ricart qui a Chaumont fu nez,
> et cil de Bourges Harpin le redoutez ;
> et Baudouin de Biauvais li senez,
> Raimbaut Creton qui moult fu adurez,
> Jehan d'Alis qui fu hons moult osez (17983-87)[17]

Les **Enfances Renier** représentent donc un premier type
de relation entre épopée traditionnelle et poèmes de la
croisade, qui met en valeur le principe de filiation généalogique ; l'ancêtre prétendu affirme ainsi l'importance qu'il
attache aux textes qu'il présente comme issus de lui, tout en

1039

espérant tirer profit d'une telle revendication.

2. Renaut de Montauban.

Nous avons affaire ici à un véritable récit de croisade, qui revêt des formes extrêmement différentes selon qu'il s'agit de la chanson du XIIIe s. ou du remaniement du XIVe. Il faut donc étudier séparément les deux versions.

2.1. La chanson du XIIIe s.

Nous disposons de trois familles de manuscrits qui, avec des variantes souvent importantes, racontent comment Renaud, parti en pèlerinage à Jérusalem, est conduit à se transformer en croisé et à combattre avec les chevaliers chrétiens pour reprendre la Ville Sainte aux Sarrasins. Une fois Jérusalem reconquise, Renaud et Maugis quittent la Palestine et retournent en France.

Ces trois familles de mss. ont été éditées et étudiées[18], dans le cadre d'un mémoire de licence, par M. C. Goderis, une élève du Professeur J. Thomas, de l'Université de Gand, que nous remercions ici d'avoir bien voulu nous autoriser à consulter ce travail de grande qualité, en vue de la présente communication.

Pour nous limiter à l'essentiel, l'originalité respective des trois familles peut être définie de la façon suivante. La première, dans laquelle figure notamment le ms. Douce 121 (D. milieu XIIIe s.), est la plus ancienne et la plus brève (moins de 700v, 475 pour D) ; à la fin de l'épisode, on propose à Renaud, qui la refuse, la couronne de Jérusalem. La seconde, dont fait partie le ms. 24387 de la BN., dit de La Vallière (L début du XIVe s.), autrefois choisi par F. Castets pour son édition de la chanson, est plus développée (ca 1100 v., 1117 pour L). L'épisode en Terre Sainte, à la fin duquel Renaud délivre le roi Thomas de Jérusalem, est suivi de combats livrés à Palerme pour aider le roi Simon de Pouille. La troisième famille se limite au ms. H 247 de la Faculté

1040

de Médecine de Montpellier (M, 2e moitié du XIVe s.) ; après avoir libéré Jérusalem dans des conditions voisines de la famille 1, Renaud doit affronter en combat singulier Safadin d'Egypte, mais le ms. s'interrompt au cours de ce combat, au bout de 977 v.

Si nous interrogeons ces trois familles de mss. pour savoir ce qu'elles peuvent nous dire au sujet du phénomène croisade, nous y observons d'abord la marque très nette des événements tragiques ou porteurs d'espoir qui marquent les années 1187-1192, avec la chute de Jérusalem et la stabilisation opérée par Richard Coeur-de-Lion au cours de la 3e croisade.

Comme dans l'histoire, Jérusalem est la proie des païens :

"Li rois de Jersalem si est deserité" (D. 22)

Li cris ala par tot issi prochainement
Que li rois estoit pris tot issi fierement
Et Jhersalem perdus ou est nos sauvement (L. 106-108)

"Le roi de Jerusalem si est deserité" (M. 128) ;
et si la fiction, transgressant la réalité, montre la ville reconquise, elle se dénonce en quelque sorte elle-même en signalant le caractère fragile du succès : ainsi se lamente Joffroi de Nazareth, nouveau roi de Jérusalem, au moment du départ de Renaud :

"Ahi ! Renaut, fait il, or somes nos alé !
Or revendront sor nos li payen desfaé,
Si destruiront le Temple ou Diex fu aoré" (431-33).

Le sort d'Acre, en revanche, ne fait aucun doute : la ville est chrétienne, et c'est là que Renaud, dans les familles 1 et 3, débarque en Terre Sainte ; la chanson prend donc acte de la conséquence majeure de la 3e croisade, la reprise d'Acre en juillet 1191 et les conquêtes littorales qui suivront cette victoire, aboutissant à substituer dans les faits un royaume d'Acre au royaume de Jérusalem.

De ces événements, tragiques ou glorieux, l'onomastique de la chanson porte également la marque. Ainsi, les trois familles de mss., et surtout la seconde, accordent un rôle important, parmi les chevaliers chrétiens, au vicomte de Jaffa. Or des personnages importants de la fin du XIIe s. ont possédé la comté de Jaffa[19] : Guillaume de Montferrat, dit **Longue Espee** (1175-1177), frère de Conrad, l'un des plus grands héros de cette période agitée ; Guy de Lusignan (1181-1191), roi de Jérusalem (1186-1192), responsable de la catastrophe de Hattîn ; Geoffroy de Lusignan son frère.

La 2è famille de mss. mentionne parmi les chefs chrétiens le comte de Rames. Or le toponyme Rames (Ramla) joue, dans la mémoire collective des croisades, un rôle essentiel. Au cours de la 1ère expédition, Rames est le lieu où deux batailles sont livrées en 1101 par Baudouin 1er contre les Egyptiens, suivies d'une troisième en 1105. Quatre-vingts ans plus tard cette ville importante, située entre Jaffa et Jérusalem, est un point de passage obligé pour les troupes de Saladin et de Richard Coeur-de-Lion : elle est démantelée par les Musulmans en 1191, et Richard y passe plusieurs fois en 1191-92, au cours de ses expéditions fluctuantes vers Jérusalem. Lors de la trêve de septembre 1192, le territoire de Lydda-Ramla est partagé entre chrétiens et Musulmans, et la ville redevient chrétienne en 1204. Or le nom de Rames est associé, à la fin du XIIe s., à l'un des personnages les plus marquants, Baudouin d'Ibelin, seigneur de Ramla à partir de 1174, qui refuse l'hommage féodal à Guy de Lusignan en 1186 et préfère s'exiler à Antioche.

Enfin le ms. de Montpellier permet de reconnaître, dans l'adversaire de Renaud, Safadin, le frère de Saladin, le Malik Al Adil Saif al Din Abu Bekr, roi de Damas en 1196, d'Egypte en 1199 puis sultan suprême (1199-1218). Or ce personnage nous renvoie également aux conquêtes de Saladin et aux événements de la 3e croisade. C'est lui qui s'empare d'Ibelin et de Mirbel en 1187, du krak de Moab en 1188, de Montreal en 1189. Il participe à la défense d'Acre et devient le principal interlocuteur de Richard.

Nul doute qu'un tel personnage ait pu intéresser un auteur de geste, surtout s'il écrit, comme le rédacteur du ms. M, après ceux des deux premières familles : en effet les expéditions chrétiennes postérieures au quatrième concile de Latran (1215) ont l'Egypte pour cible, et Malik Al Adil, "Safadin d'Egypte" comme principal adversaire jusqu'à sa mort (1218)[20].

Peut-on saisir dans nos textes la trace d'autres personnages historiques, en dehors de ces Hospitaliers ou de ces Templiers qui, dans le ms. M, attestent le prestige de ces ordres ? La première famille de mss. accorde la prééminence parmi les chevaliers chrétiens à Joffroi de Nazareth, qui deviendra roi de Jérusalem :

> Gifroi de Nazarel ont a roi esgardé,
> Cil maintint bien la terre, en foi, en loiauté
>
> (D. 425-26).

L'histoire n'a pas conservé le nom d'un Joffroi de Nazareth expliquant sa présence, avec un tel rang, dans la chanson ; pourtant, comme nous l'a fait remarquer M. Jean Richard, que nous nous plaisons à remercier ici pour ce renseignement, il existe des chevaliers de Nazareth cités dans le **Livre de Jean d'Ibelin**[21]. On peut supposer également, comme nous le suggère également M. J. Richard, que les chansons de geste font ressortir des personnages relativement obscurs, laissés de côté par l'histoire.

Mais la présence de la croisade se mesure aussi aux allusions renvoyant aux épopées de la guerre sainte. Ici encore, l'onomastique permet certains rapprochements (Rames, déjà évoquée au titre de l'histoire, renvoie aussi à la grande bataille qui, dans **Jérusalem,** suit la prise de la ville par les chrétiens ; les **Portes Oirres,** évoquées dans la famille 2, sont citées également dans **Jérusalem**) [22].

D'autres analogies semblent plus intéressantes. Dans la famille 1, le refus qu'oppose Renaut aux chevaliers chrétiens lorsque ceux-ci veulent le couronner s'explique sans doute par les circonstances qui l'ont conduit en Terre Sainte :

"Barons, les voz mercis et de moi et de Dé,
Je irai en Gascoigne a mes granz herité" (D. 421-22),
mais il rappelle aussi l'humilité de Godefroy dans les mêmes circonstances :

"Chi a tant riche prince, de si grant renomee ;
Ja ne prendrai sor moi avant d'ax la posnee"
(**Jerusalem,** 4621-22)[23]

La 2e famille de mss. qui, plus que la première, accuse des souvenirs de <u>J</u>, présente d'autres exemples intéressants. La ville est prise "endroit ore de none" (L, 762), qui est l'heure de la mort du Christ ainsi que l'explique <u>J</u> :

Che fu .i. venresdi, si com lisant trovon,
Jherusalem conquistrent no crestien baron ;
A l'eure que Jhesus i soffri passion
Entrerent dans la ville nos Franchois a bandon
(4438-40).

De même, les circonstances de la prise de la ville sont à rapprocher de <u>J</u>. Réfugié sur la tour de David, l'émir Barbas[24] se désespère :

Son Dex Mahon maudit et ses chevelx deront,
Sa barbe sache et tire, si se fiert sor lo front
(L.779-80)
or ce passage peut être rapproché du désespoir de Corbadas, réfugié lui aussi sur la tour de David :

Li rois de Jursalem fu el maistre donjon,
Sus en la tor David, joste .i. marbrin perron.
Lluec detort ses poins, deront son auqueton,
Et detire sa barbe et sache son grenon (<u>J</u>, 4461-64).

1044

Du reste, le sort ultérieur de chacun de ces personnages peut être également rapproché : au lieu d'être massacrés
avec l'ensemble des païens, les deux chefs obtiennent la vie
sauve à la suite d'une négociation.

La version traditionnelle de l'épisode de croisade
dans **Renaut de Montauban** est donc marquée à la fois par
l'histoire et par la transformation de l'histoire qu'opère le
récit épique de croisade. Mais quels sont ses objectifs ?

Il s'agit tout d'abord, semble-t-il, de montrer comment, dans les combats de la croisade, Renaud réaffirme d'une
manière nouvelle et parfois inattendue son caractère héroïque, en mettant à profit jusqu'aux décalages qui séparent son
projet initial - le pèlerinage - de la lutte qui lui est
tout-à-coup imposée.

Dès qu'il apprend les malheurs du roi de Jérusalem,
Renaud se déclare en effet prêt à mourir afin de combattre
les païens :

>"Je irai en bataille otot le brant letré,
>Se je i muir por Dieu, de bone ore fui né :
>Lasus devant Jhesum en serai coroné" (D, 37-39 ; voir
>aussi 50-53 et 291-96) ;

mais le héros est un pèlerin, et non un guerrier : il n'a
donc pas d'armes. Pour affronter l'ennemi, il s'empare de la
fourche qui constitue l'armature de sa cabane :

>La forche de la loge prent Renaut a lever,
>En son col la leva, prist soi a dementer
>Que il n'avoit Froberge et Bayart l'aduré
>   (D, 188-190).

Avec un tel bâton, Renaud fait merveille, et le rapprochement qui s'impose avec le géant Renouart montre que la
tonalité de la chanson s'est légèrement déplacée : elle est
devenue héroï-comique. C'est dans les mêmes conditions qu'un

1045

peu plus tard les chrétiens, dans la famille 2, s'étonnent de l'accoutrement étrange du guerrier qui les a sauvés :

Li tijos de ses braies li vont si traïnent (L, 298).

Pourtant, loin de verser dans la parodie, le texte utilise ces décalages pour réaffirmer tout-à-coup la solitude du héros, qui refuse les vêtements de chevalier qu'on lui propose :

"Ja n'avrai autres dras en trestot mon vivant
Devant qu'iere en la terre donc je sui desirrant ;
Se je suefre mesaise, Diex me sera aidant"
(D, 284-86).

Avec ce passage pathétique, c'est toute l'histoire de Renaud qui ressurgit à l'instant, mais enrichie par la lutte contre les agresseurs de la cité sainte.

Le deuxième objectif de cet épisode de croisade est probablement d'introduire un élément de complexité supplémentaire dans la trame narrative, grâce au déplacement du héros dans l'espace et à la modification du projet initial du pèlerinage. Ces procédés, qui amorcent un rapprochement avec la chanson d'errance, sont plus développés dans la seconde famille de mss., qui pratique notamment le système de la réduplication des épisodes. On a vu que Renaud, pèlerin désarmé, combat tout d'abord avec la fourche qui soutient sa hutte ; or, tandis que D et les mss. apparentés restituent pour la deuxième journée de combats des armes chevaleresques au héros :

Renaut crie s'enseingne, qui ocist le premier.
Il fiert un Amoraine de l'espee d'acier (327-28),
la 2e famille redouble l'épisode des armes surprenantes au moment de la prise de Jérusalem :

Il garda vers .i. tref, si i vit sa devisse,
Ce fu une colombe qui estoit illuec misse ;

195

1046

Lo feu an dut en faire, a ce estoit promisse,
Onques ne fu encore dedens nule ovre misse

(L, 635-39)

Les païens, terrorisés, s'enfuient à la vue de Renaud
- nouveau Renouart - qui se sert bientôt de sa poutre pour
bloquer la herse de la ville :

Adonc prent son marrien, sor son col lo leva,
En un trouc par desore lo bot en apoia,
La porte colleïce ilueques soztendra (L, 684-86).

On voit bien comment la "colombe", redoublant la
"fourche", permet d'exploiter les virtualités héroï-comiques
de l'épisode et d'allonger le récit des aventures du héros.

Le même propos explique sans doute le fait que la
famille 2 allonge encore l'épisode de croisade par un ultime
rebondissement : sur la route du retour, Renaud et Maugis
portent secours à Simon de Pouille que l'émir de Coisne
(Iconium) vient assiéger à Palerme (L, 924-1094). L'addition
est apparemment le résultat d'une volonté de symétrie : la
thématique de la chanson de geste traditionnelle (défense
d'une terre chrétienne envahie par les païens) rejoint ainsi
celle de l'épopée de croisade (conquête à la foi chrétienne
de terres dominées par les infidèles).

2.2. Le remaniement du XIVe s. [24]

Avec la reprise, au XIVe s., du Renaut dans une version en vers, s'achève l'évolution, déjà sensible dans la
chanson traditionnelle, en ce qui concerne l'utilisation de
la matière de croisade. On notera d'abord l'énorme développement auquel donne lieu l'épisode de Terre Sainte. Dans un
ensemble lui-même fort généreux (le remaniement compte 28392
v.), cette partie ne compte pas moins de 14758 v., répartis
en deux séquences numériquement inégales, et constitue à elle
seule une véritable épopée, dont le programme est annoncé dès
le départ. Renaud déclare en effet dans sa prière :

1047

> "Je iray au Saint Sepulcre et si le conquerré,
> A Robatre conbatre qui tient la royaulté,
> Et a son filz ossy, Durendal l'amiré :
> Ou il mouront par mi ou il seront sacré.
> Puis yrai Angorie conquerre, c'est mon gré,
> Et les clous et le fer dont ton cors fu frappé
> Et la sainte couronne et le suaire orlé
> Dont tus fus ou Sepulcre jadis enveloppé" (8368-75).

Le héros ne se destine donc pas, comme dans la chanson du XIIIe s., à un pèlerinage dont les circonstances vont faire une contribution à la libération de la Terre Sainte, mais à la conquête de l'ensemble des contrées païennes, dont le centre mystique - Jérusalem -, qui aimante les épopées de croisade et leurs émules, se trouve déplacé. Jérusalem est bien sûr désirée, mais l'objectif essentiel devient une ville légendaire, Angorie, qui concentre en elle toutes les reliques qu'on s'attendrait justement à trouver à Jérusalem, et que l'auteur du **Pèlerinage de Charlemagne,** entre autres, ne manque pas d'y montrer :

> "E un des clous avrez que il out en sun ped,
> Et la sainte corone que Deus out en sun chef ...
> (175-76)[25]

L'époque de composition du remaniement exclut évidemment tout rapprochement avec la perte de Jérusalem à la fin du XIIe s. Mais l'histoire des croisades aux XIIIe et XIVe s. n'est pas davantage sensible, sauf s'il faut voir dans la chapelle construite par Charlemagne pour accueillir les reliques[26] une allusion à la Sainte-Chapelle, terminée et consacrée en 1248.

Les souvenirs des épopées de croisade sont également limités : à peine y trouve-t-on, par exemple, l'allusion rituelle aux prophéties de Calabre :

> "Or ont païen sorty il a longue saisson
> C'uns chevaliers de Franche par sa possession

197

1048

Venroit decha conquerre le grande region
Et metteroit payens en la subjection
Et les saintes reliques aroit en son bandon"

(13084-88)

En réalité cette partie du remaniement représente, dans l'achèvement d'un processus de développement narratif, l'interférence d'un rêve vague de conquête universelle des terres païennes[27] dans les procédés utilisés par la chanson d'errance.

Ainsi, une place importante est accordée aux épisodes amoureux, et la façon dont Sinamonde annonce à Renaud qu'elle l'aimerait volontiers, s'il était veuf, renvoie à un épisode de **Baudouin de Sebourc**[28], poème du 2e cycle de la croisade, lui-même proche de la chanson d'errance. Ces épisodes amoureux débouchent naturellement sur des prolongements généalogiques ; nous connaissons déjà les fils de Renaud ; ils se marient tous les deux et Yvon, qui épouse Englentine et devient roi de Jérusalem, aura pour fils Marbrien, d'abord ennemi des chrétiens puis défenseur de la foi.

La tonalité merveilleuse, déjà présente dans la chanson du XIIIe s. avec le personnage de Maugis - mais abandonnée, au moins pour l'essentiel, dans l'épisode de croisade - est considérablement accrue. Comme l'a noté l'éditeur, Ph. Verelst, il s'agit aussi bien de passages inspirés par **Huon de Bordeaux,** comme les facéties de Berfuné, que d'interventions divines "nombreuses et spectaculaires"[29].

Enfin l'aspect cyclique, seulement sous-jacent dans les versions traditionnelles[30], est ici pleinement apparent : le cycle du Roi, et notamment la **Chanson de Roland,** est en quelque sorte annexé par l'auteur du remaniement. Dans la deuxième séquence de la partie consacrée à la croisade, les barons de Charlemagne accompagnent Renaud en Terre Sainte :

Premiers y vient Rolant qui fu li nieps Karlon,
Et li conte Oliviers qu'il tient a compaingnon,
Ogier de Danemarche et le duc Salamon (25632-34) ;

198

1049

Quant aux dernières péripéties des combats contre les Sarrasins devant Angorie, elles sont conçues comme une intro- duction lointaine aux événements de Roncevaux : Roland coupe le poignet de Marsile, qui jure de se venger :

> Et le fort roy Marsille s'en fuit le cuer dolant,
> Et a juré Marsille Mahon et Tervagant
> Qu'il pierdra ainchois trestout le sien vaillant
> Qu'il ne se soit vengiez du noble duc Rolant
> (27919-22).

L'étude que nous venons de faire nous permet donc de mesurer la diversité des modes d'insertion du récit de croisade dans la chanson de geste de type carolingien, diversité à laquelle se substitue progressivement une tendan- ce uniforme au développement narratif. Les formes primitives, toutefois, ne disparaissent pas complètement et se laissent parfois saisir, permettant de mieux comprendre l'histoire de la chanson de geste tardive.

Au début en effet, l'histoire reste présente, en dépit des métamorphoses dues à l'intervention du poète. Les conquê- tes normandes et la IVe croisade peuvent se lire dans **Renier,** comme les suites de Hattîn dans **Renaut** ; mais tandis que le premier texte s'occupe de relier, à la fois par une généalogie héroïque et par une généalogie textuelle, les événements qu'il célèbre - l'histoire du cycle de Guillaume - à la fondation de la principauté d'Antioche, le second racon- te un épisode de croisade à part entière.

Plus tard, l'histoire s'estompe, mais l'attrait pour le récit de croisade reste le même : qu'il s'agisse de rema- niements - les versions tardives de la **Chevalerie Ogier** par exemple[31] - ou de textes nouveaux, comme **Theséus de Colo- gne**[32], les poèmes tardifs développent en des ensembles narra- tifs interminables une sorte de "matière de la croisade" qui semble constituer une dimension essentielle de l'activité du héros ou de ses descendants.

1050

Mais ces longues compositions n'oublient pas les procédés initiaux, qu'elles associent parfois les uns aux
autres. **Théséus,** par exemple, associe à un propos généalogique l'histoire de combats incessants livrés contre les Musulmans à Acre, Antioche, Damas ou Jérusalem. Mais le texte ne
veut pas seulement, comme le remaniement de **Renaut,** montrer
l'installation outre-mer d'une lignée de rois chrétiens ;
c'est le poème tout entier qui, à la manière de Renier,
se donne comme l'ancêtre des récits de croisade. Comme
l'écrit la version en prose, qui permet de suppléer le ms.
défaillant :

"Ainsi ... fut conquise la Terre Sainte et les payens
dechassez par les nobles chrestiens, lesquelz en furent
possesseurs jusques en la fin de leurs jours, que payens
trouverent moyen de la recouvrer de leurs mains et en
jouyrent jusques à la venue de Godeffroy de Buyllon, lequel,
par sa prouesse, la reconquesta des mains des payens ..."[33].

Theséus ouvre donc sur **Antioche** et sur **Jerusalem,** et
cette généalogie textuelle a un aspect publicitaire assez
clair : si l'on s'intéresse aux épopées de la croisade, il
faut lire d'abord la production du poète du XIVe s. L'auteur
de la **Belle Hélène**[34] procède de la même façon, mais avec plus
d'audace encore. Insérant, comme les versions traditionnelles
de **Renaut,** un épisode de croisade dans la trame narrative, il
raconte la prise de Jérusalem par Amaury d'Ecosse d'une
manière qui rappelle singulièrement l'exploit de Thomas de
Marle dans **Jerusalem.** Il écrit en effet :

    Et Amoury d'Escoche que Dieu puist honnerer
    Se fist as fiers de glaves tout hault lassus lever
                    (ms. d'Arras, 133r)

s'inspirant évidemment de
    A .xxx. chevaliers qui sont de sa contree
    Se fist / Tomas / as fers des lances ruer en sa volee
                    (J. 4391-92).

1051

Mais le poète de la **Belle Hélène** renverse tranquille-
ment l'ordre chronologique et s'attribue la palme de l'originalité, faisant de Thomas l'imitateur du stratagème d'Amaury:

> Par ii fois fu conquise, seigneurs, par che fait la,
> Car ou tamps Godefroy qui Builon gouvrena,
> Qui le ville conquis, aveuques luy ala
> Un noble chevalier qu'ensement y entra
> Pour che que .i. istoire avoit leue piecha
> Du vaissel Amoury qui ensy en ouvra.
> Et cheluy chevalier qu'ainssy s'aventura
> Che fu Thomas de Marle, ensy c'on l'apela.
>
> (Ms. d'Arras, 130r).

Comme une telle affirmation a vraiment peu de chance
d'être prise au sérieux - ne serait-ce que parce que les
poèmes du 1er cycle de la croisade continuent d'être lus, et
que des remaniements comme le **Chevalier au cygne et Godefroy
de Bouillon** sont composés au XIVe s. - nous voyons plutôt
dans ces propos un hommage discret et humoristique à l'épopée
de croisade, à laquelle la **Belle Hélène** confie une partie de
ses espoirs de succès.

Ainsi, à mesure que se développe l'histoire de
l'épopée, on constate une fascination croissante pour la
chanson de geste de croisade qui, de son côté, donne lieu à
de nombreuses réécritures. Si la seconde catégorie de textes
épiques apparaît comme un espoir de renouvellement pour la
première, on comprend moins bien comment la chanson d'errance
a pu suivre un chemin presque autonome. Un point de rencontre
existe en tout cas entre **Beuves de Hantonne** ou **Huon de
Bordeaux** et la chanson de croisade : la recherche du dépayse-
ment géographique. Que la convergence à cet égard soit fortuite, ou qu'il y ait eu influence de la chanson de croisade
sur la chanson d'errance, une telle rencontre peut expliquer
la renonciation à d'autres types de rapprochement.

1052

NOTES

(1)   Pour le premier cycle de la croisade, il faut signaler **La chanson d'Antioche,** éditée par S. Duparc-Quioc, Paris, Geutner, 1977, 2 vol. ; J. Nelson et Emanuel J. Mickel ont par ailleurs entrepris l'édition de l'ensemble des poèmes de la croisade aux presses de l'Université d'Alabama **(The old french Crusade Cycle)** ; la **Naissance du chevalier au cygne,** les **Chétifs** et un volume des **Continuations de Jerusalem** sont déjà parus.

(2)   Rappelons en particulier l'étude d'E-R. Labande sur **Baudouin de Sebourc** (Paris, 1940) et celle de S. Duparc-Quioc sur **Le cycle de la croisade** (Paris, Champion, 1955).

(3)   Les résultats de cette rencontre, qui a permis de faire le point sur la recherche dans le domaine de l'épopée de croisade, seront publiés dans un Beiheft à la **Zeitschrift zur französische Sprache und Literatur.**

(4)   Voir **VIII Congreso de la Société Rencesvals,** Pamplona, 1981, p. 43-47, "Les premières épopées de la croisade et leur réintégration dans la tradition épique".

(5)   **Art. cit.,** p. 46.

(6)   Il s'agit probablement de Nêbi Samwîl, près de Jérusalem, connu des croisés sous le nom de Mons Gaudii ou Monjoie, et qui donne son nom à un petit ordre militaire.

(7)   **Beuves de Hantonne,** éd. A. Stimming, 2è réd. continentale, v. 3476-85.

(8)   **Huon de Bordeaux,** éd. P. Ruelle, v. 2859-63.

(9)   Editée par C. Cremonesi, Milano-Varese, 1957.

1053

(10) "Renier parcourt inlassablement les flots", comme l'écrit F. Lecoy dans son compte rendu de l'édition Cremonesi, **Romania** LXXX, 1959, p. 533-40.

(11) Le départ de Renaud pour Jérusalem est en effet l'une des conditions de la paix conclue entre Charlemagne et les fils Aymon.

(12) Voir **Romania** V, 1876, "La Sicile dans la littérature française du Moyen Age", p. 108-113.

(13) Voir F. Chalandon, **Histoire de la domination normande en Italie et en Sicile,** Paris 1907, 2 vol., Reprint Burt Franklin 1969, I, 195.

(14) Voir son article "Venice", dans **Filologia et Letteratura,** IX, 1963, p. 214-24.

(15) **Ed.** Duparc-Quioc, 6940-42.

(16) Ce nom, orthographié ailleurs Buemon, Buimont, Buye-mont, renvoie sans aucun doute à Bohémond.

(17) Raimbaut Creton n'intervient pas dans les **Chetifs,** mais dans **Antioche** et dans **Jerusalem.**

(18) Voir **L'épisode de Terre Sainte de "Renaut de Montau-ban". Edition synoptique des versions rimées,** Mém. de licence en Phil. et Lettres, Gand, 1977-78. Pour la famille M, M.C. Goderis reproduit l'éd. Castets, **RLR,** 1885, p. 6-42.

(19) Voir Du Cange, **Les familles d'outre-mer,** publié par E-G Rey, 1869.

(20) Voir Joshua Prawer, **Histoire du royaume latin de Jérusalem,** CNRS, 1969, 2 vol., t. II, p. 128-151.

(21) Voir **Recueil des Historiens des Croisades, Lois,** I,

1054

p. 424-25. Richart de Nazareth et Phelippe de Nazareth sont cités au rôle de la terre de Naplouse ; "Raou" de Nazareth au rôle d'Acre.

(22) **La Conquête de Jérusalem,** éd. C. Hippeau, Paris, Aubry, 1868 (six occurrences).

(23) Le cri de ralliement des chrétiens, "Saint Sepulcre", assez fréquent dans la famille 1, est très fréquent dans **Antioche** (20 occurences) et dans **Jérusalem** (20 occurrences) ; une expression comme li oz **Deu** (D, 390) figure plusieurs fois dans J (3487, 3573).

(24) Ce remaniement a été étudié et édité par Ph. Verelst, qui y a consacré sa thèse à l'Université de Gand (**"Renaut de Montauban", édition critique du ms. de Paris BN. fr. 764,** Gand, 1985, 5 vol., ex. dactylographiés).

(25) Ed. P. Aebischer, Droz, TLF, 1965.

(26) "Puis fist faire ou palais li fors roys posteïs / Une moult noble capelle a moult biaux ediffis", 25578-79.

(27) Voir Ph. Verelst, **op. cit.,** I, p. 78.

(28) "Se vesvier feüssiez la chose me fust belle / - Pucelle, dist Regnaut, par la Divine Ancelle, / Se renoier voulés la vostre loy mezelle/ Et croire Jhesu Crist qui pecheours appelle, / Le mien filz Yvonnet vous donray, dammoiselle" (11788-92) : à rapprocher du passage où Eliénor propose son amour à Gaufroi : "Belle", ce dist li roys", voir, je suis mariez " ../ Pleüst a Jhesu Crist, qui en crois fu penez, / que moi et vous fuissiens dedens mes roiautez, / afin que vostre cuer fust a Dieu attournez : / Esmeret vous donroie, mon fil qui est aisnez". Nous utilisons ici le texte établi par L. Crist (v. 730, 734-37), et qui sera prochainement publié.

1055

(29)   Ph. Verelst, **op. cit.**, I, p. 79.

(30)   L'insertion d'un épisode de croisade dans une chanson
       de geste carolingienne constitue à soi seul un procédé
       d'extension cyclique.

(31)   Il s'agit des rédactions en décasyllabes (BN. fr.
       1533) ou en alexandrins, étudiées notamment par K.
       Togeby, **Ogier le Danois dans les littératures
       européennes,** Munksgaard, Copenhague, 1969, p. 137-40
       et 152-53. Le développement des épisodes consacrés à
       la croisade est tout à fait considérable.

(32)   Voir l'étude de R. Bossuat, "Théséus de Cologne",
       Moyen Age, LXV, 1959, p. 97-133, 291-320, 539-77.

(33)   **Art. cit.,** p. 304.

(34)   Sur la chanson, voir l'article de Cl. Roussel,
       "Chanson de geste et roman" **in Essor et fortune de la
       chanson de geste dans l'Europe et l'orient latin,**
       Modena 1984, II, p. 555-82. Nos citations renvoient au
       ms. 766 de la BM d'Arras.

Le développement de la *Geste de Montauban* en France jusqu'à la fin du moyen âge

La geste de *Renaut de Montauban* a connu, depuis son apparition au début du treizième siècle et jusqu'à la fin du moyen âge, un développement extraordinaire. Non seulement en effet la chanson a été traduite ou adaptée en néerlandais, en allemand, en italien et en langue norroise, mais d'innombrables suites ou remaniements, en vers ou en prose, ont cherché à exploiter l'intérêt et l'émotion suscités par la légende[1].

Ce succès, que l'on pourrait comparer par exemple au manque relatif d'audience du *Cycle de Guillaume d'Orange*[2] à la fin du moyen âge, fait question: qu'est-ce qui, dans les thèmes développés par la chanson, dans les personnages qu'elle met en scène, dans sa structure même, peut expliquer un tel bonheur? Impossible, peut-être, d'apporter ici des réponses assurées; c'est pourtant de ce type de problème que dépend, à notre avis, la compréhension des voies dans lesquelles s'est engagée la geste au cours des étapes qui ont marqué son extension.

Notre enquête débutera donc par un examen de la chanson du treizième siècle, que nous scruterons en nous demandant quels sont les éléments qui portent le germe des développements ultérieurs. Nous étudierons ensuite ces développements dans le domaine français, nous efforçant de les situer les uns par rapport aux autres, de façon à proposer, dans le cadre du *Renaut*, une problématique de la création littéraire épique et post-épique.

La chanson de Renaut de Montauban[3]
à la charnière de l'épopée et du récit

La lecture de *RM* fait apparaître une fresque dramatique très serrée, d'où se dégagent des scènes puissantes, de tonalité diverse. Le pathétique est fréquent et résulte de plusieurs types de situation: scènes de bataille ou de meurtre (mort de Lohier, vv. 605-703; mort de Beuves d'Aigremont, vv. 1610-25; combat de la roche Mabon, vv. 7241-511), construction rigoureuse d'un suspens (guet-apens de Vaucouleurs, vv. 5999-6683; préparatifs pour l'exécution de Richard, vv. 10396-530), face à face tragique (rencontre d'Aimon et de ses fils devant Montessor, vv. 2385-2401; vaines propositions de paix faites par Renaud lorsque Charles est captif à Montauban, vv. 12791-914) ou réconciliations émouvantes (les frères de Renaud se repentant de l'avoir accusé de trahison, vv. 6753-88; Aimon faisant parvenir de la nourriture à ses enfants, vv. 13499-591). Le comique, pourtant, n'est pas absent: il est lié aux tours de Maugis, véritables gabs dont l'empereur fait les frais. On se souvient, notamment, du séjour incognito du larron sous la tente de Charlemagne, lorsqu'il parvient non seulement à se faire servir par le roi, mais à contraindre Charles à lui mettre le morceau dans la bouche:

> Maugis oeuvre la geule a guisse de grifon
> Et Charles li mist ens le morsel a bandon.
> (vv. 9654-55)

Il faut noter aussi la place importante faite au merveilleux. Celui-ci accompagne généralement les tours de Maugis, mais n'est pas toujours destiné à faire rire; à Montauban, par exemple, il a d'abord une fonction stratégique, lorsque Maugis endort ceux qui pourraient l'empêcher de porter secours à ses cousins (vv. 7603-08). Le merveilleux chrétien est présent lui aussi, soit lorsqu'une nuée, envoyée par Dieu, interrompt le combat entre Roland et Renaud (vv. 12271-84), soit lorsque des miracles désignent la dépouille de Renaud comme un corps saint (vv. 18236-395). À côte du pathétique, du comique et du merveilleux, il convient donc de noter l'esprit religieux de certaines scènes, notamment dans la dernière partie du poème qui se présente, on le sait, comme une légende hagiographique.

Mais si le lecteur assimile sans difficulté ces tonalités diverses, s'il peut se représenter la chanson comme une fresque bigarrée[4], c'est que le texte possède, dès le début, une double caractéristique: d'une part une aptitude à construire des scènes de nature variée mais fortement individualisées, d'autre part un dynamisme, un mouvement qui évite toute rupture entre les différentes scènes, grâce aux relations établies entre elles. Or la première caractéristique nous paraît relever de procédés épiques, tandis que la seconde résulte de procédés narratifs. Sans doute n'y a-t-il pas, dans le principe de cette complémentarité, quelque chose qui distingue a priori *RM* des autres chansons, qui sont elles aussi épiques et narratives; l'histoire de Renaud et de ses frères nous paraît cependant avoir à cet égard une place à part, comme à la charnière de l'épique et du narratif, et c'est dans la nature et le dosage des procédés employés que réside probablement l'originalité du poème.

Renaut de Montauban et la confrontation épique

La chanson se caractérise tout d'abord par la présence de situations relationnelles paroxystiques, c'est-à-dire de tensions violentes dues aux relations qu'entretiennent les protagonistes. Ces tensions résultent le plus souvent des oppositions qui se produisent au sein de la communauté féodale ou de la communauté familiale.

Les conflits de type féodal sont particulièrement décisifs pour notre texte, puisqu'ils sont au point de départ du poème, avec les reproches adressés par Charlemagne à Beuves (vv. 28-73); on peut dire également qu'ils structurent l'ensemble de l'oeuvre, qui peut se lire comme un conflit de pouvoir entre un souverain - Charlemagne - et des vassaux, les quatre frères et leur cousin. D'autres personnages que les fils Aimon peuvent au reste être concernés par ce type de conflit, ainsi les pairs de France lorsqu'ils doivent s'opposer aux volontés injustes de leur seigneur (jugement de Richard, le frère de Renaud, vv. 9950-10258; départ des pairs lorsque Charlemagne refuse de sauver Richard de Normandie, vv. 15053-115).

Étroitement liés aux conflits de type féodal, les conflits de type familial accentuent le caractère tragique de la situation du héros épique dans *RM*. La fidélité d'Aimon à Charles l'oblige à devenir l'ennemi de ses propres enfants:

> Karles apele Aymon si l'a mis a raison;
> La jura li dux Aymes sor les seins abandon,
> Et forsjura ses filz sor le cors seint Simon,
> Jamais n'auront del suen vaillant .i. esperon,
> Nen es recetera a plain ne a maison[5].

Ogier, à l'inverse, refuse constamment de trahir les obligations de la parenté, qu'il tend même à privilégier par rapport au devoir vassalique: on se souvient de ses manoeuvres retardatrices pour sauver ses cousins à

Vaucouleurs (vv. 7318-539). Quant au roi Yon, terrorisé par les menaces de Charles, il viole à la fois ses devoirs de seigneur - "Renaus est mes hom liges, si com vos le savés" (v. 5830) - et les obligations familiales:

> Et si a ma seror a moillier et a per
> Renaus en a .ii. fils qui sunt de bel aé.
>   (vv. 5832-33)

Des combinaisons innombrables peuvent être obtenues à partir des deux modèles relationnels que proposent la féodalité et la parenté; non seulement en effet un conflit peut privilégier l'un des deux types, ou au contraire les imbriquer l'un dans l'autre, mais il peut être soit médiatisé, soit rester sans solution et conduire à la destruction des protagonistes; enfin le rôle joué par un des partenaires peut être modifié (Aimon se réconcilie avec ses enfants; Yon devient leur ennemi), alors qu'un autre peut persister dans sa relation antérieure (Renaud reste fidèle à Yon).

On voit donc la richesse potentielle de ces situations relationnelles, et l'on comprend pourquoi, dans l'imaginaire du lecteur, le poème, comme le ferait un film, organise autour de scènes d'une grande intensité le déroulement du récit. Cette richesse ne suffit pourtant pas à expliquer le mouvement qui anime de telles scènes et les relie également entre elles; pour expliquer les qualités narratives de la chanson il convient aussi, semble-t-il, de faire intervenir la notion de déplacement.

Le "déplacement", pilier de la construction narrative

Tout, dans *RM*, est mouvement, et les scènes autour desquelles se structure le récit, loin d'apparaître comme figées, sont elles-mêmes le résultat de déplacements dans des domaines divers.

Déplacements dans l'espace tout d'abord. Le théâtre du drame se modifie constamment: Dordonne, Paris, la forêt des Ardennes, Montessor, Dordonne, Bordeaux, Montauban, la plaine de Vaucouleurs, Montauban, Trémoigne, Constantinople, Jérusalem, Palerme, Cologne, sont les lieux successifs de l'action. Sans doute, comme le suggère Jacques Thomas, cette errance peut-elle avoir le sens d'un pèlerinage symbolique se terminant par la passion; mais elle est d'abord mouvement propre du récit, qui entraîne le lecteur dans un espace imaginaire en perpétuelle mutation.

Déplacement dans le temps ensuite. Le récit n'explore pas seulement une période donnée de l'existence du héros; il se veut biographie de celui-ci, puisqu'il raconte ses enfances (adoubement, transgression qui le contraint à l'exil, mariage, mort), et circule même à travers plusieurs générations: le prologue est consacré à l'oncle de Renaud, tandis qu'à la fin du récit, un épisode important raconte les premiers exploits de ses fils, Yvon et Aymon (vv. 16602-7823).

Déplacement enfin au niveau du personnage épique lui-même. D'une part, avec le groupe que forment les quatre frères et leur cousin, le héros, tout en gardant sa cohérence, devient pluriel[6] et Renaud, qui est capable d'exprimer à lui seul toutes les virtualités du personnage épique, apparaît aussi comme le chef de file d'un groupe où s'attribuent et s'échangent les rôles possibles. Alard, le plus souvent, se présente comme conseiller, mais Maugis peut avoir la même fonction (vv. 3689-94); Richard est le plus souvent un guerrier impétueux, mais c'est Renaud qui tue Bertolai et qui veut, devant Montessor, faire périr Charlemagne[7]. Cette structure de groupe est donc essentiellement dynamique, puisqu'elle se prête à de continuels échanges entre personnages. Mais avec Maugis un autre type de déplacement s'ajoute au précédent et s'opère à l'intérieur du personnage. Maugis, larron et enchanteur, est aussi chevalier[8]; il peut être à la fois l'un et l'autre, comme lorsqu'il vient en aide à ses cousins dans les combats de Vaucouleurs, mais aussi tantôt l'un (chevalier, il affronte Olivier, 11180-208), tantôt l'autre (enchanteur, il vole la couronne de Charles et les épées des pairs, vv. 11611-50).

Grâce à ces divers procédés, *RM* acquiert une mobilité qui se donne comme la compétence narrative propre de la chanson. Les épisodes s'enchaînent les uns aux autres sans jamais lasser le lecteur, et les additions successives qui ont sans doute constitué le poème (prologue, rébellions vassaliques, légende pieuse) se fondent harmonieusement dans une cohérence dynamique.

Mais une telle efficacité narrative ne peut être dissociée de la force épique analysée plus haut. C'est dans la conjonction de ces deux propriétés que réside, à notre avis, le secret du développement, au cours du moyen âge, de la geste de Montauban, dont nous allons suivre maintenant les principaux aspects.

Un développement aux formes multiples

L'histoire de la légende n'est pas seulement caractérisée, comme pour beaucoup de textes épiques, par le phénomène de la mise en prose; elle combine au contraire les procédés les plus variés. La chanson du treizième siècle possède une tradition manuscrite fournie et témoignant de relectures nombreuses; elle se dote de plusieurs continuations, est mise en prose au quinzième siècle et se trouve ainsi à l'origine d'innombrables éditions. Avant la fin du quatorzième siècle un remaniement en vers, mis en prose au quinzième, et dont certaines parties seront imprimées, amplifie et modifie les données de la geste.

Une tradition manuscrite fournie, témoin d'un texte en perpétuelle évolution

La tradition manuscrite de *RM* est abondante[9], puisqu'elle ne compte pas moins de dix manuscrits: c'est beaucoup plus que les autres chansons de barons rebelles[10], et, du reste, que la plupart des textes épiques. Mais surtout l'examen des manuscrits, tel qu'a pu le faire Jacques Thomas pour l'épisode ardennais, fait apparaître un constant travail de réfection, qui va notamment dans le sens de l'amplification narrative. Ainsi, lorsque les quatre frères s'enfuient de Paris, après le meurtre de Bertolai, le manuscrit le plus ancien (D, Oxford, Bodléienne, 121, milieu du treizième siècle) conte l'affaire avec célérité. Les fugitifs réussissent à quitter la cour, mais à Senlis leurs chevaux faiblissent; Renaud désarçonne un adversaire, prend son cheval et le donne à Alard, tandis que Guichard et Richard montent en croupe sur Bayard[11]. Dans le MS O (Oxford, Bodléienne, Laud. misc. 637, a. 1333), seul Renaud parvient à éviter la capture, mais Maugis, qui accompagne Alard, Guichard et Richard, use de magie et délivre tout le monde:

> Parmi l'uis de la chartre a .i. soufle jeté,
> Que cil qui sunt dehors furent tuit enchanté,
> Li us de la chartre ovre si est laïs volé[12].

Avec le MS V (Venise, Saint-Marc, fr. XVI, 1390-1400), une péripétie nouvelle apparaît; une fois délivrés, les frères de Renaud et Maugis s'emparent de Charlemagne et l'emprisonnent à leur place:

> Maugis li mist el poins un brand d'acier letré,
> E dist: "Or guetera trestot estre son gré
> Karllemaine sa chartre ou tant a oscurté[13].

Naturellement, tous les manuscrits ne modifient pas leur modèle dans le même sens, mais nous pouvons déjà noter dans la tradition un courant qui tend à exploiter et à développer les éléments narratifs du texte.

Une nouvelle utilisation du personnage d'enchanteur: *Maugis d'Aigremont*

A une date relativement précoce (première moitié du treizième siècle), une nouvelle chanson, *Maugis d'Aigremont*[14], réutilise le déplacement créé à l'intérieur du personnage épique traditionnel par la figure de Maugis. Non seulement les traits caractéristiques de ce dernier sont accentués - familiarité plus grande avec le merveilleux, apparition d'épisodes amoureux -, mais la structure même du texte bascule du côté du roman d'aventures, avec le schéma habituel au récit d'enfances[15].

A partir d'une séparation initiale, le récit déploie en effet une stratégie d'entrelacement des aventures qui a pour but ultime de réunir tout le monde. Maugis et Vivien, fils de Beuves d'Aigremont et de la duchesse, sont arrachés à leurs parents dès leur naissance, tandis qu'Ysane, sœur de la duchesse et fille d'Hernault de Moncler, est emmenée en captivité chez les païens. Vivien est conduit à Montbrant, tandis que Maugis, enlevé par une esclave, est recueilli par la fée Oriande et qu'Ysane devient l'époux du Sarrasin Aquillant de Mayogre, qui lui donne un fils, Brandoine. On assiste donc au début de l'histoire à une sorte de dislocation de l'espace, ainsi qu'à une multiplication des personnages: il conviendra, au fil des péripéties, de revenir au théâtre initial de l'action et de réunir, non seulement les personnages qui ont été autrefois séparés, mais tous ceux qui sont petit à petit entrés en scène et se rattachent, d'une manière ou d'une autre, au lignage d'Aigremont.

Maugis *d'Aigremont* fait donc un pas décisif en direction du roman d'aventures et se trouve beaucoup plus différent de *RM* que certains textes postérieurs, qui ont gardé une structure proche de l'épopée.

Poèmes épisodiques: *Vivien de Monbranc* et fin postiche de *Renaut de Montauban*

Cette proximité relative à l'égard de la chanson traditionnelle est notamment le fait de deux petites continuations qui se rattachent, l'une à *Maugis*, l'autre à *RM*. Le *Vivien de Monbranc*, petit texte de 1099 vers qui n'est contenu que dans le MS M (Montpellier, Faculté de Médecine, H 247)[16], prolonge en effet de façon assez directe le récit des aventures de Maugis et de Vivien son frère, lequel devient le héros d'une nouvelle guerre menée contre les païens; mais ce texte constitue également un nouveau type d'introduction à *RM*: on assiste en effet aux enfances de Renaud qui, en compagnie d'Alard, fait ses premières armes avec un bâton, puisqu'il n'a pas encore été adoubé; d'autre part le conflit entre Charlemagne et Beuves est rendu prévisible par le refus qu'oppose l'empereur à une demande d'aide militaire présentée par Beuves ainsi que par la violence de Lohier. Il s'agit là, sans doute, d'une querelle différente de celle qui est évoquée au début de *RM*, mais ce trait ne suffit pas, à notre avis, à faire de *Vivien de Monbranc* autre chose qu'une continuation, sans doute assez tardive de *Maugis*, dans laquelle un remanieur réélabore librement les données des textes antérieurs[17].

Le petit poème de 1244 vers qui prend place, dans le MS N (Paris, Bibl. Nat. fr. 766), après le texte de *RM*, doit être interprété comme une continuation de cette chanson, et non de *Maugis*. Le texte de liaison indique en effet que l'auteur veut compléter la chanson sur un point précis:

> Si diron de Maugis, le bon larron prové,
> Comme il ot puis sa pes a Charle le doté[18];

mais il va en fait plus loin et se donne pour tâche de raconter les circonstances de la mort des frères de Renaud et de ses fils, enfumés par les Sarrasins dans une grotte. Le titre donné au passage depuis Castets, *La mort de Maugis*, n'est donc pas très satisfaisant, car le remaniement ne modifie pas sur ce point les données de la chanson[19]; il laisse d'autre part entendre que le texte est une continuation du *Maugis*, ce qui est très inexact. Sans doute, la place faite au merveilleux est assez remarquable et peut traduire l'influence du récit d'enfances, mais l'élément religieux est, lui aussi, très important, et nous renvoie à *RM*[20].

Le remaniement en vers (fin du quatorzième siècle?)

Deux manuscrits des environs de 1440[21] nous ont transmis, l'un un texte très développé, l'autre deux fragments, procédant à coup sûr d'un remaniement antérieur, comme le montre un extrait des comptes de Louis, duc d'Orléans, en mai 1396, qui mentionne une tapisserie racontant ''l'istoire des enfans Regnault de Montauban et des enfants de Riseus de Ripemont''[22], épisode caractéristique du texte conservé. Dans la chanson primitive, en effet, Yvon et Aymon affrontent à la cour de Charles les fils de Fouques de Morillon, tué par Renaut à Vaucouleurs, alors que dans le remaniement ils sont en butte à la calomnie des quatre fils de Ripeu de Ribemont.

Outre l'extension considérable apportée au texte - le manuscrit développé compte environ vingt-neuf mille vers -, la caractéristique essentielle du remaniement est la modification apportée à l'équilibre du récit: sur 218 fols., seuls les 70 premiers sont consacrés à la guerre contre Charlemagne, soit un peu plus de 9000 vers, contre 13.400 dans l'édition Castets. C'est dire que la partie capitale du poème traditionnel est fortement abrégée, étant donné par ailleurs que le passage en question comporte des éléments nouveaux, comme une tentative de Ganelon pour faire périr Charlemagne.

Le plus important, pour l'auteur de la nouvelle rédaction, est donc ce qui suit la conclusion de la paix, et plus précisément le voyage de Renaud outre-mer ainsi que les aventures de ses enfants. Ce qui, dans la chanson du treizième siècle, tenait en 2700 vers environ, occupe ici près de 20.000 vers: il s'agit donc bien d'un remaniement, c'est-à-dire d'un rééquilibrage complet du texte.

Ce dernier s'opère dans un sens qui rejoint, au moins en partie, *Maugis d'Aigremont*. Le voyage outre-mer devient, en effet, dans l'amplification dont il est l'objet, une suite de péripéties qui s'enchaînent les unes aux autres, en se rapprochant de la technique romanesque de l'entrelacement des aventures[23]. Les épisodes amoureux tiennent une place importante, avec les amours des fils de Renaud ou les frasques de Berfuné, et le merveilleux est développé. De la sorte l'esprit épique cède parfois la place, comme dans *Maugis*, à un esprit héroï-comique. De même que le cousin de Renaud, dans le texte du treizième siècle, nous est présenté comme un séducteur - il est l'amant heureux, mais éphémère, de l'épouse de Marsile -, Berfuné, nain protégé par les fées, tente de conquérir Sinamonde. Revêtu d'un manteau qui confère l'invisibilité, il se glisse dans le lit de la jeune fille; celle-ci appelle au secours, et Renaud se précipite, mais il est aussitôt attaqué par Berfuné, qu'il ne voit pas, et doit combattre à l'aveuglette:

> Entour li escremist par grans aïremens,
> A .ii. mains quanque il pot, ainsi com pour faire renc.

Attiré par le bruit, Richier d'Acre vient à son tour, et croit que Renaut est devenu fou:

> ''Ayeue Dieu, dit il, sire sains Juliens,
> Qu'est il avenu Regnault, qui est li miens parens?
> Rendez li sa memoire, vrai peres sapiens!''

Mais il est lui-même attaqué par Berfuné et doit riposter, de la même façon que Renaud; de sorte que Baptamir, arrivant à son tour dans la chambre, pense que Renaud et Richier sont en train de se battre pour l'amour de Sinamonde, et leur fait aussitôt la morale:

> ''Laissiez le guerre ensamble, aux aultres combatés!
> C'est tout pour Sinamonde qu'estes aussi grevez:
> C'est tout contre raison, car nul droit n'y avez,
> Car en vostre contree estes vous mariés''[24].

Ainsi, en dépit des objectifs épiques affirmés de cette partie - Renaud veut conquérir Jérusalem, Angorie et les reliques de la Passion qui s'y trouvent -, la tonalité générale est de type romanesque.

On notera également que la place faite à Yvon et Aymon, les enfants de Renaud, s'accroît: à peine Angorie est-elle conquise que les païens, profitant du départ de Renaud pour la France, se rebellent; une nouvelle expédition outre-mer a lieu, dont les jeunes gens sont les héros. Le remaniement développe donc aussi une suite généalogique.

Reste la question de l'extension totale du poème. Le manuscrit le plus développé s'arrête à la mort de Renaud; il connaît pourtant les circonstances de la mort des trois frères du héros ainsi que de Maugis, puisqu'il raconte brièvement ces événements dans l'avant-dernier folio[25]. Nous trouvons le même récit, mais beaucoup plus développé, à la fin de l'autre manuscrit, qui nous propose en outre les aventures de Maugis devenu pape. Le manuscrit développé résume aussi une histoire de Marbrien, fils d'Yvon et petit-fils de Renaud, que seules les proses ont conservé en entier: l'enfant est enlevé par les païens et devient le pire ennemi de son lignage:

> Mes Sarrasins l'emblerent des qu'il fu enffanchon,
> A l'amiral Barré depuis le bailla on,
> Qui le fit dotriner a le loy de Mahon.
> . . . .
> Tant guerroia sen pere et le sien oncle Aymon,
> Que le sien pere fist vidier le region,
> Et le roynne aussi, Englentine au crin blon;
> En Franche s'en alerent le nobille royon.
> Marbrien si occhist le sien oncle Aymon,
> Mais il n'en savoit riens, pour vray le vous dizon.
> Mais puis sot il de vray qu'il estoit fieux Yvon,
> De quoy il se retrais a le loy de Jhezum. . .[26]

Or, comme les détails donnés ici correspondent parfaitement à la prose, qui revendique du reste un original en vers[27], il est probable qu'un récit en vers de l'histoire de Mabrien a existé. Le remaniement de la fin du quatorzième siècle serait donc beaucoup plus long encore que celui qui nous est parvenu, et raconterait l'histoire des Aymonides jusqu'à la génération des arrière-petits-enfants[28].

Mise en prose de la chanson primitive

Alors que le remaniement en vers multiplie, tout en conservant la forme initiale, les indices narratifs et transforme nettement le contenu du récit, la mise en prose de la chanson du treizième siècle se limite presque à l'abandon de la laisse et du vers. Les modifications existent, sans doute[29], mais le lecteur, en comparant les textes, reconnaît dans la prose la construction générale du poème.

Cette constatation permet de confirmer les observations que nous faisions plus haut sur l'originalité de *RM*: la chanson comporte, dès le début, des éléments significatifs de type narratif; pour passer du texte épico-narratif au récit romanesque, il suffit d'abandonner la forme versifiée et d'adopter la prose, dans laquelle nous pouvons reconnaître deux branches.

D'un côté une version isolée, représentée par un seul manuscrit (Londres, Brit. Mus., Sloane 960)[30], s'inspire de la version rimée la plus ancienne, celle du MS D; de l'autre six manuscrits utilisent des versions plus récentes et se divisent en deux sous-groupes, dans la mesure où la plupart (cinq sur six) commencent avec l'expédition de Charles contre les quatre frères réfugiés dans la forêt d'Ardenne, tandis que le MS Paris, Arsenal 3151 raconte d'abord l'ambassade de Lohier, la mort de Beuves et la querelle des échecs.

Les proses manuscrites présentent donc une pluralité de points de vue sur la légende: une version archaïsante se détache du lot, prenant pour support un modèle ancien; les autres textes recourent à des modèles plus récents, mais interprètent leur sujet de façon différente: pour la plupart, la guerre entre Charles et les fils Aimon n'a pas à être expliquée, soit parce qu'elle l'est dans d'autres récits, soit parce que le destin en décide seul; pour le rédacteur du manuscrit de l'Arsenal, au contraire, cette lutte inexpiable a une origine précise, qui doit être contée.

C'est la version de l'Arsenal qui est à l'origine des versions imprimées, qui paraissent tout d'abord sur les presses lyonnaises dans les années 1482-1485, chez Guillaume Le Roy, De Vingle, Nourry, puis à Paris chez la Veuve Michel Le Noir, chez Lotrian, Janot et Bonfons. Avec vingt-sept éditions, elles constituent le roman épique le plus connu jusqu'à la fin du seizième siècle[31]; sous le titre des *Quatre fils Aimon* - à partir de 1506 - l'ouvrage ne s'en tient évidemment pas là: il passe au dix-septième siècle dans la bibliothèque de colportage, fait les beaux jours de la Bibliothèque Bleue et est repris à la fin du dix-neuvième siècle par le catalogue de Pellerin à Epinal[32], où il demeure le seul témoin, à côté de *Huon de Bordeaux* et de *Valentin et Orson*, de la tradition épique. Encore faut-il remarquer que les *Quatre fils*, malgré les déformations inévitables apportées par les éditions successives, nous mettent plus directement en contact avec l'esprit épique que les deux autres romans: *Huon*[33] y figure en effet avec ses suites fantastiques, et *Valentin et Orson* est un véritable roman d'aventures[34].

Mise en prose de la chanson remaniée

Trois manuscrits, dont deux exemplaires de luxe, nous ont transmis la mise en prose amplifiée effectuée à partir du remaniement de la fin du quatorzième siècle[35]. Ce texte, daté de 1462, complète sur certains points les deux manuscrits qui nous ont légué la version versifiée: au delà de la mort de Maugis et des frères de Renaud, il raconte l'histoire de Mabrien, dans laquelle nous pouvons reconnaître la double influence de *Maugis d'Aigremont* et des continuations de *Huon de Bordeaux*. Comme Maugis, en effet, Mabrien est ravi à ses parents dès sa naissance, est élevé par les païens; il va même jusqu'à combattre contre les chrétiens, alors que Maugis se contentait d'opposer les païens entre eux. Quant à la suite de *Huon*, elle a fourni le séjour à l'île d'aimant, la rencontre du roi Arthur, des fées et de Caïn[36].

Dans la mesure où il est plus complet que son modèle en vers, le texte en prose, généralement fidèle à son modèle, quoique plus développé, nous permet de mieux saisir les perspectives du remaniement. Celui-ci a tout d'abord un esprit cyclique très affirmé: il s'agit de présenter l'histoire d'une geste à travers plusieurs générations, depuis Aimon, le père des quatre frères, jusqu'à un autre Aimon, fils de Regnaudin, petit-fils de Mabrien, arrière-petit-fils de Renaud de Montauban. A cette coupe généalogique, la prose ajoute même le *Maugis*, qui ne faisait probablement pas partie du remaniement en vers.

Cette volonté cyclique se traduit également par la volonté de rattacher le récit à d'autres traditions épiques. Il s'agit, bien sûr, de la *Chanson de Roland*, déjà très présente dans *RM*, mais qui se trouve ici constamment préfigurée, soit par le durcissement presque caricatural du personnage de Ganelon[37], soit par les annonces de la bataille: Marsile a en effet l'embarras du choix pour trouver des raisons de se venger des Français, puisque Maugis, dans la prose comme dans la chanson du treizième siècle, séduit sa femme, et puisque Roland lui coupe le poing devant Angorie[38]; quant au désastre lui-même, il est le résultat de la faiblesse de Charlemagne, qui a prêté l'oreille aux calomnies de Ganelon et lui a livré les Aymonides.

Il s'agit aussi, on l'a vu, de *Huon de Bordeaux* dans la version amplifiée, et de *Jourdain de Blaives* puisque, lorsque Mabrien s'attaque aux chrétiens, donc à ses parents, ces derniers trouvent un refuge auprès de Gérard de Blaives[39]. Dans ces conditions, on peut considérer que le remaniement se présente, aux quatorzième et quinzième siècles, comme une somme épique.

Éditions en rapport avec la prose amplifiée et épigones

Le remaniement en prose est resté inédit pour toute la partie qui correspond à la chanson primitive, c'est-à-dire depuis la présentation des fils Aimon à Charlemagne jusqu'à la mort de Renaud. Nous connaissons en revanche un *Maugis* et un *Mabrian* imprimés.

Le *Maugis* imprimé[40], édité pour la première fois en 1518 par Lenoir, qui l'associe à *Garin de Monglane*, est proche de la rédaction en prose, mais traduit une conception différente de la fonction du texte. En effet, alors que l'édition correspond à la prose manuscrite jusqu'à la fin de celle-ci - baptême de Vivien et d'Esclarmonde, mort d'Espiet, don de Bayard et de Floberge à Renaud -, l'imprimé ajoute une double continuation. En sept chapitres, il reprend le *Vivien de Monbranc* en le reliant directement à *Maugis*: les païens attaquent Monbranc, Vivien est capturé puis délivré, Othon d'Espolice trouve la mort; contrairement à la continuation du manuscrit de Montpellier toutefois, ce n'est pas le soudan de Babylone qui conduit l'expédition, mais Marsile et Baligant, et Marsile, au cours de la bataille finale, reproche à Maugis d'avoir fait de lui un mari trompé: ''Par toy suis a villennie, mais tantost sera vengé le dueil de ma femme, laquelle tu deshonnoras par ta luxure, et par toy en ay eu mainte angoisse''[41].

Par ailleurs l'imprimé entend introduire à *RM*, mais il le fait d'une manière très particulière; en huit chapitres, en effet, il reprend l'histoire de Beuves d'Aigremont, en lecteur de *Maugis* et de *RM* en vers plutôt que de la vulgate en prose. Chez lui, deux ambassades successives sont envoyées à Beuves, comme dans la chanson, et non une seule, comme dans la prose; d'autre part Vivien est tué par Charlemagne au cours de la guerre qui suit le meurtre de Lohier.

Le *Maugis* imprimé est donc l'oeuvre d'un remanieur habile qui, utilisant des éléments déjà constitués - la rédaction manuscrite de *Maugis* ou la chanson, *Vivien de Monbranc*, le *Beuves d'Aigremont* en vers - fait de son oeuvre un texte autonome et par conséquent très différent, dans ses objectifs, de la prose manuscrite, dans laquelle *Maugis* n'est qu'un prologue. Plusieurs fois édité au seizième siècle[42], le roman est passé dans la bibliothèque de colportage et a été imprimé à Rouen, à Lyon et à Troyes.

La version imprimée de *Mabrian*, publiée pour la première fois chez Nyverd en 1525, a probablement pour modèle la dernière partie de la rédaction amplifiée en prose. Le titre de la première édition montre bien en effet que le texte, qui aurait très bien pu commencer avec l'enlèvement du fils d'Yvon, croit devoir apporter d'abord une conclusion à l'histoire de Renaud; or celle-ci ne s'explique que dans une perspective globale - celle du manuscrit -, et non dans le cadre limité d'une histoire de Mabrian. On lit en effet:

> Histoire singuliere et fort recreative, contenant le reste des faiz et gestes des quatre filz Aymon, Regnault, Allard, Guichard et le petit Richard, et de leur cousin le subtil Maugis, lequel fut pape de Romme. Semblablement la cronicque et hystoire du chevalereux, preux et redoubté prince Mabrian...

L'objectif propre à l'imprimé sera rétabli dans le titre - sinon dans le texte - de la seconde édition:

> La cronicque et hystoire singuliere et fort recreative des conquestes et faictz bellicqueux du preux, vaillant et le nompareil chevalier Mabrian, lequel par ses prouesses fut roy de Hierusalem, d'Angorie et de Inde la Majour...[43]

Dans le même temps, l'imprimé se présente comme la réécriture de la prose manuscrite. S'il utilise le plus souvent en effet une expression rapide, visant à l'efficacité narrative et présentant une tendance à l'abrègement, il recourt de temps à autre à un style savant, orné de latinismes, qui traduit le désir de conférer au texte de nouvelles lettres de noblesse. Ainsi, à propos de l'esclave perfide qui cherche un stratagème pour enlever le fils d'Yvon, le manuscrit nous dit: "Elle se advisa ung jour qu'elle iroit au pallais veoir la noble royne et controuveroit quelque bourde par quoy elle trouveroit maniere d'embler son enffant"[44]; cela devient dans l'imprimé: "Et ne dura gueres qu'elle n'eust trouvee astuxe et grande malice, si comme le sexe muliebre fait de legier; et ce fait s'en va, apres pourpensee cautelle, au palais..."[45].

Rien d'étonnant par conséquent à ce que ce travail de réécriture soit revendiqué par des auteurs, lettrés - Guy Bounay "licencié es loix, lieutenant du baillif de Chastelroux" - ou même nobles - Jehan le Cueur "escuyer, seigneur de Mailly en Puisaye, estant a Paris pour les affaires de ... Regné d'Anjou, en son vivant chevalier, seigneur de Mezieres..."[46].

Ces auteurs connaissent parfaitement les diverses traditions de *RM*. Ils renvoient dans leur prologue à la calomnie des fils de Fouques de Morillon, Constans et Rohart: ils ont donc lu la vulgate en prose, sinon la chanson primitive; ils évoquent la *Conqueste de Trebizonde*, dont nous parlerons plus loin, et la situent immédiatement après le triomphe des fils de Renaud[47]; mais ils connaissent également le remaniement dans son ensemble, puisqu'ils font allusion à diverses circonstances de l'expédition de Renaud outre-mer[48].

Le *Mabrian* imprimé est donc intéressant à plus d'un titre. Il manifeste la notoriété au seizième siècle de la tradition reinaldienne et l'attrait qu'elle exerce sur des écrivains; il montre également le succès dont peut bénéficier un projet de réécriture s'inscrivant dans une telle tradition: *Mabrian* eut un grand nombre d'éditions au seizième siècle, à Lyon et dans la Bibliothèque Bleue de Troyes[49].

Le cas de la *Conqueste de Trebizonde* est plus curieux. Antérieure à *Mabrian* - la première édition, due à Yvon Gallois, date de 1517[50] - ce texte ne se rattache pas à un événement caractéristique de l'histoire des Aymonides: tout au plus savons-nous, par exemple, que Renaud est déjà marié, puisque Clarice est ''au travail et peine d'enfant''[51]; ce n'est donc pas une suite, à la manière de *Mabrian*, mais plutôt, pour reprendre un terme connu, une ''incidence'', qui se présente à la fois comme une allégorie politique et comme une fable mythologique.

Allégorie politique, le texte fait écho à l'alliance entre la Bretagne et la France, ainsi qu'aux expéditions d'Italie sous Charles VIII et Louis XII. Se donnant pour but de célébrer ''le noble et triumphant lys et la treschaste hermine'', il rend grâce à ''la divine clemence protectrice et conservatrice'' d'avoir défendu le lys contre les assauts de ses ennemis, et aussi pour lui avoir permis de se joindre à l'hermine[52]. On peut reconnaître ici le souvenir des deux mariages successifs d'Anne de Bretagne - la ''treschaste hermine'' - avec le ''noble et triumphant lys'', Charles VIII (1491) et Louis XII (1498). Par ailleurs le roman fait la plus large place à des exploits chevaleresques ayant l'Italie pour théâtre et consonne fréquemment avec tel ou tel événement des expéditions françaises.

On notera par exemple une splendide entrée des Français, commandés par Renaud, dans la ville pontificale, qui rappelle l'entrée solennelle de Charles VIII le 31 décembre 1494, ou l'épisode du soulèvement de Gênes, bientôt réprimé, qui correspond assez exactement aux événements de 1507. Quant à la conquête de Trebizonde, elle n'occupe que quelques pages à la fin du volume mais pourrait être comprise comme une transposition du rêve byzantin de Charles VIII[53].

La *Conqueste* emporte donc le lecteur dans l'univers chevaleresque brillant dans lequel se déroulent les guerres d'Italie; mais elle se propose également d'associer à la culture épique traditionnelle la culture savante de la Renaissance, et notamment la mythologie. Usant d'une langue ornée de tours savants, elle pare les héros de la geste, et surtout Maugis, des couleurs de la fable: celui-ci devient un rival de Mercure et connaît bien sa mythologie. Écoutons-le maudire avec fougue l'aurore, qui l'arrache aux embrassements de Déiphile:

> O faschee femme du vieil Triton! Quel haste as tu de esmouvoir Apollo a illuminer les terres? Certes, tu te reposes envis entre les bras de ton mary, comme celle qui les baisiers de Cephalus ... plus ayme. O envieuse! Pourquoy nous contrains tu nous separer, et que ne nous donnes tu telle nuit que jadis a Jupiter octroyas, lors que il coucha avec la belle Alcmene, mere du preux Hercules, quant de trois jours et trois nuictz ne te monstras? Certes, je croy que lors tu estois entre les bras d'iceluy Cephalus, et par ce ne te vouloys lever. Helas! Retarde ung peu, et toy, Titon, retire ton chariot jusques a ce que encore dix mille fois je baise m'amye[54].

On sait que Léon Gautier, qui a analysé le roman, ne l'appréciait guère[55]; pour notre part, nous sommes porté à un jugement plus indulgent. L'oeuvre ne manque pas d'esprit et n'est pas restée sans lendemain; elle a connu six éditions au seizième siècle, a certainement, en ce qui concerne le style, exercé une influence sur *Mabrian*, et manifeste à nouveau l'incroyable prestige dont jouit à l'époque la geste de Montauban: c'est en Renaud, et non en Ogier ou en Huon, que s'expriment les rêves chevaleresques et conquérants qui saisissent les rois de France à la fin du quinzième siècle et dans les premières années du seizième[56].

L'étude de la postérité de *Renaut de Montauban* jusqu'au début du seizième siècle nous a donc montré un texte, ou plutôt un ensemble de récits, en perpétuelle évolution. Pourvue d'une tradition manuscrite fournie, la chanson initiale ne cesse d'être revue et agrémentée d'épisodes nouveaux, comme l'histoire de la mort des frères de Renaud. Très tôt, un récit d'enfances, avec sa structure narrative caractéristique et le recours au merveilleux, vient raconter les origines de Maugis, le personnage le plus étrange de la geste; une petite suite, le *Vivien de Monbranc*, complétera encore l'histoire. Le quinzième siècle fixe un terme à l'évolution du poème primitif, qui est mis en prose, imprimé et devient un best-seller: le texte, malgré toutes les transformations, conserve jusqu'à la fin du dix-neuvième siècle une relative stabilité. Mais l'histoire de la geste ne s'arrête pas là: à la fin du quatorzième siècle s'élabore un remaniement en vers, qui sera mis en prose au début de la seconde moitié du quinzième; le début et la fin de cet immense récit ont un sort particulier, puisque *Maugis* et *Mabrian* sont imprimés au début du seizième siècle. Enfin, avec la *Conqueste de Trebizonde*, le rêve chevaleresque qui lance les Français à la conquête de l'Italie trouve encore ses héros dans les Aymonides.

Il serait sans doute présomptueux de prétendre déterminer avec certitude les raisons pour lesquelles la geste de Montauban s'est trouvée promue à une telle destinée, car ces raisons peuvent varier selon les pays où le récit a été diffusé: il faut rappeler que, dans les pays scandinaves, c'est Maugis qui a le premier rôle (Mágus saga), tandis que s'impose en Italie Rinaldo, brillant défenseur de la justice contre l'arbitraire ou la faiblesse du roi.

On peut croire toutefois, comme nous avons tenté de le démontrer, que l'équilibre tenu au départ entre données épiques et données narratives, ainsi que la variété de situations dramatiques créées par le personnage pluriel, ont constitué un véritable trésor narratif, dans lequel les siècles ultérieurs allaient puiser.

Notes

[1]La *Bibliographie* récemment constituée par Philippe Verelst dans *Romanica Gandensia* 18 (1981), 199-234, donne une idée précise de ce succès.

[2]Voir notre thèse *Guillaume d'Orange: Étude du roman en prose*, Bibliothèque du quinzième siècle 44 (Paris, 1979), 529-91.

[3]La seule édition complète disponible est encore aujourd'hui celle de Ferdinand Castets, *La Chanson des Quatre Fils Aymon*, Publications de la Société pour l'étude des langues romanes, 23 (Montpellier, 1909), à laquelle nous renverrons sans autre indication. Pour la partie du texte comprise entre l'adoubement des fils Aimon et le départ pour Bordeaux, il est préférable de recourir à l'édition synoptique de Jacques Thomas, *L'épisode ardennais de "Renaut de Montauban"*, édition synoptique des versions rimées, Rijksuniversiteit te Gent, Werken uitgegeven door de Faculteit van de Letteren en Wijsbegeerte, 129-31, 3 vol. (Bruges, 1962).

[4]Les remanieurs des 14e et 15e s., se souvenant peut-être de *Lancelot*, imaginent de fait une fresque représentant, dans le palais pontifical qu'occupe plus tard Maugis, l'histoire de Renaud et de ses frères, voir Philippe Verelst, "Texte et iconographie: une curieuse mise en abyme dans un *Renaut de Montauban* inédit", *Romanica Gandensia* 17 (1980), 147-62.

[5]MS D, 154-58, in Thomas, *L'épisode ardennais*, 1:228.

[6]Sur le héros pluriel dans *RM*, voir Jacques Thomas, "Les *quatre fils Aymon*. Structure et origine du thème", *Romanica Gandensia* 18 (1981), 47-72.

[7]MS D, 754-63 in Thomas, *L'épisode ardennais*, 1:246.

[8]Voir Philippe Verelst, "Le personnage de Maugis dans *Renaut de Montauban* (versions rimées traditionnelles)", *Romanica Gandensia* 18 (1981), 135.

[9]Nous ne tenons pas compte ici des deux manuscrits qui nous transmettent le remaniement de la fin du Moyen Age.

[10]Un fragment manuscrit pour *Gormont et Isembard*, un manuscrit unique pour *Raoul de Cambrai*, trois manuscrits pour *Huon de Bordeaux*, cinq pour *Ogier le Danois*.

[11]Thomas, *L'épisode ardennais*, 1:227.

[12]Ibid., 2:233, vv. 371-73.

[13]Ibid., 3:34-35, vv. 804-06.

[14]Éditée, après Castets (*Revue des Langues Romanes* 36 [1892]), par Philippe Vernay (Berne, 1980).

[15]Voir Friedrich Wolfzettel, "Zur Stellung und Bedeutung der *Enfances*", *Zeitschrift für französische Sprache und Literatur* 83 (1973), 317-48; 84 (1974), 1-32.

[16] Ce texte a été édité par Ferdinand Castets in *Revue des Langues Romanes* 30 (1886), 128-63; il a été étudié par Wolfgang Van Emden (qui en prépare une nouvelle édition), "Le personnage du roi dans *Vivien de Monbranc* et ailleurs", in *Charlemagne et l'épopée romane. Actes du VIIe Congrès International de la Société Rencesvals (Liège, 28 août - 4 septembre 1976)* (Liège, 1978), 1, pp. 241-50.

[17]Opinion contraire de Van Emden, "Le personnage", p. 242, qui croit à un poème indépendant.

[18]Cité par Castets in "Maugis d'Aigremont", *Revue des Langues Romanes* 36 (1892), 281 n. 1. La continuation est analysée par Philippe Verelst in *Romanica Gandensia* 18 (1981), 148-52.

[19]Cf. vv. 1232-35 et *RM*, vv. 16583-95.

[20]Voir Verelst, "Le personnage de Maugis", p. 151. Le merveilleux est de type hagiographique: plongé dans une cuve remplie successivement d'huile bouillante, de poix bouillante et de plomb fondu, Maugis reste aussi indemne que peut l'être un saint.

[21]Voir l'étude de Jacques Thomas, *L'épisode ardennais*, 1:31-41 et 116-26. Il s'agit du MS R (Paris, fr. 764) et du MS B (Londres, Brit. Lib., Roy. 16 G II). Ce dernier est un manuscrit mixte, puisqu'il contient tout d'abord les 618 premiers vers du remaniement, puis la vulgate en prose (sans prologue), enfin 1800 vers environ qui racontent les derniers exploits héroï-comiques de Maugis, la mort des frères de Renaud et celle de leur cousin, mais non celle des fils de Renaud.

[22]Voir Léon de Laborde, *Les ducs de Bourgogne*, 3 vol. (Paris, 1849-52), 3:117 (no 5705). L'indication, qui figure dans les Archives de la chambre des comptes de Blois, est tirée des Additional Charters, no 2734, conservées à la British Library. Citée correctement par Jules Guiffrey, *Histoire de la tapisserie depuis le moyen âge jusqu'à nos jours* (Tours, 1886), p. 34, elle a été tronquée par Eugène Müntz, "La légende de Charlemagne dans l'art au moyen âge", *Romania* 14 (1885), 339, ce qui lui ôtait toute valeur probante.

[23]Ainsi, Renaud se trouve à Angorie lorsque ses enfants se rendent à la cour de Charles pour y être adoubés, alors que dans la chanson primitive, c'est le héros qui envoie Yvon et Aymon au roi.

[24]Bibl. Nat., fr. 764, fol. 136a-138d.

[25]Voir Castets, *RM*, pp. 239-42.

[26]Bibl. Nat., fr. 764, fol. 215a-b.

[27]Bibl. Nat., fr. 19176, fol. 169r: "D'icellui Mabrien dira l'istoire ce qu'il en peult avoir veu en cronicque rimee d'ancienneté".

[28]Mabrien est le petit-fils d'Aimon, mais il aura lui-même un fils et un petit-fils.

[29]Voir Émile Besch, "Les adaptations en prose des chansons de geste", *Revue du XVIe siècle* 3 (1915), 155-81; Jean-Marcel Léard, *Étude sur les versions en prose de "Renaud de Montauban" et éd. du MS Ars. 3151* (Thèse de doctorat 3e cycle, Paris, 1974); Jacques Thomas, "Les mises en prose de *Renaud de Montauban*: Classement sommaire et sources", in *Fin du Moyen Age et Renaissance. Mélanges Robert Guiette* (Anvers, 1961), pp. 127-37.

[30]Édité par Marie-Henriette Noterdaeme (Mémoire de licence [Gand, 1973]).

[31]Voir Brian Woledge, *Bibliographie des romans et nouvelles en prose française antérieures à 1500* (Genève, 1954), n° 141, et celle de Léon Gautier, pp. 158-61; pour la Bibliothèque Bleue, voir Alfred Morin, *Catalogue descriptif de la Bibliothèque Bleue de Troyes* (Paris, 1974).

[32]Voir Pierre Brochon, *Le livre de colportage en France depuis le XVIe siècle* (Paris, 1954), et Alexandre Assier, *La Bibliothèque Bleue depuis Jean Oudot Ier jusqu'à M. Baudot, 1600-1863* (Paris, 1874).

[33]Sur *Huon de Bordeaux* imprimé, voir Marguerite Rossi, *Huon de Bordeaux et l'évolution du genre épique au XIIIe siècle* (Paris, 1975), pp. 627-29.

[34]Sur *Valentin et Orson*, voir Arthur Dickson, *Valentine and Orson: A Study in Late Medieval Romance* (New York, 1929).

[35]Ces deux exemplaires sont respectivement les MSS Arsenal 5072-75, complétés par Munich, Gall. 7 - qui ont fait partie de la librairie de Philippe le Bon -, et Pommersfelden, Gräflich Schönbornsche Bibliothek, 311-12 (manuscrits incomplets; manque la seconde partie de l'expédition outre-mer, avec les aventures d'Yvon et d'Aimon, ainsi que *Mabrien*). Le troisième exemplaire est représenté par Bibl. Nat., fr. 19173-77.

[36]La référence est d'ailleurs très précise: lorsque Mabrien arrive à l'île aimantée, l'aimant "traÿ a soy le vaissel et le mena droit au rochier ou Hue de Bordeaux avoit esté mené" (Bibl. Nat., fr. 19177, fol. 119r).

[37]Celui-ci s'efforce, au cours de la guerre entre Charles et les fils Aimon, de faire périr l'empereur (voir Castets, *Renaud de Montauban*, pp. 197-98); c'est lui qui construit le piège qui se refermera sur Maugis et les frères de Renaud.

[38]Voir Bibl. Nat., fr. 19176, fol. 164v: "Maiz tant dollent estoit Marcille du deshonneur et du dommage qu'il avoit eu que souvent malgreoit ses dieux, et plus sans comparaison de son poing que Roland luy avoit couppé. Et tant y pensa qu'il jura par tous ses dieux qu'il seroit une foiz vengié de Roland, ou il mourroit en la paine. Hellaz! Ainsi fut il, au plus grief dommage qui oncques advenist en France!"; voir aussi, pour le texte en vers, Bibl. Nat., fr. 764, fol. 214b.

[39]Voir Bibl. Nat., fr. 19177, fol. 43r-52v.

[40]Voir Léon Gautier, *Bibliographie des chansons de geste* (Paris, 1897) p. 109: "Icy est contenu les deux tres plaisantes histoires de Guerin de Monglave et de Maugist d'Aigremont, qui furent en leur temps tres nobles et vaillans chevalliers en armes. Et si parle des merveilleux faictz que firent Robastre et Perdigon pour secourir le dit Guerin et ses enfans. Et aussi pareillement de ceulx du dict Maugis". On voit que l'éditeur a retenu ici la présence d'un enchanteur pour réunir les deux récits, imprimés ensuite séparément.

[41]Bibl. Nat. Rés. Y2 337, fol. 108b.

[42]Voir Woledge, *Biblographie*, n° 142; on peut y ajouter une édition de Jean Bogart, à Louvain, avec privilège de 1588 (Lille, Bibl. Munic. 4510).

[43]Voir Gautier, *Bibliographie*, pp. 162-63.

[44]Bibl. Nat., fr. 19177, fol. 37d.

[45]Bibl. Nat. Rés. Y2 75, fol. 38c.

[46]Ibid., prologue A ii. Il serait intéressant d'identifier ces deux personnages; René d'Anjou, en revanche, est connu. Ce n'est pas le roi des Deux-Siciles, comme semble le penser Woledge (voir *Supplément*, p. 92), mais le fils de Louis d'Anjou et d'Anne de La Trémouille, né en 1483 et mort en 1526. Sénéchal du Maine en 1510, il prit part aux expéditons d'Italie; seigneur de Mézières en Brenne, il avait épousé Antoinette de Chabannes, dame de Saint-Fargeau et de Puisaye, d'où les titres qui lui sont donnés dans le prologue de *Mabrian*.

[47]"Apres laquelle premiere victorieuse conqueste, le prince Regnault et ses freres eulx retirerent a Montauban; et ce fait ce ralierent plusieurs vaillans roys et princes leurs parens, et s'en allerent par meure deliberation dela la mer. Mais au chemin eurent grans destourbiers de leurs ennemys, lesquelz ilz subjuguerent tous, comme verrez par l'acteur de l'histoire de la conqueste de Trebizonde..." (éd. Lotrian et Janot, Bibl. Nat. Rés. Y2 585, fol. 1d).

[48]"Et ce fait vint au pays et royaulme d'Angorie, lequel il conquist et tua le roy qui avoit une moult belle fille nommee Synamonde, laquelle il fist espouser au gentil prince Aymon... Et ce fait passa outre et conquist le royaulme de Syrie et la saincte cité de Hierusalem, duquel royaulme il tua le roy qui eut une moult belle fille nommee Ayglentine..." (ibid.).

[49]Voir Gautier, Bibliographie, pp. 161-62; Woledge, *Bibliographie*, n° 143.

[50]Voir Woledge, *Bibliographie*, n° 144, et *Supplément* (Genève, 1975), p. 92; Gautier, *Bibliographie*, p. 162.

[51]Bibl. Nat. Rés. Y2 565, C 1r (éd. Lotrian).

[52]"Fermer et joindre immaculee purité avecques innocente blancheur d'ung indissoluble lax a concatenee ladicte merce hermine avecques elle" (ibid., prologue).

[53]Sur les guerres d'Italie, voir Henri Hauser et Augustin Renaudet, *Les débuts de l'âge moderne* (Paris, 1956), pp. 74-94. Charles VIII porte à son entrée dans Naples, en 1495, les couronnes de France, de Naples, Jérusalem et Constantinople.

[54]Bibl. Nat. Rés. Y2 565, N 4v.

[55]Voir Léon Gautier, *Épopées françaises. Étude sur les origines et l'histoire de la littérature nationale* (Paris, 1892), 2, pp. 629-30.

[56]Le succès de la geste de Renaud en Italie a pu frapper les écrivains familiers des expéditons françaises; mais l'influence des oeuvres italiennes, très différentes des versions françaises, ne peut être qu'indirecte.

LE MERVEILLEUX ET LE RELIGIEUX DANS "AMI ET AMILE"

Entre médiévistes et folkloristes, l'accord est aujourd'hui en passe d'être conclu à propos de la chanson de geste d'*Ami et Amile*. Après le "tout épique et chrétien" de J. Bédier ("sous cette forme, l'histoire d'*Ami et Amile* est une légende à la fois féodale et chrétienne" [1]) et le "tout folklorique" de G. Huet ("L'histoire des deux fidèles amis n'est au fond... que la mise en œuvre de données empruntées à deux contes populaires" [2]) peut venir le temps des synthèses: reconnaître la parenté entre notre texte et certains contes ne revient ni à exclure d'autres sources ni à voiler l'originalité du travail de la geste [3].

Ce travail consistant pour une part dans le transfert à un univers religieux d'éléments issus de l'univers du conte merveilleux, nous souhaitons étudier ici la nature exacte de l'articulation qui s'opère au point de contact des deux univers. Au moment où le poète s'intéresse aux éléments prodigieux qu'il trouve dans le conte -éléments qui constituent autant d'appels à l'action du héros -, la nécessité proprement religieuse [4] d'établir des liens entre ces éléments et une force - ici le Dieu chrétien- dont elle est la trace, ne peut être sans conséquence.

La mise en rapport de la geste divine et de l'action des héros conduit-elle à une sélection de certains thèmes folkloriques ? Comment ces derniers sont-ils mis en œuvre ? Le caractère hétérogène du merveilleux et du religieux est-il consciemment maintenu ? Telles sont les principales questions qui jalonnent notre démarche.

On rappellera tout d'abord brièvement que la tradition folklorique à laquelle s'apparente *Ami et Amile* est double. Il s'agit à la fois du *Conte des deux frères* (T. 303 dans la classification d'Aarne-Thompson [5]) et du conte du *Fidèle serviteur* (T. 516)[6]. Le premier récit débute par l'annonce d'une naissance gémellaire affectant être humains et animaux réunis au sein d'une même famille : la femme, la jument et la chienne qui se partageront le corps d'un animal merveilleux (un poisson) enfanteront trois (deux) jumeaux, trois poulains et trois chiens identiques. Un "signe de vie", permettant de savoir si l'un des enfants est en perdition, est d'autre part révélé ; un rosier, poussant à l'endroit où la queue du poisson aura été enterrée, verra l'une de ses fleurs se faner ; un couteau, planté dans un arbre, rouillera ou laissera suinter du sang.
Arrivé à l'âge adulte, l'un des frères s'en va et remporte la victoire sur un monstre - la bête à sept têtes - qui allait dévorer une princesse. Un usurpateur prive quelque temps le héros du fruit

452

de sa victoire, mais il parvient à se faire reconnaître, punit l'usurpateur et épouse la princesse .

Son bonheur est pourtant ,de courte durée. Il tombe au pouvoir d'une sorcière. Le "signe de vie" témoigne du malheur arrivé, et le second frère se met à la recherche de l'infortuné. Afin de mieux le retrouver, il prend la place du disparu auprès de l'épouse de celui-ci, et la belle ne s'aperçoit pas de la différence : l'honneur conjugal est sauf pourtant, car le second frère recourt au motif de l'épée de chasteté. Il découvre la sorcière, l'oblige à lui indiquer le lieu où se trouve le corps pétrifié de son frère, puis à rendre la vie à l'infortuné et punit la sorcière [7].

Tous deux (tous trois) reviennent auprès de la jeune épouse, qui ne peut pas les distinguer : le mari est obligé de se faire reconnaître.

Le conte 516 raconte comment un serviteur fidèle est chargé par un roi d'accompagner le jeune héritier dans sa quête d'une princesse dont le portrait l'a transporté d'amour.

Le prince est réputé sot, ou du moins jeune - peut-être, dans le langage du conte, cela a-t-il le même sens : le serviteur avisé doit donc être très attentif. En chemin, il surprend la conversation d'êtres merveilleux qui lui indiquent le moyen de déjouer les difficultés qui s'opposent à l'enlèvement de la princesse : le prince peut parvenir jusqu'à la jeune fille et l'emmène avec lui.

Au cours du voyage, le serviteur surprend une nouvelle conversation entre des êtres merveilleux ; des périls extrêmes guettent les compagnons, mais les moyens de les déjouer sont indiqués en même temps ; tout ira donc bien, si le secret est conservé au sujet des mesures qui doivent être prises : sinon, le bavard sera changé en statue de marbre.

Le serviteur fait bénéficier son maître du savoir qu'il a acquis; mais lorsque tous sont revenus auprès du roi, le jeune homme et son père exigent du fidèle Jean qu'il s'explique sur son comportement pendant le voyage de retour. Le serviteur refuse d'abord, puis accepte de parler et se trouve progressivement changé en pierre.

Grâce à un moyen merveilleux - parfois la conversation des êtres surnaturels qu'avait entendus le serviteur - le prince apprend qu'il peut rendre la vie à son serviteur en sacrifiant son propre enfant - il s'agit parfois de jumeaux : il devra asperger avec leur sang la statue de pierre. Le prince agit ainsi ; le serviteur revient à la vie et l'enfant (ou les enfants) ressuscitent à leur tour.

Signalons d'abord, au-dela des différences, les liens étroits qui unissent ces deux récits. Le premier est incontestablement un conte de jumeaux, un de ces récits dioscuriques dont parle A.H. Krappe [8] ; mais il met ainsi l'accent sur la fidélité parfaite des deux, ou des trois membres d'une fratrie gémellaire, et rejoint aussi le

453

conte 516, qui illustre - dans un système d'échange, il est vrai[9]- la fidélité exemplaire de deux personnages. Au reste, on l'a vu, le motif de la gémellité n'est pas absent du conte 516, s'agissant des fils du prince.

Par ailleurs, le mal qui sanctionne le fait d'avoir cru la sorcière (conte 303) ou d'avoir transgressé l'interdit (conte 516) est identique : il s'agit de pétrification. Des motifs circulent donc d'un conte à l'autre, et il n'est pas étonnant que la chanson de geste *d'Ami et Amile* puisse emprunter tour à tour à chacun.

C'est le conte 303 qui fournit la structure d'ensemble, avec le thème de l'identité absolue de deux personnages, qui peuvent être intervertis et se porter secours l'un à l'autre. Certains épisodes du conte ont été transformés, mais n'en restent pas moins reconnaissables : on citera le combat contre le monstre et l'intervention d'un usurpateur. Le premier motif subit une double transformation. D'une part, le dragon a cédé la place à un homme, Hardré, que doit affronter Ami, luttant au nom d'Amile, dans un duel judiciaire ; d'autre part ce personnage, situé dans une perspective religieuse, devient une figure diabolique [10]. Outre l'interprétation spirituelle du monstre, un vestige très clair du motif original subsiste : la victoire d'Hardré causerait, comme dans le conte, la mort de la fille du roi, puisque Bellissant- accompagnée de sa mère - a été livrée en otage.

Le deuxième motif, repéré par Krappe [11], est lui aussi condidérablement transformé : dans la logique de son personnage de traître ambitieux, Hardré fait croire à la mort des deux compagnons, en prétendant apporter leur tête : leur charge peut désormais lui être attribuée :

> "S'il vos plaist, sire, donnéz moi le mestier
> Que cil dui conte avoient avant ier" (433-434).

Certes, Ami et Amile pourraient avoir eu la tête tranchée au cours de la lutte, mais le fait de pendre les têtes "a sa selle doree" (402) n'est pas un geste honorable à l'égard des défunts supposés; il se comprend au contraire parfaitement s'il représente un trophée de victoire, ces têtes du dragon que le sénéchal du roi prétend dans le conte avoir coupées.

Quant au conte 516, on voit qu'il fournit la trame de la seconde partie de la chanson, à partir du moment où Ami engage sa foi - commettant ainsi un parjure - à l'égard de Bellissant (l. 90 sqq.). On verra en effet se déployer les principales étapes de la seconde partie du conte : signification d'un interdit - ici, l'avertissement de l'ange (1806-1820) -, équivalence entre la lèpre et la pétrification, connaissance obtenue par un moyen magique - ici, l'apparition de l'ange (2769-2813) - du sacrifice qui rendra la santé à l'ami touché par la maladie ou la mort, immolation des enfants, guérison par le sang, résurrection des enfants.

454

On pourra également trouver un écho atténué, interprété du reste dans une perspective religieuse, du thème du serviteur fidèle dans le dévouement de Garin et Aymon, les deux serfs d'Ami, qui lui permettent d'échapper à la vengeance de Lubias et l'accompagnent tout au long de son errance, allant jusqu'à accepter de se vendre à des marins cupides pour qu'Ami passe la mer (1. 135).

Mais notre propos n'est pas d'étudier dans le détail tout le travail de christianisation réalisé par l'auteur de geste : une telle étude a été faite en grande partie dans les travaux de nos devanciers, notamment dans le livre de W. Calin, *The Epic Quest* [12] - et dans un article récent de G. Madika [13]. Deux points mériteraient toutefois d'être ajoutés. D'une part la notion de pèlerinage, dont G. Madika écrit qu'elle "est au centre de notre poème" [14], n'est pas seulement présente lorsque la référence est explicite [15]; les deux héros sont en constant état de pèlerinage, soit que, dès le début du récit, ils renoncent à tout pour s'engager dans la longue quête au terme de laquelle ils seront réunis, ou bien parce que, comme Ami, ils s'en vont, dans un dénuement complet, à la recherche d'un salut qui les conduit vers des hauts lieux spirituels (Rome, Saint-Michel).

Il conviendrait aussi de relever, à côté de la notion de sacrifice, le motif de l'esclave qui s'offre pour sauver la vie d'Ami. La figure d'Aymon est à cet égard une figure christique, celle de l'*épître aux Philippiens* :

"... il s'anéantit lui-même,
prenant condition d'esclave,
et devenant semblable aux hommes" (2, 7) ;

ce serf qui veut qu'on le traite comme une marchandise

"Que de sa chose se doit on bien aidier,
S'en doit on bien vendrë et engaigier" (2647-2648)

invite en effet Ami à lire l'épreuve qui le frappe à l'image du sacrifice volontaire qu'il fait de lui-même ; tel était déjà, du reste, le sens de la réponse d'Ami à l'ange :

"La moie char, quant tu weuls, si la prent,
Et si en fai del tout a ton conmant" (1822-1823).

Il nous faut maintenant choisir l'un des points d'articulation du merveilleux et du religieux dans la geste, afin d'observer de près les réactions, au sens chimique du terme, qui se produisent lors de la mise en contact des deux univers : quels éléments se trouvent assimilés, quels éléments résistent, et quel parti l'auteur peut-il tirer de l'éventuelle absence d'homogénéité du "mélange" ainsi réalisé ?

Nous retiendrons le phénomène de la gémellité qui sert de fil directeur, on l'a vu, à la narration. Ce phénomène, immédiatement "traduit" par l'auteur de geste en termes d'identité absolue chez des personnages issus de naissances distinctes, suit fidèlement les grandes étapes de la narration folklorique.

Elle est annoncée, comme dans le conte, d'une manière surnaturelle : la "sainte annoncion" (13) répond ici à l'intervention du
poisson donateur. Peut-être faut-il également, comme le suggère
Krappe[16], voir dans le hanap remis à chacun des enfants ce "signe
de vie" dont la défaillance alertera le jumeau subsistant.

L'un des héros affronte un monstre (ici Hardré), la ruse de
l'usurpateur est déjouée, et la princesse (Bellissant) est épousée.
Le second est conduit à prendre sa place auprès de sa femme (rôle
dévolu à Lubias).

L'un des jumeaux sera mis hors de combat (par la maladie et
non par l'action de la pétrification) : l'autre viendra à son secours, dans des conditions qui résultent, on l'a vu, de l'utilisation
du conte 516.

La première constatation que l'on doit faire est celle de la véritable fascination qu'exerce sur l'auteur de geste ce thème de la
gémellité, source d'échanges possibles entre les héros - et donc
de situations dramatiques - qu'il se plaît à multiplier et surtout
à maintenir au moment même où il leur fait subir d'importantes transformations.

Au titre de la multiplication des effets dramatiques, on notera
la scène de quiproquo à la fois édifiante et comique des 11./7-10,
où Ami et Amile sont pris par un pèlerin et un berger pour un personnage unique. Mais la scène du serment prêté par Ami à la place d'Amile
double l'unique substitution prévue par le conte - et l'importance
de cette séquence est décisive dans la chanson - ; de même l'incertitude de l'épouse à propos de l'identité de son mari est redoublée
dans la geste : on la trouve à la fois après le combat contre Hardré
(1. 97) et après la guérison d'Ami : à ce moment, du reste, ce n'est
pas seulement Bellissant qui hésite, mais le peuple entier (1. 161,
3098-3101 ; 1. 163 , 3119-3121 ; 1. 164, 3138-3142).

Ainsi la gémellité est-elle aux yeux du poète un lieu majeur
du récit, qu'il s'efforce d'assimiler dans un sens à la fois épique
et religieux. Dans la ligne de l'épopée et des modèles célèbres,
il fait de ses deux héros des *compaignons* (16 sqq.), et le terme
qui désigne le lien qui les unit est celui de *compaignie* (18 sqq.).
Le terme est sans doute polysémique (il est employé une fois au sens
de commerce charnel, 1199), mais il désigne d'abord l'amitié qui
unit deux guerriers. C'est en ce sens que les héros, se proposant
d'aller servir Charlemagne, "s'entr' afient compaingnie nouvelle"
(200) ou qu'Amile, refusant les sollicitations d'Hardré, rappelle
son serment à l'égard d'Ami :

"Mon conpaingnon le plevi ge l'autrier
Qu'a compaingnie n'avrai home soz ciel" (598-599).

Mais cette "compaingnie" représente aussi une valeur religieuse
absolue, puisqu'elle est annoncée par un messager de Dieu :

"Si ot uns angres de par Deu devisé
La compaingnie par moult grant loiauté"(20-21).

456

que cette société repose sur l'identité parfaite entre les deux héros,
identité qui se veut la réalisation miraculeuse de la volonté divine

Dex les fist par miracle (43)

et non l'œuvre de la nature ; enfin, toujours à propos de l'apparition
prodigieuse de ces êtres en tout semblables, on notera un autre effort
d'interprétation religieuse dans le fait que la naissance selon la
chair est suivie d'une naissance selon la foi - le baptême - dont
les modalités sont elles-mêmes remarquables : la cérémonie a lieu
le même jour et l'avoué des deux compagnons est le ministre suprême
de l'église, le pape Yzoré (1.2.).

La compagnie est donc également chargée d'une haute signification
spirituelle, symbole d'élection divine qui doit à tout prix être
préservée. Hardré, personnage diabolique, et Bellissant, qui au début
de la chanson intervient en personnage perturbateur, s'emploient
de leur mieux à rompre ce lien sacré, auquel Ami s'accuse d'avoir
été infidèle.

"Ci fumez noz et juré et plevi
La compaingnie entre moi et Ami.
Il l'a gardee com chevaliers de pris
Et je com fel et com Deu anemis (912-915)

Plus tard Bellissant, entièrement revenue du côté de Dieu et
du bien, promettra au cours du serment qui la lie à Amile de sauvegarder la compagnie :

"Ne entr' euls douz ne mouvrai ja tanson" (1839)

Mais au moment où l'auteur de geste s'emploie à transformer
ce lien, devenu chez lui spirituel plus encore qu'épique, il souligne,
en cherchant à modifier l'expression du thème de la gémellité, la
fascination que celui-ci exerce sur lui. Autant qu'il le peut, il
insiste sur la ressemblance entre les deux personnages (32-33, 39-
41) et sur les autres signes concordants : caractère concomitant
de l'annonce de la naissance, de la conception et de la naissance
elle-même (1. 1-2).

Mais surtout le caractère symbolique que revêt dans le poème
le thème gémellaire ne prend jamais le pas sur sa présence effective
et sur les interprétations qui peuvent s'y rapporter. Le trouvère,
peut-on dire, en "rajoute", au moins dans la façon dont il opère
la suture entre les contes 303 et 516. A la fin de ce dernier récit,
la guérison ne débouche pas, et pour cause, sur la gémellité, alors
que la geste passe immédiatement du retour d'Ami à la santé - retour
naturellement attribué à un miracle divin :

Oiéz, seignor, com ouvra Jhesucris (3073)

au motif de la distinction impossible entre les deux héros (1. 161).
Le signe de la guérison est donc, à ses yeux, la reconstitution du
couple ayant toutes les caractéristiques de la fratrie gémellaire.

Est-ce à dire que, dans son esprit, le thème folklorique soit
entièrement assimilable ? Il n'en est rien. Nous avons déjà remarqué

457

qu'il prend bien soin de faire de ces jumeaux des êtres qui ne sont pas liés par le sang. Mais il y a plus : le trouvère semble persuadé de l'impossibilité de faire coïncider totalement à propos de ce thème univers folklorique et univers religieux, et c'est d'une telle tension qu'il tire le passage le plus original de son œuvre, c'est-à-dire le motif du parjure d'Ami et ses conséquences.

Dans la perspective du conte folklorique, la substitution d'un des jumeaux à l'autre ne soulève aucun problème. Certes, une limite au moins est posée à l'étendue des échanges possibles : la substitution ne doit pas porter atteinte à l'honneur d'un des frères, d'où le recours au motif de l'épée de chasteté ou la réaction brutale dans certaines versions - celle de Grimm par exemple [17] - du frère qui se croit trompé. Mais cette limite ne fait que traduire la règle essentielle du fonctionnement du thème gémellaire, où dualité et unité doivent être également respectées. Tant que l'identité d'un des frères n'est pas lésée - ce serait le cas si son rôle d'époux était usurpé par le jumeau -, rien ne s'oppose à ce que le conteur tire partie de la ressemblance due à la gémellité.

C'est ainsi que les choses se passent dans l'épître de Raoul le Tourtier : à peine Amicus a-t-il fait périr l'infâme Ardradus que le roi et son épouse - secondés par Beliardis - pressent le héros, confondu avec son compagnon, d'épouser la jeune femme :

Credunt Amelio quam tradere generoso [18],

et l'acceptation d'Amicus n'est suivie d'aucune conséquence fâcheuse. C'est bien plus tard,

Pluribus exactis post haec feliciter annis [19]

que la lèpre frappe Amicus. Aucune raison, on le sait, n'est donnée par l'auteur de l'épître, mais cela signifie du moins que la maladie est sans rapport avec l'acceptation, au nom d'Amelius, de la main de Beliardis.

La *Vita* raconte à peu près exactement comme Raoul le Tourtier les circonstances dans lesquelles Amicus reçoit la fille du roi : il plut à ce dernier, écrit-il

"ut cum magna familia copiaque auri et argenti Amico, inclito militi et sapientissimo, eam in uxorem traderet" [20].

Le texte hagiographique attribue il est vrai à Dieu l'origine de la maladie qui frappe Amicus, mais il s'agit d'une épreuve salutaire, et non du châtiment d'une faute :

"Omnem filium, quem Deus recipit, corripit, flagellat et castigat" [21].

La seule hésitation que marque la *Vita*, intervient au moment où s'engage le duel judiciaire ; elle ne concerne pas la question du serment, que le texte mentionne sans aucun commentaire :

"Jurat Ardericus hunc filiam regis opressisse, jurat et Amicus Ardericum mentitum esse" [22] ;

458

elle se situe au niveau de la mort d'Ardericus, qu'Amicus se reproche de désirer "fraudulenter" : mais le scrupule d'Amicus est vite résolu; le héros conjure Ardericus de renoncer à ses affirmations et au duel; et comme celui-ci refuse, déclarant qu'il veut jurer selon la vérité du fait et qu'il a l'intention de couper la tête de son ennemi [23], le combat peut commencer.

L'hésitation de la *Vita* traduit la gêne éprouvée par l'hagiographe devant un serment qui est certes conforme à la *res* mais non à l'esprit de la vérité - en ce qui concerne du moins le fait qu'un des compagnons est effectivement l'amant de la fille du roi. Le héros fait donc un geste de bonne volonté, en proposant à son adversaire de renoncer à la lutte et de devenir son ami, et comme l'autre refuse et affirme son désir de meurtre, le combat change de sens : Amicus combat désormais en situation de légitime défense.

Sans témoigner de gêne explicite, l'auteur de geste veille à faire d'Hardré, comme l'a montré J. Subrenat [24], un être dévoué à Satan : il devient traître à Dieu, créature de mensonge, et sa défaite est amplement légitime.

Si la *Vita* et le texte épique veillent, par des procédés différents, à confirmer la validité d'un serment qui procède de la substitution d'un des compagnons à l'autre, le motif folklorique en lui-même n'est pas mis en cause. La chanson seule va montrer, dans un second temps, la contradiction entre ce motif et la loi divine, autrement dit le caractère inévitable d'une tension entre univers merveilleux et univers religieux qui légitime, sur un plan narratif, la lèpre d'Ami, phénomène ailleurs fortuit ou du moins peu lié à une séquence déterminée du récit.

La geste, par un effet de parallélisme, souligne le lien entre les deux serments prêtés successivement. A peine le combat contre Hardré est-il fini que Charles presse Ami d'épouser sa fille [25]. Mais les éléments de rupture sont eux aussi manifestes : Ami cherche, par des manœuvres diverses, à éviter d'accepter la proposition de l'empereur, puis à en retarder l'effet [26]. Tout-à-l'heure, Ami pouvait échapper au caractère performatif du serment, dans la mesure où il pouvait nier, conformément à la réalité, avoir été l'amant de Bellissant. Cette fois, il est victime de la contrainte logique inhérente à l'acte de parole : jurer, c'est faire, et aucune réserve n'est possible. Ami a beau dire :

"Or jurerai en non mon conpaingnon" (1772),

il sait qu'il n'échappera pas pour autant à la *penitance* (1773), puisque c'est lui qui jure, et heurte ainsi de front la loi religieuse :

"Hui jures autre, Deu en poise forment" (1815),

et il sera puni à cause de cela, au moment même où, loin de porter tort à son compagnon, il se sacrifie pour lui.

L'auteur de geste a donc voulu montrer, dans une construction narrative rigoureuse, les limites de la compatibilité entre motif folklorique et univers religieux. Alors que par ailleurs les passages sont possibles et le travail d'assimilation constant, l'hétérogénéité des deux visions du monde se révèle à propos du serment, motif essentiel dans une perspective religieuse, puisqu'il implique directement la divinité dans une action humaine. L'habileté du poète consiste aussi à montrer que, dès le moment où la valeur performative du serment redevient possible d'un point de vue religieux, l'échange entre les jumeaux est de nouveau envisageable. Ainsi la formule de serment proposé à Bellissant par un chevalier - qui semble bien être le porte-parole du trouvère - est-elle à la fois légitime et comparable au premier serment d'Ami ;

"... je panrai Amile le baron
Au loëment d'Ami son compaingnon" (1837-1838).

Peu importe qu'elle ait en face d'elle Ami, et non Amile, puisque l'acte de la dame est conforme à son serment : elle deviendra l'épouse d'Amile - qui n'est pas là - sur la suggestion d'Ami - qui est présent.

On terminera en formulant quelques hypothèses sur les raisons qui conduisent l'auteur d'*Ami et Amile*, et tant de textes traitant à leur tour l'histoire des deux compagnons, à utiliser, dans une perspective toujours édifiante et le plus souvent religieuse, une histoire de jumeaux transmise par le folklore.
On reconnaîtra tout d'abord que ce thème croise inévitablement celui de la rencontre nécessaire de deux personnages que leur parfaite ressemblance et leur beauté destinent l'un à l'autre [27]. Ce thème romanesque est notamment présent dans *Floire et Blancheflor*, où les futurs amants sont nés, eux aussi, le même jour

Car en un biau jor furent né
Et en une nuit engendré,

et dont la beauté est identique :

N'a si sage honme el parlement
Qui sache eslire le plus gent [28].

C'est dans un esprit très comparable que nous assistons à la quête réciproque des deux compagnons au début de la geste (11.3 - 11).
Mais le couple ainsi formé n'est pas destiné à illustrer l'absolu d'une union amoureuse, même de type mystique. C'est d'une autre manière que le poète entend célébrer la majesté divine.
Dans la mesure où la fratrie gémellaire est écartée au profit du compagnonnage de deux "absolument semblables", c'est Dieu seul qui apparaît comme l'auteur d'un tel prodige, la nature étant, en quelque sorte, mise hors jeu.
D'autre part le mouvement constant entre l'unicité et la dualité que représente le phénomène gémellaire implique une appréhension nouvelle du couple. La révélation biblique associe unité et dualité dans le couple formé par l'homme et la femme :

460

Dieu créa l'homme à son image,
à l'image de Dieu il le créa,
homme et femme il le créa",

lit-on au chapitre 1, 27, de la Genèse. Partout ailleurs, la dualité
est interprétée de façon négative :

"le deux, écrit Hugues de Saint Victor, qui admet la division
et qui peut être divisé en deux parties, signifie les choses
corruptibles et transitoires" [29].

Dans la gémellité, la dualité retrouve l'unité et son rôle fondateur :

"L'un qui est le premier des nombres, signifie le principe de
toute chose", écrit encore Hugues [30].

On comprend de cette façon que, depuis le premier texte imité
par Raoul de Tourtier, la tradition chrétienne ait travaillé sur
le conte des deux frères jumeaux ; mais on voit aussi que, parmi
tous les textes conservés, *Ami et Amile* est l'œuvre qui a cerné avec
le plus de précision les limites du religieux et du merveilleux,
de façon à ce que l'unité divine ne puisse être confondue avec l'unité
du couple gémellaire [31].

NOTES

1. Voir *Légendes épiques*, t. II, Paris, 1908, p. 178.

2. Voir *"Ami et Amile". Les origines de la légende*, dans *Moyen Age*,
t. 31, 1919, p. 186.

3. A. Planche, auteur d'un très éclairant article sur l'histoire
des deux compagnons ("*Ami et Amile* ou le même et l'autre" dans *ZRom
Phil.*, Sonderband zum 100 jährigen Bestehen, 1977, p. 237-269),
refuse de prendre en compte l'influence de la tradition folklorique,
dans la mesure où la gémellité n'est pas explicitement présente dans
la chanson de geste et le corpus apparenté. Pour notre part, nous
reconnaissons volontiers que le conte n'est en aucun cas le seul
modèle d'*Ami et Amile*, et que le jeu sur l'identité et l'altérité
ne se confond pas avec le thème de la gémellité ; mais nous croyons
tout-à-fait impossible d'écarter ce thème et le schéma narratif dans
lequel il s'insère.

4. Voir, sur le caractère religieux d'*Ami et Amile*, l'article de
G. Madika, dans *Ami et Amile, Une chanson de geste de l'amitié*, Etudes
recueillies par Jean Dufournet, Champion 1988, p. 39-50.

5. Voir P. Delarue et M.-L. Tenèze, *Le conte populaire français*,
t. I, Paris 1977, p. 147-161.

6. Voir P. Delarue et M.-L.- Tenèze, *op.cit.*, t. II, p. 299-307.

461

7. Lorsqu'il y a trois frères, le second connaît le sort du premier; c'est le troisième qui libère les deux autres.

8. Voir *The Legend of Amicus and Amelius*, dans *Modern Language Review*, t. 18, 1923, p. 158.

9. Dans plusieurs versions du conte, notamment celle de Grimm n° 6, *Der treue Johannes*, c'est le serviteur qui, après avoir été ramené à la vie par le sacrifice des enfants les ressuscite à son tour.

10. Voir G. Madika, *art.cit.*, p. 46 et Jean Subrenat, *Les tenants et aboutissants du duel judiciaire dans Ami et Amile*, dans *Bien dire et bien aprandre, Sur Ami et Amile*, 1988, p. 54-55.

11. Voir *art.cit.*, p. 157.

12. Baltimore, 1966. W. Calin ne reconnaît pas l'influence de type folklorique mais s'intéresse particulièrement à la perspective chrétienne de la chanson.

13. Voir également les réflexions de M. de Combarieu dans *Une extrème amitié*, dans *Ami et Amile, op.cit.*, p. 36-38.

14. Voir *art.cit.*, p. 41.

15. C'est-à-dire les l. 1, 7-10, 175-177.

16. Voir *art.cit.*, p. 156.

17. Voir n° 60, *Die zwei Brüder*. Le frère qui vient d'échapper aux maléfices de la sorcière tue le frère qui l'a sauvé en apprenant que celui-ci a dormi auprès de son épouse.

18. Edition A. Monteverdi, *Studi romanzi*, XVIII, 1926, p. 7-45, v. 275.

19. *Ed. cit.*, v. 291.

20. Voir l'édition figurant dans l'appendice IV d'*Amis and Amiloun*, hsgg. E. Kölbing, Heilbronn, 1884, p. CIII, 1.32-33 : "de la donner pour épouse à Amicus, l'illustre et très sage combattant, avec une nombreuses suite et une grande abondance d'or et d'argent".

21. *Ed.cit.*, p. CIV, 1.1.-2 : "Tous ceux que Dieu reçoit pour ses fils, il se saisit d'eux, leur donne le fouet et les corrige"

22. *Ed. cit.*, p. CIII, 1. 26-27 : "Ardericus jure qu'Amicus a deshonoré la fille du roi, et Amicus jure que l'autre a menti".

23. *Ed. cit.*, p. CIII, 1. 24-26 : "sed veritatem rei, sicut se habet, coram omnibus jurabo, tuum caput auferre desiderans".

24. Voir *art.cit., loc. cit.*

25. Voir l. 84.

26. Voir l. 86-89.

27. Nous sommes redevable de cette suggestion à M.F. Lecoy, présent au Colloque d'Aix : nous lui témoignons ici toute notre gratitude.

28. Voir l'édition de Margaret Pelan, Strasbourg, 1937, v. 23-24 et 2672-2673.

462

29. Voir *Brèves remarques préliminaires à propos des Ecritures et des écrivains sacrés*, traduites par Y. Delègue dans *Les machines du sens*, Paris, 1987, p. 28.

30. *Op.cit.*, p. 47.

31. Sur la question des transformations de type religieux opérées par l'auteur d'*Ami et Amile* sur un modèle d'origine folklorique, nous signalons les intéressantes suggestions de J.P. Martin dans son article "Les motifs épiques dans *Ami et Amile*", dans *Ami et Amile, op.cit.*, p. 118-120.

IIIème Partie

La tradition épique aux XIVe et XVe siècles

L'épopée française tardive (XIVe — XVe s.)

L'épopée française, dès la fin du XIIIe s., apparaît comme un genre en sursis ; pour des raisons diverses, bien des médiévistes estiment que la production des XIVe et XVe s. aurait dû sombrer dans l'oubli. L. Gautier intitule le chapitre de ses *Épopées françaises* réservé aux chansons de cette période " Les derniers romans en vers " [1], signifiant ainsi qu'il va traiter d'une littérature dégénérée — " romans" et non " chansons de geste" — et en voie d'extinction — " derniers ". Quant à Martin de Riquer, il écrit : « La manière de l'épopée française tombe dans une franche décadence, sur le sol natal, à partir du XIVe siècle. » [2].

Pourtant, et depuis longtemps, on explore cette littérature mal-aimée, soit en lui consacrant des éditions — *Hugues Capet* a été livré au public dès 1864 [3], *Tristan de Nanteuil* a paru en 1971 —, soit en les étudiant de façon précise : on connaît l'ouvrage d'E. R. Labande sur *Baudouin de Sebourc* [4], la série d'articles consacrés par R. Bossuat à *Hugues Capet* [5], *Florent et Octavien* [6], *Charles le Chauve* [7] et *Théséus de Cologne* [8], enfin l'étude magistrale de M. J. Horrent sur la tradition du *Galien* [9].

Ces textes, il est vrai, restent peu connus, et l'on attend avec impatience les éditions qui permettront de les découvrir ; pour notre part nous voudrions montrer, en offrant respectueusement notre travail à M. J. Horrent, que ces poèmes tardifs restent des œuvres vivantes, où l'on découvre la persistance de traits initiaux et la présence de modifications qui attestent le pouvoir de renouvellement de la tradition épique.

Ces chansons sont au nombre de vingt-cinq environ [10] et se répartissent en trois catégories. Il s'agit d'abord de poèmes qui se situent dans une relation étroite avec des textes plus anciens, dont ils sont le prologue — *Maugis* pour *Renaut de Montauban* ou *Auberon* pour *Huon* — ou la suite — *Esclarmonde, Yde et Olive, Clarisse et Florent, Godin* pour *Huon de Bordeaux*. D'autres chansons se présentent comme la refonte d'œuvres antérieures : c'est la catégorie des remaniements, parmi lesquels figurent, par exemple, *Ogier le Danois* et *Ami et Amile*. On trouve ensuite des compilations, telles le *Charlemagne* de Girart d'Amiens ou la *Geste de Liège* [11] de Jean d'Outremeuse, qui

450

associent divers récits épiques. Enfin nous rencontrons parfois des œuvres originales, soit légendaires comme *Baudouin de Sebourc,* soit en relation étroite avec l'actualité, comme la *Vie de Bertrand Du Guesclin,* par Cuvelier. Ces différentes catégories représentent respectivement 12 %, 44 %, 12 % et 32 % des textes envisagés : nous pouvons déjà constater que si les " réécritures " sont les plus nombreuses parmi les chansons tardives, la part des œuvres nouvelles (32 %) est loin d'être négligeable ; on aurait donc tort de parler d'un genre en voie d'extinction.

Si nous examinons maintenant les caractéristiques de ces poèmes, nous remarquons d'abord leurs dimensions généreuses : c'est le trait le plus souvent relevé par la critique, celui qui décourage les lecteurs éventuels. Le Prologue et les suites de *Huon de Bordeaux* portent le texte de 10552 à près de 32000 v. ; *Tristan de Nanteuil* comporte 23361 v., le remaniement d'*Ogier* en alexandrins près de 29000 et la chanson du *Chevalier au Cygne et Godefroy de Bouillon* atteint 30000 v. : il y a de quoi terrifier.

Notons pourtant que tous les poèmes n'atteignent pas ces proportions gigantesques : *Maugis d'Aigremont* compte moins de 10000 v., le *Bâtard de Bouillon* n'en a que 6546, *Hugues Capet* 6361 et *Florence de Rome,* avec 4562 v., est plus bref que la version originale (6410 v.). Même s'il s'agit là d'exceptions, il convient de rappeler que toutes les chansons de la bonne époque n'ont pas systématiquement la taille gracile : *Huon de Bordeaux* dépasse 10000 v., tandis que la *Chevalerie Ogier* en compte 12346 et *Renaut de Montauban* 18489.

Ainsi, le critère de la dimension des textes, pour être le plus voyant, n'est pas décisif : l'étendue des poèmes tardifs n'est que l'expression massive d'un type de composition nouveau, qui déconcerte le lecteur.

À propos de *Godin,* p. ex., F. Meunier écrit : « On a l'impression de se trouver — et rares sont les passages qui échapperaient à ce jugement impitoyable — en présence d'un énorme fatras, d'une compilation d'éléments hétéroclites mal assemblés, d'un monstre de lenteur, de prolixité et de monotonie » [12]. C'est une appréciation comparable à celle que portait L. Gautier sur *Charles le Chauve :* « Dans *Charles le Chauve,* il y a dix chansons qui se suivent et sont à peine reliées l'une à l'autre » [13].

De tels reproches sont probablement justifiés pour certains textes : la qualité littéraire de *Godin,* entre autres, semble médiocre. Mais l'impression de désordre, ou plutôt d'absence de composition, résulte surtout d'une modification profonde de la structure narrative du poème, modification traduisant des objectifs nouveaux assignés au récit.

La chanson de geste tardive se propose en effet de présenter l'histoire complète de nombreux personnages, alors que les textes antérieurs limitent leur projet narratif à une action déterminée centrée sur quelques protagonistes. Au lieu d'une bataille, avec ses préparatifs et ses conséquences, on nous présente la révélation d'un héros jusque-là occulté, l'histoire de ses amours et de ses exploits et parfois le récit des aventures de ses enfants et de leurs descendants. Ainsi, alors que le *Roland* resserre autour de Roncevaux un drame dont Roland, Olivier, Charlemagne et Marsile sont les protagonistes,

l'auteur du ms. de Cheltenham, tout en voulant conter " Les fais de Rainche-
vaulx ", s'intéresse aussi à leur " commencement " [14] : d'après un *Girard de
Vienne* amplifié, il rappelle les circonstances de " La venue Roulant et d'Olivier le gent " ; selon la tradition de *Galien,* il évoque aussi la naissance du fils
d'Olivier, ses " enfances ", sa participation aux combats de Roncevaux, ses
amours avec Guimarde, sa lutte pour défendre sa mère Jacqueline, enfin sa
présence lors de l'affrontement avec Baligant [15].

Sont ainsi mis à contribution des schémas narratifs dont le but est de faire
alterner séparations et retrouvailles, occultation et manifestation du héros. Le
récit " d'enfances ", p. ex., fort bien étudié par F. Wolfzettel [16], place le héros
en situation d'*exil,* soit qu'il ait été abandonné à la naissance, soit que la haine
d'un traître le poursuive ; le jeune homme mène pendant un certain temps une
enfance non chevaleresque auprès de ceux, bourgeois ou ennemis de la foi,
qui l'on recueilli ; parvenu à l'âge adulte, il manifeste sa valeur au *service d'un
prince étranger ;* il devient l'*ami* de la fille ou de la femme de ce prince ; une
péripétie le met de nouveau en péril et le contraint à l'*exil ;* enfin il retrouve les
siens, est *restauré* dans sa dignité première et venge l'injustice dont il avait été
victime. Ces six motifs peuvent être complétés par d'autres, tel celui de la
séparation des deux frères, qui utilise divers contes de jumeaux et la légende
de saint Eustache.

La récurrence de schémas de ce genre provoque une incroyable complexité de la trame narrative, dans la mesure où elle multiplie épisodes et personnages : chaque mise en œuvre du système génère de nouveaux héros, appelés à
devenir le centre d'aventures qui tantôt les rapprochent, tantôt les éloignent
les uns des autres. Au début de *Tristan de Nanteuil,* Gui et sa femme
Aiglentine se sont embarqués pour porter secours à Aye d'Avignon, mère de
Gui : bientôt les deux époux sont séparés et Aiglentine se trouve elle-même
dépossédée de Tristan, l'enfant qu'elle a mis au monde (v. 1-203). La question
posée initialement par le récit — comment Gui, Aiglentine et Aye seront-ils
réunis — en a donc engendré deux autres : comment les deux époux se
retrouveront-ils, quand Tristan reverra-t-il ses parents ? Mais bientôt Gui
devient l'ami de la belle Honoree et lui donne " un beau filz ", Doon (1015).
À peine la chanson est-elle commencée, que le groupe des protagonistes —
Aye, Gui, Aiglentine — se trouve multiplié par deux, avec l'entrée en scène de
Tristan, Honoree et Doon. Des possibilités indéfinies s'offrent donc aux
auteurs pour introduire de nouveaux personnages et diversifier leurs relations
réciproques : on comprend que 23000 v. n'aient pas semblé excessifs au poète
du *Tristan.*

La deuxième caractéristique des chansons tardives est la mise en scène de
personnages d'un type nouveau. Au héros épique traditionnel, dont les fautes
éventuelles — démesure, témérité, cruauté — sont la rançon d'une valeur
hyperbolique, se substituent des figures dans lesquelles la prouesse fait bon
ménage avec des traits non chevaleresques. Apparaît ainsi un type de héros
grand séducteur, avec Baudouin de Sebourc et ses trente bâtards, Hugues
Capet et ses innombrables conquêtes :

452

> Que dira Katherine et Agniez et Riqueus,
> Quant d'ellez ay eux les premiers honneürs
> Et ont pour my laissiet a prendre leur espeus ?
> Tant qu'il m'en souvenra j'en vivray en dolleurs ;
> Oublier ne porray le jolly temps que j'eus
> A Mons et a Mabeuge, a Vins et a Reus. (*HC,* p. 9) [17]

Ce type de personnage fait preuve d'irrespect à l'égard de l'autorité établie : ainsi Maugis, non content d'utiliser les enchantements, comme dans *RM,* pour tirer d'affaire lui-même et ses amis, s'attache désormais à rendre Charlemagne ridicule : c'est ainsi qu'il fait prisonnier, sans coup férir, Naimes, Salomon et Hoël en les conduisant à Moncler, alors qu'ils se croient dans le camp de l'empereur [18]. La religion elle-même n'est pas épargnée : dans le remaniement du XVᵉ s. (BM, Roy. 16 G II), Maugis devient pape — le meilleur de tous :

> Innocent fut nommé quant pape on l'ordonna.
> Onques puis que Noiron fist saint Pierre exillier
> N'eusmes si bon pape, c'est a croire de legier (166r) ;

il entend Charlemagne en confession et lui refuse l'absolution jusqu'à ce qu'il ait pardonné à " Maugis le larron ". Baudouin se déguise en moine ; il recourt lui aussi à la confession pour apprendre les infidélités de sa maîtresse (XVI, 527-642).

Un troisième trait est l'importance nouvelle prise par les éléments folkloriques ou merveilleux [19]. Sans doute peut-on constater dans les chansons anciennes la présence de données véhiculées par la tradition populaire : on sait que Rainouart est à rapprocher du *Gaite-tison* [20], et que Guiot (*Chanson de Guillaume*) ou Guichardet (*Chevalerie Vivien*) rappellent les contes où le plus jeune et le plus petit des frères manifeste tout à coup une valeur insoupçonnée. Mais le phénomène se généralise ici, sans doute en liaison avec l'adoption des schémas narratifs dont nous avons parlé, et qui se rapprochent eux-mêmes du conte populaire [21]. De même le merveilleux est, dès le départ, lié au mode d'écriture de la chanson de geste : puisque le domaine et les modalités d'action du héros épique se situent hors de toute mesure, le merveilleux concourt à la recherche de l'hyperbole, expression rhétorique fondamentale de l'épopée. L'ennemi est donc interprété comme le démon — " aversier " [22] — et dépeint comme tel

> Josqu'a la tere si chevoel li balient.
> Greignor fais portet par giu, quant il s'enveiset,
> Que .iiii. mulez ne funt, quant il sumeient (*Roland,* v. 377-79),

tandis que la puissance divine, représentée par l'ange, peut répondre à l'action du héros : " Deus tramist sun angle Cherubin   E seint Michel del Peril... " (*Roland,* v. 2393-94).

Mais dans les premiers textes épiques l'élément merveilleux n'est, pour reprendre la terminologie de Propp, qu'un auxiliaire du récit : dans les chansons tardives, il peut devenir élément dramatique ou esthétique essentiel.

Comme dans les romans arthuriens, l'autre monde côtoie l'univers du récit, et le voyage en Avalon devient consécration de la valeur héroïque : Huon de Bordeaux dans *Esclarmonde,* Ogier le Danois, le Bâtard de Bouillon, Dieudonné de Hongrie, Lion de Bourges accomplissent ainsi, comme autrefois Rainouart[23], le voyage initiatique pendant lequel ils deviennent souvent l'amant de la fée Morgue. Sous l'influence probable de *Huon de Bordeaux,* des êtres surnaturels règlent la destinée des héros, tandis que l'enchantement devient spectacle : Maugis affronte Néron en une sorte de concours titanesque[24], tout comme Maufuné, dans *Charles le Chauve,* rivalise avec Balan d'Escalone[25].

Enfin les chansons tardives sont marquées par un souci didactique, dont l'auteur de *Baudouin de Sebourc* fait état dès le prologue (I, v. 69-71) :

> [...] je ne sai si bricon,
> S'il prent garde a mes dis et oït ma chanson
> Jammais ne sera heure n'en vaille se mieux non.

On relève dans ces poèmes de nombreux couplets moralisateurs et des proverbes, que les éditeurs signalent fréquemment dans les tables[26]. Ces éléments didactiques, qui brisent la continuité du récit et contrastent parfois brutalement avec le ton généralement employé[27], ont sans doute fait beaucoup pour accréditer l'idée d'une dégénérescence du style épique[28].

Nos textes ayant été ainsi présentés, il faut maintenant s'interroger sur la raison de leur succès, autrement dit sur la nature de l'accord qui existe, aux XIVe et XVe s., entre public et auteurs, accord qui conduit, on l'a vu, à des œuvres relativement nombreuses et pourvues d'un étonnant pouvoir de transformation[29]. Le problème est en effet celui d'une contradiction, au moins apparente, entre le désir des auteurs et du public et la forme choisie pour les écrits produits. Si l'intérêt de tous s'attache à des structures narratives nouvelles, pourquoi n'a-t-on pas retenu la forme du roman, et notamment du roman en prose, parfaitement adaptée aux récits les plus complexes ? D'autant, comme le montre L. Gautier, que c'est dans les passages où il s'agit de montrer — un tournoi, une ville — et donc de conter, que nos auteurs sont le plus à l'aise : « Les poètes du XIVe s. », écrit-il, « sont avant tout des conteurs »[30].

La raison première de ce fait est le désir des poètes — répondant à l'attente du public — d'enter sur le réel — ou sur son apparence — la célébration de héros légendaires ou qui ont trouvé place dans l'histoire. Deux exemples opposés permettent de saisir cette intention à la fois lyrique et " voir disante ".

À la fin du XIVe s. Cuvelier, voulant célébrer les exploits de Du Guesclin, qui vient de mourir, et perpétuer sa mémoire, utilise la forme de la chanson de geste et le manifeste dans son prologue (v. 1-7) :

> *Or me veilliez oïr,* chevalier et meschin,
> Bourjoises et bourjois, prestres, clers, jacobins,
> Et je vous *chanterai* commencement et fin
> De la vie vaillant de Bertran Du Guesclin,

> Connestable de France, le vaillant palazin,
> Qui tant fust redoubtez jusqu'a l'eaue du Rin,
> En France, en Auvergne et dedens Limosin.

Il se place donc dans la perspective fictive du chant destiné à être écouté et découpe son récit en laisses d'alexandrins rimés.

À l'opposé un texte essentiellement légendaire comme *Théséus de Cologne* prend appui sur la réalité contemporaine dans la mesure où la place accordée à saint Denis " Qui les III fleurs de lis envoia dignement   Au noble roy Clovis qui regna loiaulment " et qui n'a cessé de protéger la France " De grande traïson plaine de felonnie " paraît bien être l'évocation des malheurs du pays sous Charles V et l'affirmation de la confiance du poète dans la personne et les efforts du roi [31].

Entre les deux, *Hugues Capet,* œuvre à prétention historique, mais dont la mise en œuvre est d'abord poétique, contient, ainsi que l'a montré R. Bossuat, des allusions précises à la crise monarchique de 1358, avec le souvenir du siège de Paris mis par le Dauphin, futur Charles V, et celui des combats livrés, avec l'aide de la bourgeoisie parisienne, contre les Anglo-Navarrais [32].

Ainsi, qu'il parte de la réalité contemporaine ou bien de la légende, le poème épique tardif repose sur la conscience d'une liaison naturelle entre la forme poétique de la chanson de geste et la vérité. Nous retrouvons donc ici les vues que D. Poirion exprimait, voici quelques années, à propos de poèmes plus anciens [33]. Au XIVe s. comme au XIIe, la chanson de geste fonctionne sur le mode de l'authentique, quelle que soit la différence entre contenu de l'affabulation et réalité vécue à l'époque, parce qu'elle « cristallise autour de certaines figures de héros, autour de certains noms, les questions fondamentales qui se posent à la société... » [34]. Si l'on en croit R. Bossuat, la question majeure posée par les textes tardifs — du moins ceux du XIVe s. — serait celle de la légitimité de la dynastie royale française affrontée à l'invasion étrangère et aux soubresauts de la guerre civile.

La prétention à dire le vrai circule donc tout au long de l'histoire de l'épopée. Après Jean Bodel qui, dans le prologue des *Saisnes,* oppose aux contes de Bretagne, " vains et plaisans ", les récits épiques, " Cil de France sont voir chascun jor aparant " ; après Jean de Grouchy qui, à la fin du XIIIe s. définit la chanson de geste comme un texte " in quo gesta et antiquorum patrum opera recitantur ", l'auteur de *Tristan de Nanteuil,* qui écrit pourtant une œuvre de pure fiction, au sens historique du terme, s'installe à son tour dans la revendication de l'authenticité : " Or entendés a moi, pour Dieu et pour son non,   Et je diray histoire ou il n'a se voir non ;   Cë est des nobles hoirs dame Aye d'Avignon " (v. 13104-6). Cette " vérité de l'époque " semble bien être, pour autant que nous puissions la déchiffrer à travers le prisme de l'écriture poétique, celle d'une crise des valeurs. Crise des valeurs politiques, ainsi que le pensait R. Bossuat : le pouvoir royal, contesté, doit être consolidé ; mais aussi crise des valeurs sociales, que l'on peut discerner dans certains traits prêtés aux protagonistes. Nous avons vu plus haut que le héros

épique n'est plus insoupçonnable; sans doute la tradition du personnage
" aberrant " est-elle ancienne et l'on a, dès le XIIe s., un *Rainouart* amoureux
de la cuisine et du vin, dont l'intelligence n'est pas toujours sans défaut (il est
vrai qu'on l'a " asoté " [35]). Mais il faut attendre cette époque pour trouver,
avec Hugues ou Baudouin, des héros coureurs de filles, ou, comme Tristan au
début de ses avantures, un héros peureux, qui abonde en affirmations peu
glorieuses : " J'ain mieulx estrë en paix, et n'aye point d'amye,   Que
maintenir debat et avoir seignorie ;   En guerre maintenir peut on perdre la
vie " (*TN*, v. 6567-69).

On reconnaîtra évidemment ici l'influence romanesque, non seulement
parce que le récit arthurien aime les personnages contrastés, comme ce Beau
Couard, dont on ne connaît que le nom emblématique [36], ou comme Guivret
le Petit qui " De grant cuer estoit hardis " (v. 3666), mais parce qu'il met
parfois en scène, avec Dinadan, des héros qui prennent leurs distances par
rapport aux valeurs consacrées. De plus le roman est le lieu d'un itinéraire du
personnage : il offre donc la possibilité d'une évolution, et Dinadan, qui
vitupère si souvent les joutes inutiles qui n'amènent que le deuil, tentera de
venger la mort de Tristan son ami [37] : de même Tristan de Nanteuil, grâce à
l'amour qu'il éprouve pour Gloriande, mais aussi grâce au don de la fée [38],
acquiert le courage habituel aux héros.

Mais une telle évolution, naturelle au roman qui se construit en déplaçant
progressivement l'équilibre des personnages et de l'action, est étrangère au
principe du poème épique, qui nous livre d'un seul coup tout ce qu'il peut nou
dire sur le héros ; si des modifications interviennent, chacune des informations données visant également à l'authenticité, lâcheté et courage doivent
également être tenus pour vrais, et Tristan, en dépit de la valeur qu'il acquiert,
n'est pas intangible. Une incertitude relative pèse désormais sur le héros, dont
le sexe lui-même n'est plus à jamais déterminé : Yde, fille de Clarisse, est
transformée en garçon dans *Yde et Olive,* et Blanchandine devient Blanchandin dans *Tristan de Nanteuil* [39].

Tous ces éléments sont à mettre en rapport avec une certaine mise
en cause de la valeur et du rôle de la noblesse, qui intervient en France après
les défaites de Crécy et de Poitiers, comme le montre une *Complainte
sur la bataille de Poitiers,* citée par R. Bossuat : " Par leur grant convoitise, non pour honneur conquerre   Ont fait tel paction avec ceuls d'Angleterre :   Ne tuons pas l'un l'autre ; faisons durer la guerre ;   Faignons estre
prisons ; moult y porrons acquerre. "[40]

Cette remise en cause aboutit-elle à l'exaltation de la classe bourgeoise ?
L'ambiguïté règne, dans ce domaine aussi. Certes les bourgeois jouent un rôle
très important dans *Hugues Capet,* comme ils l'ont fait au milieu du XIVe s. à
Paris, mais les railleries qui leur sont adressées, même si le récit les condamne,
représentent un fait de mentalité (p. 48) :

Mais entre vous, bourgois au fourré capperon,
Estez devant vos huis trop noble campion,
Et cant vient en bataille, n'i vallez .i. bouton ;

456

quant à *Baudouin de Sebourc,* s'il accorde une place importante aux bour
geois, il n'oublie pas la critique traditionnelle de la commune :

> Mais amour de commune est moult tost trespassee,
> et qui se fie en iaus, c'est verités prouvee,
> il en a, en le fin, une maise saudee (X, 311-13).

Il y a donc ambiguïté des valeurs sociales, mais nos textes traduisent
également l'ambiguïté des valeurs morales et religieuses. L'auteur de la chanson d'*Ogier* en alexandrins est dévot à l'égard de la Vierge, mais il ne se fait
aucune illusion sur la valeur des combats judiciaires. L'épouse de Désier de
Pavie, qui a effectivement commis l'adultère avec Ogier, ne craint pas de se
parjurer en affirmant son innocence :

> Lors a dit coiement : " Doulce Vierge honnouree,
> Veuilliés aidier a celle qui ci s'est parjuree !
> Parjure suy, dont j'ay la chiere tourmentee,
> Mais ce fait la paour d'estre en un feu jettee " ;
> Puis dist : " Dieu en scet bien mon ceur et ma pensee,
> Et se parjure suy pour la mort redoubtee,
> Ma penance par droit en doit estre abriefvee " [41] ;

quant à Benoît, le champion qu'Ogier a délégué auprès de son amie, il met
aussi sa confiance dans la Vierge : " La dame des sains cieux m'aidera,   Car
pour dame sauver sui je venu deça ", alors que le chevalier lombard qui
défend l'accusation trouve la mort, après avoir maudit le combat judiciaire :
" ... Maudiz soit ciex c'onques champ estora !   Puis que Dieux fault le droit
et qu'ensi failli m'a,   Jamais en sa poissance le mien corps ne croira " [42]. La
miséricorde de la Vierge, la protection accordée par Dieu aux amants sont des
thèmes courants de la littérature médiévale ; mais les héros en paient le prix,
soit celui de l'habileté — le serment réservé d'Iseut — soit celui de la
pénitence et du sacrifice (lèpre d'Ami et héroïsme d'Amile). Ici, nul tragique,
alors qu'un aspect important de l'univers épique, la relation entre action et
vérité, se trouve déplacé.

Au terme de ces constatations, on se demandera pour quel public de telles
œuvres ont été écrites. L'opinion dominante, représentée, après L. Gautier,
par R. Bossuat et E. R. Labande, est que les lecteurs visés appartiennent au
milieu bourgeois. *Hugues Capet,* pour L. Gautier, était « une œuvre de parti,
qui fut peut-être payée par les bourgeois de Paris, et qui en tout cas fut
composée pour elle et servit ses intérêts » [43] ; plus nuancé, R. Bossuat pense
que cette œuvre est issue du milieu populaire, mais qu'elle prêche « l'accord
complet du pouvoir monarchique avec la bourgeoisie qui l'a sauvé » [44].

De même le ton employé, l'esprit irrespectueux et gaillard qu'on rencontre assez souvent dans ces poèmes font également pencher les commentateurs
vers l'hypothèse d'une destination bourgeoise. À propos de *Baudouin de
Sebourc,* E. R. Labande écrit : « Le rire est à peu près continu dans les deux
premiers tiers de l'œuvre. Toutefois il est souvent, ou il nous paraît, médiocre
dans son expression ou dans ses motifs. C'est que, et ce fait en constitue la
meilleure preuve, les lecteurs du poème n'appartenaient certainement pas aux

plus hautes classes de la société ; ce devaient être des bourgeois enrichis du Hainaut... » [45].

Ces arguments, à vrai dire, ne nous paraissent pas convaincants. Certains textes, à coup sûr, confient aux bourgeois le rôle d'appui de la royauté, mais nous avons vu qu'ils conservent certains réflexes anti-bourgeois. Du reste les non-nobles n'accèdent pas au statut héroïque : ils sont les auxiliaires des héros et non les protagonistes ; dans *Hugues Capet,* ces derniers restent des nobles, même de " petite extrace ", Hugues tout le premier, qui "... estoit gentilz hons et filz de chevalier " (p. 1, v. 13), mais aussi Hugues de Dammartin, connétable de France, le roi Beuve de Tarse et Drogues de Venise, descendant du lignage Aymeri de Narbonne. Ce phénomène se retrouve dans *Baudouin de Sebourc :* décidément, les bourgeois ne peuvent jouer qu'un rôle " d'appui ".

Quant à " l'esprit " des poèmes tardifs, il n'autorise pas l'hypothèse d'E. R. Labande. La gaillardise, voire la grossièreté, ne sont pas chose nouvelle dans les poèmes épiques. Les injures adressées par Guillaume d'Orange à sa sœur ne sont pas des plus délicates [40] et Rainouart, même devenu moine, est capable de mettre en parallèle les différents plaisirs de la chair : " ne fu tel joie com de boire et mengier.   Mieus vaut assés que ne fait dosnoier   ne acoler n'enstraindre n'enbracier " [47]. On connaît l'allégresse du *Pèlerinage de Charlemagne,* si bien étudié par M. Horrent [48] et, dans le domaine narratif maint texte, comme la *Vengeance Raguidel,* a des traits surprenants [49]. Il paraît donc pour le moins aléatoire de distinguer un rire " noble " et un rire " bourgeois " : toutes les nuances de comique, du plus fin au plus brutal, se trouvent dans les textes épiques, du début à la fin de leur histoire.

Enfin, si les chansons tardives étaient avant tout destinées aux bourgeois, comment expliquer le nombre de mss ayant appartenu au XVe s. à des familles princières ? [50] Charles de Croy, comte puis prince de Chimay, ne possède pas moins de trois de nos textes : *Florent et Octavien* (BN, fr. 24384), *Ami et Amile* (BN, fr. 12547) et *Baudouin de Sebourc* (BN, fr. 12553) ; le *Maugis* du BN, fr. 766 a appartenu à Jacques, duc de Nemours (†1477) et l'*Ogier* en alexandrins figure dans la magnifique anthologie chevaleresque offerte en 1445 à Marguerite d'Anjou (BM, Roy. 15 E VI [51]). Quant au *Renaut* remanié des B.N. 764, fr. et B.M., Roy. 16 G II, non seulement il a fait l'objet d'une exécution soignée, destinée à de riches collectionneurs [52], mais la composition du texte n'est pas forcément antérieure à celle des mss : c'est donc l'œuvre elle-même qui était destinée à un public d'un rang élevé.

Ainsi les destinataires de toutes ces œuvres restent, au premier chef, les nobles, même si une communauté plus vaste, celle des " chevalier et meschin,   Bourjoises et bourjois, prestres, clercs, jacobins " dont parle Cuvelier, est désormais recherchée.

L'étude des chansons de geste tardive nous amène donc à formuler quelques remarques d'ensemble. Nous constatons d'abord la surprenante longévité de la production épique : aux XIVe et XVe s., non seulement on travaille sur les œuvres anciennes, en leur donnant suites ou prologues, en les

458

insérant dans des compilations ou en les transformant, par le biais des remaniements, en de vastes compositions, mais on écrit de nouveaux textes, qui pourront eux-mêmes être remaniés.

Plusieurs de ces poèmes seront mis en prose et plus tard imprimés : de la sorte ils prolongeront, parfois très tard, la connaissance et l'amour de la tradition épique : l'ensemble formé par *Huon de Bordeaux* et ses suites fait l'objet d'éd. de colportage jusqu'en 1863 [53] ; *Ogier le Danois* est connu jusqu'à la fin du XVIIe s., ainsi que *Haugis, Ami et Amile* et *Florent et Octavien* [54] ; *Théséus de Cologne* est édité plusieurs fois au XVIe s.

La production épique tardive est donc à considérer d'un autre œil que celui dont l'examinaient les premiers critiques. Il ne s'agit pas de reprendre des critères valables pour les poèmes anciens, et parfois pour le seul *Roland* d'Oxford [55]. Replacés dans leur perspective propre, ces textes, une fois édités, se feront apprécier d'eux-mêmes ; on reconnaîtra en eux des œuvres d'abord destinées aux nobles, qui associent la structure épique traditionnelle et la complexité narrative du roman, le charme du merveilleux et la rigueur des actions héroïques, la volonté de conter et celle de dire le vrai.

1. 2e éd., 2, p. 407.

2. *Les chansons de geste françaises*, Paris, Nizet, 1957, p. 288.

3. Pour l'indication des éd. de chansons de geste tardives, on se reportera à la n. 10.

4. *Étude sur Baudouin de Sebourc*, Paris, Droz, 1940.

5. " La chanson de Hugues Capet ", dans : *Romania*, 71, 1950, p. 450-81.

6. " Florent et Octavien, chanson de geste du XIVe s. ", dans : *Romania*, 73, 1952, p. 289-31.

7. " ' Charles le Chauve '. Étude sur le déclin de l'épopée française ", dans : *Les Lettres romanes*, 7, 1953, p. 107-32, 187-99. Sur le même texte v. aussi L. F. Flutre, " Dieudonné de Hongrie, chanson de geste du XIVe siècle (alias Roman de Charles le Chauve) ", dans : *Zeitschrift für romanische Philologie*, 68, 1952, p. 321-400.

8. " Théséus de Cologne ", dans : *Le Moyen Âge*, 65, 1959, p. 97-133, 293-320, 539-577.

9. *La Chanson de Roland*, Bibl. de la Fac. de Philosophie et Lettres de l'Univ. de Liège, fasc. CXX, 1951, p. 63-78, 377-412.

10. Nous espérons faire œuvre utile en présentant ici une liste de ces textes, comprenant indication des éd. (ou des analyses détaillées), des mss et de l'étendue de l'œuvre. La liste publiée par L. Gautier, *Ép. fr.*, 2, p. 447-51, a en effet besoin d'être mise à jour. — **Ami et Amile**. Rem. en alex. du XVe s. ; trois mss : Arras, Municip, 696 ; BN, fr. 12547 ; Bib. Univ. de Bâle, F. IV, 44. Environ 14000 v. Analyse et extr. dans A. Neufang, *Mitteilungen aus der Alexandriner Version der Chanson d'Ami et d'Amille*, Inaug. Diss., Greifswald, 1912. — **Le Bâtard de Bouillon**. Chanson du milieu du XVe s. ; éd. R. F. Cook, Droz, *TLF*, 1972 ; 6546 v. Ms. BN, fr. 12552, ca. 1350. — **Baudouin de Sebourc**. Chanson de la 1ere moitié du XIVe s. ; éd. L.N. Boca, *Li Romans de Baudouin de Sebourc*, Valenciennes, 1841, 2 vol. ; 2 mss : BN, fr. 12552, ca 1350 ; BN, fr. 12553, 1483-1486 ; ca. 24400 v. — **Charlemagne**, comp. de Girart d'Amiens, utilisant notamment *Mainet*, les *Enfances Ogier*, le *Pseudo-Turpin*, XIVe s. Ms. BN, fr. 778, XIVe s., ca. 23320 v. ; analyse dans G. Paris, *Histoire poétique de Charlemagne*, p. 471-82. — **Charles le Chauve**, chanson du XIVe s. Ms. BN, fr. 24372, ca. 17500 v. — **Chevalier au Cygne et Godefroy de Bouillon**, rem., ca. 1356. Ed. Reiffenberg et Borgnet, *Monuments pour servir à l'histoire des provinces de Namur, de Hainaut et de Luxembourg*, vol. 4 à 6, 1846-59, 35180 v. ; Gisela Pukatzki, *A critical edition [...] of the XIVth century revision as preserved in Brussels MS. 10391*

and Lyon MS. 744, Diss. Abstr. 32 (71/72, 2702 A/2703 A). 2 mss du XVᵉ s. : Lyon 744 (1469) et Bruxelles 10391 (avant 1486) ; un ms perdu (1450). — Ciperis de Vignevaux, chanson du XIVᵉ s. Éd. W. S. Woods, Chapell Hill, 1949, 7895 v. Ms BN, fr. 1637, XVᵉ s,, lacuneux (le poème pouvait atteindre 15000 v.). — Enfances Garin de Monglane, XVᵉ s. Éd. J. M. Paquette, *Les Enfances Garin de Monglane,* Thèse de 3ᵉ cycle dactylographiée, Poitiers, CESM, 1968. Ms BN, fr. 1460, XVᵉ s. — Florence de Rome, rem. du XIVᵉ s. Éd. A. Wallensköld, SATF, 1909, 1, p. 131-280, 4562 v. Ms BN, fr. 24384, 1455. — Florent et Octavien, rem. du XIVᵉ s. 3 mss du XVᵉ s. : BN, fr. 1452 ; BN, fr. 12564 (1461) ; BN, fr. 24384 (cf. supra) ; ca. 17000 v. — Garin le Lorrain, fragments d'une rédaction en alex. publiés par P. Meyer, dans : *Romania,* 1877, p. 481-89 (153 v.) — La Geste des ducs de Bourgogne, éd. K. de Le Henhove, 10540 alex., après 1422. — La Geste de Liège, compil. de la seconde moitié du XIVᵉ s. Éd. Borgnet-Bormans, Bruxelles, 1864-80, 1, p. 587-638 ; 2, p. 537-766 ; 3, 411-520 ; 4, 601- 738 ; 5, 583-694 ; 6, 638-710, ca. 52000 v. Plusieurs mss. des XVᵉ et XVIe s. (cf. Introd. de l'éd. Borgnet-Bormans, p. LXIIsqq. ; L. Michel, *Les légendes épiques carolingiennes dans l'œuvre de Jean d'Outremeuse,* Bruxelles, 1935, § 36. — Roman de la Geste de Monglane, rem. du XVᵉ s. Éd. Dougherty-Barnes pour *La geste de Monglane,* Eugène, Orégon, 1966, 3460 v. *(Girart de Vienne* amplifié) ; E. Stengel pour *Galiens li Restorés,* Marburg, 1890, ca 4900 v. Ms dit de *Cheltenham,* Bibl. de l'Univ. de l'Orégon. — Girart de Roussillon, rem. du XIVᵉ s. (1330-34). Éd. Mignard, Paris et Dijon, 1858, ca. 6800 v. Plusieurs mss : Bruxelles, BR, 11181 ; XVᵉ s. ; Montpellier, Bib. Fac. Médecine 349 (XIVᵉ s.) et 244 (XVᵉ s.) ; BN, fr. 15103 (XVᵉ s.). — Hugues Capet, chanson de la 2ᵉ moitié du XIVᵉ s. Éd. du Marquis de La Grange, APF, 1864, 6361 v. Ms Arsenal 3145, XVᵉ s. — Huon de Bordeaux et ses continuations. *a)* Ms : Turin LII 14, 1311. *Auberon,* éd. J. Subrenat, TLF, Droz, 1973, 2468 v. *Esclarmonde, Clarisse et Florent, Yde et Olive,* éd. M. Schweigel, Marbourg, 1889, 8420 v. *Godin,* éd. F. Meunier, Louvain, 1958, 10520 v. *b)* BN, fr. 22555, XVᵉ s. *Huon, roi de féerie, combat contre les géants, Huon le desvey,* éd. H. Schäfer, Marburg, 1889 v. *c)* BN, fr. 1451, XVᵉ s. Rem. de *Huon* en alex., suivi de *Huon et Calisse, Esclarmonde, Huon, roi de féerie, Clarisse et Flourent,* ca. 15000 v. An. et extr. in Schäfer, o.c., qui a aussi édité *Esclarmonde,* Worms, 1895. Éd. en prép. par R. Bertrand (Aix-en-Provence). — Jourdain de Blaives, rem. du XVᵉ s. 2 mss du XVᵉ s. : Arsenal 3144 (1455) et Tournai (1461) ; ca. 22000 v. — Lion de Bourges, chanson du XVᵉ s. Version en alex. Ms BN, fr. 22555, XVᵉ s., ca. 34000 v. Version en octos., ms : BN, fr. 351, XVIᵉ s., ca. 39000 v. Éd. en prép. par W. Kibler, Univ du Texas, Austin. — Ogier le Danois, rem. du XIVᵉ s. *a)* Version décas. (1310) : BN, fr. 1583, XVᵉ s, ca. 31000 v. *b)* Version en alex. (1335) : Arsenal 2985, fin XIVᵉ s. ; BM, Roy. 15 E VI, 1445 ; Turin, L IV 2, XVᵉ s, ca. 29000 v. — Renaut de Montauban. *a)* rem. du XVᵉ s. : BN, fr. 764, ca 29000 v. An. et extr. dans les *Quatre Fils Aymon,* éd. F. Castets, p. 180-242. Début dans BM, Roy. 16 G II (618 v.), éd. J. Thomas, *L'ép. ard. de RM,* 3, p. 368-410. *b) Maugis d'Aigremont* (prologue de *RM) ,* fin XIIIᵉ : éd. XIVᵉ. 3 mss : Montpellier, Fac. de Méd. H 247 ; Cambridge, Peterhouse 2.0.5 ; BN. fr. 766. É. Castets, RLR, XXXVI, 1892 ; 9608 v. Version rem. du XVᵉ s. (épisode de la *Mort de Maugis*) BM, Roy. 16 GII, 1699 alex. — Théséus de Cologne, chanson de la 2ᵉ moitié du XIVᵉ s. 2 mss : BM, Add. 16955, XVᵉ s., ca. 15700 v. ; BN, n. acq. fr. 10060, contin. ca 26800 v. — Tristan de Nanteuil, chanson du milieu du XIVᵉ s. Éd. K. V. Sinclair, Assen, 1971, 23361 v. Ms. BN, fr. 1478, avant 1476. — La vie de Bertrand Du Guesclin, chanson de geste de la fin du XIVᵉ s., inspirée par l'histoire de Du Guesclin, Éd. E. Charrière, Coll. de Doc. Inéd., 2 vol., 1839, 22790 v. 2 mss à Paris : BN, fr. 850, fin XIV ᵉ ; Arsenal 3141, début XVᵉ, ca. 30000 v. Éd. en prép. par J. Cl. Faucon, Toulouse.

11. Ce poème, qui comporte de nombreuses allusions à l'histoire d'Ogier et à d'autres récits épiques (cf. L. Michel, o.c., p. 51-344), présente un rem. de *Jehan de Lanson* (v. 13861-19985, éd. c. II, p. 675-753).

12. Éd. c., p. LXXIV.

13. *Ép. fr.,* 2, p. 467.

14. Éd. Stengel, p. 381, v. 21.

15. Sur cette question, v. l'art. de G. Paris, " Le Roman de la ' Geste de Monglane ', *Rom.,* 12, 1883, p. 1-13 et J. Horrent, *Chanson de Roland,* p. 406-7.

16. " Zur Stellung und Bedeutung der ' Enfances' in der a-f. Epik ", dans : *Zeitschrift für französische Sprache und Literatur,* 83, 1973, p. 317-48, et 84, 1974, p. 1-32.

17. V. aussi les succès amoureux de Maugis auprès de la fée Oriande (*Maugis,* v. 617-18, 658-62), de l'épouse de Marsile (v. 3203-4, 3875-92), de la reine Ysane (v. 3363-92).

18. *Maugis,* v. 4543-88 ; cf. aussi les enchantements d'Espiet, v. 5646-709.

19. Tous les éléments folkloriques ne sont évidemment pas merveilleux ; nous associons ici, pour faire bref, l'origine (populaire) des traits nouveaux, et le caractère de certains de ceux-ci.

460

20. Cf. J. Frappier, *Les chansons de geste du cycle de Guillaume d'Orange*, 1, p. 227-28.

21. V. notamment les études d'A. H. Krappe sur " Tristan de Nanteuil ", dans : *Romania*, 61, 1935, p. 53-71 et " Florent et Octaviañ", dans : *Romania*, 65, 1939, p. 359-73. Cf. aussi J. L. Picherit, " Le merveilleux chrétien et le motif du mort reconnaissant ", dans : *Annuale medievale*, 16, 1975, p. 41-51 et le début de l'hist. de Théséus, Bossuat, art. c., p. 101.

22. *CL, 505* ; v. l'ensemble du portrait de Corsolt, 504-10.

23. Dans les versions *A, B* et *D,* cf. M. Barnett, *La Bataille Loquifer*, Oxford, Blackwell, 1975, v. 3600-4210. Sur le voyage en Avalon, cf. notre communication au Congrès Rencesvals de Roncevaux, Pampeplume et Saint-Jacques-de-Compostelle, à paraître dans les Actes du Congrès.

24. *Maugis,* v. 7903-8117.

25. Voir l'analyse de L. F. Flutre, art. c., p. 359.

26. Cf. *Le Chevalier au cygne et Godefroy de Bouillon,* éd. c. 1, p. 143-4 ; 2, p. 537-8 ; 3, p. 517-18 ; " Baudouin de Sebourc ", dans : E.R. Labande, o.c. p. 171-77 ; Bâtard de Bouillon, éd. c., p. 333-37 ; *Auberon,* éd. c. p. LXXXIV.

27. E.R. Labande, o.c. p. 159.

28. Cf. Gautier, *Ép. fr.,* 2, p. 474 : « Cette savantasserie, d'ailleurs, n'a rien de sérieux et ne doit être ici considérée que comme une preuve de mauvais goût ».

29. R. Bossuat fait remarquer que *Théséus de Cologne* a fait l'objet d'une continuation, représentée par le BN, n. acq. fr. 10060 (art. c., p. 293-320) ; *Florent et Octavien* serait aussi le résultat d'un rem., effectué sur une chanson du XIVe s. *(Bossuat,* art. c. p. 326).

30. Gautier, *Ép. fr.,* 2, p. 479. Cf. aussi p. 482 : « c'est dans le récit qu'ils excellent, quand il leur arrive d'être bien inspirés ».

31. Cf. Bossuat, art. c., p. 314.

32. Cf. Bossuat, art. c., p. 463-71.

33. V. son art. " Chanson de geste ou épopée ", dans : *TLI,* 2, 1972, p. 7-20.

34. Art. c., p. 15.

35. *Aliscans,* 3219.

36. *Erec,* 1676.

37. Cf. E. Baumgartner, *Le " Tristan en prose "*, Paris, Droz, 1975, p. 252-59.

38. 8134-8405.

39. Pour Yde, cf. éd. M. Schweigel, v. 7223-7243 ; pour Blanchandine, éd. Sinclair, v. 16130-203. À noter que le changement de sexe ne se produit pas dans l'autre sens : les chevaliers ne deviennent pas fille, et le sexe masculin reste donc le sexe noble.

40. Art. c., n.2.

41. Ms Arsenal 2985, p. 221.

42. Ib., p. 222-23.

43. *Ép. fr.,* 2, p. 429.

44. Art. c., p. 476.

45. O.c., p. 146.

46. *Aliscans,* v. 2772-98.

47. *Moniage Rainouart,* v. 514-6.

48. *Le Pèlerinage de Charlemagne,* 1961, p. 68-69 et 95-100.

49. Il n'est même pas nécessaire en effet de songer à des œuvres parodiques comme *Audigier* ou le *Lai du Lecheor.*

50. R. Bossuat constate le fait *(Florent et Octavien,* p. 328-31), mais ne l'explique pas.

51. Cf. A. de Mandach, *L'anthologie chevaleresque de Marguerite d'Anjou, Actes du VIe Congrès Rencesvals,* Aix-en-Provence, 1974, p. 315-50.

52. Cf. J. Thomas, o.c. 1, p. 40-41 et 123-25.

53. Date de dispersion de la Bibliothèque Bleue.

54. Les deux derniers intitulés *Milles et Amys* et *Florent et Lyon.*

55. Ce texte exerce souvent, même dans *La chanson de geste* de J. Rychner, le rôle tyrannique du modèle unique.

LE CYCLE EN VERS DE *HUON DE BORDEAUX* :

ÉTUDE DES RELATIONS ENTRE LES TROIS TÉMOINS FRANÇAIS

La présente étude n'entend pas examiner de manière exhaustive l'ensemble des problèmes posés par chacune des versions françaises qui, entre la fin du XIIIeme et le XVeme siècle, reprennent et développent la chanson de *Huon de Bordeaux*[1]. L'article que nous dédions respectueusement à M. René Louis, ce maître des études épiques romanes, cherche simplement à préciser le statut et la place de ces textes dans l'histoire de la constitution du cycle.

Dans ce but, nous présenterons succinctement les trois versions, avant d'examiner de façon plus précise trois épisodes qui, à notre avis, éclairent les rapports entre les textes : le couronnement de Huon en féerie, le combat contre les géants et l'histoire de Croissant.

Les trois manuscrits qui associent à *Huon de Bordeaux* continuation ou prologue, se répartissent nettement en deux groupes : d'un côté, le ms. de Turin (T) et le BN. fr. 1451 (R.), qui présentent un ensemble développé ou même imposant, de l'autre le BN. fr. 22555 (P), qui n'offre qu'une continuation brève[2].

P, ms. du XVeme siècle copié par un scribe lorrain[3], contient la version décasyllabique de *Huon*, dans un texte complet et non remanié, avec toutefois, pour débuter, quatre-vingts alexandrins répartis en deux laisses[4]. A partir du f° 248a commence une continuation de 960 vers, qui fait se succéder, sans solution de continuité, trois épisodes : un récit du couronnement de Huon en féerie (v. 1-440), combat contre les géants, frères de l'Orgueilleux, et la mère de ceux-ci, combat dans lequel Malabron joue un rôle important (v. 441-842), enfin un assaut donné à Bordeaux par Huon le desvé, frère de Gibouart, qui se termine par la défaite du traître. Ce dernier récit est très fragmentaire, en raison de la mutilation du ms.

1036

A l'opposé, nous trouvons avec T une œuvre extrêmement développée. Ce ms., daté de 1311, contient, lui aussi, la version décasyllabique de *Huon*, selon un texte dont P. Ruelle a montré l'utilité pour l'éditeur[5] ; mais il enserre littéralement la chanson dans un énorme récit, qui comprend un prologue de 2468 v. et une continuation de 18944 v. ; le poème primitif, avec ses 10553 v., ne représente donc que le tiers de cet ensemble.

Le sujet du prologue, traditionnellement appelé *Roman d'Auberon*[6], est l'histoire des origines du petit roi de féerie, mais aussi la présentation de plusieurs personnages de *Huon* et l'introduction à certains épisodes de la chanson ; on y trouve la généalogie de Gloriant et de Malabron (v. 766-962) ou de Jules César (v. 963-1041), ainsi que l'origine du cor magique et du haubert (v. 1430-1632), le récit du vol commis par l'Orgueilleux (v. 2261-2407) et l'arrivée à Dunostre de la cousine de Huon (v. 2408-2468). En dépit de l'existence d'éléments extérieurs à la tradition de *Huon* (histoire de saint Georges, par exemple), *Auberon* est donc bien relié au poème qu'il a pour fonction d'introduire.

La continuation développe de nouvelles aventures de Huon et d'Esclarmonde (v. 1-3481), qui s'achèvent avec le couronnement des deux époux en féerie, mais elle est surtout consacrée à l'histoire de leurs descendants : Clarisse, leur fille (v. 3482-6183), Ydain, leur petite-fille qui devient un homme (v. 6184-7245 et 7648-8067), Croissant, leur arrière-petit-fils (7246-647), Godin, leurs fils (v. 8424-18944)[7].

L'analyse de ces récits a déjà été faite, et nous ne la reprendrons pas[8] ; nous voulons seulement souligner qu'à l'exception de *Godin*, du moins dans sa forme actuelle[9], la continuation forme un ensemble cohérent. Le passage d'une partie à l'autre s'opère le plus souvent sans transition[10], mais des liaisons étroites existent entre les épisodes : Clarisse, dont la naissance et l'enfance forment le début de la continuation, devient l'héroïne de la seconde partie, et Florent, son époux, joue encore un rôle capital dans le troisième épisode — l'histoire d'Yde et Olive — puisque Florent, père incestueux, est au point de départ de l'action. De plus, la continuation enchâsse librement certains éléments dans la trame narrative : l'histoire de Croissant prend place dans celle d'Yde et Olive[11], et le combat contre les géants sert de prologue à Godin.

Le ms. 1451, du XVᵉᵐᵉ s., associe une version remaniée de *Huon* en alexandrins à une continuation de 4100 v. environ[12]. Le texte du poème primitif a été considérablement modifié, soit par des abrègements, soit par des additions, avec notamment l'interpolation de *Huon et Calisse*, qui compte quelque trois mille vers[13]. La continuation se situe à mi-chemin entre la brièveté de P et la prolixité de T ; elle raconte, en 2900 v. environ, les nouvelles aventures de Huon et d'Esclarmonde et le couronnement en féerie, puis, en 1100 v., l'histoire de Clarisse et Florent[14] ; elle connaît des récits sur Yde et Olive ainsi que sur Croissant, mais se contente de les résumer tout à la fin en quelques vers[15]. La version donnée par R est proche de celle de T, comme nous le vérifierons plus loin.

Les trois témoins en vers étant ainsi présentés, essayons, à partir de quelques-uns de leurs éléments, de préciser leurs rapports.

1. *Le couronnement en féerie.* — Deux versions très différentes s'opposent ici. En 440 v., P se contente d'appliquer le programme tracé par Auberon à la fin de *Huon* : après avoir confié Bordeaux à Gériaume, le héros devra se rendre en féerie au bout de trois ans, afin de recueillir l'héritage du petit roi, que Jésus a convié en son paradis (10490-506, 10510-515). Dans T, et d'une manière plus brève, dans R, nous avons affaire à un récit développé et autonome par rapport à *Huon* ; après une longue suite d'aventures chevaleresques et fantastiques, Huon et Esclarmonde quittent Bordeaux, qu'ils confient à Bernard, et s'embarquent. Ils parviennent à un château habité par des moines étranges qui sont en réalité des anges déchus, compagnons de Lucifer ; l'un de ces moines emporte les époux en féerie. Huon est accueilli par Auberon, qui le couronne avant de mourir. Esclarmonde, grâce à l'intervention de Jésus, est transformée en fée[16] ; Artus, jaloux de Huon, l'attaque, mais il n'obtiendra pas sur lui la suprématie.

Schäfer et Voretzsch[17] se sont plu à reconnaître dans le texte de P la version la plus ancienne du couronnement en féerie, en se fondant sur l'étroite liaison entre la continuation et *Huon*, et sur le fait que P n'a pu connaître un récit du type *Esclarmonde*. Nous sommes, pour notre part, d'un avis très différent, et considérons que P nous propose un texte presque certainement tardif.

Tout d'abord, les relations entre P et *Huon* ne sont pas une preuve du caractère ancien du texte, mais seulement des médiocres qualités littéraires de l'auteur, qui nous donne un démarquage très pauvre et parfois arbitraire de la chanson primitive. Ainsi, le voyage des deux époux vers la terre d'Auberon est un décalque pur et simple de l'expédition de Huon vers Babylone : on y retrouve les principales étapes — Rome, Brindisi, Femenie, la terre des Koumans et celle de Foi, le bocage d'Auberon — et les principaux personnages — le pape, Gériaume, la femme de Garin de Saint-Omer —, sans que les épisodes soient vraiment motivés : la confession auprès du pape (v. 104) ou l'épreuve imposée par Auberon dans le bois (v. 211-64) ont pour seul but de rappeler des épisodes bien connus.

1038

L'indigence littéraire de P ne prouve rien en elle-même ; mais si nous lisons la suite du ms., nous nous apercevons que la version proposée pour le combat contre les géants est d'une toute autre facture, pleine de verve et d'invention, et de surcroît proche de la version donnée par T ; cet aspect, que nous développerons tout-à-l'heure, nous autorise au moins à affirmer que la continuation P n'est pas homogène. Dès lors, deux hypothèses sont possibles : ou bien P a associé une version ancienne du couronnement à un texte plus tardif relatif aux géants ; ou bien, de manière à faire l'économie des aventures d'Esclarmonde, il a composé lui-même, aux moindres frais, un récit bref, aussi proche que possible de *Huon*.

Pour notre part, nous choisissons la seconde hypothèse, qui fait de P un assembleur sans génie. Nous avons le sentiment, en effet, qu'il connaît *Esclarmonde*, dans la mesure où le personnage de Judith, mal inséré dans son récit, paraît reproduire celui de Clarisse, qui figure au début de la continuation T et R. Dans P, Judith n'a d'autre fonction que d'épouser Malabron, à la fin de l'épisode des géants (v. 822-23), mais au prix de quelque invraisemblance. La fille de Huon et d'Esclarmonde, qui naît dans l'intervalle qui sépare la fin de *Huon* et le départ pour la féerie (19-22), est encore une enfant lorsque les époux quittent Bordeaux :

Pourter la fist par desor .i. solmier   (v. 77).

Or, bien que P n'insiste pas sur la durée du voyage et que l'attaque des géants se produise aussitôt après le couronnement, Huon peut célébrer une fois la victoire acquise les noces de Judith et de Malabron ! Cette maladresse trahit, à notre avis, l'utilisation d'un modèle qui proposait à P le personnage de la fille de Huon ; au lieu de faire de cette jeune fille — appelée Clarisse par T et R — l'héroïne d'aventures nombreuses, P ne l'a utilisée que comme élément de liaison entre couronnement et épisode des géants. Nous sommes donc en présence d'un adaptateur, et non de l'auteur d'une version ancienne de la première continuation de *Huon*[18].

Comment situer, d'autre part, les relations entre les deux autres versions, T et R ? Tout en reconnaissant que ces mss. sont apparentés, Schäfer tente de démontrer la supériorité de R sur T ; plus concis, plus clair et plus homogène que le ms. de Turin, le ms. en alexandrins devrait être considéré comme proposant une version plus ancienne[19].

Nous concédons volontiers au critique allemand le fait que T est parfois confus, et qu'il a sans doute remanié, dans le sens de l'amplification et de la réduplication, un modèle. Le personnage de Clarimondés (v. 2852-64) est sans doute, comme le pense Schäfer[20], une création de T, et la conclusion des démêlés entre Huon et Arthur est évoquée à deux endroits différents (3152-60 et 3456-62), sans justification apparente[21].

Mais le critique, sans doute à cause d'un préjugé favorable à l'égard de R, exagère les faiblesses ou les contradictions de T. Les deux réponses différentes que l'abbé Eudes fait successivement à Huon, lorsque celui-ci lui demande qui gardera Bordeaux (Bernard, v. 2558 ; Esclarmonde, v. 2572), ne s'opposent pas l'une à l'autre : conformément à la technique épique de l'exposition successive d'éléments destinés à se trouver ensuite associés, l'abbé expose, ici, les deux termes d'une alternative, entre lesquels Huon devra choisir[22]. De même, nous pouvons être surpris de voir le poète nous montrer la féerie jurant hommage à Huon (v. 2978-99), avant de refuser, un peu plus tard, ce même hommage (v. 3266-74) ; mais nous devons noter aussitôt que les circonstances sont totalement différentes, et que T, toujours en conformité avec l'art épique, développe tour à tour deux aspects opposés d'un même problème. Dans la première scène, l'hommage est prononcé en présence d'Auberon et sur son ordre ; il ne concerne que Huon :

> Vesci Huon, le hardi combatant ;
> Il ert vos sires de cest jour en avant   (v. 2984-85)[23].

La deuxième occurrence se situe après la mort d'Auberon, et c'est Morgue qui, réunissant les sujets de féerie, leur demande de prêter hommage à Huon ; ceux-ci refusent, parce qu'Esclarmonde n'est pas fée :

> Jamais hommages n'iert a Huon rendu
> De nul de nous qui sommes ci venu,
> Se il n'a fee avoec lui retenu   (v. 3272-74).

Il est aisé de voir que T a modifié de façon significative les circonstances et les personnages : ce n'est plus Auberon qui parle, mais Morgue, une fée, donc une femme ; il ne s'agit donc plus de régler la succession du petit roi, mais de savoir s'il peut se trouver en féerie d'autres femmes que les fées. Ici encore, à travers deux mises en œuvre différentes, le narrateur manifeste la diversité des aspects d'un même motif, le couronnement de Huon en féerie.

On notera aussi que la clarté louée chez R par Schäfer résulte parfois du travail de mise en ordre auquel se livre tout remanieur. Ainsi, lorsque Huon veut capturer l'un de ces moines étranges qui disparaissent au cours de l'office, nous le voyons sortir, tout-à-coup, une étole dont l'origine nous est alors révélée :

> Une estole ot que l'abbés li donna,
> Quant de Bourdeles de son cors desevra   (v. 2692-93).

1040

R ne manque pas au contraire de raconter le don de l'étole à sa place chronologique dans le récit, c'est-à-dire à la fin de *Huon*[24] ; il est pris du même coup en flagrant délit de remaniement, puisqu'il modifie le texte de la chanson primitive.

Mais l'indice le plus convaincant du travail de remaniement effectué par R sur un modèle proche de T nous est fourni par une inadvertance de la version en alexandrins. Cette dernière ne comporte pas en effet le passage, assez développé dans T, de la transformation d'Esclarmonde en fée ; dans R, les sujets de féerie rendent immédiatement hommage à Huon et à Esclarmonde, que le petit roi a couronnés tour à tour (206r 17-27). Rien ne s'oppose donc à ce que Huon et Esclarmonde, tels qu'ils sont — des héros épiques — règnent en féerie ; pourquoi, dans ces conditions, un passage précédent nous précise-t-il, au moment où les deux époux quittent Bordeaux pour aller trouver Auberon, qu'Esclarmonde *depuis devint fee* (202v36)? Cette indication fugitive n'a de sens, à notre avis, que si R connaît l'épisode du « baptême féerique » et le signale au passage, sans vouloir le reprendre.

2. *Le combat contre les géants.* — Ici encore, les trois témoins présentent cet épisode, mais le situent de façon très différente dans leur édifice narratif : R le fait intervenir très tôt — après le meurtre de Gaudisse et au cours du retour vers la France[25] —, P le place après le couronnement en féerie[26], et T le relègue après *Yde et Olive*[27]. En dépit de ces différences, les trois versions nous semblent procéder d'un modèle identique, celui qu'a suivi le plus fidèlement P, qui offre le texte le plus complet. Dans les trois cas, un assaut est mené par une troupe de géants, frères de l'Orgueilleux qu'a autrefois tué Huon (P, v. 532-33 ; T, v. 8071-73, v. 8081-84 ; R, 67v. 12) ; Dunostre est le lieu de référence, soit que la lutte s'y déroule, comme dans P et T, soit que le château apparaisse, dans R, être la destination de Huon, lorsque le héros est attaqué au cours de la traversée :

> *Prenés nefs et calans, car errant montera ;*
> *O chastel l'Orgueilleux, je croy, s'adressera* (67 v. 28-29) ;

enfin Malabron est, à côté de Huon, l'un des protagonistes du drame. Dans P et R, ce personnage met à profit ses qualités de génie marin ; la scène est très brièvement racontée dans R :

> *A guise de poisson nage de randonnee,*
> *Dessoubz les nefs mucha de telle randonnee,*
> *C'ainz n'i demoura nef qui n'ait toute versee* (68 v. 19-21) ;

elle est beaucoup plus développée dans P : non seulement le luiton coule plusieurs navires (651-61), mais il noie, au terme d'un corps à corps épique, la mère des géants (v. 734-55)[28]. L'aspect marin de Malabron est au contraire laissé de côté par la version T, dont Schäfer a montré qu'elle est un abrégé de P[29]. Nous ne reprendrons pas cette démonstration, soulignant seulement le mouvement très vif et la cocasserie de P, qui mettent l'épisode des géants à cent lieues du terne couronnement dont nous avons parlé plus haut[30]. La version la plus ancienne est donc celle qu'utilise P ; le même modèle sera repris, de manière distincte, par R et par T.

Le deuxième point que nous voudrions aborder est la question de l'origine et de la légitimité d'un tel épisode. Schäfer et Voreztsch[31] se sont prononcés en faveur de l'ancienneté de ce récit, en considérant qu'il se rattache étroitement à la chanson primitive, par l'intermédiaire du séjour de Huon à Dunostre. Nous pensons, pour notre part, que l'épisode déborde largement la tradition de *Huon* et s'insère dans une sorte de « mode », non seulement du gigantisme, mais plus précisément du géant femelle et du lignage des géants. Le géant femelle est peint sous des couleurs comparables dans *Fierabras* et dans les versions A et D d'*Aliscans* ; c'est un monstre épouvantable :

> *Ce est une gaiande plus noire que pevree ;*
> *Grant ot la fourceure et la geule avoit lee,*
> *Et si avoit de haut une lance levee,*
> *Les ex avoit plus rouges que n'est flambe alumee*[32] ;

ainsi portraiturée, l'Amiette de *Fierabras* a effectivement des liens de parenté avec la *malle mere* de P :

> *Grant est et fiere, crestee comme lion...*
> *Les eulx ot rouge comme ceu fuit .i. charbon*
> (v. 470, 476).

Amiette ou Flohart, dans *Aliscans*, combattent avec une faux, mais Flohart est capable de déchirer l'acier avec ses dents :

> *Et Flohart a la ventaille saisie,*
> *As dens li a del hauberc esrachie ;*
> *Ausi l'anglot, que ce fust formagie* (v. 6563-65) ;

dans P, ce sont les ongles de la géante qui lui servent d'arme :

> *Deden lez mur fait cez ongle antrer,*
> *Adont commance lez quarialz a oster* (v. 724-25).

On notera encore qu'*Aliscans* présente l'exemple d'un lignage de géants : il s'agit de Rainouart et de ses quinze frères (v. 6369) dont certains, comme Walegrappe et Grishart, sont tués par le héros.

1042

Les continuateurs de *Huon* disposent, par conséquent, de modèles extérieurs à la chanson qui leur sert de point de départ, et l'idée d'un combat contre les géants, si elle peut être suggérée par l'épisode de l'Orgueilleux et sa réplique, l'épisode Agrapart, est autorisée par une tradition qui débute à la fin du XIIeme s. et se développe largement dans les textes épiques postérieurs[33]. C'est dire aussi qu'un tel passage ne peut prétendre à l'antériorité relative par rapport aux autres éléments narratifs ; c'est, à notre avis, un épisode que rien ne distingue des autres, si ce n'est le caractère très incertain de la place qui peut lui être assignée dans les continuations.

Nous avons vu, en effet, que les trois témoins le situent chacun à un moment différent du récit, tout en rattachant la scène à Dunostre ; or aucun de ces choix ne paraît vraiment s'imposer. La version R est sans doute la plus rationnelle du point de vue de la continuité du récit : l'assaut des géants intervient après l'histoire de l'Orgueilleux et celle d'Agrapart, à un moment par conséquent où le lecteur a encore en mémoire ces combats titanesques.

Si le choix de R trahit le remanieur, dont le propos est d'introduire dans un récit une cohérence logique, la solution de T n'entraîne pas non plus la conviction. On sait que la fin d'*Yde et Olive*, avec la guerre entre les héros et Désier, puis l'intervention pacificatrice de Huon, est d'une autre main que le début de la continuation[34] ; or, au début de son expédition, qui ne sera pas reprise par le roman en prose, Huon séjourne à Dunostre. Pourquoi ? Parce qu'il y fait souvent

Des fais d'amours et d'armes jugement ;
Li lieus liert sains et plains de haitement   (v. 7860-61) ;

l'explication ne nous semble pas entièrement satisfaisante, car Monmur permettrait aussi bien de telles activités, qui ne sont du reste jamais racontées. Si l'on remarque encore que Huon, une fois son arbitrage rendu entre Désier et Ydé, revient à Dunostre que les géants attaquent aussitôt, mais que les époux retournent ensuite à Bordeaux pour les couches d'Esclarmonde (8405-407), alors qu'ils se trouvent à Monmur au moment où Huon décide d'aider Godin (v. 18092-96), on pourra conclure que le séjour à Dunostre n'est qu'une parenthèse destinée à introduire l'épisode des géants.

Mais P lui-même, dont la version est la plus ancienne, éprouve quelque difficulté à relier le passage à ce qui précède. Le couronnement de Huon a lieu à Monmur, et c'est de là qu'Auberon s'en va au paradis :

Hue si est a Monmur demourez,
Auberon est en paraidis allez   (v. 408-409).

Or le héros veut ensuite que sa femme soit elle aussi couronnée, et que la fête se déroule à Dunostre :

> *Devant Dunostre, en celle belle pree,*
> *Vuelz je qu'i soit la feste demenee :*
> *Belle est la plaice et prez de meir fondee*   (v. 427-29).

Ici encore, la raison alléguée, qui rappelle celle de P, paraît spécieuse : Huon se souhaite à Dunostre... pour permettre aux géants d'intervenir.

Concluons sur ce point. Aucun des témoins ne nous assure de la place exacte du combat contre les géants à l'intérieur du cycle. Sans doute pouvons-nous écarter la solution de R, ingénieux expédient d'un remanieur : l'épisode, évidemment étranger à la chanson primitive, doit être de toute manière postérieur à la mort d'Auberon, donc au couronnement de Huon, puisque le petit roi est remplacé par Malabron comme héros sauveur. Mais il peut se situer, comme dans P, immédiatement après le couronnement, ou beaucoup plus tard dans la continuation, comme dans T ; c'est en tout cas un passage dont les continuateurs n'ont pas voulu faire l'économie, bien que son intégration n'aille pas de soi.

3. *L'histoire de Croissant.* — Bien que cet épisode figure seulement dans deux témoins en vers sur trois — il est absent de P[35], il mérite que nous nous y arrêtions. L'extension donnée à ce récit étant très différente selon les cas, il importe de savoir s'il a existé une forme primitive du roman, et quelle est la version conservée qui se rapproche le plus de celle-ci.

R ne contient que de brèves allusions — six au total[36] —, situées, pour la plupart, dans la chanson de *Huon* proprement dite, mais aussi au début d'*Esclarmonde* et à la fin de l'œuvre. On y trouve l'histoire du trésor de Croissant : c'est celui de Galafre, auquel seront associés le cor, le hanap et le haubert d'Auberon, il sera enfermé à Rome par Huon auprès du trésor de saint Pierre ; deux hommes de cuivre garderont l'entrée de la cachette, dont une inscription indiquera l'heureux destinataire (v. 140v20 — 141r28 ; 145v24 — 146r16 ; 146v15 — 146v32). Une fois entré en possession du trésor, Croissant doit accomplir de grandes prouesses et conquérir de nombreux royaumes :

> *Mais enfin possessa, l'escripture l'aprent,*
> *De xiiii realmes par son grant hardement,*
> *Ainsy que vous orrés en l'istoire Croissant*   (225r, 31-33) ;

ces terres pourraient se situer outre mer, puisque le héros *moult souffrist de maulx contre paienne gent* (225r30). Mais le ms. semble hésiter

1044

à faire de Croissant le héros d'une épopée en Terre Sainte ; il dit ailleurs que cet honneur échoira aux descendants de ce personnage :

> *Et de celui Croissant vint la noble lignie*
> *A qui Jerusalem fust depuis ottroye*   (146r, 15-16) ;

c'est probablement dans le même sens qu'on peut interpréter la promesse faite à Huon par Auberon :

> *Si venra de vo geste ung hoir moult redoubté,*
> *Dont trois hoirs isteront, qui passeront a nefz*
> *Pour avoir le sepulcre ou Dieu fust suscités ;*
> *Jerusalem prendront, qui est bonne cités,*
> *Tabarie et Damas, Acre qui est de les,*
> *Et tendront de ça mer xiiii reaultés*   (26r, 25-30).

T propose pour sa part un récit assez développé (v. 7246-647 et 8043-53), qu'il insère dans *Yde et Olive*[37]. Nous y lisons comment Croissant dilapide le trésor de son grand-père Oton et doit quitter Rome (v. 7246-304), qui se donne pendant son absence au lombard Guimart, neveu de Désier (v. 7305-331). Au cours de son errance, Croissant est dépouillé de tout, même de ses vêtements (v. 7333-387), et revient à Rome, où personne ne l'accueille (v. 7388-420). Le jour de Pâques, le roi Guimart, honteux du sort misérable fait au jeune homme, se prépare à le secourir et découvre un trésor fabuleux, dont les gardiens lui révèlent qu'il appartient à Croissant et lui indiquent un moyen de mettre le héros à l'épreuve (v. 7421-513). Guimart obéit, Croissant accomplit l'épreuve et reçoit de Guimart sa fille et l'empire (v. 7514-647). Le bref passage qui, ultérieurement, revient sur Croissant (v. 8043-53), est de pure transition.

Dans les proses imprimées, l'histoire de Croissant, qui forme la dernière partie du récit[38], se présente, avec un certain nombre de variantes et notamment d'additions, d'une façon analogue à T. Pourtant, entre le moment où le jeune homme, qui a perdu tout son bien, quitte Rome, et celui où il y retourne, la prose intercale un épisode aventureux et chevaleresque, qui représente à peu près la moitié de la partie *Croissant*[39]. Le héros se met au service de Remon de saint Gilles, qui est attaqué à Nice par des Sarrasins ; Croissant accomplit toutes sortes d'exploits et abat l'amiral d'Espagne, le roi de Grenade et celui de Belmarin. Remon lui offre alors d'épouser sa fille, mais la jalousie du fils du comte amène une catastrophe : le traître tente d'assassiner Croissant qui, en ripostant, tue le jeune homme. Le héros doit prendre la fuite, et l'on retrouve le fil du récit de T, avec la découverte du trésor, le rétablissement de Croissant dans toutes ses possessions, ainsi que le mariage avec la fille de Guyemart. De futures prouesses sont évoquées, d'une manière qui rappelle R, à la fin du dernier chapitre du roman :

Croissant acreut et amenda la seigneurie de Romme et conquist plusieurs royaulmes comme Hierusalem et toute Surye. Comme on peult sçavoir plus a plain par la cronique que pour luy en fut faicte, mais plus avant de luy ne faisons mention ; qui plus en vouldra sçavoir cherche le livre des Cronicques qui pour luy ont esté faictes.

Si nous comparons les indications données par les trois textes, nous constatons que l'histoire du trésor est un élément important, et sans doute le cœur du récit. C'est à ce passage, qui figure dans les différents témoins, que se limite T, et c'est sur lui que se termine la prose. Les autres éléments, en regard, semblent tardifs ou de peu de conséquence.

L'origine du trésor et les circonstances dans lesquelles Huon va le déposer à Rome (R) sont évidemment des enjolivements de remanieur ; le poète veut associer étroitement l'histoire de Croissant et celle du fondateur de la lignée, c'est pourquoi les talismans d'Auberon (cor, hanap et haubert) font partie du trésor, que gardent deux automates calqués sur ceux de Dunostre :

Par dela veoit on par droitte faerie
Deux grans hommes de coivre bien ouvré par maistrie,
Qui de flaiaux menoient par devant telle vie,
N'i osoient entrer toux cilx de la partie   (146r, 4-7)

L'annonce des conquêtes futures de Croissant — sur la nature exacte desquelles R hésite d'ailleurs — ne semble pas devoir être prise au sérieux : le périple qui se dessine est celui qu'accomplissent, depuis Godefroi de Bouillon, de nombreux héros de croisade et, dans les épopées tardives ou remaniées, Ogier, Renaut de Montauban ou Mabrian[40]. Si la « cronique » avait réellement existé, la prose, d'ordinaire si prolixe, n'eût pas manqué de lui faire quelque emprunt, et nous nous trouvons sans doute ici en présence d'une référence « pour mémoire », qui renvoie à l'imaginaire du lecteur.

Qu'en est-il enfin de l'épisode chevaleresque propre aux imprimés ? S'agit-il d'une interpolation du prosateur, ou d'un épisode original que le ms. T, dans un souci d'abrègement, a laissé de côté ? Nous inclinons, pour des raisons de critique interne, vers la deuxième solution. Sans doute les aventures de Croissant auprès du comte de saint Gilles s'insèrent-elles de manière satisfaisante dans le récit ; mais elles ne font que répéter, dans un autre registre, les mésaventures du héros qui, disposant de tout, perd tout. Riche de l'immense trésor d'Oton, il est bientôt complètement dépouillé : tel est le début de l'histoire, commun à toutes les versions ; sa prouesse le place au faîte des honneurs,

1046

puisqu'il peut épouser la fille du comte, mais le voilà bientôt poursuivi comme un criminel : telle est en revanche l'amplification du prosateur, qui peut disparaître sans que le sens du récit soit altéré.

Ce sens, contenu tout entier dans l'épisode du trésor, est à notre avis le suivant : fonctionnant comme un *exemplum*, d'où il tire peut-être son origine, le récit des déboires et de la restauration de Croissant est destiné à célébrer la vertu de largesse, vertu chevaleresque par excellence, vertu périlleuse mais nécessairement récompensée par Dieu. Elle vérifie la prédiction du *sages hons*, faite au début, qui déclare :

> *Il donra tant qu'il demourra caitis*
> *Se ne li rent li rois de paradis*   (v. 7288-89).

À cet éloge de largesse, l'équipée de Croissant à Nice ajoute peu ; nous nous croyons donc autorisé à conclure que la version primitive de *Croissant* est représentée par la forme qu'elle revêt dans T.

L'examen auquel nous venons de nous livrer permet, nous l'espérons, de préciser la situation respective des continuations en vers de *Huon de Bordeaux*, et de mieux comprendre le processus d'élaboration littéraire dont ils sont les témoins.

Le ms. P n'est pas, contrairement à l'avis des critiques allemands qui l'ont étudié à la fin du XIXeme s., le représentant d'un état ancien des continuations ; c'est un recueil tardif de pièces d'origine différente, et l'une d'entre elles au moins — le récit du couronnement — peut être attribuée à l'assembleur du codex.

Le ms. R est dû à l'activité d'un remanieur, qui travaille avec habileté sur une version développée proche de T, mais qui intègre un état du combat contre les géants, plus étendu et plus ancien que dans le ms. italien.

Le ms. T est le témoin le plus développé et le plus ancien ; il n'a certainement pas été composé d'un seul jet, et l'on discerne une solution de continuité après l'épisode Croissant. Un raccord, constitué par la fin postiche d'*Yde et Olive* (7648-8067), permet de revenir à Huon et d'introduire le combat contre les géants, dont il est le héros, puis l'histoire de Godin, son fils.

Ces constatations permettent d'envisager la constitution du cycle de *Huon* en vers comme le résultat d'un travail d'élaboration progressive qui s'est effectué entre la fin du XIIIeme et le XVeme s. Dans un premier temps, est apparue une version développée, qui correspond aux v. 1-7647 de T[41] : elle s'intéresse aux descendants de Huon par les femmes, et ses protagonistes sont, après Esclarmonde la mère, Clarisse la fille, Ydain la petite-fille et Croissant l'arrière petit-fils ; elle associe avec bonheur des éléments très variés : épopée amoureuse, récit d'aventures, voyages imaginaires, motifs folkloriques, *exemplum*.

Plus tard, mais avant 1311, une élaboration postérieure intègre un élément qui avait sans doute été rédigé à part — sans pour autant constituer une continuation à lui seul —, le combat contre les géants, et s'attache aux aventures interminablement épiques du fils de Huon. Cette construction progressive, dont T est le témoin, suppose l'activité d'un atelier dans lequel travaillent, à partir d'un plan général, plusieurs écrivains, dont les productions seront ensuite rassemblées : certaines de celles-ci — le fameux combat contre les géants — se rattachaient difficilement à l'ensemble.

Au XVeme s., l'édifice ainsi construit fut repris de deux manières différentes. D'une part, l'assembleur de P entreprit d'ajouter à la version décasyllabique de *Huon* une suite qui fasse l'économie de longs développements et mette en évidence le personnage de Malabron. Il réécrivit donc un couronnement de Huon en féerie, qu'il associa à l'épisode des géants fourni par le modèle de T : il pouvait ainsi présenter, sous un jour totalement neuf, l'histoire des descendants de Huon, puisque Judith, sa fille, épouse un être fée, Malabron.

D'autre part l'auteur de R, ayant réécrit en alexandrins et notablement transformé la chanson primitive, choisit, dans les premiers épisodes mis à profit par T, ceux qui donnent aux femmes un rôle pathétique ou piquant, d'où la présence chez lui de l'histoire d'Esclarmonde et de Clarisse.

Ainsi tout commence, à nos yeux, non pas avec T, mais avec le travail qui a permis sa réalisation ; ce travail ne cesse pas avec la production d'une somme aux aspects si variés ; il se poursuit dans l'écriture médiocre de l'auteur de P, dans les ciselures de R, et jusque dans les inventions du prosateur de 1454 qui, sur une architecture fixée dès le XIVeme s., fera fleurir les variations que lui suggère son goût pour l'aventure et pour le fantastique[42].

NOTES

1. Ces continuations ou remaniements de *Huon* ont été étudiés à la fin du siècle dernier par des élèves d'E. STENGEL, dans des dissertations intéressantes que nous citerons plus loin ; C. VORETZSCH, dans son livre *Die Composition des Huon von Bordeaux* (Halle, 1900), a repris en partie leurs conclusions (93-99, 368-69). L'édition de P. RUELLE, en 1960, qui propose pour *Huon de Bordeaux* un outil de travail impeccable, l'édition du *Roman d'Auberon* par J. SUBRENAT (Droz, TLF, 1973) et l'importante étude de M. ROSSI sur *Huon* (Champion, 1975) paraissent avoir relancé l'intérêt de la critique pour un domaine épique un peu négligé.

1048

2. Nous utilisons les sigles proposés par P. RUELLE dans son édition ; nous désignerons le BN. fr. 1451 par la lettre R (remaniement).

3. Voir l'étude de P. RUELLE, dans son introduction à *Huon*, 11-15, 49-53. La continuation P a été étudiée et éditée par H. SCHÄFER, *Ueber die Pariser Hss. 1451 und 22555 der Huon de Bordeaux-sage*, Marburg, *Ausg .u. Abhl.* XC, 1892.

4. S'agit-il du début du remaniement en alexandrins, tel que pouvait le proposer R, ou bien d'une sorte d'essai de plume du copiste ? Nous l'ignorons, puisque le ms. 1451 est mutilé du début.

5. Voir P. RUELLE, 12-15, 47-49, qui met T à profit dans son éd. Le prologue a été édité, nous l'avons signalé, par J. SUBRENAT ; la continuation, jusqu'au v. 8420, a été éditée et étudiée par M. SCHWEIGEL, *Esclarmonde, Clarisse et Florent, Yde et Olive*, Marburg, *Ausg. u.Abhl.*, LXXXIII, 1889, et le même ensemble a été repris, en 1977, dans la dissertation de Barbara A. BREWKA, Vanderbilt University. Le reste du ms. a été édité par F. MEUNIER, *La chanson de Godin*, Louvain, 1958.

6. Ce titre est emprunté au libellé de l'enluminure qui ouvre l'ensemble contenu dans T (cf. SUBRENAT, LXXV) ; mais il faut noter que le copiste n'a pas véritablement donné de titre à son œuvre.

7. Avant l'histoire de Godin, on revient à Huon, avec le récit du combat contre les géants, v. 8068-8302.

8. Les 8420 premiers vers sont minutieusement analysés par SCHWEIGEL, *op. cit.*, 37-92 ; la suite est analysée par F. MEUNIER, *op. cit.*, XXII-XXIII ; voir aussi M. ROSSI, *op. cit.*, 620-24.

9. On sait que, selon F. MEUNIER, le texte que nous possédons serait, dans sa plus grande partie (v. 8424-18025) l'œuvre d'un remanieur «qui aurait entrepris de modifier, dans la forme et dans l'étendue, une ancienne épopée assonancée» (LXXVIII).

10. Aucune solution de continuité entre *Clarisse et Florent* et *Yde et Olive* (6180-84). La formule qui ouvre la laisse 120, au début de *Clarisse et Florent*, peut faire croire à un début de poème : *Hui mais commence gloriouze canchon/ D'amors et d'armes, de pités et de plors...* (v. 3481-82) ; mais la suite se relie directement à l'action : *Or vous dirons de la fille Huon/ Et de son oncle, le bon abbé Ouedon, / Qui fait norrir la pucelle au chief blont* (3487-89), et la formule citée, qui peut se trouver à l'intérieur d'un poème, a d'abord fonction de relance. Très différente est la formule qui ouvre *Godin* : la récapitulation des aventures de Huon : *Du roi Huon oï avés assés/ comment il fut au roi Karle mesléz* (v. 8425-26), se rattache à une formule de prologue traditionnelle (cf. *Charroi de Nîmes*, éd. MC MILLAN, 1-13).

11. On sait que le roman en prose imprimé fait de *Croissant* une partie autonome, la dernière de l'œuvre (SCHWEIGEL, 81 et 84).

12. Ce ms. a été examiné, pour la partie *Huon*, par H. BRIESEMEISTER, *Ueber die Alexandrinerversion der Chanson de Huon de Bordeaux*, Greifswald, 1902 ; certaines parties de la continuation (combat contre les géants, couronnement de Huon en féerie) ont été étudiées et éditées par H. SCHÄFER, *op. cit.*, qui a par ailleurs édité l'histoire d'Esclarmonde (Worms, 1895). Enfin une éd. partielle du ms. est préparée par R. BERTRAND, sous la direction de M. ROSSI.

13. Cette interpolation a été étudiée par H. SCHÄFER, *op. cit.*, 7-12. 34-80.

14. Dans T, il s'agit respectivement de 3481 et 2703 v.

15. Cf. SCHÄFER, *op. cit.*, 33.

16. Ce passage de près de 200 v. (v. 3266-451) manque dans R, mais il n'est probablement pas ignoré de lui.

17. SCHÄFER, 25-27 ; VORETZSCH, 95.

18. La partie *Huon le desvé*, étant donné la mutilation du ms., ne se prête pas à

une analyse précise ; on notera toutefois que l'idée du passage est exactement la même que celle du combat contre les géants : le ou les parents d'un adversaire vaincu viennent faire courir au héros un nouveau danger : ce trait n'augure pas, malgré le choix antiphrastique du nom (*Huon* le *desvé*), de l'originalité de la continuation.

19. SCHÄFER, 22-25. L'affirmation explicite de l'antériorité de R ne s'y trouve pas, mais elle se déduit du discrédit jeté sur T, notamment en ce qui concerne la complexité des modèles utilisés.

20. Clarimondés paraît être un double de Malabron, puisque sa fonction est de faire traverser aux deux héros la rivière qui les sépare de Monmur (v. 2849-53 et SCHÄFER, 24).

21. Il s'agit, la première fois, d'un combat indécis qui est destiné à se reproduire, dans les mêmes conditions, à chaque Saint-Jean d'été ; la seconde fois, on voit les préparatifs d'Arthur, et les compagnons de Huon affirment que le roi de Bretagne échouera. Peut-être l'auteur veut-il mettre en avant le caractère itératif d'un tel affrontement.

22. Cf. 2588 et analyse de SCHÄFER, 22.

23. Il n'est question d'Esclarmonde que plus tard (3082), en dehors de la cérémonie d'hommage.

24. Texte cité par SCHÄFER, 23.

25. Texte édité par SCHÄFER, 93-95.

26. Texte édité par SCHÄFER, 86-91.

27. V. 8068-297.

28. Cela ne l'empêche pas de devenir aussi *chevalz...molt grant et fier et fors* (791) et d'assommer de ses ruades tous les géants qui ont survécu.

29. SCHÄFER, 17-18. Dans T, Malabron est seulement un capitaine qui combat sur terre, aux ordres de Huon.

30. On songe au passage où la *malle mere* tire le chaland dans lequel se trouvent ses fils (489-92), ou bien au procédé utilisé pour renvoyer Brohart à ses frères : *...si ont ung mangoney levei/Arier le gettent, si forment l'ont ruei,/Entre cez frere est cheüs li malfés* (v. 604-606).

31. SCHÄFER, 18 ; VOREZTSCH, 95.

32. *Fierabras*, éd. KROEBER et SERVOIS, 152.

33. Voir la multiplication des géants dans les chansons les plus récentes du cycle de Guillaume : Loquifer (*Bataille Loquifer*), Gadifer (*Moniage Rainouart*), Robastre (*Garin de Monglane*), Narquillus d'Alexandre (remaniement du BN. fr. 1460).

34. Voir SCHWEIGEL, *op. cit.*, 13, 32-33.

35. Nous ne pouvons rien inférer de cette absence, étant donné le choix très limité que fait P entre les continuations possibles.

36. Éd. par SCHÄFER, 30-32 et par BRIESEMEISTER, 53.

37. Il vaudrait sans doute mieux dire «après» *Yde et Olive*. On sait en effet (voir n. 34) que le rebondissement ultérieur de cette chanson est d'une autre main et pourrait bien n'être qu'un raccord ajouté par un deuxième continuateur.

38. Elle fait immédiatement suite à la partie d'*Yde et Olive* qui, dans T, précède *Croissant* ; la seconde partie d'*Yde*, l'épisode des géants et *Godin*, ne figurent donc pas dans la prose.

39. 6 f° sur 13 dans l'éd. BONFONS (WOLEDGE 9). Cet épisode est analysé par SCHWEIGEL, 81-82.

40. Il s'agit des remaniements en décasyllabes (ms. BN. fr. 1583) et en alex. (Ars. 2985) d'*Ogier*, ainsi que du roman en prose ; du remaniement en vers du XVᵉᵐᵉ s. de *Renaut* (BN. fr. 764) ou de la prose «amplifiée» (BN. fr. 19173-177), qui contient aussi *Mabrian* (voir aussi le *Mabrian* imprimé).

1050

41. *Auberon* se rattache-t-il à cette étape primitive? Pour des raisons de versification, SCHWEIGEL (33, 84) placerait plutôt le prologue de *Huon* du côté de *Godin*, tandis que l'analyse interne du récit montre que le syncrétisme d'*Auberon* s'accorde avec celui d'*Esclarmonde*, puisqu'on voit dans cet épisode Jésus transformant en fée l'épouse de Huon...

42. La prose brode avec allégresse sur le voyage de Huon au pays des merveilles (M. ROSSI, *op. cit.*, 627), et nous l'avons vu développer les péripéties aventureuses de l'épisode *Croissant*.

LA FONCTION DES PROVERBES
DANS LES CHANSONS DE GESTE
DES XIVᵉ ET XVᵉ SIÈCLES

La floraison des proverbes et locutions sentencieuses dans la production épique tardive a été signalée depuis longtemps. Déjà, dans le t. II des *Epopées françaises*, L. Gautier écrivait:

«*Dans nos dernières chansons de geste, le proverbe fleurit à plaisir, et l'on ne peut vraiment reprocher à cette floraison que d'être un peu trop abondante. Trop de fleurs*» (p. 470).

Notre propos consiste à tenter de préciser la place de ce phénomène dans l'évolution de l'épopée : quelle est son importance réelle ? Quel projet littéraire préside à l'utilisation de telles formules ?

Nous examinerons neuf textes, édités ou encore manuscrits, que nous avons, soit dépouillés complètement, soit étudiés à partir de coupes de plusieurs milliers de vers. Il s'agit, pour les chansons éditées, de *Hugues Capet* (ca. 1358)[1], *Baudouin de Sebourc* (2ᵉ moitié du XIVᵉ siècle)[2], *Le Bâtard de Bouillon* (2ᵉ moitié du XIVᵉ siècle)[3], *La geste de Monglane* (XVᵉ siècle)[4], *La geste des ducs de Bourgogne* (ca. 1420)[5], *Tristan de Nanteuil* (2ᵉ moitié du XIVᵉ siècle)[6], *Auberon* et les continuations de *Huon de Bordeaux* (avant 1311)[7], et, pour les textes manuscrits, du remaniement en alexandrins d'*Ogier le Danois* (Ars. 2985, ca. 1335) et de celui d'*Ami et Amile* (BN. fr. 12547, XVᵉ siècle).

Nous esquisserons une description de l'utilisation du proverbe dans ces différents poèmes; puis, afin de réfléchir sur la genèse et sur la signification du phénomène, nous reviendrons sur un état plus ancien de l'épopée, avant de formuler quelques hypothèses sur la fonction de ce type d'expression.

132

On notera tout d'abord que la présence de proverbes ou de locutions sentencieuses est inégale selon les poèmes, et que les exemples signalés par Gautier (*Baudouin de Sebourc, Florent et Octavien*), ne permettent pas d'extrapoler.

Le proverbe peut en effet être qualifié de rare dans certaines chansons : c'est le cas pour *Auberon*, prologue de *Huon de Bordeaux* (neuf occurrences pour deux mille quatre cent soixante-huit vers, soit 0,36 %)[8] ; de même, on ne peut relever que trois occurrences pour les deux mille premiers vers de *Godin*, soit 0,15 %, et neuf pour la partie *Galien* de la *Geste de Monglane* (ca. 4800 v.), soit 0,18 %. Le proverbe est discret également dans *Tristan de Nanteuil*, malgré les citations qu'en fait Gautier[9], puisque sept occurrences seulement peuvent être remarquées sur les cinq mille premiers vers (0,14 %).

La fréquence est en revanche plus importante ailleurs. Il s'agit, par exemple, du *Bastard de Bouillon* (trente-neuf occurrences pour six mille cinq cent quarante-six vers, soit 0,60 %), d'*Hugues Capet* (trente occurrences pour six mille sept cent quatre-vingt-quatre vers, soit 0,44 %), et de *Baudouin de Sebourc*. Pour ce dernier texte, en effet, la table dressée par E. R. Labande[10] n'enregistre que soixante-douze locutions proverbiales pour environ vingt-cinq mille sept cent cinquante vers, ce qui est peu (0,27 %) ; mais seuls sont relevés les tours dont on peut trouver l'équivalent soit dans Morawski, soit dans Le Roux de Lincy[11]. Or la fréquence est bien plus grande si l'on considère les passages qui ne sont pas forcément des proverbes répertoriés comme tels, mais des expressions sentencieuses forgées complètement ou en partie par l'auteur, dont c'est la manière préférée de terminer une laisse. Soit en effet la clôture de la seconde strophe de la chanson, où l'on montre comment les héritages vont à qui en fait piètre usage :

> Quant tant ont assamblé, adés en espargnant,
> Il se laissent morir, de quoy il sont dolant ;
> Et li avoirs en vient souvent a un mesquant
> Qui le boit et alloue et mainne grant bubant ;

ici, point de proverbe à proprement parler, mais une écriture qui recherche l'esprit didactique et universalisant du tour gnomique. Soit encore un autre exemple, qui se trouve à la fin de la troisième laisse :

> Telz dort tant au monstier, sans entendre orison,
> Qu'au revenir ne puet dormir en se maison.
> Encor vault mieux dormir que penser traïson.

A partir d'un trait plaisant, ayant déjà le caractère formulaire du proverbe (tel... qui), l'auteur décoche un trait à la fois sentencieux et narquois, lui-même frappé au coin de la parémie.

Mesurés à cette aune, les résultats de l'enquête changent pour *BS* : sur les cinquante-six premières laisses (mille sept cent dix-neuf vers), trente-cinq se terminent par des expressions proverbialisantes, soit une fréquence importante de 2,03 %). Parmi les textes qui ont fréquemment recours à ce type d'expression, on citera la *Geste des ducs de Bourgogne* (quarante-deux occurences pour les quatre mille cent premiers vers, soit 1,02 %) et le remaniement d'*Ami et Amile*, dont presque toutes les laisses se terminent par des formules sentencieuses.

Il existe donc, aux XIVe et XVe siècles, des poèmes épiques où les locutions proverbiales sont nombreuses, et d'autres où ce type d'expression reste limité. Il serait donc exagéré de considérer la formule gnomique comme un trait caractéristique de la chanson de geste à cette époque, puisque certaines œuvres paraissent y échapper. On notera également que la fréquence d'emploi des parémies n'est pas constante à l'intérieur d'une même œuvre ; ainsi, pour la *Geste de Monglane*, le proverbe est employé de façon très modérée dans la partie *Galien*, alors qu'il est plus usuel pour la partie *Hernaut de Beaulande*, qui correspond aux trois mille premiers vers du texte (1,29 %). On pourrait supposer, puisque la *Geste* est une compilation, que les deux parties en question sont d'origine différente, mais les variations de fréquence se retrouvent à l'intérieur de chacun des passages. Ainsi, pour *Hernaut*, on relève trente-quatre occurrences pour les deux mille premiers vers (1,7 %), et seulement cinq pour les mille quatre-vingt-douze vers suivants (0,45 %) ; de même, pour *Galien*, sur les dix occurrences, cinq sont comprises entre les laisses LX et LXXIX, les cinq autres entre les laisses CIII-CXX, alors qu'on ne trouve rien pour les cinquante-neuf premières laisses, et rien entre les laisses LXXX et CII. L'emploi des parémies est donc soumis à un double principe de variation : présence massive ou présence rare dans les textes, présence régulière ou irrégulière. Pour apprécier la signification littéraire du recours aux proverbes dans une chanson, il faudra par conséquent se livrer à de nombreux rapprochements ; nous pouvons toutefois affirmer dès maintenant que, pour les poèmes tardifs qui utilisent la parémie, c'est moins l'exactitude du proverbe qui compte, que la «volonté proverbiale», qui recherche le moule et sans doute l'autorité de la formule gnomique : on veut «parler par proverbes», quitte à en fabriquer soi-même.

Un autre élément descriptif est fourni par les modes d'introduction de la formule à l'intérieur du texte. La locution peut être prise en compte par le narrateur, sans autre indication :

134

> Tels cuide autruy grever, qui prumier s'en dieura   GDB, 3796 ;

elle peut aussi être utilisée par un locuteur :

> No gent cuide sousprendre, mais souspris en sera :
> Tels cuide autrui dechoivre qui devant le sera[12].

Mais on note aussi, avec une fréquence importante dans la *Geste des ducs de Bourgogne* ou dans la *Geste de Monglane*, le recours à des indications relationnelles. Celles-ci renvoient à l'*escripture*, c'est-à-dire à l'autorité, religieuse ou non, que comporte le texte de sagesse :

> Car le saige nous dit en l'escripture plaine :
> Qui desire la mort de creature humaine,
> Que la sienne lui est, se dit-on, plus prouchaine   GDM, 267-69[13] ;

> Qui soustient un laron, Escriture l'afie,
> Il en reçoit enfin domaige et vilonnie   GDB, 233-34[14].

La référence peut également être un proverbe :

> Mais on dit ung proverbe que je croy fermement,
> Qu'amour de seigneuraige pert on par maltalent   GDM, 34-35[15] ;

> Mais uns proverbes dist, oï l'avés pieça :
> « Toutes bouces qui rient, baisier ne veullent ja »   GDB, 1868-69[16].

En appeler au proverbe, c'est insister sur le caractère oral de la formule (le proverbe « dit ») ; d'autres indications vont dans le même sens, se référant à un *parler* :

> Et on dit ung parler que je croy fermement,
> Car de bonne semence voit on le bon fourment   GDM, 573-74

> « Et on dist ung parler en commune raison :
> Qui vost tuer sen kien, le rage li met on »   GDB, 2710-11[17] ;

à un *dire* :

> Voirs est c'on dist, et a on dit piecha,
> Que ja nul jour envie ne morra   Auberon, 83-84

> On norist tel quaiel, ce dist on bien sovent,
> Qui saut sen maistre au col moult anguisseusement   BS, II, 185-86

> Quant la pomme est pourie, bien le dient auquant,
> A le fois s'en enpire trestous li remenans   GDB, 2656-57.

D'autres formules insistent enfin sur le caractère universel de l'observation :

> Du car le piour roe ot on bien souvent braire   BS, I, 1021[18]

Car la raison paree par fait d'avocacie
Condempnent bien souvent son adverse partie   Galien, p. 76, 187 2-3
Mais on voit bien souvent, tel se cuide venger
Qui son dommaige encroist et le fait aproucher
                                        Galien, p. 89, 190 47-191 1[19]

Ces indications relationnelles mettent donc en évidence quelques traits qui, pour les poètes de geste, caractérisent le discours proverbial : affirmation d'une sagesse qui précède le locuteur et fonde sa propre parole, référence à un langage vivant, même si l'origine en est, théoriquement du moins, écrite[20], prétention au caractère universel, et donc normatif, de l'observation.

Ces formules nous font également prendre conscience de « l'habillage » rhétorique auquel les auteurs de geste soumettent le proverbe ; la parémie, fréquemment lapidaire, est étirée sur un couplet, qui est le mode de présentation le plus constant. Le vers unique existe sans doute, comme dans l'exemple suivant, tiré de *Godin* :

    Mes n'est si caus qu'i ne voist refroidant   (8602) ;

de même, à l'inverse, on peut trouver des proverbes délayés sur un ensemble de plusieurs vers :

    Guanellon, dist le roy, on dit en reprouver :
    Onquez nuls homs ne vit ne esté ne yver,
    Qu'il fut maratre bonne pour enffans essaucher.
    Encor l'emporteront les deables d'enfer.   Galien, p. 103, 198 9-12[21]

    Et la fu aprouvés uns ciertains parlers frans,
    Qui es viers de la Bible est moult bien afreans,
    Que le trace dou pere poursievent les enfans   GDB, 1095-98.

Ces ensembles peuvent également associer diverses locutions proverbiales :

    On ne se peut garder nullement d'un larron
    Ne de beste qui paist aux champs en verdison
    Ne voisent au blé pestre, veulle la garde ou non ;
    Sy ne sara garder entour në environ
    Qu'i ne se fierent ens quant faire le pourron.
                                    Tristan de Nanteuil,337-41

    Je vous ai oït dire : boins sanc ne poet mentir ;
    mais tels scet bien et garder et couvrir
    et le petite buque en autrui oel veer,
    C'ou sien ne voit la grande.   Ami et Amile, BN. fr. 12547, 12 r.

Mais le couplet reste la forme la plus fréquente de la locution proverbiale, et sa situation favorite, dont nous verrons plus loin l'importance,

136

est la fin de la laisse. On le voit avec le *Bastard de Bouillon* (plus de 56%
des occurrences), mais surtout avec le BN. fr. 12547, pour lequel la comparaison avec la chanson du XIIIe siècle est très éclairante. Le texte en
décasyllabes comporte en effet le petit vers hexasyllabique, qui constitue
une clausule accentuée et doit avoir sens en lui-même. Il peut s'agir d'une
proposition indépendante :

> *Grans noces firent li fil as franiches meres.*
> *Cuens Amis prinst la damme* (489-90),

d'une proposition coordonnée

> *Mais Dammeldex, seignor, l'en gardera,*
> *Car moult est saiges contes* (496-97),

subordonnée

> *Servira voz a escu et a lance,*
> *S'il voz torne a besoigne* (522-23),

ou encore d'un syntagme nominal :

> *Veoir l'alaisse volentiers, ce m'est vis,*
> *Le matin par som l'aube* (550-51).

Dans le remaniement, la quasi-totalité de ces clausules est constituée
par des locutions proverbiales :

> *Si qu'ençois que on ait le bon ceval enblet*
> *Fait bon clore l'estaule* (23r)[22]
> *L'on dit en un parler souvent en reprouvier*
> *Que li boins coers fait l'œuvre* (23 v)
> *Car il n'est si mais sours que cis enterement*
> *Qui ne voet riens entendre* (31 r)[23]
> *Car on dit au besoing au vrai considerer*
> *Fait que le vielle trote* (36 v)[24].

On voit nettement la relation qui existe ici entre la contrainte formelle (vers hexasyllabique) et l'utilisation du proverbe : l'utilisation du
proverbe devra donc être mise en rapport avec la structure formelle des
chansons.

Un dernier élément descriptif sera fourni par le registre dans lequel
opèrent les expressions proverbiales. On relèvera d'abord l'abstraction
moralisante empruntée à une tradition de sagesse, religieuse (la Bible, et
notamment les proverbes attribués ou non à Salomon) ; *Hugues Capet*
offre de nombreux exemples de ce type :

> *Li hons n'est mie saigez de blamer ses amis* (p. 52)

Ly hon qui se surcuide ne puet vivre lon tamps (p. 69)
On ne prise point gent, on prise leur avoirs (p. 118)
Mais orguelz nous aprent a dire faulz latin (p. 126),

mais aussi la *Geste des ducs de Bourgogne* :

Car convoitise ardant, l'acteur le determine,
Fait petit moult souvent et chiet vers lesine (38-39)
Par croire folement, on l'a veut pieça,
Piert on cors et avoir: entendés ce nota (186-87)
Qui soustient un laron, Escriture l'afie,
Il en reçoit enfin domaige et vilonnie (232-34).

L'autre registre est celui de l'expression métaphorique, registre qui paraît d'autant plus familier qu'il introduit presque toujours une rupture avec le contexte. Ainsi, au moment où Ganelon est convaincu de trahison, il s'écrie :

Perdue est la souris, on le dit de pieça,
S'elle ne sçait qu'ung trou, le chat l'estranglera
Galien, p. 143, 211 47-212 1[25];

pour réconforter son épouse qui voit partir ses enfants, Garin de Monglane déclare :

Madame advisez vous, et que vault ung beau chats,
Pour ce dit qui ne prent les souris et les ras ?   GDM, 11-12

et même dans *Hugues Capet*, lorsque Drogues de Venise cherche à faire l'éloge des fils du héros, il cite un proverbe familier :

Car toudis par nature voit on le quien cachier (p. 124).

La façon dont une chanson use de l'un ou de l'autre registre permet sans doute d'apporter une contribution à l'analyse stylistique du texte, à condition de situer cet élément par rapport à d'autres données ; car *GDB*, œuvre très didactique, recourt volontiers au registre métaphorique, alors qu'*Hugues Capet*, poème au style très alerte, préfère le registre de l'abstraction. Le type d'expression proverbiale choisi peut donc servir de contrepoids à d'autres aspects du style, et ne peut suffire à la production d'une analyse.

Tel est donc le tableau que nous pouvons dresser de la pratique du proverbe dans les chansons de geste tardives. On rappellera que l'utilisation des parémies, souvent fréquente, n'est pas une caractéristique absolue, puisque certains textes n'en éprouvent pas la nécessité ; que le proverbe figure généralement dans la laisse à des positions-clés (fin de strophe),

138

qu'il revêt le plus souvent la forme d'un couplet étroitement lié à la structure épique. L'emploi du proverbe dans l'épopée ne peut donc être distingué d'un courant moralisateur qui se manifeste assez généralement à la fin du Moyen Age, mais il a certainement, en ce qui concerne la chanson de geste, une fonction très profondément ancrée dans le genre littéraire lui-même.

Afin d'en décider, nous devons revenir en arrière dans l'histoire du poème épique, afin d'examiner dans quelles conditions l'expression proverbiale apparaît, et quel rôle elle assume dans l'économie du texte.

Si nous nous tournons vers le *Roland*, l'absence de l'expression proverbiale est nette ; on trouve en revanche des formules normatives, destinées à dicter un comportement, lors des scènes de conseil. Ainsi, lorsque Ganelon veut que soient écoutées les propositions de Marsile, il s'écrie :

> *Cunseill d'orguill n'est dreiz que a plus munt ;*
> *Laissun les fols, as sages nus tenuns !*   (228-29) ;

plus tard, Roland justifie la proposition de Ganelon comme messager auprès de Marsile en disant :

> *Mais saives hom, il deit faire message :*
> *Si li reis voelt, prez sui por vus le face !*   (294-95) ;

enfin, quand Olivier reproche à son compagnon de n'avoir pas voulu appeler Charlemagne au secours, Roland lui réplique :

> *Mal seit del coer ki el piz se cuardet !*
> *Nus remeindrun en estal en la place*   (1107-1108)

Chacun des trois exemples est bâti de la même façon : d'un côté une formule bien frappée, dont la césure épique articule à merveille les deux parties, éventuellement en les opposant, de l'autre l'appel à une action précise qui en est la conséquence logique. Le discours de sagesse est ici très précisément normatif, puisque son champ d'application est immédiatement délimité à l'immédiat du texte : la maxime débouche sur un *nous* ou un *je*.

Avec une chanson légèrement postérieure, le *Charroi de Nîmes*, le registre sentencieux va prendre des formes plus variées. Dans la première partie du poème, qui oppose Guillaume à Louis dans la perspective de définir les devoirs réciproques du seigneur et du vassal, les éléments didactiques sont nombreux. On voit ainsi Bertrand rappeler les obligations de Guillaume :

> *Vo droit segnor ne devez pas haster,*
> *Ainz le devez servir et hennorer,*
> *Contre toz homes garantir et tenser*   (422-24)

ou les devoirs du chevalier en général :

> De l'aventure vet tot en Damedé (807),

et Guillaume rappeler le code des valeurs à lui-même

> La loiauté doit l'en toz jorz amer (442)

ou au roi Louis

> Ne creez ja glouton ne losengier (754).

Comme dans le *Roland*, la formule sentencieuse énonce un précepte fait pour être immédiatement mis en pratique ; la différence est que, de manière plus fréquente, la maxime, s'évadant du registre de l'abstraction, va développer des éléments textuels. Par des exemples, elle se tourne vers le récit ou vers l'expression métaphorique, comme le montrent les trois passages suivants, destinés à souligner le malheur du vassal dont le maître est ingrat :

> Einsi vet d'ome qui sert a male gent :
> Quant il plus fet, n'i gaaigne neant,
> Einçois en vet tot adés enpirant (297-99)

> Einsi vet d'ome qui sert mauvés segnor ;
> Quant plus l'alieve, si i gaaigne pou (303-304)

> Dex ! con grant val li estuet avaler
> Et a grant mont li estuet amonter
> Qui d'autrui mort atent la richeté ! (85-87)

Avec *Aliscans* (fin du XIIe siècle), le discours de sagesse franchit une nouvelle étape. Les maximes opératoires figurent toujours en bonne place : Guillaume, espérant l'aide royale, déclare :

> Or savrai jo, comment je suis amés.
> A la besoigne est amis esprovés.
> Se or me faut, puis n'i a seürtés. (2384-86).

On retrouve également l'expression métaphorique, qui sert à l'expression de la douleur :

> De mon lignage ai perdu tot le grain ;
> Or n'i a mes ke le paille et l'estraim (838-39)

ou à l'exaltation des valeurs, la noblesse de cœur par exemple :

> Li cuers n'est mie en dras envelopés
> N'en vair n'en gris ne en ermin golés,
> Ains est ou ventre dedens bien reposés (p. 351, 88-90).

140

Mais le phénomène nouveau est tout d'abord que la locution sentencieuse commence à intéresser pour elle-même le poète, et peut se donner
libre cours dans de véritables couplets. Après la victoire définitive sur les
païens, lorsque Guibour console Guillaume du départ de ses amis, nous
avons affaire à un centon d'expression proverbiales :

> *Teus a perdu ki regaaignera,*
> *Et teus est povres qui riches devenra.*
> *Teus rit au main, au vespre ploërra.*
> *Ne se doit plaindre li hom ki santé a*   (8394-97);

sans doute le propos de Guibour se veut-il exhortation à la patience, et le
discours sentencieux, ici encore, prépare-t-il un agir ; mais les proverbes se
rattachent au contexte d'une manière assez lâche, et le choix de tel item
ne s'impose pas, sinon parce qu'il met en évidence un discours collectif
sur les vicissitudes du bonheur : la parole universalisante commence donc
à l'emporter sur l'immédiat du texte.

On notera aussi que l'expression métaphorisante commence à utiliser
un registre plus familier, avec des formules comme

> *D'autre Martin li convendra canter*   (887c[26])

ou, pour évoquer l'affection de Rainouart à l'égard de son tinel :

> *Son tinel ot couchié delés s'eschine,*
> *Ke il amoit plus ke vallés meschine*   (4444-4445).

Mais le fait le plus important est la référence explicite à un discours
sentencieux extérieur à celui du poème, que l'auteur utilise désormais
pour authentifier ses propos, et l'on va rencontrer, pour la première fois,
les « proverbes au vilain » :

> *De chou si dist li vilains verités :*
> *Ki le sien pert, assés chiet en vieutés*   (2446-47)

ou l'évocation du domaine de la fable :

> *Est ce la fable du cor et du mouton ?*   (3053)
> *Conut vos ai, com li leus fait l'agnel*   (6016)[27].

Cette rapide incursion dans l'histoire de la chanson de geste nous
montre que le discours sentencieux a sa place dès les débuts du genre,
mais que sa nature et sa fonction vont évoluer. Rare au début, la parole
gnomique est directement opératoire : suscitée par un moment précis du
texte, elle autorise un propos qui doit conduire à une action ou qui justifie
une pratique déjà mise en œuvre. Plus tard, le discours de sagesse s'amplifie ; ses liens avec le contexte se distendent et ses formes se diversifient.

La maxime d'action devient locution proverbiale, empruntée à un univers externe et pouvant introduire des décalages de type comique avec le registre de l'épopée. Le recours au proverbe dans l'épopée tardive n'est donc pas le résultat d'une mutation brutale, mais l'accélération d'un phénomène qui se prépare depuis longtemps. Il nous reste donc à expliquer pourquoi chanson de geste et parole proverbiale peuvent entretenir des liens aussi étroits.

Notre réflexion se déroulera sur deux plans. D'une part, nous croyons à une parenté profonde entre l'objectif de l'épopée et celui du discours proverbial; d'autre part il nous semble que la structure formelle de la parémie a rencontré celle du poème épique au cours de l'évolution de celui-ci.

Le discours épique, on le sait, est discours de fiction. Avec les premiers mots du *Roland* s'abolissent les frontières du réel:

> Carkes li reis, nostre emperere magnes,
> Set anz tuz pleins ad estet en Espaigne   (1-2);

car, pas plus pour l'auditeur du XIIe siècle que pour le lecteur contemporain, Charles ne peut être une figure présente: ce n'est *nostre emperere magnes* qu'au prix d'une recréation dans l'imaginaire. Mais, dans le même temps, ce discours fictionnel se définit comme vrai:

> Ce n'est pas fable que dire voz volons,
> Ansoiz est voirs autressi com sermon,
> Car plusors gens a tesmoing en traionz,
> Clers et prevoires, gens de religion   Ami et Amile, 5-8,

et cette vérité est assimilée à celle de l'histoire:

> Ceste (chanson) n'est mie d'orgueill ne de folie,
> Ne de mençonge estrete ne emprise,
> Mes de preudomes qui Espaigne conquistrent.
> Icil le sevent qui en vont a Saint Gile,
> Qui les ensaignes en ont veü a Bride   Prise d'Orange, 4-8.

Mais cette historicité joue elle-même sur deux plans: d'une part, c'est l'historicité des faits et des personnages – ce sont les ancêtres, prétendument, qui sont chantés –, mais d'autre part c'est une vérité exemplaire, de type étiologique, destinée à fonder, de manière hyperbolique, les valeurs qui régissent la société: le système féodal, avec les obligations réciproques du seigneur et du vassal, la mentalité religieuse, avec l'exclusion des infidèles.

142

Par cette exemplarité, le discours épique se révèle en symbiose avec le discours sentencieux, qui fonde lui aussi le comportement par rapport à une norme, et qui offre d'autre part l'avantage de situer hors de toute détermination précise la source de son pouvoir; la parole gnomique va donc plus loin que la parole épique, puisqu'elle dépasse les limites de l'histoire, dans laquelle se place nécessairement le texte épique. Recourir au discours de sagesse, c'est pour le poète épique orienter le récit vers un propos universel, échappant aux limites du genre qu'il a lui-même choisi. Or ce recours, au fur et à mesure de l'évolution de la chanson de geste, devient de plus en plus séduisant, car le caractère exemplaire de l'épopée tend à s'estomper; on voit en elle, à la fois un discours poétique et un discours historique, comme le montrent les textes qui, aux XIVᵉ et XVᵉ siècles, célèbrent des héros contemporains[28]. Il est donc nécessaire de retrouver l'exemplarité et par conséquent l'universalité originelles, fonction que vient justement accomplir le proverbe. Renvoyant à une multitude d'acteurs et à la totalité des durées, il est par excellence, discours fondateur :

> Car j'ay tous jours ouy dire...   (Galien, 189 24)
> Mais on voit bien souvent...   (Galien, 190 47)

Mais le discours sentencieux vient en aide d'une autre façon à la chanson de geste, notamment à la fin du Moyen Age. Le poème épique est destiné, on l'a vu, à présenter une histoire ressentie comme vraie ; mais il est aussi, par sa structure — succession de laisses assonancées puis rimées — un discours lyrique, destiné à célébrer. Cette fonction reste profondément inscrite dans l'esprit des auteurs tardifs, qui entendent exalter un héros, et pas seulement, à la manière d'un récit en prose, raconter ses exploits :

> Or faites pais, seigneurs, ne faites cris ne sons,
> Et je vous chanteray une bonne chanssons,
> Oncque meilleur n'oïstes, bien dire le puest hon,
> Car c'est des vaillans hoïrs du preux contes Doons
>   Renaut de Montauban, réd. du XVᵉ siècle, ms. R.

Or le recours au discours proverbial, dans ces poèmes profondément narratifs, nous paraît destiné à maintenir, dans une certaine mesure, l'identité lyrique du texte épique. Depuis le début du XIVᵉ siècle en effet, divers facteurs — passage du décasyllabe à l'alexandrin, qui accroît les possibilités de chevilles et de clichés, dilatation du volume de la laisse — ont rapproché l'épopée du récit et de l'écriture romanesque. L'utilisation, à la fin d'une laisse, d'un couplet proverbial, revient justement à affirmer que l'action n'est pas réglée par les seuls impératifs du récit : l'aspect poétique, en ce qu'il prête attention à la disposition des mots, du discours de sagesse, vient donc épauler une volonté lyrique de l'épopée qui a perdu les moyens de se réaliser.

Enfin, tandis que la chanson de geste qui, au départ, est espace de communication entre un chanteur-récitant et un public, n'est plus à la fin du Moyen Age qu'un objet de lecture, la locution proverbiale, jouant ici encore un rôle de suppléance, vient rappeler les origines. Elle signale à sa façon que le récit épique est aussi, pour reprendre des expressions citées plus haut, un dire ou un parler. Les adresses caractéristiques du poète :

Seigneurs or escoutez, que Dieu vous soit amis Geste de Monglane, 73

ne sont plus seules à invoquer le caractère oral du récit : y participent également les formules sentencieuses qui font appel à une sagesse transmise elle aussi, de génération en génération, d'un disant à un écoutant.

Ainsi la parole gnomique a-t-elle des liens très profonds avec la chanson de geste, et il n'y a pas à s'étonner de voir l'importance que ce type de discours revêt dans certains des poèmes des XIVe et XVe siècles. Il s'agit en effet d'une parenté de nature.

L'épopée, en désignant à l'admiration d'un auditeur-lecteur, un héros et ses exploits, revendique un fragment du réel – la prouesse guerrière – appréhendé dans la fiction. Le proverbe intègre à ce champ fictionnel d'autres éléments du réel, puisqu'il abolit les frontières du temps et vise à l'universalité : il renforce donc le caractère exemplaire du discours épique, permettant de plus au narrateur d'intervenir dans son texte, dissimulé derrière le voile commode d'une sagesse, dont il ne veut être que le porte-parole.

D'autre part le discours de sagesse, en ce qu'il est langage fondé sur l'affirmation d'une communication indéfinie, utilise les ressources du rythme et de l'image, autrement dit certains procédés poétiques. Dès le début par conséquent, mais surtout lorsque la chanson de geste atténue les frontières qui la séparent de l'histoire ou du roman, le discours épique trouve dans les locutions sentencieuses et les formules proverbiales un moyen d'affirmer sa volonté poétique.

144

NOTES

1. Ed. du Marquis de La Grande. APF, 1864 (*HC*).
2. Ed. L. Boca, Valenciennes, 1841. 2 vol. (*BS*).
3. Ed. R-F-. Cook, Droz, TLF, 1972 (*BB*).
4. Ed., sauf pour la partie *Galien*, par D. M. Dougherty, Eugene, Oregon, 1966. La partie *Galien* a été éditée par E. Stengel, Marburg, 1890 *GDM*).
5. Ed. K. de Lettenhove, 1873 (Chroniques relatives à l'histoire de Belgique sous la domination des ducs de Bourgogne, t. II) *GDB*.
6. Ed. K. V. Sinclair. Assen. 1871 (*TN*).
7. Ed. M. Schweigel, Marburg, 1889.
8. On pourrait d'ailleurs discuter sur l'expression du v. 975 (*Et bonne amours, qui soustient vrais amans*); est-ce vraiment une expression sentencieuse ?
9. T. II, p. 471.
10. *Etude sur Baudouin de Sebourc*. Droz, 1940, 171-77.
11. *Le livre des proverbes français*, Paris, 1859. 2 vol.
12. BB, 973; cf. Morawski, *Proverbes français antérieurs au XVe s.*, 2338: *Tel quide autre enguiner ki enguine sei meïmes*; cf. aussi Leroux de Lincy, II, 388.
13. Cf. Morawski 1968: *Qui le damaige son voisin desirre le sien li aproche.*
14. Cf. aussi *BS*, 287-88: *Car l'escripture dist, je l'ay oy conter / Qui prie pour aultruy, pour lui fait labourer*, et Morawski, 2099: *Qui por autrui ore, por soi meïsmes labore.*
15. Cf. Morawski 84: *Amors de segnor n'est mie heritaige.*
16. Cf. Leroux de Lincy, II, 270 *Chere de bouche souvent cœur ne touche.*
17. Cf. Morawski 2146: *Qui son chien viaut tuer la rage li met sus.*
18. Cf. Morawski 23: *Adés brait la pire roe dou char.*
19. Cf. Morawski 1185: *Mal venge sa honte qui la croist.*
20. Voir la double référence de *GDB*, 542: *Pour çou dist uns parlers, Escriture l'aprent.*
21. Comparer Morawski 1810: *Qui a marastre a dyable en l'astre* et Leroux de Lincy II 381.
22. Cf. Morawski 1747: *Quant li chevaus est perduz, si fermez l'estable* et Leroux de Lincy II 461 *Quant le cheval est emblé donke ferme fols l'estable.*
23. Cf. Morawski 940: *Il n'est si maus sours com cis qui ne weut oïr.*
24. Cf. Morawski 236: *Besoing fait vieille troter.*
25. Cf. aussi *BS* III 232 et Morawski 449: *Dahez ait la soris qui ne set c'un pertuis.*
26. Cf. aussi 1. XCIX, 4809.
27. Voir aussi *Ami et Amile*, 571-74: *De la gourpille voz doit bien ramembrer / Qui siet soz l'aubre et weult amont haper, / Voit les celises et le fruit meürer, / Elle n'en gouste, qu'elle n'i puet monter.*
28. Il s'agit de la *Vie de Bertrand du Guesclin*, de Cuvelier (après 1380) et de la *Geste des ducs de Bourgogne*, dédiée à la célébration des exploits de Jean sans Peur.

Hugues Capet
dans la chanson de geste au XIVe siècle

La chanson de geste d'*Hugues Capet*, composée au XIVe siècle, n'est sans doute pas le seul texte épique où se lise le souvenir de la rupture créée au Xe siècle dans la succession dynastique. La chanson de la *Mort Aymeri de Narbonne*[1], à l'extrême fin du XIIe siècle, est assez nettement pro-carolingienne, et Hugues apparaît comme un vassal rebelle, contre lequel le roi Louis demande l'aide d'Aymeri :

> « Hues Chapez m'a malement grevé,
> Arse a ma terre et mon païs gasté,
> Et mes chastiax peçoiez et robez ;
> De ci as portes de Paris est alez ;
> Prise a la proie par devant la cité »[2].

Reste que le conflit entre Louis et Hugues, à peine évoqué, tourne court, puisque la chanson, oubliant cette piste narrative[3], ne s'intéresse plus qu'aux derniers exploits d'Aymeri.

Une autre chanson, *Guibert d'Andrenas*, qui précède la *Mort Aymeri* dans les manuscrits du cycle de Narbonne, mentionne également Hugues dans un texte de liaison très proche des indications dont nous venons de parler. Se devine pourtant, de façon plus précise que dans la *Mort Aymeri*, une accusation d'usurpation, car Hugues est dit prêt à s'emparer de la couronne et à remplacer Louis :

---

1 Éd. J. Couraye du Parc, *Société des anciens textes français*, Paris, 1884.
2 *Ibid.*, v. 38-42.
3 Bien loin de recevoir du secours d'Aymeri, c'est Louis qui doit se rendre à Narbonne.

« Mes en France ot .i. haut baron de pris,
Hue Chapet ot non, ce m'est avis.
Cil ot lo roi si de guerre entrepris
Qu'avoir voloit la terre et lo païs
Et estre rois et del regne sesiz ;
Si avoit ja viles et chastiax pris,
Et tant avoit ja maté Looÿs
Qu'issir n'osoit des portes de Paris,
Et bien quidoit li bons rois seignoris
Qu'il perdist la corone »[4].

L'assembleur du cycle de Narbonne, tout comme l'auteur de la *Mort Aymeri*, n'ignore pas la rivalité qui a opposé Hugues et les derniers Carolingiens ; l'hostilité qu'il manifeste à l'égard du premier lui est peut-être imposée par la logique des cycles de Narbonne et de Guillaume d'Orange, dans lesquels Charlemagne puis son fils Louis sont les seuls souverains, mais la question dynastique semble du moins à ces poètes un fait suffisamment important pour être mentionné, alors qu'il n'importe pas à l'économie de leur propos.

D'autres poèmes ont pu, de manière implicite, faire allusion à l'avènement des capétiens : ce fut le cas, selon E. Mireaux, de la *Chanson de Roland* et du *Couronnement de Louis*[5], et nous aurons à

---

4 *Guibert d'Andrenas*, éd. J. Melander, Paris, 1922, 2454-2455, 2459-2466, chanson de geste.

5 Voir *La chanson de Roland et l'histoire de France*, Paris, 1943. E. Mireaux, qui déplorait la rupture dynastique, laquelle faisait le lit « des Ottons germaniques, maîtres désormais incontestés de la Lorraine et du titre impérial » (*ibid.*, p. 128) croyait voir dans Turpin, archevêque de Reims, « la satire personnifiée de cet autre archevêque de Reims, Adalbéron, traître à son roi et à son pays » (*ibid.*, p. 134) ; quant à Gauthier del Hum, type du vassal fidèle, le nom de « Gauter da mon leu » ou « mon leon » donné par le ms. V IV pourrait renvoyer à Mont Laon et faire également de Gauthier l'antithèse d'un autre traître, Adalbéron-Ascelin de Laon (*ibid.*, p. 136-137). Les rapprochements, on le voit, sont fragiles et procèdent du désir de trouver des coïncidences, comme l'écrit à peu près l'auteur (« puisque nous sommes à l'affût des coïncidences », *ibid.*, p. 138). En ce qui concerne le *Couronnement de Louis*, E. Mireaux signale des rapprochements entre Guillaume Fierebrace et l'histoire de Guillaume V d'Aquitaine, dont la maison, fidèle aux Carolingiens, pouvait affirmer sa vocation héréditaire « à défendre Rome et la terre italienne » (*ibid.*, p. 153). L'auteur relève également l'identité de nom entre l'un des adversaires de Guillaume Fierebrace, Ascelin, fils de Richard de Normandie, et l'« évêque de Laon qui livra par traîtrise Charles de Lorraine » (*ibid.*, p. 149). Il y a sur ce point, nous le verrons, une ressemblance entre le *Couronnement* et *Hugues Capet* ; nous y reviendrons p. 292.

revenir sur les hypothèses formulées pour le second de ces textes. Mais alors que le lecteur se trouve confronté ici à des rapprochements ingénieux et nécessairement conjecturaux, *Hugues Capet* entend bien raconter dans quelles circonstances son héros accède au trône :

> « Qui veult dez noblez fais avoir la remenbrance,
> S'escoute de Huon raconter l'ordonnance,
> Que fortune et eürs monterent en poissance,
> Si qu'il fu couronnez du roiaulme de France »[6].

Il nous a donc paru utile de permettre à ce texte littéraire tardif d'apporter sa contribution à la célébration du millénaire capétien. Sans doute notre chanson est-elle parfaitement incapable de nous éclairer sur les événements de 987, dont elle ne connaît, on le verra, que le fait majeur – l'avènement d'un nouveau roi ; elle s'intéresse beaucoup, en revanche, à certains problèmes de l'époque qui l'a vu naître. Quelques hypothèses peuvent en effet être formulées pour répondre à la question que tout lecteur ne peut manquer de se poser : pourquoi, quatre siècles après l'événement, un poète peut-il se donner Hugues pour héros, alors qu'il était si simple de célébrer à nouveau Charlemagne ou son fils Louis ? Ce sont ces hypothèses qui sont susceptibles d'intéresser le spécialiste de l'épopée française tardive mais aussi l'historien du XIVᵉ siècle, habitué à trouver dans l'imaginaire littéraire l'écho des préoccupations du temps.

Après avoir donné une rapide analyse du texte, nous signalerons les rares points de concordance entre la chanson et l'histoire capétienne, avant de faire une place plus large aux rapports entretenus par *Hugues Capet* avec le XIVᵉ siècle.

La chanson d'Hugues Capet

Comme dans plusieurs poèmes tardifs, l'auteur a donné à son œuvre la forme d'une biographie partielle ; commençant l'histoire de son héros avec la jeunesse de celui-ci, il expose les transformations extraordinaires qui affectent sa carrière, jusqu'au moment où celle-ci se fige : pour Hugues, il s'agit du moment où son pouvoir est définitivement consolidé.

---

6   Nous citons d'après l'édition procurée en 1864 par le marquis de La Grange, Paris, *Anciens poètes de la France*, p. 16.

Une première partie (p. 1-19) raconte les « enfances » du futur roi. Orphelin à seize ans, Hugues qui est le fils d'un chevalier et a pour grand-père un boucher, mène la vie insouciante et dépensière d'un jeune noble. Couvert de dettes, il doit s'exiler mais, où qu'il se rende – en Hainaut, en Brabant, en Hollande ou en Allemagne – il continue à hanter les tournois et à courir les bonnes fortunes : ses nombreuses aventures amoureuses lui valent de nombreuses inimités de la part des jaloux, mais aussi de solides bâtards qui viendront plus tard à son aide.

Une deuxième partie (p. 19-36) montre dans quelles conditions le jeune homme entre en relations avec la famille royale. Louis, le souverain, est mort, sans doute empoisonné, après avoir remporté la victoire contre les Sarrasins commandés par Gormont et Isembart. Un usurpateur, le comte Savari de Champagne, voudrait épouser Marie, fille de la reine Blanchefleur et héritière du royaume, et s'emparer ainsi du trône. Alerté par les bourgeois de Paris, Hugues tue Savari.

Désormais commencent les longues péripéties (p. 36-181) entaînées par cette action d'éclat. Fédri de Champagne, frère et successeur de Savari, réunit une armée nombreuse et vient mettre le siège devant Paris. Les seigneurs loyaux, que commande le comte de Dammartin, connétable de la reine, sont peu nombreux ; pourtant, galvanisés par la fougue d'Hugues et aidés par Drogues de Venise, membre du lignage de Guillaume d'Orange, ainsi que par les bâtards d'Hugues, ils mettent en échec les assiégeants avant de les battre à plate couture. Hugues gravit progressivement les échelons du pouvoir et du bonheur : armé chevalier par Marie, dont il a conquis le cœur, il est fait duc d'Orléans, revêt les armes de France et reçoit la couronne à Reims, après avoir épousé Marie à Paris. Il fait grâce aux chefs des traîtres, Fédri de Champagne et Ascelin de Bourgogne.

Un dernier rebondissement donne matière à une quatrième et dernière partie (p. 181-242). Vaincus, les usurpateurs n'ont pas désarmé. Asselin tend une embuscade à Hugues non loin de Langres, et le roi n'échappe que par miracle ; de son côté, Fédri s'empare de la reine à Orléans, et prétend l'épouser. Aidé du connétable, Hugues redresse la situation, retrouve à Montmirail sa femme et la couronne, tandis que les coupables sont mis définitivement hors d'état de nuire. Le roi règnera désormais en paix :

> « Ains puis ne trouva prinche, tant fist a redouter,
> De France ne d'alleurs, tant comme il pot durer,
> Qui osast contre lui de guerre relever »[7].

La chanson et l'avènement capétien : histoire et légende

A la lecture du sommaire qui précède, le lecteur aura compris le peu de crédit que peut faire à la chanson l'historien du Xe siècle. Sur la biographie du premier capétien et sur les circonstances de son accession au trône, les connaissances du poète sont très sommaires : ce qu'il sait le mieux, c'est en somme que le nouveau roi succède à la branche carolingienne éteinte par la mort du dernier titulaire, et qu'un mode de désignation original, l'élection, a permis l'avènement d'Hugues. Le héros déclare en effet aux grands seigneurs :

> « Je suy rois couronnez de France le royon,
> Non mie par oirrie ne par estrasion,
> Mais par le vostre gré et vostre elexion »[8]. ·

Il sait encore que Hugues a régné neuf ans :

> « IX ans tint le royaulme, non plus, bien le set on »[9]

et que son fils Robert lui succède :

> « Aprez fu cez fieulz rois, qui Robert ot a non,
> XXXIIII ans regna, en escit le treuv'on »[10].

Notons pourtant sur ce point une hésitation du poète qui, en un autre endroit de la chanson, donne le nom de Charles au fils d'Hugues :

> « Du roy Huon Capet dire me convenra,
> De le roïne oussy ou il se delita
> Quant elle fu enchainte d'un hoir que Dieu ama.
> Charle fu apellez ens ou temps qu'i regna »[11].

L'auteur sait aussi que Hugues a fondé l'abbaye Saint-Magloire :

> « En son tamps fist fonder une abie de non ·
> C'on dist de Saint Maglore, ensement l'apell'on »

mais il se trompe en déclarant que le roi y est enterré :

> « A Saint Maglore fu enterez ly frans hons »[12].

---

7 *Ibid.*, p. 235-236.
8 *Ibid.*, p. 177.
9 *Ibid.*, p. 242.
10 *Ibid.*; F. Lot, *Études sur le règne d'Hugues Capet et la fin du Xe siècle*, Paris, 1903, p. 336, n. 3, suppose que cette date, et la précédente, ont été puisées dans une chronique.
11 *Hugues Capet,* p. 184.
12 *Ibid.*, p. 242.

On signalera enfin, toujours au titre des « demis-vérités », l'affirmation selon laquelle le roi Louis, prédécesseur d'Hugues, est inhumé à Saint-Arnoul de Metz[13] ; l'abbaye reçut en effet le corps d'un souverain, mais il s'agissait du fils de Charlemagne, et Louis V fut pour sa part enterré à Compiègne[14]. S'atteste déjà ici le travail de la légende – sans doute d'origine épique – qui ne connaissait, comme l'écrit G. Paris « qu'une trinité royale : un Pépin, un Charles, un Louis, dans lesquels elle englobait tous les princes de même nom dont elle avait gardé le souvenir »[15].

Tels sont les seuls éléments du poème renvoyant de façon certaine à l'histoire du Xe siècle. D'autres faits peuvent être notés, mais ils posent, comme nous allons le voir, la question des rapports que *Hugues Capet* entretient avec des légendes d'origine diverse, ou bien renvoient sans doute à des périodes plus proches de nous.

F. Lot a voulu reconnaître, par exemple, dans Asselin de Bourgogne « le trop célèbre Adalbéron, évêque de Laon, qui trahit tour à tour Carolingiens et Capétiens »[16]. Le nom du personnage ne viendrait pas d'une source écrite, puisque l'origine cléricale est complètement négligée : c'est donc dans une tradition populaire « que notre poète a puisé ce personnage d'Ascelin », une tradition qui aurait gommé le statut ecclésiastique d'Adalbéron-Ascelin[17].

Certaines convergences de lieux peuvent également être relevées. Orléans joue, dans la chanson comme dans l'histoire capétienne, un rôle important. Hugues est fait duc d'Orléans avant de devenir roi de France, et c'est dans cette ville que Marie et sa mère sont surprises par Fédri. Or c'est à Orléans que Robert est couronné par son père, à la Noël 987, et que Charles de Lorraine est emprisonné en 991 avec son fils Louis et ses deux filles[18]. On soulignera particulièrement le

---

13 « A grant solemnité fu ly rois enfouis/A Saint Ernoult l'abbie, ce nous dist ly escris », *ibid.*, p. 21.
14 Voir F. Lot, *Les derniers Carolingiens*, Paris, 1891, p. 196.
15 G. Paris, *Lobier et Mallart*, dans *Histoire littéraire de la France*, 28, 1881, p. 252-253.
16 F. Lot, *Études, cit. (cf. supra* n. 10), p. 345.
17 F. Lot est du reste guidé par son hypothèse relative à Ganelon, qui aurait pour origine « l'archevêque de Sens, Wenilo, qui trahit Charles le Chauve en 858, *ibid.*, n. 4.
18 *Id., Les derniers Carolingiens, cit. (cf supra* n. 14), p. 216-217, 277.

fait que, dans le second exemple, existe un thème commun, celui de la captivité.

De même Senlis, où se retrouvent les bâtards d'Hugues avant d'entrer dans Paris, est aussi le lieu où se tient, dans les derniers jours de mai 987, l'assemblée des princes et des évêques qui élève Hugues à la dignité royale[19].

Ces exemples sont à coup sûr d'inégale importance, et conduisent à des hypothèses différentes. Si la mention de Senlis n'est pas due au hasard, elle peut renvoyer à l'histoire de XIVe siècle aussi bien qu'à celle du Xe, car cette ville importante et proche de Paris a joué un rôle politique[20] et laissé des souvenirs littéraires : on se souvient de l'éloge de Senlis (« *De utilitatibus laudabilibus Silvanecti* ») qui figure à la fin du *De laudibus parisius* de Jean de Jandun[21].

La référence à Orléans, étant donné l'analogie thématique, a quelque chance d'être plus féconde ; mais elle peut signaler aussi un emprunt fait par notre texte à des traditions récentes. F. Lot note en effet que le titre de duc d'Orléans donné à Hugues n'apparaît, en dehors de notre texte, qu'au début du XIVe siècle[22].

Reste le rapprochement opéré à partir du nom d'Asselin. Ici encore, la source du poème ne semble pas pouvoir être exclusivement trouvée dans l'histoire du Xe siècle, car des liens avec la tradition épique sont évidents. L'auteur a voulu placer son œuvre dans l'orbite du cycle de Guillaume d'Orange, auquel le rattachent de nombreuses indications.

---

19 *Ibid.*, p. 204-211. L'importance d'autres rapprochements suggérés par F. Lot [Anseau de Gonesse, maître d'hôtel de la reine et Ansoud le riche, palatin parisien de la cour d'Hugues Capet et de son fils Robert ; l'embuscade tendue par Ascelin à Hugues et celle de Bernard de Septimanie contre Charles le Chauve, voir *Études, cit.* (*cf supra* n. 10), p. 336, n. 1, 2] paraît discutable ; voir R. Bossuat, *La chanson d'« Hugues Capet »* dans *Romania*, 71, 1950, p. 467, n. 1 ; S. Duparc-Quioc, *Recherches sur le cycle de la croisade*, Paris, 1955, p. 165.

20 Notamment au moment des événements de 1358, voir R. Cazelles, *Nouvelle histoire de Paris de la fin du règne de Philippe Auguste à la mort de Charles V*, Paris, 1972, p. 334, 338.

21 Voir *Paris et ses histoires au XIVe siècle*, Paris, 1867. On peut lire notamment les avantages suivants : « *Lactis dulcissimi, purissimi butiri, caseorum crassorum exuberantia grandis minoribus ac mediocribus personis, exclusa cerebrorum perturbatione furiosa, que alios plurimos salsis pungitivis gaudentes quasi incessanter agitat, vite quiete disciplinatam solentiam et simplicitatem columbinam largitur* », *ibid.*, p. 76-78.

22 Dans les *Gesta Boemundi archiepiscopi Trevirensis*, F. Lot, *Études, cit.* (*cf. supra* n. 10), p. 346, n. 1.

Comme dans *Aymeri de Narbonne*[23], la femme du roi Louis est une fille d'Aymeri, Blanchefleur, qui peut, dans ces conditions, faire appel à l'aide de Drogues de Venise, son neveu. Dès lors, l'hypothèse de la réutilisation par notre poète de certaines autres données du cycle paraît moins aléatoire.

Or, dans le *Couronnement Louis*, Guillaume vient au secours du fils de Charlemagne dont Acelin, fils de Richard de Normandie, veut usurper le droit. Louis, qui s'était réfugié dans l'église Saint-Martin de Tours, est délivré par Guillaume, qui donne ensuite la chasse aux partisans des Normands :

> « De ci as portes ne finent de brochier,
> Mais a chascune truevent felon portier ;
> Tel treilage lor i convint laissier
> Que puis n'alerent par besoing osteier
> Por nul el siecle qui en seüst preier »[24].

Acelin est tué d'un coup de pieu par le vassal fidèle tandis que Richard, réfugié à son tour dans l'église, est tondu.

Les ressemblances avec la dernière partie d'*Hugues Capet* sont trop nombreuses pour qu'il s'agisse de simples coïncidences. C'est dans une église, dédiée également à saint Martin, que la reine de France est gardée à Montmirail par le traître Fédri, qu'accompagne Ascelin. Hugues, aidé par le connétable, délivre son épouse et capture les deux traîtres, qu'il livrera ensuite au supplice. Au début de l'action, les portes de la ville avaient été soigneusement fermées par le connétable, de sorte que tous les partisans des traîtres sont mis à mort.

Nous considérons donc que l'auteur d'*Hugues Capet* s'est servi, pour le châtiment des rebelles, d'une scène du *Couronnement*. F. Lot avait écarté cette hypothèse parce que, dans le *Couronnement*, Ascelin « est dit fils de Richard de Normandie »[25] ; mais c'est, à notre avis, l'ensemble de la séquence qu'il convient d'examiner, séquence dans laquelle s'opère une convergence remarquable entre les deux textes.

---

23 Éd. L. Demaison, *Société des anciens textes français,* Paris, 1887. L'auteur de cette chanson de geste du XIII⁰ siècle sait, comme le poète d'*Hugues Capet,* mais probablement par des voies différentes, que le roi Louis est celui qui « en bataille ocist le roi Gormont » (v. 4683).

24 *Le Couronnement de Louis, chanson de geste du XII⁰ siècle*, éd. E. Langlois, Paris, 1920, v. 1879-1883.

25 F. Lot, *Études, cit. (cf. supra* n. 10), p. 345.

Or une telle filiation remet en cause les conclusions qu'on pouvait tirer du nom d'Ascelin : ce personnage a en effet toute chance d'être repris au modèle épique suivi ici par notre texte ; peut-il encore renvoyer au fameux évêque de Laon ? Oui, si l'hypothèse d'E. Mireaux est juste, c'est-à-dire si l'auteur du *Couronnement* a bien comme perspective d'exalter la fidélité aux Carolingiens ; mais peut-on plus facilement apporter ce genre de preuve pour une chanson de geste du XIIᵉ siècle que pour une œuvre du XIVᵉ ?

Ce qu'il nous semble plus utile de faire remarquer ici est l'intrication profonde qui s'opère entre diverses traditions, ainsi qu'entre ces traditions et la réalité du temps de l'écrivain. La trahison d'Ascelin perpétue peut-être le souvenir d'un personnage devenu une sorte de parangon – pas autant que Ganelon toutefois – de la félonie ; mais elle est sans doute arrivée jusqu'à l'auteur d'*Hugues Capet* par le canal d'une tradition épique à laquelle il se réfère ailleurs de manière explicite.

Toutefois l'univers observable par le poète s'accorde lui-même avec certains traits de son œuvre de fiction : le « moustier Saint-Martin », dans lequel Fédri se prépare à épouser Marie, rappelle l'église du *Couronnement de Louis,* mais l'église paroissiale de Montmirail porte aussi ce nom dans la réalité[26].

La complexité est considérable également dans les éléments qui se trouvent associés pour rendre compte de la mort du prédécesseur d'Hugues. Le dernier Carolingien, pour notre poète, n'est pas Louis V, mais le vainqueur des « *Arabis* » en Ponthieu, autrement dit, pour l'histoire, Louis III, qui battit les Normands à Saucourt-en-Vimeu, en 881. Le chroniqueur Hariulf, à la fin du XIᵉ siècle, raconte cette bataille, et la mort du roi Louis serait due, selon lui, aux efforts accomplis au cours de la lutte :

> «*Praedictus ergo Hludogvicus rex in pago Vimmaco cum eisdem gentibus bellum gerens, triumphum adeptus est interfecto eorum rege Guaramundus. Et caesis millibus populi infidelis, caeteri fugati sunt. Dicitur autem quod in ipso congressu prae nimio feriendi conamine sua interiora ruperit, ac deinde mortuus est »*[27].

---

26 Renseignement aimablement communiqué par M. Bur, professeur à l'Université de Nancy II, que nous remercions ici.

27 Hariulf, *Chronique de l'abbaye de Saint-Riquier,* éd. F. Lot, Paris, 1894, livre 3, chap. 20, p. 143.

L'auteur du fragment de la chanson de geste *Gormont et Isembart* attribue aux mêmes causes la mort du roi, et notre poète paraît s'engager dans la même direction, puisqu'il écrit :

> « Mais tant souffry de paine ce jour ly rois Loys
> Qu'il fu de malladie moult grevé et acquis ;
> Oncquez puis il ne fu a son cors bien santis »[28].

Mais il suggère bientôt une autre explication du décès royal : le souverain aurait été empoisonné :

> « Mais assez tot aprez fu li rois entrepris
> De grande malladie, que ly mire de pris
> Et ly phisisien dont il estoit servis
> Dirent que il estoit de venin tout emplis,
> Si ert enpoisonné, ce disoient toudis ;
> De ce fait fu mescrus ly contez Savaris ».

Or, dans cette allusion à un empoisonnement du roi, plusieurs traditions s'entrecroisent visiblement : d'un côté les accusations portées par certaines chroniques contre les épouses des deux derniers Carolingiens[29], de l'autre la tradition épique tardive du *Gormont et Isembart*, autrement dit la chanson perdue de *Lohier et Mallart*, que nous connaissons à travers le roman allemand de *Loher und Maller* qu'elle a inspiré[30]. Dans ce texte en effet on trouve la double explication qui figure dans *Hugues Capet* : le roi meurt des suites de la bataille, mais les médecins disent qu'il a été empoisonné ; par ailleurs Louis, comme dans notre poème, tue de ses mains les principaux ennemis, Gormont et Isembart[31]

Enfin l'intrication des légendes, qui associe des époques très diverses, mêle aussi les genres littéraires. *Hugues Capet*, on l'a vu, est tributaire de la tradition épique, mais il utilise aussi des éléments romanesques du début du XIVe siècle. Un épisode important de la

---

28 *Hugues Capet*, p. 20.
29 Voir F. Lot, *Les derniers Carolingiens, cit. (cf. supra* n. 14), qui cite par exemple Adhémar de Chabannes « *veneno (Lotharius) a regina sua adultera extinctus est, filium reliquit Ludovicum qui uno tantum anno supervivens, et ipse potu maleficii necatus est* », p. 166, n. 3.
30 Le fragment de *Gormont et Isembart*, chanson du XIIe siècle, qui nous est parvenu, a été édité par A. Bayot, Paris, 1914. Sur *Lohier et Mallart*, voir la notice de G. Paris, *Histoire littéraire, cit. (cf. supra* n. 15), 28, p. 239-253.
31 « La s'y prouva ce jour l'emperere Loys/Que Ysembart, ses niez, fut par lui a mort mis,/Et Gormons ensement, le fellon Arabis », *Hugues Capet, cit.*, p. 20 ; G. Paris, *Histoire littéraire, cit. (cf. supra* n. 15), 28, p. 252..

chanson se situe de façon précise par rapport aux *Vœux du paon*, de Jacques de Longuyon[32]. Au cours du repas qui suit la première bataille victorieuse livrée contre Fédri et les siens, la reine fait porter devant Hugues un paon rôti ; aussitôt le héros songe à la scène qui justifie le titre de la longue interpolation du *Roman d'Alexandre* :

> « Le paon esgarda et moult ala pensant
> Du veu que Porrus fist, si ala ramenbrant
> Du viellart Quassamus, dez aultrez ensievant »[33].

Les deux personnages cités sont en effet les protagonistes de l'œuvre de Jacques Longuyon, qui s'édifie autour des vœux audacieux formulés dans un banquet au cours duquel est servi un paon. Le vœu de Quassamus, par exemple, consiste à jurer de porter assistance à son pire ennemi, Clarvus, roi des Yndois, s'il le trouve en situation périlleuse ; le héros agira en effet de la sorte une fois et, ainsi libéré de sa promesse, pourra tuer son adversaire.

S'inspirant de cet exemple prestigieux, Hugues décide de sortir seul de Paris et d'aller provoquer l'ennemi :

> « Car je veu au paon, si comme aventureus,
> Que demain au matin voray estre soingneus
> De partir de Paris, et m'en iray tous sceuls
> Tout droit au pavillon veoir no haÿneus »[34].

Il réussit dans son entreprise, malgré les efforts accomplis par la reine afin de l'empêcher de quitter la ville, et conquiert ainsi une gloire à la fois épique et romanesque.

Il faut noter, comme l'a fait A. Thomas[35], une autre dette d'*Hugues Capet* à l'égard des *Vœux du paon* : le sultan de La Mecque, meurtrier du père de Drogues de Venise et tué lui-même par ce dernier, porte le nom de l'adversaire de Quassamus dans le poème de Jacques de Longuyon.

Ainsi les liens au caractère historique incontestable entre notre chanson et le Xe siècle apparaissent-ils très peu nombreux. La plupart des indications renvoyant à une époque reculée sont susceptibles

---

32 Sur les *Vœux du paon*, terminés en 1312, voir la notice d'A. Thomas dans l'*Histoire littéraire de la France*, 36, 1927, p. 5-35.
33 *Hugues Capet*, p. 60.
34 *Ibid.*, p. 61.
35 A. Thomas, *Histoire littéraire, cit. (cf. supra* n. 32), 36, p. 26-27.

d'avoir été véhiculés par une tradition légendaire et notamment épique ; les contacts avec le XIVe siècle, qu'il s'agisse de sources littéraires ou d'échos de la réalité du temps, sont par ailleurs manifestes. C'est l'univers contemporain du poète, dont nous allons voir l'importance extrême pour la compréhension du texte, qu'il nous faut explorer maintenant.

« Hugues Capet » et la dynastie des Valois

Autant les indications qui renvoient au Xe siècle sont rares et peu significatives dans notre texte, autant sont nombreuses et convergentes les allusions au XIVe siècle. *Hugues Capet*, né à Paris, ou composé par un auteur connaissant bien Paris[36], entend donner de la bourgeoisie une image nouvelle : entrant dans un rapport nouveau avec la noblesse, les bourgeois concourent à la défense de la royauté autour des grands thèmes qui mobilisent les apologistes de la dynastie des Valois. C'est donc de la dynastie des Valois, et non des Capétiens, qu'il s'agit, et la chanson peut voir confirmer dans ces conditions certaines hypothèses de datation.

Nouveaux raports entre bourgeoisie et noblesse

Hugues Capet ne fait pas disparaître les oppositions traditionnelles entre la bourgeoisie qui s'enrichit, éventuellement aux dépens des nobles, et la noblesse qui risque sa vie. Les seigneurs mandés par la reine de France rechignent parce que la souveraine requiert aussi l'aide des bourgeois :

> « Pour ce qu'il sont trop rique, ne noz prisent .i. gant.
> Il ont toutez no terrez et cant c'avons vallant ;
> Car, si tost qu'il nous vont aucuns denierz prestant,
> Tantost va par usure le somme sy montant
> Que terrez et castiaulz nous font saisir errant.
> Que maudit soit de Dieu l'avoir dont il ont tant »[37].

---

36 F. Lot présente l'auteur comme « très Français de France, très Parisien bien que sans doute par son origine étranger au royaume », c'est-à-dire hennuyer, *Études, cit. (cf. supra* n. 10), p. 337 ; c'est à peu près l'opinion de R. Bossuat, pour qui la chanson « est manifestement l'œuvre d'un jongleur qui, s'il eut peut-être des attaches lointaines avec le Hainaut, vivait à Paris », *La chanson de « Hugues Capet », cit. (cf. supra* n. 19), p. 474 ; toutefois, R. Bossuat suppose que l'œuvre aurait été remaniée au XVe siècle en Hainaut, *ibid.*, p. 459.
37 *Hugues Capet*, p. 41.

Les bourgeois sont par ailleurs accusés de lâcheté :

> « Mais entre vous, bourgois au fourré capperon,
> Estez devant voz huis trop noble campion,
> Et cant vient en bataille, n'i vallez .i. bouton »[38],

tandis que les meurtres accomplis sur la personne des nobles, même si c'est pour défendre la reine, desservent leur cause :

> « Car desus le royne avoient mautallent,
> Pour ce qu'en sen palais, de se commune gent
> Ot fait tuer les princhez a Paris sy vieument »[39].

Pourtant, ces bourgeois sont « du bon côté », c'est-à-dire du parti de la reine, alors que la plupart des nobles se laissent séduire par les traîtres. Par ailleurs, la chanson brosse des portraits de bourgeois qui savent se montrer sensibles à l'attrait d'une vie noble. Ainsi l'oncle d'Hugues, le riche boucher Simon, est d'abord présenté d'une manière très fidèle aux portraits habituels ; il ne demande pas mieux, dans un premier temps, que de voir son neveu s'écarter de lui :

> « S'il demeure ceens jusquez au quaremiel,
> Il me vora honnir, foy que doy Dieu le bel,
> Et me despendra tout men meuble castel »[40] ;

mais plus tard, lorque le jeune homme vient à nouveau solliciter son aide, Simon apparaît beaucoup moins attaché à l'épargne bourgeoise et encourage Hugues à mener un état digne d'un noble :

> « Joustez, tournois et festez sieuwez hardiement ;
> Vous serez honorez partout moult hautement,
> Car de par vostre pere avez moult haut parent,
> Et de part vostre mere, biaus niez, par saint Climent,
> Avez vous a Paris maint bourgois excellent
> Qui sont de vo linaige, s'en vaurez mieulz gramment »[41].

C'est bien une image de la fortune bourgeoise au XIVᵉ siècle qui peut se lire ici, fortune qui résulte souvent, à côté des profits de l'activité commerciale, des travaux accomplis pour le roi : ainsi, par exemple, pour la famille d'Étienne Marcel[42]. Or cette fortune s'accompagne de la manisfestation des goûts chevaleresques. Sous le règne de Philippe de Valois, en 1330 et 1331, des joutes de type

---

38 *Ibid.*, p. 48.
39 *Ibid.*, p. 46.
40 *Ibid.*, p. 7.
41 *Ibid.*, p. 23.
42 Voir R. Cazelles, *Nouvelle histoire de Paris, cit. (cf. supra* n. 20), p. 280.

chevaleresque opposèrent entre eux des bourgeois de Paris et d'autres villes . Les fêtes de 1330 sont inspirées par les histoires troyennes aussi bien que par la Table Ronde ; quant aux jouteurs parisiens de 1331, ils prennent le nom de « Desconfortés d'amour »[43].

Par ailleurs, les procédures d'anoblissement ne sont pas rares : sous Philippe le Long, puis sous Philippe de Valois, plusieurs bourgeois de Paris accèdent à la noblesse héréditaire : Jean Billouart, argentier du roi, en 1319, Adam de Dammartin, notaire du Châtelet, en 1340[44]. De telles procédures sont avantageuses pour les intéressés, car elles permettent d'être exempté des frais d'acquisition des fiefs nobles[45].

Hugues : un roi bourgeois ?

Le rapprochement qui, dans la réalité comme dans la chanson, s'opère entre bourgeoisie et noblesse, trouve une expression éclatante et quelque peu déconcertante dans le personnage que le poète a choisi pour en faire le successeur de Louis. À la différence des auteurs du cycle de Narbonne en effet, le trouvère ne songe pas à un chevalier, mais à un personnage issu à la fois de la noblesse et de la roture. Il s'inspire de la légende, née à la fin du XIIIe siècle dans des pays hostiles à la France, territoires d'empire et Italie soumise à la domination de Charles d'Anjou[46], et recueillie par Dante dans son *Purgatoire*, où il fait dire à Hugues :

« Figliuol fui d'un beccaio di Parigi »[47].

On sait que cette version, au départ polémique, des origines de la dynastie capétienne, fut vivace jusqu'à la fin du XVIe siècle[48], et que la transmission en fut à la fois savante et populaire ; c'est par ce dernier canal, sans doute, que Villon la connaissait, lui qui se plaint de la cruauté du lieutenant criminel en regrettant son extraction :

---

43 *Ibid.,* p. 110-111.
44 *Ibid.,* p. 111-112. Remarquons au passage que le nom donné dans *Hugues Capet* au connétable ne renvoie pas seulement à la famille de Trie (voir par exemple Jean, comte de Dammartin, tué à Mons-en-Pévèle en 1304), mais aussi à certains bourgeois parisiens.
45 *Ibid.,* p. 111.
46 Voir R. Bossuat, *La légende d'Hugues Capet au XVIe* siècle, dans *Mélanges d'histoire littéraire offerts à H. Chamard,* Paris, 1951, p. 29.
47 20, 52.
48 Voir *Hugues Capet,* introduction, p. 4-10 ; R. Bossuat, *La légende d'Hugues Capet, cit. (cf. supra* n. 46).

> « Se feusse des hoirs Hue Cappel,
> Qui fut extrait de boucherie,
> On ne m'eust, parmy ce drappel,
> Fait boire en ceste escorcherie »[49].

Peut-être comme le croyait R. Bossuat, la transmission populaire exprimait-elle une opposition « à la complaisance des premiers Valois à l'égard de l'aristocratie dominante »[50], mais toute hypothèse dans ce domaine reste hasardeuse. En revanche, nous pouvons constater que, fidèle à une certaine tradition épique, l'auteur d'*Hugues Capet* tire de la basse origine d'un personnage une raison d'éloge supplémentaire, en lui faisant incarner cette symbiose des forces vives du pays dont nous parlions plus haut.

Dans la *Chanson des Saisnes*, comme le signalait déjà F. Lot[51], l'origine d'Anseïs, père de Pépin, n'est pas entièrement noble, car sa mère est la fille d'un vilain :

> « Aprés celui eslurent dant Garin le Pouhier ;
> Ne sorent miex adonques la coronne emploiier,
> Car preudons fu et sages et duis de guerroiier ;
> Mais ainc n'ot fill ne fille de sa gente moillier.
> Cil conçut Anseïs en la fille au vachier,
> Qui puis desraina France cors a cors a Brehier »[52].

Or, de même que la basse esxtraction de la mère d'Anseïs ne fait que mettre en relief la vaillance du futur roi, de même l'origine modeste d'Hugues donne un éclat particulier à ses exploits. Le poète du XIVe sicèle reprend du reste ici, en l'accommodant à son sujet, un autre topos épique, l'opposition entre l'apparence d'un personnage et sa valeur réelle, symbolisée par le cœur. Ansi, dans *Girart de Vienne*, Renier, fils de Garin de Monglane, fait-il l'éloge du véritable mérite :

> « Li cuers n'est pas ne el vair ne el gris,
> Einz est el ventre, la ou Dieus l'a assis »[53].

---

49 Voir François Villon, *Œuvres*, éd. A. Longnon, PAris, 1911, *Ballades diverses*, 16, p. 98, v. 9-12.
50 R. Bossuat, *La légende d'Hugues Capet*, cit. (*cf. supra* n. 46), p. 29.
51 F. Lot, *Études, cit.* (*cf. supra* n. 10), p. 344.
52 Nous citons d'après l'édition procurée par A. Brasseur, rédaction AR. v. 77-82, Droz, Genève, 1989, TLF 369, p. 8.
53 *Girart de Vienne par Bertrand de Bar-sur-Aube*, éd. W. van Emden, *Société des anciens textes français*, Paris, 1977, v. 607-608.

Dans *Hugues Capet,* le topos associera le statut de bourgeois et la vaillance. Le connétable de France, constatant la hardiesse du héros, lui dit :

« Ne say c'estez bourgois, du cuer estez gentis »[54]

et Hugues revendique à la fois le statut de bourgeois et l'état de noblesse, que caractérise la vaillance du cœur :

« Bourgois sui de Paris, pour coy en mentiroie ?
Et gentillesse aussi n'est drois que je renoie,
Et s'ay bon cuer en my, con povrez que je soie,
Aussi bien comme ung rois vestu d'or ou de soie ».

Dans cette proclamation, du reste, on trouve encore un écho de la réalité contemporaine : à Paris, au XIVe siècle, le bourgeois qui devient noble ne perd pas pour autant sa qualité première ; c'est le cas, par exemple, de Jean Billouart, qui continue à être appelé dans les actes « bourgeois de Paris »[55].

Mais la fiction épique, tout en reflétant un mouvement qui tend à rapprocher bourgeoisie et aristocratie, comporte en elle-même les limites d'une telle perspective, et l'auteur développera cette tendance. Dans la chanson de geste traditionnelle en effet, lorque le jeune héros – qui est du reste un noble – a fait ses preuves, il ne subsiste plus rien des compagnonnages roturiers qu'il a pu avoir, ne serait-ce que parce qu'il anoblit ceux qui l'ont aidé. Hugues, pour sa part, ne rompt pas avec les bourgeois à mesure que sa fortune s'élève : les bourgeois de Paris, « qui l'aiment de cuer bon », l'aideront à retrouver son épouse et son royaume après la rébellion de Fédri et d'Ascelin[56]. Le connétable et les grands seigneurs jouent toutefois un rôle de plus en plus important à ses côtés ; mais surtout, le poète a atténué le caractère scandaleux de l'origine capétienne. En effet, si la mère du futur roi, Béatris, est la fille du plus riche bourgeois de Paris, son père est noble, maître d'une ville et conseiller écouté du roi :

« Sire fu d'une ville qui ot non Baugensis,
Sagez fu et soutis, et sy estoit toudis,
A Paris, a le court du fort rois Loais,
Car a privé consaulz estoit moult bien oïs »[57].

54 *Hugues Capet,* p. 52.
55 R. Cazelles, *Nouvelle histoire de Paris,* cit. *(cf. supra* n. 20), p. 112.
56 *Hugues Capet* cit. *(cf. supra* n. 6), p. 225.
57 *Ibid.,* p. 3.

Les prouesses galantes du jeune Hugues ne sont pas davantage à mettre sur le compte d'un défaut de valeur chevaleresque ; le héros s'inscrit dans une tradition courtoise, lorqu'il affirme :

> « Je serviray amours, qui que m'en voist blamant,
> Coy que saige le tiengnent a euvre folliant ;
> Car s'il y gist follie, elle est douce et plaisant,
> Et qui vit en plaisance, il a assez vaillant »[58].

On assiste seulement, en même temps, à un gauchissement de la conception épique de la prouesse, sous l'influence probable du fabliau : d'où le compliment malicieux qu'adresse à Hugues la reine, lorsqu'elle aperçoit les dix fils bâtards du héros :

> « Vous avez en jonesse esté .i. bon preudons ;
> Regardez vo .x. fieux, c'est belle norechons ! »[59].

Ici encore, du reste, on peut parler d'un courant épique ; plusieurs œuvres contemporaines, comme *Baudouin de Sebourc* ou *Lohier et Mallart*, se plaisent à faire de leur héros un amant vigoureux et fécond : Baudouin, pour sa part, n'a pas engendré moins de trente bâtards.

Hugues le boucher apparaît donc comme une figure complexe, issu de traditions diverses dont la variété même garantit le caractère fictionnel : il n'en reste pas moins que le personnage créé par le poète représente un nouveau type de relations entre noblesse et bourgeoisie, et que Hugues, entouré par les bourgeois, fonde une dynastie qui ne peut renvoyer, étant donné les allusions du texte, qu'à la dynastie des Valois.

« Hugues Capet » au service de la dynastie des Valois

Le problème majeur posé par la chanson est celui de la réponse à donner à une crise dynastique. Or les termes dans lesquels se pose le problème pourraient faire hésiter, si l'on s'en tenait à la lettre du texte : Louis laissant une fille, on pourrait songer, par exemple, comme l'a fait F. Lot, à la succession de Louis X, qui n'avait qu'une fille pour héritière[60]. Mais les données qui doivent être prises en

---

58 *Ibid.*, p. 12.
59 *Ibid.*, p. 123.
60 F. Lot, *Études, cit. (cf. supra* n. 10), p. 340-341 ; voir P. Viollet, *Histoire des institutions politiques en France* ; 26, p. 55-83 ; Ph. Contamine, *Le royaume de France ne peut tomber en fille*, dans *Perspectives médiévales*, 13, 1987, p. 67-81.

compte sont plus nombreuses : la chanson a pour objet l'avènement d'une nouvelle dynastie – et non une simple succession collatérale – avènement dans lequel l'élection joue un rôle déterminant.

Sans doute le poète ne perd-il pas nécessairement le souvenir de l'avènement de Philippe V en 1317 ou de Charles IV le Bel en 1322, car la chanson de geste procède par amalgame plus que par éliminations ; mais il songe d'abord, comme l'a montré S. Duparc-Quioc, à l'élection de Philippe VI de Valois en 1328, qui consacre à la fois une rupture et le début d'une nouvelle lignée royale[61]. Froissart, quant à lui, après avoir évoqué la réunion des douze pairs de France et des « hauts barons de celi royaume » confirme qu'il s'agissait d'une élection :

> « Apriés le electon fete, grammment ne demoura mies que li nouviaus roy Phelippes s'en vint deviers Rains pour lui faire consacrer et courounner »[62].

Il ne manque pas de souligner, en même temps, l'éloignement du nouveau roi par rapport à la ligne directe :

> « Li douze per et li baron de France donnerent, de commun acort, le royaume de France a monsigneur Phelippe de Valois, fil jadis a monsigneur Charle le conte de Valois..., et en osterent le royne d'Engleterre et son fil qui estoit hoirs marles et neveus au roy Charlon, et li rois Phelippes, n'estoit que cousins germains »[63].

À ses yeux, en effet, un tel éloignement est justifié par le principe de l'exclusion des femmes de la succession à la couronne :

> « il vouloient dire et maintenir, encores voelent, que li royaumes de France est bien si nobles que il ne doit mies aler ne descendre a fumelle ne par consequence a fil de fumelle »[64].

Or *Hugues Capet*, après avoir montré comment, à la suite d'une rupture dans la continuité dynastique, un jeune héros de naissance modeste devient roi, de l'aveu de tous, en épousant la fille du souverain défunt, fait de l'événement l'origine du principe rappelé par Froissart :

À noter que Charles IV, à sa mort, laisse lui aussi une fille.
61 S. Duparc-Quioc, *Recherches, cit (cf. supra* n. 19), p. 161-163.
62 *Chroniques*, éd. S. Luce, 1, Paris, 1869, 2e partie, p. 296 (ms. d'Amiens).
63 *Ibid.*, p. 11.
64 *Ibid.* ; Ph. Contamine, *Le royaume de France, cit. (cf. supra* n. 60), p. 71, mentionne un *memorandum* français plus proche encore, par le caractère universel de l'élection, de notre texte : Philippe de Valois «fu receu et approuvé comme roy par les pers de France, prelas, barons et subgiez du royaume ».

« Et la fu parlemens de le grant signourie
Pour la guere qui fu sy grande et sy furnie,
Et sui avoit esté en Franche commenchie
Pour avoir a moullier la pucelle eschevie.
Pour çou que la couronne en fu sy convoitie,
Fu adont acordé par euvre fianchie
Que, s'en Franche avoit roy qui ne laisast en vie
Hoir malle aprez se mort, la cose fu jugie,
La fille n'y aroit une pomme pourie
For ceulle le douaire ou seroit adrechie,
Ainchois prenderoit on en la quinte lignie
Ung prinche de ce sanc de le roial partie ;
Au jugement des pers de Franche le garnie
En feroient ung roy tenant la signourie,
Que mais famme en tenist deree ne demye,
Ne qu'elle fust en France con roïne servie ;
Et la fu saiellet, n'est nulz qui le desdie,
De la cort des barons et par foy fianchie »[65]

Si notre poète, de façon paradoxale, mais non incohérente, retourne ainsi la fiction de type épique et même folklorique suivie jusque-là afin de déboucher sur le principe de l'exclusion des femmes lié à la rupture dynastique, il paraît infiniment probable qu'il a d'abord en tête les circonstances de l'avènement de Philippe VI de Valois, dont la chanson devient aussi une sorte de légende étiologique.

Mais le poème évoque aussi les luttes par lesquelles le nouveau roi a su affermir son pouvoir, au point de se trouver désormais à l'abri de toute rébellion. C'est donc aussi aux épreuves affrontées par la nouvelle dynastie que songe le poète lorqu'il exhorte à l'union des forces vives du royaume, bourgeoisie et noblesse. Nous y reviendrons à propos des questions de datation, mais, dans la même perspective, il convient d'abord de relever l'importance accordée aux armes de France, armes qui attestent la dignité surnaturelle de la fonction royale.

Avant que ne débute le combat qui lèvera le siège mis devant Paris, la reine prie Hugues, qui n'est encore que duc d'Orléans, de porter l'écu aux armes de France, car ce blason a le pouvoir de créer l'épouvante chez l'adversaire :

« Je vous pry et requier et commande ensement
C'aujourd'hui enquerquiez, a ce tournoiement,

---

65 *Hugues Capet,* pp. 175-176.

> Dez fleurs de lis de Franche le blason qui resplent.
> Car se no anemy, dont nous avons granment
> Voient lez fleurs de lis porter hardiement,
> Vous en arez a yaulz pus doulz acointement ;
> Car les armez de France sont de tel essient
> Qui lez voit en bataille, grande paour l'en prent »[66].

Ces armes – « de fin azur et d'or lez fleur de lis »[67] – qui ornent à la fois le bouclier du héros, son haubert court, sa tunique et la housse de son cheval[68], jettent la panique dans le camp ennemi, comme la reine l'avait assuré :

> « Quant ly aucun baron virent dedens l'estour
> Lez fleur de lis porter, adont orent paour »[69]

Cette crainte résulte du pouvoir symbolique des fleurs de lis, qui est de dire la majesté et la puissance royales. Plus que d'une force magique, c'est d'un pouvoir signifiant qu'il est ainsi question – pouvoir associé, naturellement, à la vaillance extraordinaire du personnage à qui l'emblème a été conféré. Ainsi, lorque le duc de Bretagne voit les fleurs de lis, il s'épouvante en découvrant qu'un roi nouveau est né, et que ce roi est terriblement puissant :

> « Roy ont fait a Paris pour le païs garder,
> Que je voy en l'estour moult fierement porter :
> Puis que Franchois ont roy, ne porons contrester »[70],

alors que le duc de Bourgogne, ennemi du roi, exprime sa volonté de rébellion en jurant de s'attaquer aux fleurs de lis:

> « Je ne le tenray ja n'a roy ne a signour,
> Et ly abateray aujourd'hui une flour »[71].

Une telle conception des armes de France, à la fois dénotative – elle désigne la personne du roi – et connotative – elle signifie la puissance – a, elle aussi, des éléments correspondants du côté de l'histoire, et particulièrement chez les défenseurs de Philippe VI, avec la réflexion, plusieurs fois entreprise autour de 1338, sur la signification symboli-

---

66 *Ibid.*, p. 140.
67 *Ibid.*, p. 146.
68 Outre le blason, le texte mentionne en effet un *tournicle (ibid.*, p. 141), un haubergeon *(ibid.*, p. 146) et un destrier « Couvert de fleur de lis ouvré d'euvre jolie » *(ibid.*, p. 144).
69 *Ibid.*, p. 155.
70 *Ibid.*, p. 154.
71 *Ibid.*, p. 155.

que des fleurs de lys. Philippe de Vitry, Guillaume de Digulleville et le moine anonyme de l'abbaye de Joyenval, repris par Raoul de Presles[72], se sont tour à tour attachés à décrire l'origine des armes royales – le nombre des fleurs de lys étant, désormais, fixé à trois – et à prouver la noblesse insigne qu'elles confèrent au roi de France. L'efficacité « militaire » de ces armes est particulièrement développée par le moine de Joyenval, qui leur attribue la victoire miraculeuse de Clovis sur le païen Conflac, victoire dont Clotilde donne le sens à son époux :

« Uxor respondet » : Ideo tibi dat sancta Trinitas
Victoriam, Clodoveo, ut trium florum unitas
Auri sint tuo clipeo, quo dabit perpetuitas
Ut dominatu aureo tua regnet auctoritas »[73].

Mais il serait vain de rechercher ici une source précise à notre poème : *Hugues Capet* s'inspire d'un courant, et d'une pratique d'écriture. De même que l'auteur du texte latin inventait un récit de la bataille de Clovis contre Conflac, la chanson insère dans sa représentation imaginaire des débuts de la dynastie de Valois les traits mythiques à l'ordre du jour[74].

Les allusions à l'oriflamme, assez nombreuses dans la chanson, relèvent, sinon du même courant, du moins d'un thème apologétique concordant, puisqu'il associe l'abbaye de Saint-Denis, où la bannière est conservée, et le souvenir de Dagobert, comme le rapporte, en 1307, Guillaume Guiart, dans la *Branche aus royaus lignages* :

« Oriflambe est une banniere
Aucun poi plus forte que guimple,

---

72 Philippe de Vitry, *Le chapel des fleurs de lis,* publié par A. Piaget, dans *Romania,* 28, 1898, p. 55 sq. ; Guillaume de Digulleville, *Le Roman de la fleur de lis,* publié par A. Piaget, dans *ibid.,* 1936, p. 317 sq. ; *Poème latin sur l'origine des fleurs de lis,* publié par R. Bossuat, *Bibliothèque de l'École des Chartes,* 101, 1940, p. 80-101.

73 R. Bossuat, *La chanson d'« Hugues Capet »,* cit. (cf. supra n. 19), str. 20, v. 77-80.

74 On notera que la chanson ne s'intéresse pas au nombre des fleurs. On sait que M. Prinet, dans son article, *Les variations du nombre des fleurs de lis dans les armes de France,* dans *Bulletin monumental,* 1911, p. 469-488, a montré que des variations importantes se produisent « au moins depuis le début du règne de saint Louis jusqu'au milieu de celui de Charles VI » (p. 488). Le poète s'attache donc surtout au caractère royal de l'emblème et à la puissance qui s'y rattache : il va dans le même sens, à cet égard, que les lettrés qui glosent le chiffre idéal à leurs yeux des trois fleurs, lors même que sous Philippe VI : « les armes de France, dans leur forme officielle, consistent ordinairement en un écu semé de fleurs de lis », *ibid.,* p. 481.

> De cendal roujoiant et simple,
> Sanz portraiture d'autre afaire.
> Li roy Dagobert la fist faire »[75].

Elle est déployée en principe, lorque le roi combat contre les ennemis du Christ,

> « Toutes fois qu'a ce s'otroierent
> Que Turs ou païens guerroierent,
> Qui parfaitement sont dampnés
> Ou fraus crestiens condampnés »[76]

Mais, pour être hérétique, il suffit d'être l'ennemi du roi, et Froissart nous montre comment à Roosebeke, en 1382, une solution de casuiste est trouvée pour justifier le déploiement de l'oriflamme:

> « Toutesfois finablement, plusieurs raisons considerees, il fu determinet dou desploiier, pour la cause de ce que li Flamenc tenoient celle oppinion contraire dou pappe Clement et se nommoient en creance Urbaniste; dont li Francois dissoient que il estoient incredulle et hors de foi: che fu la princhipaux cose pour quoi elle fu aportee en Flandres et desvelopee »;

et Froissart rappelle immédiatement le pouvoir mystérieux attaché à l'oriflamme:

> « Ceste oriflamble est une mout disgne baniere et enseigne, et fu envoiie dou chiel par grant mistere, et est a maniere d'un confanon, et est grans confors pour le jour a ceulx qui le voient ».

En l'occurrence, la « vertu » de l'oriflamme se manifeste dans la disparition du brouillard qui couvre le champ de bataille:

> « ... si tretos que li chevaliers le desvelopa qui le portoit, et qui leva l'anste contremont, celle bruine a une fois cheï et se desrompi, et fu li chieux ossi purs, ossi clers, et li airs ossis nes que on l'avoit point veu en devant en toute l'anee »[77]

Le pouvoir de l'oriflamme semble donc être associé, à la fin du XIVe siècle, à celui des armes de France. À son tour, notre chanson décrit à plusieurs reprises l'oriflamme de France au milieu de la bataille où le héros porte lui-même les armes royales:

> « Or issent de Paris a forche et a bandon.
> L'oriflambe de France estoit ens u moillon,

---

75 Éd. J.-A. Buchon, *Collection des chroniques nationales françaises,* 7, Paris, 1828, v. 1151-1155.
76 *Ibid.,* v. 1180-1183.
77 Froissart, *Chroniques, cit., (cf. supra* n. 62), 11, livre 2, § 339, p. 52-53.

La estoit desploiie, si que bien le vit on.
Et Huez chevauchoit, a son col le blason,
L'azur a fleur de lis, armez sur l'arragon »[78].

Date du poème

Les éléments que nous venons de relever montrent sans difficulté que l'histoire à laquelle songe l'auteur d'*Hugues Capet* est celle du XIVᵉ siècle, et que les faits dont il s'inspire sont relatifs aux débuts de la dynastie des Valois, dont il légitime l'origine et souhaite l'affermissement. Peut-on tirer argument de ces constatations pour préciser la date de composition du texte ?

Une fois écartée la date proposée par F. Lot – 1317[79] – qui rend impossible la prise en compte de l'avènement de Philippe VI, une marge importante subsiste entre 1328 et le *terminus ante quem* – environ 1437 – c'est-à-dire le moment où Élisabeth de Lorraine, mariée au comte de Nassau-Sarrebruck, traduisit le texte en allemand[80].

L'indice des fleurs de lys de France permet de rajeunir la chanson d'une dizaine d'années au moins (1338)[81], mais d'autres éléments, comme la justification de l'exclusion des femmes de la succession royale, permettraient éventuellement d'aller beaucoup plus loin. Ph. Contamine a montré en effet que la défense de la légitimité de la dynastie des Valois est une question d'actualité tout au long du XIVᵉ siècle et encore au début du XVᵉ siècle[82]. Serait-il impossible de dater *Hugues Capet* du début du XVᵉ siècle, puisque certains éléments – le

---

78 *Hugues Capet* cit. *(cf. supra* n. 6), p. 152 ; voir aussi *ibid.,* p. 165 « Evous le connestable qui aloit conduisant/L'oriflambe de France c'on aloit amonstrant » et p. 167.

79 F. Lot, *Études, cit. (cf. supra* n. 10), p. 340-341 ; P. Paris, *Histoire littéraire de la France,* 15, p. 125-149, propose 1315.

80 Voir *Hugues Capet,* p. 56-95. On sait que cette traduction eut une éclatante postérité, dans la mesure où elle fut imprimée dès 1500 et devint, sous le titre d'*Hug Schapler,* un livre populaire. Aucun préjugé dynastique, il est vrai, ne s'opposait, outre-Rhin, à la fortune du récit « qui n'a pas d'histoire en France », comme l'écrit mélancoliquement le marquis de La Grange, *ibid.,* p. 95.

81 Le marquis de La Grange se refuse à préciser outre mesure la date de composition d'*Hugues Capet,* en affirmant : « Il n'est pas possible de savoir si *Hugues Capet* suivit de près les *Vœux du Paon* ou ne fut composé que vingt ans plus tard », *cit. (cf. supra* n. 6, p. 21). Il considère à la fois que le texte est postérieur au règne de Philippe le Bel *(ibid.,* p. 25).

82 Voir Ph. Contamine, *Le royaume de France, cit. (cf. supra* n. 60).

307

meurtre de Savari et de quelques autres seigneurs, le nom du boucher Simon, oncle d'Hugues – pourraient faire penser à l'insurrection cabochienne de 1413?[83].

Des arguments divers s'opposent cependant à un tel rajeunissement. Il y aurait tout d'abord une certaine incohérence, si l'on songe aux événements de 1413, où Cabochiens et Bourguignons marchent d'un commun accord, à faire l'éloge du boucher Simon, en le dépeignant comme un fidèle partisan de la légitimité, et à vitupérer comme traître Asselin de Bourgogne.

Des arguments textuels invitent également à ne pas aller trop loin dans le sens du rajeunissement. Il s'agit des relations étroites qui unissent notre texte et la chanson de *Baudouin de Sebourc*, qu'on peut situer dans le troisième quart du XIVe siècle. Ces relations, observées par E.-R. Labande et S. Duparc-Quioc, conduisent à ne pas retarder la composition de la chanson au-delà des années 1360-1370, quoi qu'on pense de l'ordre chronologique des deux textes[84].

Or cette hypothèse nous ramène au thème de la collaboration entre bourgeoisie et aristocratie, que nous avons relevé plus haut, ainsi qu'au motif du siège mis devant Paris. Attentif à ces deux éléments, R. Bossuat a insisté à juste titre sur les rapprochements qu'on peut opérer entre les combats menés par Fédri de Champagne devant Paris et la participation des Parisiens en 1358 à la défaite de Charles le Mauvais, qu'aident les Anglais, tandis que le Dauphin, futur Charles V, a pris position sous les murs de la ville.

La milice bourgeoise est placée dans la chanson sous l'autorité de cinquanteniers et de diz eniers, comme elle l'est en 1358 du fait de la

---

83 Dans *Hugues Capet,* le comte de Bar est tué en même temps que Savari de Champagne (voir p. 39-40) ; en 1413, le duc de Bar est emprisonné au Louvre, F. Autrand, *Charles VI,* Fayard, 1986, p. 486, tandis que Pierre des Essarts est enfermé au Châtelet. Louvre et Châtelet sont également, dans la chanson, les lieux où sont enfermés les assiégeants vaincus, *Hugues Capet, ibid.,* p. 170.

84 Pour E.-R. labande, *Étude sur Baudouin de Sebourc,* Paris, 1940, p. 127, *Hugues Capet* est une « œuvre d'assez peu postérieure à *Baudouin* » qu'il date de 1350 ; pour S. Duparc-Quioc, *Recherches, cit. (cf. supra* n. 19), p. 169, *Baudouin de Sebourc* a été écrit « approximativement entre 1360 et 1370. *Hugues Capet* a dû le précéder d'assez peu ». On arrive dans les deux hypothèses à situer notre texte aux environs de 1360. Songeant également à la parenté entre *Hugues Capet* et *Baudouin de Sebourc* – qui procédaient peut-être, selon lui, du même auteur – G. Paris proposait pour les deux œuvres la date de 1355, voir F. Lot, *Études, cit. (cf. supra.* n. 10), p. 341, n. 3.

réorganisation d'Étienne Marcel[85] ; elle participe à la victoire royale et au renforcement du pouvoir dynastique, même si c'est de façon incomparablement plus éclatante que devant Charles le Mauvais, et les engagements militaires se déroulent en des lieux dont R. Bossuat a montré les analogies étroites avec le théâtre de 1358[86].

C'est donc peu après cette date qu'il y a lieu de placer la composition du poème, qu'il ait été immédiatement rédigé dans la langue du manuscrit qui nous l'a conservé, ou qu'il ait été plus tard réécrit en dialecte du nord-est.

Hugues Capet nous apparaît, en définitive, comme un texte original et riche d'enseignement pour l'amateur de chansons de geste comme pour l'historien du XIVe siècle.

C'est le seul texte épique, on l'a vu, qui choisisse pour héros le fondateur de la dynastie capétienne, que les chansons du cycle de Narbonne décrivent comme un vassal rebelle, et qu'un roman épique en prose du début du XVIe siècle, *Girart du Frattre*, présentera comme un usurpateur, recourant à la tradition selon laquelle les rois de France ont retrouvé la lignée carolingienne grâce au mariage de Philippe Auguste et d'Isabelle de Hainaut :

> « Charles le grant... fut le chef de la premiere geste, duquel est issu le tres illustre sang de France, qui a regné par ligne masculine jusquez a Hue Capet, usurpateur du royaulme sur le roy Charles filz de Loys ve (*sic*). Mais, depuis, icelle posterité de sy exellant hom issue rentra par ligne femenine au bon roy Loys pere de sainct Loys, quy fut filz de Philippe Auguste et Yzabel, fille de Bauldouyn surnommé illustre conte, le palatin de Haynau, qui estoit descendu par succession de temps de Emangarde, femme du comte de Namur et fille d'icelluy roy Charles qui mourut a Orleans a l'instance d'icelluy Hue Cappet, auquel faillit la ligne masculine d'icelluy Charlemagne...[87]. »

85 Voir R. Bossuat, *La chanson d'« Hugues Capet »*, cit. (*cf. supra* n. 19), p. 472.
86 *Ibid.*, p. 464-471.
87 Bibliothèque nationale, ms. fr. 12 791, 1v-2r. Donnant la liste des rois de France depuis Hugues Capet jusqu'à Louis VIII, les *Grandes Chroniques de France* écrivent que ce dernier « fu engendré en noble dame Ysabiau fille Baudoin jadis conte de Henaut; lequel Baudoin descendi de noble dame Esmenjard jadis contesse de Namur, laquelle fu fille Charle le duc de Loherene oncle Loys le roy de France, qui mourut le derrenier de la lignie Charle le grant sanz hoir, et auquel

Quitte de tout respect à l'égard de la continuité carolingienne, mais s'articulant de façon très souple sur le cycle de Guillaume d'Orange, *Hugues Capet* utilise avec maîtrise les thèmes et les procédés stylistiques propres à la chanson de geste : le recours à la légende d'un roi, fils de boucher, entre parfaitement, à cet égard, dans une perspective épique, puisqu'il illustre le pouvoir absolu de la vaillance qui éclipse la naissance.

La chanson de geste, avec sa tonalité tantôt désinvolte, tantôt pathétique, permet aussi, une fois posées de très modestes références à l'événement de 987, de laisser paraître certains aspects de la réalité du temps, celle des années 1360.

Cette période est habitée par le souvenir des difficultés dans la succession royale – en 1316 et en 1322 – qui aboutissent à la crise dynastique de 1328. La nouvelle lignée, incarnée par Philippe VI et par ses deux successeurs immédiats, Jean le Bon et Charles V, doit faire face à la guerre extérieure, avec son cortège de défaites, qui va jusqu'à la captivité du roi, et à certaines révoltes intérieures. Songeant aux années durant lesquelles le jeune Charles V doit consolider son fragile pouvoir, la chanson exalte la valeur personnelle du souverain, qui est appelée à triompher de toutes les difficultés, pour peu que règne, comme l'écrit A. Gier, « l'harmonie sociale »[88]. L'accord entre les diverses couches sociales est en effet rendu nécessaire par la faiblesse relative de chacune d'entre elles : une noblesse vaincue sur le terrain traditionnel de sa mission, la guerre, en 1346 et 1356, et une bourgeoisie qui a besoin d'être guidée, faute de quoi elle risque de s'abandonner à ses ambitions, comme lors de l'aventure d'Étienne Marcel.

Ainsi, avec *Hugues Capet*, la chanson de geste, serait-ce sous des formes paradoxales, se montre fidèle à sa fonction séculaire : opérer, avec toute la liberté de l'œuvre poétique, une relecture de l'histoire

---

Charle, le duc de Loheraine, Hue Chapet toli le droit du royaume de France, et le prist par force et le fist mourir en prison a Orliens, et jusques auquel Charle duc de Loheraine la ligniee de Pepin et de Charles le grant persevera en la poesté du royaume de France ; et comment cil Loys, dont nous traitons, eust la succession du royaume après son pere, il appert donc que l'estat du royaume est retourné a la ligniee de Charlemaine le grant », éd. J. Viard, *Société d'histoire de france*, 7, Paris, 1932, p. 6-7.

88 Voir l'article « *Hugues Capet* », *le poème de l'harmonie sociale*, dans *Essor et fortune de la chanson de geste dans l'Europe et l'Orient latin*, Modène, 1982, p. 69-75.

présente à la lumière de faits plus anciens, connus eux-mêmes par des traditions multiples, légendaires aussi bien qu'historiques ; elle redit à sa manière la trame continue du temps, créant, selon l'expression de J. Subrenat « un lien chaleureux entre le passé et le présent, porteur d'un enseignement ou à tout le moins support d'une réflexion[89].

89 Voir *Le roman d'Hugues Capet au XIVe siècle*, 1987, introduction, p. 14.

Le personnage de Charlemagne
dans les proses épiques imprimées

Gaston Paris, dans son *Histoire poétique*, passe rapidement sur les proses épiques imprimées. Ce ne sont pas toujours, rappelle-t-il, les meilleurs textes qui ont réussi à se maintenir, puisque le *Roland*, par exemple, a été détrôné par le *Pseudo-Turpin* ; quant aux œuvres originales, elles ne font pas honneur aux prosateurs « et laissent trop complètement Charlemagne dans l'ombre pour que nous nous y arrêtions ici »[1].

Un tel jugement pèche, nous semble-t-il, par excès de sévérité. Nous voudrions montrer que le corpus des éditions épiques accorde une place importante à Charlemagne et que l'image, parfois déconcertante, qu'il donne de l'empereur, représente une conception intéressante du personnage et de l'autorité qu'il incarne.

Si l'on considère les textes épiques imprimés entre la fin du XVe siècle et le milieu du XVIe siècle[2], on s'aperçoit tout d'abord de la présence de Charlemagne dans la plupart d'entre eux : quatorze romans sur vingt et un, soit les deux tiers, font une place à l'empereur[3], alors que Dagobert n'est cité que trois fois — dans *Florent et Lyon*, *Theseus de Cologne* et *Ciperis de Vignevaux* —,

---

[1] *Op. cit.*, p. 92.

[2] Nous avons laissé de côté le *Gerard d'Euphrate*, imprimé en 1549, qui paraît être la réécriture dans le style des *Amadis* d'un texte contenu dans le ms. BN.fr. 12791 (cf. DOUTREPONT, *Les mises en prose des épopées et des romans chevaleresques*, Académie royale de Belgique, 1940, pp. 275-280).

[3] Il s'agit, classés d'après le nombre de leurs éditions, de *Fierabras*, *Renaut de Montauban*, *Galien*, *Ogier*, *Mabrian*, *Huon de Bordeaux*, *Milles et Amys*, *Maugis*, *Guerin de Montglave*, *Jourdain de Blaives*, *Conqueste de Trebizonde*, *Doolin de Mayence*, *Meurvin*, *Le triomphe des neux preux*.

Charles Martel et Pépin une seule fois — dans *Girard de Roussillon* pour le premier, *Valentin et Orson* pour le second. Mais ces indications numériques ne sont que relatives, car le rôle impérial pourrait être secondaire dans les romans envisagés. On accordera sans doute que dans *Meurvin* ou dans la *Conqueste de Trebizonde*, Charlemagne « reste dans l'ombre », pour reprendre l'expression de G. Paris ; mais comment ne pas faire de l'empereur un protagoniste dans *Fierabras, Renaut de Montauban, Galien, Ogier le Danois, Mabrian, Huon de Bordeaux* et *Milles et Amys*, c'est-à-dire sept des huit proses ayant atteint ou dépassé dix éditions aux XV⁵ et XVI⁵ siècles ? Du reste plusieurs de ces textes accroissent l'importance du rôle de Charlemagne par rapport au modèle épique. Dans le *Fierabras* imprimé, la mise en prose de la chanson est précédée d'une traduction de la légende latine du *Voyage à Jérusalem* et suivie du récit de l'expédition d'Espagne d'après le *Pseudo-Turpin*; elle devient donc une sorte de compilation carolienne, qui trouvera bientôt le titre justifié de « *La conqueste du grant roi Charlemaine des Espagnes et les vaillances des douze pers de France* » [4]. Quant à *Milles et Amys*, remaniement très amplifié d'*Ami et Amile*, il raconte, dans sa troisième partie, une expédition des chrétiens à Venise sous le commandement de l'empereur [5].

Enfin, si l'on considère le terme de la tradition romanesque, c'est-à-dire le moment où la *Bibliothèque Bleue* est dispersée (1863) [6], on constate que quatre des textes qui subsistent sur cinq sont des œuvres caroliennes, puisqu'il s'agit de *Galien restauré*, des *Conquestes de Charlemaine*, de *Huon de Bordeaux* et des *Quatre Fils Aymon* [7]. Il apparaît donc que la part faite à Charlemagne par les textes imprimés n'a pas diminué de façon appréciable par rapport à la chanson de geste. Mais l'image qu'elle donne de l'empereur est déconcertante et parfois scandaleuse.

A côté des proses qui, à la manière du *Fierabras* ou du *Galien*, attribuent à Charles un rôle dans l'ensemble positif, d'autres, plus

[4] DOUTREPONT, *op. cit.*, p. 100.

[5] Sur ce texte, cf. DOUTREPONT, *op. cit.*, pp. 20-25.

[6] Il faudra encore compter avec les éditions d'Epinal (cf. P. BROCHON, *Le livre de colportage en France depuis le XVI⁵ siècle*, Paris, Grund, 1954), mais elles sont loin d'avoir l'importance et la diffusion de la *Bibliothèque Bleue*.

[7] La cinquième œuvre est *Valentin et Orson* qui, depuis sa première édition en 1489, n'a jamais cessé d'être un « best seller » épique.

nombreuses, dressent de lui un portrait peu élogieux. Trois reproches graves lui sont faits : l'empereur prête l'oreille aux conseils des traîtres ; par démesure il s'obstine à poursuivre des guerres injustes contre des barons valeureux ; enfin il est parfois cupide [8].

Certes, de tels traits n'ont pas été inventés par les prosateurs : Charlemagne écoute les traîtres et poursuit les chevaliers loyaux dans le *Renaut* ou le *Huon* en vers [9]. Mais on ne trouve pas en revanche, dans les éditions, de tentative sérieuse pour disculper le souverain. Sans doute, dans le *Renaut* imprimé, Charles prend-il quelque distance par rapport au meurtre de Beuves d'Aigremont que suggère Ganelon :

> « Certes, » — répond-il — « se seroit trahison. » —
> « Ne vous chaille, » dist Guenes, « il occist bien vostre filz Lohyer par trahison, lequel estoit mon parant. Et pour ce me veulx venger. » — « Or en faictes a vostre plaisir, » dist le roy, « protestant que je n'en suis point consentant » [10] ;

il est donc bien loin de promettre une récompense au traître, comme le fait la chanson :

> « Alés delivrement, s'en prendés vengison.
> Se m'en poés vengier, je vos donrai gent don. »
>   (Ed. Castets, vv. 1470-1471) ;

mais la prose, comme le poème, montre l'empereur se faisant le complice de la trahison ; elle conserve d'autre part l'essentiel des traits négatifs dont l'auteur de geste avait affecté le roi : volonté de faire pendre Richart, le fils Aymon, ou refus obstiné de traiter avec Renaut alors que la vie de Richart de Normandie est en jeu ;

---

[8] Ogier déclare, dans le *Jourdain de Blaives* : « Sire roy, je ne le vous celleray pas ; il a deux choses en vous qui vous abessent treffort vostre seigneurie ; c'est que vous couvoytiés argent et l'autre que vous aymés trop la maulvaise lignee. » BN. Rés. Y² 155, 122 c ; cf. B. WOLEDGE, *Bibliographie des romans et nouvelles en prose française antérieurs à 1500*, Droz, 1954, n° 94.

[9] L'accusation de cupidité ne figure pas dans des chansons ayant donné lieu à des éditions anciennes ; on trouve ce reproche dans des textes de la geste de Nanteuil, comme *Aye d'Avignon*, laisses XXIII et CXL, vv. 740-741 et 3167-3170.

[10] BN. Rés. Y² 364, c 6, WOLEDGE, n° 141.

274

cruauté enfin à l'égard du cheval Bayard, que Turpin relève durement :

> « Ogier de Dannemarche, que vous semble il de Charlemaigne ? Or a il bien montré a ceste fois une grant partie de sa grant felonie [11]. »

Mais il y a plus : à côté des textes qui se contentent de reprendre l'image royale que leur lègue le modèle, d'autres semblent chercher à accabler Charlemagne [12]. *Mabrian* [13] renchérit sur le *Renaut*, puisque l'empereur accepte le diabolique projet de Ganelon qui veut enfumer les frères de Renaut et Maugis dans une grotte :

> « Guanes, » dist l'empereur, vostre devis est tres bon, et je vous octroye de le faire ainsi comme vous l'entendrez. » [14] ;

quant à l'auteur du *Jourdain de Blaives* amplifié [15], il modifie de façon significative les conditions de la mort de Lohier. Dans le poème primitif, le fils du roi est victime de son impétuosité : sans réfléchir il s'est jeté dans la bataille qui oppose Jourdain et Fromont et a pris le parti du traître ; dans la prose au contraire il trouve la mort parce que Charles, séduit par les présents de Fromont, fait participer Lohier à une injuste guerre [16].

Comment expliquer une telle conception du personnage impérial ? les auteurs tardifs auraient-ils voulu — et dans quel but — prendre le contre-pied du mythe prestigieux que construisent progressivement tant de chansons de geste ?

On notera d'abord que les proses, tout comme les poèmes du cycle des barons révoltés qui leur servent souvent de modèle, ne remettent pas fondamentalement en cause l'autorité de Charles.

---

[11] *Ed. cit.*, H1. Cf. le poème, éd. CASTETS, vv. 1513-1515.

[12] Les versions tardives, en vers et en prose, d'*Ami et Amile*, font exception (cf. DOUTREPONT, pp. 20-25) ; mais le poème primitif ne s'attaquait pas au personnage de Charles.

[13] Cette prose, qui dérive peut-être d'un modèle en vers perdu, est fortement influencée par *Renaut* et par *Huon de Bordeaux*.

[14] BN. Rés. Y² 75, 23b ; cf. WOLEDGE, n° 143.

[15] A côté de la prose, il existe une version remaniée en vers ; elle est conservée dans deux mss du XVᵉ s. et est proche des imprimés (cf. DOUTREPONT, pp. 145-148).

[16] Cf. l'édition DEMBOWSKI, vv. 1078-1093 et BN. Rés. Y² 155, 13 b-d.

Renaut est loyal à l'empereur même lorsqu'il le tient entre ses mains :

> « Sire, quant il vous plaira, » dist Renaut, « vous vous en pourrés aler, car par ma foy je ne vous feray nul desplaisir, car vous estes mon souverain seigneur ; et quant Dieu plaira, nous serons en bonne paix avecques vous. » [17],

et *Jourdain de Blaives*, pourtant si peu favorable à Charlemagne, adopte la même attitude : le héros reçoit tout d'abord les coups du roi sans répliquer, puis il se décide à capturer son seigneur, non

> « pour affoller le roy, mais il le fist pour le mener hors de ses gens a celle fin qu'il peust mieulx parler a luy ou le prendre de quelque maniere » [18] ;

et comme Charles refuse de conclure la paix, il le remet en liberté [19].

L'autorité du roi est en effet d'origine divine, comme l'attestent des miracles aussi nombreux que dans les chansons de geste [20] ; elle repose sur la mission, confiée par Dieu, d'avoir à lutter contre les adversaires de la foi. La puissance royale est donc nécessairement invincible, comme l'affirment des textes pourtant sévères à l'égard de Charles, tels *Maugis* :

> « ... l'empereur Charlemaigne ... est si puissant que s'il avoit mandé ses amys et tous les souldoyers que vous pourriez trouver, et en eussez cinq cens plus que le roy, si vous en trouveriez vous en la fin tous destruys » [21]

ou *Jourdain de Blaives* :

> « ... le roy de France n'est pas ung pluvier... ; vous ne le congnoissez pas bien, ne Rollent, ne le duc Ogier, ne le

---

[17] *Ed. cit.*, C 7 v.
[18] *Ed. cit.*, 58 a.
[19] Ce passage est nettement inspiré par l'inutile capture de Charles dans *Renaut.*
[20] Dans la prose de *Milles et Amys*, un ange avertit Charles qu'il doit se rendre à Venise pour lever le corps de saint Marc et le placer dans une châsse (BN. Rés. Y² 157, WOLEDGE, n° 14, 81 c). Dans *Meurvin* un ange apprend à l'empereur que le héros est « chretien baptisé et est fils d'Oger le bon Dannoys », éd. N. Bonfons, BN. Rés. Y² 603.
[21] BN. Rés. Y² 337, 88 b-c ; WOLEDGE, n° 142.

276

duc Naismes de Bavieres ; par ma foy, vous n'y aviendrés (à les vaincre) jusques au jugement » [22].

Mais nos textes en prose, comme la geste des barons révoltés, esquissent aussi une vision tragique du pouvoir ; Charlemagne, en raison de ses fautes, dresse contre lui ses vassaux les plus fidèles et compromet lui-même son empire. Le départ des pairs symbolise ce pouvoir ligué contre soi ; inauguré sans doute dans le *Renaut*, ce topos, dont la prose donne la version suivante :

« Rolant, comme desesperé aprés ce qu'il eust parlé aux aultres pers, s'en vint a Charlemaigne et luy dist tout irez : « Sire, par ma foy, je m'en vois de vostre service sans prendre congé de vous. », et puis dist a Ogier : « Damps Ogier, que ferez vous ? vous en viendrés vous avecques moy ? laissons ce diable cy, car il est tout rassouté. »

existe aussi dans *Huon, Jourdain* et *Meurvin* ; dans *Mabrian*, étant donné l'énormité du crime commis par le roi — Charlemagne s'est rendu complice de la mort des fils Aymon —, Ogier redevient l'ennemi de son seigneur :

« je vous rendz vostre service et hommage que je vous ay fait... je vous veulx bien adviser que devant que je cesse, je vengeray la mort de mes cousins, et y perra comment les traystres vous y aideront, et atant je vous commande à Dieu » [23].

Cependant le tragique n'est pas le destin du texte épique : Charlemagne se réconcilie avec les siens ; parfois même il se repent, comme dans *Jourdain* :

« Pitié entra dedens luy, et le cueur orgueilleux luy mua en doulceur. Et commença a plorer tant que tout son visaige estoit mouillé des larmes qui luy sailloit des yeulx. Il eut tel pitié qu'il ne sonna mot, et dist a soy mesmes que Naismes disoit vray [24]... »

Mais surtout l'empereur est le grand bénéficiaire du drame de Roncevaux, dont les prosateurs exploitent la double valeur d'échec

[22] *Ed. cit.*, 53 b.
[23] *Ed. cit.*, 24 c.
[24] *Ed. cit.*, 58 b-c.

et de rédemption. Echec, la mort des preux met en péril la puissance
du souverain et sanctionne de manière éclatante les fautes commises,
notamment celle qui consiste à tolérer un Ganelon auprès de soi
(*Fierabras, Guerin de Montglave, Renaut de Montauban, Mabrian*)[25] ; rédemption par le baptême du sang, le sacrifice de
l'arrière-garde abolit toute faute et donne à la mission de Charles
un nouvel élan.

Mabrian donne de ce double aspect une image particulièrement
nette. Dans la main de Maugis mort — par la faute du roi — une
lettre énigmatique laisse prévoir le malheur ; Charlemagne n'en
comprend pas le sens, mais le prosateur affirme :

> « Mais pour verité il luy mescheut, car vingt mille
> chevaliers luy moururent es plains de Roncevaulx, du nombre desquelz furent Roland et Olivier, et Guanes prins qui
> confessa la trayson qu'il avoit faicte »[26].

Plus loin toutefois, alors que le désastre est intervenu, on apprend
que l'empereur, loin d'être abattu, ne songe qu'à la revanche :

> « le plus grant desir qu'il eust en ce monde estoit de venger
> la mort de ses princes et barons et mener la guerre aux
> payens et mescreans »[27].

Ainsi la tradition épique développe-t-elle, à propos du personnage de Charlemagne, une conception à la fois émouvante et
optimiste. La faute, dès qu'elle intervient, est d'avance rachetée,
et l'inquiétante figure de Ganelon suscite, à l'horizon du texte, la
lumière du sacrifice de Roland. Conception nuancée par conséquent,
bien différente de celle de la *Mort Artu*, où la faute du souverain
provoque nécessairement la destruction du royaume.

Grâce à ces remarques, nous pouvons tenter de rendre compte
des motivations qui ont conduit les prosateurs, après certains poètes
épiques, à proposer une image contrastée, souvent défavorable, de
Charlemagne. Loin de traduire un quelconque mépris à l'égard du
souverain carolingien, cette attitude paraît relever d'une conception

---

[25] Cette idée est déjà dans le *Roland* d'Oxford, dans lequel Charlemagne se
fie au traître.
[26] *Ed. cit.*, 25 a.
[27] *Ed. cit.*, 85 d.

278

doublement libératrice du personnage, au niveau du mythe politique comme de la technique littéraire. L'autorité du roi, vue par les textes imprimés, permet au lecteur de prendre ses distances, car les fautes commises permettent la critique en autorisant le jugement :

> « Pourquoy disoies tu le vespre » — interroge grave-ment le rédacteur du *Fierabras* en prose — « que les anciens en la guerre de celluy jour s'estoient mieulx portez que les jeunes chevaliers ? et tu sçavoies bien que Olivier estoit navré pour sa vaillance et tellement qu'il estoit au lit... » [28] ;

cependant l'erreur ne détruit pas la confiance en l'autorité, car celle-ci est toujours purifiée et réaffirmée : le processus de distanciation s'accompagne donc d'une démarche d'identification, et le mythe politique proposé aux lecteurs — qui sont des bourgeois mais aussi, avec la *Bibliothèque Bleue*, des gens du peuple [29] — entretient chez eux la nostalgie d'un pouvoir à la fois non oppressif et sécurisant.

En ce qui concerne la technique littéraire, le personnage de Charlemagne semble être le fruit d'un processus de diversification de l'épopée, qui est parvenu à créer de nouvelles figures en prenant l'empereur comme centre de référence. Un Charlemagne parfait ou presque parfait, comme dans le *Roland*, n'est pas la source première de l'action ni des personnages, qui doivent leur existence à l'inter-vention des païens ou des traîtres ; au contraire, dans les textes qui opposent l'empereur à ses vassaux, Charles devient moteur de l'action et origine des personnages.

Moteur de l'action, il fait de l'opiniâtreté avec laquelle il poursuit ses adversaires l'élément qui sous-tend les péripéties comme dans *Ogier* :

> « jamais je ne cesseray, jusques a tant que j'aye eu ce paillard, glouton, larron Ogier vif ou mort » [30]

ou dans *Renaut* :

> « jamais d'ycy ne partiray, jusques a ce que je les aye

---

[28] BN. Rés. Y² 76, II/1/5 ; cf. WOLEDGE, n° 53.
[29] Sur le caractère populaire de la *Bibliothèque Bleue*, cf. R. MANDROU, *De la culture populaire aux 17ᵉ et 18ᵉ s.*, Paris, 1974, p. 25.
[30] Ed. K. TOGEBY, p. 89.

tous pris et destruictz, ou ilz me desconfiront du tout et moy et toute mon armee » [31].

Cette relation d'hostilité entre l'empereur et d'autres personnages constitue donc pour le récit un cadre dramatique très efficace : ces fugitifs qui attaquent sans cesse, ces vainqueurs qui ne profitent pas de leur victoire mobilisent l'attention du lecteur, dont l'unique certitude est que le sort des armes n'aura pas le dernier mot, puisque Charles doit un jour se réconcilier avec son vassal.

Origine des personnages, le roi façonne ceux qu'il dresse contre lui ; sa démesure révèle la violence d'Ogier :

> « ma voulenté et deliberaction est telle de non jamais faire appointement, que premier je n'aye son fils pour en faire a mon plaisir » [32],

et son entêtement manifeste la fidélité de Renaut, que les pairs admirent :

> « Lors dist le duc Naymes : « Ha Dieu ! avés vous ouy la grant humilité du noble chevalier Regnault ? » — « Par ma foy, » dist Olivier, « Regnault dit merveilles » [33].

Roland lui-même se construit progressivement dans *Renaut*, non seulement par le courage dont il fait preuve contre les fils Aymon, mais surtout grâce au mouvement d'opposition qui le fait se dégager de l'ombre de son oncle ; c'est lorsqu'il rassemble les pairs contre Charles qu'il prend sa véritable stature, de même que Naimes, ailleurs conseiller prudent, s'affirme dans *Huon* en récusant l'attitude injuste du roi :

> « jamais ung seul jour je ne vueil estre avecques le roy, mais m'en iray sans plus revenir ne estre en lieu ou telz extorsions et desraisons soient faictes. Si m'en vois en mon pays de Baviere ; face le roy d'ycy en avant ce que bon luy semblera » [34].

---

[31] *Ed. cit.*, chap. 3.
[32] Ed. TOGEBY, p. 137.
[33] *Ed. cit.*, C 7 v ; cf. éd. CASTETS, vv. 12880-12888.
[34] BN. Rés. Y² 77, 12 d ; WOLEDGE, n° 80.

A l'inverse, on peut dire que la figure de l'empereur est façonnée par le type d'adversaire et les motifs de l'opposition qu'il rencontre. Charles n'est pas le même lorsqu'il s'attaque à Renaut, Huon ou Ogier : le chef loyal de la fratrie prestigieuse, l'innocent banni ou le père désespéré contribuent en effet à l'organisation de complexes dramatiques différents, qui modifient à leur tour l'aspect du personnage royal.

La déconcertante image de Charlemagne dans les proses imprimées nous apparaît donc d'une étonnante richesse. Moins imposante que celle des poèmes qu'anime d'abord l'idée de croisade, elle témoigne d'une conception de l'autorité à la fois plus tragique, avec le sentiment que le pouvoir, de lui-même, corrompt ceux qui l'exercent, mais aussi, pour l'essentiel, plus confiante : purifiée par l'échec et la conversion, l'autorité impériale, toujours liée à Dieu, a le gage de l'invincibilité.

En raison même des imperfections qui sont les siennes, le personnage de Charles apparaît aussi comme le creuset où certains poètes, suivis par les prosateurs, façonnent de nouveaux personnages qui nous disent à leur tour des choses nouvelles sur l'empereur.

Faut-il donc regretter que Charlemagne ne préserve pas dans les textes tardifs l'image sans tache qu'il a dans quelques chansons prestigieuses ? ce serait chercher à bloquer, après coup, l'un des procédés qui ont permis la création de nouvelles œuvres épiques. Ce serait aussi négliger le goût de tous ceux qui, de la fin du xve jusqu'au milieu du xixe siècle, ont appris à connaître une figure qui demeure, peut-être à cause de ses fautes, le pilier de l'univers héroïque.

GUILLAUME D'ORANGE
DANS « LA CHRONIQUE DE FRANCE
JUSQU'EN 1380 »
(Mss Bibl. nat., fr. 5003
et Vatican, Reg. Lat. 749)

La chronique de France jusqu'en 1380, dont nous ne possédons plus que deux manuscrits, les Bibl. nat. fr. 5003 (*A*) et Vat. Reg. Lat. 749 (*B*) [1], intéresse depuis longtemps les médiévistes. Après Claude Fauchet, qui eut en sa possession les deux manuscrits [2], F. Guessard [3], G. Paris [4], L. Delisle [5], P. Meyer [6], L. Demaison [7],

---

1. Deux autres mss ont dû exister. Une note de Fauchet, inscrite sur le premier feuillet du ms. *B*, précise qu'il a donné « une pareille chronique a Monsieur de Roissi » ; une autre note, qui figure au f. 386 r du ms. *A*, indique qu'il y a, « parmi les mss de M. d'Aguesseau, chancelier de France, une copie de cette chronique, faite vers 1550 ». L. Delisle pensait avoir retrouvé ce second ms. dans le *Catalogue des livres imprimés et mss de la bibliothèque de feu M. d'Aguesseau* (Paris, 1785), sous le n° 4485 (cf. *BEC*, 1879, p. 654).

2. Il a couvert les marges du ms. *A* d'annotations ; cf. notamment 201 r, 217 r, 223 r, 243 r, 257 v.

3. Pour la préface de *Macaire*, *BEC*, 1864, p. 504 et n., ainsi que pour l'introduction à l'édition du texte, Paris, 1866, p. xxii-xxiii.

4. *Histoire poétique de Charlemagne*, Paris, 1865, p. 104-5, 323 (analyse du passage relatif à Richer, fils de Naimes), 328-9 (histoire des impôts qu'on veut lever sur les Français, éd. des ffs. 121-2 de *A*), 403 (passage relatif à Arnais d'Orléans, éd. du f. 101 v de *A*), 483-4 (relevé des passages de *A* qui se rapportent à l'épopée carolingienne).

5. *BEC*, 1879, p. 653-4 et *Comptes rendus des séances de l'Académie des Inscriptions et Belles-Lettres*, 1879, p. 199.

6. *Girart de Roussillon*, Paris, 1884, p. CXV.

7. *Aymeri de Narbonne*, Paris, *SATF*, 1877, t. I, p. cclxxxviii-ccxci : analyse du passage concernant la prise de Narbonne.

364

E. Langlois [1] et L. Gautier [2] ont tour à tour fait l'inventaire des traditions épiques conservées dans cette œuvre tardive [3]. De telles recherches devraient être poursuivies, car le texte est loin d'avoir livré tous ses secrets. Pour notre part, ayant examiné la chronique dans le cadre d'une recherche sur les versions en prose du cycle de Guillaume d'Orange au XVe siècle [4], nous y avons reconnu des fragments assez développés consacrés à Guillaume et à Aymeri [5]. Ce sont ces passages que nous nous proposons d'éditer et de commenter brièvement ; ils constituent un ensemble cohérent et témoignent à leur manière de la persistance du souvenir du comte d'Orange à la fin du Moyen Age ; ils nous permettent en outre de préciser la date de composition de la chronique et de mettre en lumière la personnalité littéraire du rédacteur.

Les deux manuscrits dont nous disposons sont de date voisine. *B*, décrit par E. Langlois dans les *Notices et extraits des manuscrits de la Bibliothèque Nationale* [6], est explicitement daté de 1476 ; G. Paris fixait la composition de *A* au XVIe s. [7], le rédacteur du catalogue de la Bibliothèque Nationale envisageant plutôt le XVe s. [8]. En fait deux scribes différents ont copié *A* ; le premier, qui s'arrête au f. 217, utilise une cursive du XVe s. ; le second, dont l'écriture est plus serrée, a travaillé à la fin du XVe ou au début du XVIe s.

A et *B* sont apparentés, comme le montrent quelques fautes communes : *Naymes* pour *Nîmes* (fragment n° 1, l. 35) [9], *il en*

---

1. *Couronnement de Louis*, Paris, *SATF*, 1888, p. LXXXV-LXXXVIII, CXIII : édition et commentaire de courts passages, relatifs surtout à l'épisode du couronnement (101 v, 125 r, 125 v, 127 r).
2. *Les épopées françaises*, 2e éd., IV, 1882, p. 347 n.
3. Pour les problèmes de datation, voir plus loin p. 387.
4. Voir notre thèse, *Le roman en prose de Guillaume d'Orange au XVe s.*, à paraître chez Champion.
5. Ces fragments, à l'exception de quelques brefs extraits donnés par Langlois ou G. Paris, sont inédits ; la plupart n'avaient même pas été signalés.
6. T. XXXIII, 1889, p. 44-46.
7. *Histoire poétique*, p. 105 n.
8. *Catalogue des manuscrits français de la Bibliothèque Nationale, ancien fonds*, t. IV, p. 468.
9. Dans le fragment n° 3, l. 53, *B*, après avoir écrit *Naymes*, a rayé le *a*.

eussent esté (fragment nº 2, l. 33) [1]. *A* est très fautif ; le copiste présente plusieurs mauvaises lectures : *roy de France* pour *roy Desramé* (fragment nº 3, l. 68), *paix mue* pour *payennie* (fragment nº 6, l. 18) ; il omet en outre des mots et même des passages entiers [2]. *B*, plus correct, permet souvent de rétablir le texte ; ce manuscrit n'est pourtant pas exempt de fautes, lui non plus : il présente quelques mauvaises leçons (*cueurs* pour *cours*, cf. nº 1, *f*) et des lacunes (cf. nº 4, *h*) ; d'autre part certains passages trahissent une correction qui ne restitue pas le sens original [3].

Dans ces conditions, nous avons conservé *A*, qui a servi jusqu'ici de référence aux études critiques, comme texte de base, en le corrigeant à l'aide de *B* chaque fois qu'il était nécessaire. Les leçons non retenues de *B* sont relevées dans l'apparat de chaque fragment, à l'exception des variantes purement orthographiques ; les lignes sont numérotées à l'intérieur des fragments et la disposition par paragraphes de *A* est respectée.

FRAGMENT Nº 1.

. . . .

120 v Ainsy que *a* l'empereur s'en retournoit en France, il passa *b* pardevant
(*B*:165v) la cités de Nerbonne. Le roy Balat, ung paien, estoit dedens atout
grant force de Sarrazins. L'empereur demanda conseil a sa gent, s'il
asserroit celle (cité) *c*. Sy luy respondirent deux (duz) *d*, Naymes et
5 Ogier, qu'a sa volenté en fust ; mais les François de l'ost, qui longuement avoient esté en Espaigne sans retourner en France, les ungs .vi.
ans, les aultres .x., les aultres .xx. qu'ils n'avoient veus leurs peres et
meres *e*, leurs femmes et enfans telz y avoit, et estoient moult foullés

---

a. com — *b*. passoit — *c*. celle sy *A* — *d*. deux Naymes *A* — *e*. meres
et parens

---

1. Cette forme paraît résulter d'une hésitation entre le sujet de la subordonnée hypothétique (les fils d'Aymeri) et celui de la complétive (Aymeri).

2. Voir p. ex. fragment nº 4, ll. 46-47.

3. Dans le fragment nº 3, ll. 56-57, le texte de *B*, plus satisfaisant que celui de *A*, n'est pas parfait ; l'original devait accorder un nº d'ordre aux fils d'Aymeri.

366

des paines et travaux, de la guerre *f* se deportassent *g* volentiers, affin
10 de retourner *h* devers leurs amis ; sy fut dit a l'empereur. Quant l'empereur oyt leurs oppinions, il besa la chere et se prist *i* a plorer et a
regretter son nepveu Rolland et ces bons chevaliers, et dist : « Haa,
sire *j* Dieu Jhesucrist ! or voy je bien qu'il n'est mes point *k* de Roullant
ne d'Olivier, qui entreprenoient les grans fais (166 r) tout ainsy que je
121 r les devisoie ! » Ung moult gentilz chevalier, jeune bachelier, ‖ vit
l'empereur ainsy troublé, et pour luy reconforter luy dist : « Sire empereur, par Dieu de Paradis, baillés moy la charge de vos gens d'armes,
et je liverray ung assault a Nerbonne et la vous liverray en bref, » et
moult de gracieuses paroles luy dist le chevalier, dont l'empereur
20 l'ama moult. Ce chevalier estoit filz Arnault de Biaulande qui occist
Angoulant, et nepveu Gerard de Vienne, et avoit nom Aymery. L'empereur luy bailla des gens, et fist Aymery de moult fors assaulx a
Nerbonne et de grans proesses, sy firent tous les François, et fut la
cité sy asprement contrainte en peu de temps que Aymery entra de-
25 dens par force. Adont l'empereur et ses gens entrerent dedens Nerbonne ; Aymery bailla a l'empereur le roy Balat, l'empereur luy requist
qu'il se fist baptisier, et il dist que *l* n'en feroit riens et ne guerpiroit ja
sa loy. Sy le fist l'empereur pendre a ung gibet, et tous les païens qui
ne (vouldrent) *m* recevoir baptesme. L'empereur donna Aymery la
cité de Nerbonne et la seigneurie du pays d'entour, et en demoura
30 seigneur. Et ot a femme Ermanjart *n*, fille du roy Boniface de Pavie,
noble dame dont il ot .xii. enfans, .vii. filz et .v. filles. L'ainsné de ses
.vii. *o* filz fut depuis le bon connestable de France Guillaume au court
nes, qui conquist *p* la cité d'Orenge, le pays de Provence et la ville de
35 Naymes sus les Sarrazins, et occist Ysoré devant Paris, et son ainsnee
sueur fut (reyne) *q* de France aprés la mort Charlemaine et fut femme *r*
l'empereur Loys son filz.

Le récit de la prise de Narbonne et de la fondation du lignage
Aymeri, que Demaison a étudié sans l'éditer, est situé, conformé-
ment à la tradition du *Roland*, dans le prolongement du drame de
Roncevaux (« ainsy que l'empereur s'en retournoit en France »).

Comme l'a indiqué Demaison, plusieurs traits de la chronique (*Ch*)
ne peuvent s'expliquer sans le recours à la version en prose du

---

f. et estoient.. guerre] et y avoient esté fort foulez et traveillez
des paines de la guerre — *g.* deporterent — *h.* d'aller — *i.* print — *j.* beau
sire — *k.* bien maintenant qu'il n'est plus de — *l.* qu'il — *m.* volt *A*
— *n.* Emangart — *o.* ses filz — *p.* pour la cité *A* — *q.* roy *A* — *r.* seur

cycle de Guillaume contenue dans les mss 1497 et 796 de la Bibliothèque Nationale [1]. C'est le cas tout particulièrement pour l'histoire de Balat. Dans la chanson d'*Aymeri de Narbonne*, les deux rois païens qui sont restés dans la ville sont jetés en prison

> Dont puis n'isirent en trestot leur vivant (1214) ;

dans le roman au contraire Balaam, seul survivant, est assiégé dans le donjon de Narbonne et préfère se jeter dans les douves plutôt que de se rendre ; repêché, il est sommé de se convertir, refuse, est pendu [2].

Mais la prose n'est pas la source unique de *Ch* pour ce passage. C'est la chanson sans doute qui est utilisée lorsque le texte donne la parole à Naimes et à Ogier [3], alors que dans le roman Gérard de Vienne et Hernault de Beaulande sont seuls cités [4]. Par ailleurs *Ch* fait preuve d'indépendance à l'égard de l'épopée aussi bien que de la prose lorsqu'il présente Guillaume comme l'aîné des fils d'Aymeri [5] ; il ne modifiera pas cette indication par la suite, alors que l'épouse de Louis, présentée ici (l. 35) comme la sœur aînée de Guillaume, devient plus loin, conformément à la tradition, la cinquième fille d'Aymeri [6]. Notons encore que *Ch* utilise le *Pseudo-Turpin* lorsqu'il rappelle qu'Arnault de Beaulande a tué « Angoulant » [7].

Dès le premier fragment par conséquent, le chroniqueur manifeste le caractère composite de son travail [8]. Nettement tributaire

---

1. Le passage relatif à la prise de Narbonne et au mariage d'Aymeri est édité dans J. Weiske, *Die Quellen des altfranzösischen Prosaromans von Guillaume d'Orange*, Halle, 1898, p. 82-93 et W. Scherping, *Die Prosafassungen des « Aymeri de Narbonne » und der « Narbonnais »*, Halle, 1911, p. 40-96.

2. Scherping, *op. cit.*, p. 47-8.

3. *AN*, vv. 308-12, 443-9.

4. Weiske, *op. cit.*, p. 87-8.

5. Cf. fragment 2, l. 4 ; fragment 3, l. 53

6. Fragment 3, l. 64.

7. Cf. chap. XIV, « De bello Pampiloniae et de morte Aigolandi regis ».

8. La même remarque peut être faite pour le récit de Roncevaux proprement dit. Comme les *Grandes Chroniques* en effet, il utilise essentiellement le *Pseudo-Turpin* ; mais il comporte aussi des traits

368

du *Roman de Guillaume* en prose, il n'hésite pas à se servir également des chansons de geste, tout en cultivant des traits qui se situent à l'extérieur de toute tradition.

FRAGMENT Nº 2.

124 r L'aumasseur de Cordes et le roy Fernagu d'Arrable, sy come raconte
(B:171r) l'istoire de Guillaume, le sire *a* d'Orange, s'en vindrent lors devant
Nerbonne que tenoit Aymery, le bon chevalier. Et en ce temps estoient
Guillaume, Bernart, Arnault, Garin *b*, Beuves, Aÿmer et Guibelin,
5 tous sept les nobles filz du noble Aymery hors de Nerbonne, et les
124 v avoit boutés hors de son ‖ hostel pour ce que leur mere les gastoit, et
estoient allés servir sa et la les princes en plusieurs contrees. Guillaume,
Arnault et Bernart avoient servi l'empereur Charlemaine, qui les avoit
fais chevaliers, et estoient lors a la court de l'empereur Loys. Quant
10 il leur fut raconté *c* que les Sarrazins avoient assise la cité de Nerbonne,
et leur pere et leur mere dedens, a Nerbonne estoient Gerard de Rossillon et Hugues de Berry, deux nobles princes, allés pour aidier a
Aymery a garder sa terre des Sarrazins. Guibelin (171 v), le mainsné
filz Aymery, se bouta dedens Nerbonne et vint quant il sot la venue
15 des Sarrazins. Moult de *d* merveilleux assaulx firent les Sarrazins *e*
contre ceulx de Nerbonne, et moult y ot de grans saillies et escarmouches. En une saillie qui y fut fut occis Gerard de Roussillon, et fut
prins Guibelin, le fils Aymery. L'aumasseur le fist bender les yeux et
lier en une crois pour le faire mourir devant la cité. Quant Aymery vit
20 son filz en la crois *f* estandu, moult grant douleur en ot, et saillirent
tous de la cité; et par la proesse d'Aymery et de ces gens ilz rescouirent
Guibelin, et y ot moult de gens mors d'une partie et d'autre, mais
tousjours enforçoient Sarrazins.
   Nouvelles vindrent aux fils Aymery, qui estoient les ungs en France,
25 les aultres en Alemaigne et en Lombardie, de l'affaire. Sy firent tous
sy grant deligence qu'ilz vindrent au secours de leur pere. A Guillaume,

---

a. sire (*rayé*) prince — *b. omet* Garin — *c.* raporté — *d.* moult merveilleux — *e.* B *omet* les Sarrazins — *f.* B *omet* en la crois

---

aberrants qui l'apparentent aux *Croniques et conquestes* de D. Aubert :
Baudris (Baudouin) apporte a Charlemagne l'épée et l'olifant de Roland
(120 r ; cf. *Croniques*, éd. Guiette, II/2, p. 20-1) et Ganelon s'enfuit
(120 v ; cf. *Croniques*, II/2, p. 49 sqq.).

369

le filz Aymery, furent baillés les François, moult noble compaignie ;
le roy de Lombardie, qui avoit non Boniface, bailla aux aultres moult
de gens, car Aymery avoit sa seur espousee. Finalement tous les .vi.
30 freres *g* vindrent a grant puissance au secours de leur pere ; mais avant
qu'ilz venissent, Emenjart, la *h* femme Aymery *i*, se complaignoit
moult *j* de ce que Aymery avoit chassié ses enfans, et disoit que se ilz
eussent esté a Nerbonne, il *k* en eussent esté plus fors doubtés *l*. Sy
vindrent les nouvelles a Aymery du secours de ses enfans, sy ot moult
35 grant joye, et mena Aymery sa femme aux creniaux *m* de son palais *n*
et leur monstra la bataille des crestiens dont ces enfans estoient cheve-
tains, dont ilz mercierent moult Nostre Seigneur, qui leur avoit donnee
sy noble lignee. Les batailles approcherent des Sarrazins, et la ot
moult grans occisions faictes d'unes gens *o* et d'autres (172 r). La
40 firent (Aymery) *p* et sa noble lignee moult de deluge aux faux mes-
125 r creans, et sur tous les enfans ‖ d'Aymery le faisoit bien Guillaume, le
noble combatant, car il occist ce jour l'aumasseur de Cordes, et sy
(fist) *q* le roy Fernagu d'Arrabe, roy d'Aumarie, et furent les Sarrazins tous mors et desconfis. Aprés ceste desconfiture de Sarrazins
45 vint ung roy de la terre d'Auffrique apelé Desramé et le roy Thibault d'Arrabbe, filz (de ce roy Fernagu) *r* qui avoit esté occis, et
remirent le siege devant Nerbonne avecques plusieurs princes sarrazins *s* ; les fils Aymery et leurs amis les desconfirent la .iie. foys, et
lors s'enfouy le roy Desramé a la cité d'Orange et le roy Thibault s'en
50 retourna en sa terre.
   Les Sarrazins a grant *t* puissance allerent lors devant Rome, toute
la terre gasterent ; le pape envoya par toutes terres pour avoir secours,
sy y ala Guillaume, le bon combatant, et la fist de moult belles proesses.
La avoit ung moult fort et puissant jaiant appelé Corbaut *u*, lequel
55 Guillaume occist devant Rome en ung champ de bataille qui fut d'eux
.ii. *v*, dont Guillaume acquist grant los et grant pris du pape et de tous
les Rommains.

   Le passage précédent était placé à la fin du règne de Charlemagne ; [1] le second fragment, qui correspond aux chansons des

---

g. filz — *h. B omet* la — *i.* femme de *A* — *j.* moult fort — *k.* il *AB*
— *l.* plus fors et plus d. — *m.* carneaulx — *n. B omet* de s. palais —
o. part — *p. A*mery *A.* — *q.* fut *A* — *r.* f. du roy ce F. *A* — *s.* autres
p. *B* ; princes et S. *A* — *t.* moult grant — *u.* Corbault — *v.* d'eux deux.

---

   1. Le règne de Charles occupe les ffs. 92 v-123 v, celui de Louis les
ffs. 123 v-132 r.

370

Narbonnais, des *Enfances Guillaume* et du *Couronnement de Louis*, est situé au début du règne de Louis.

On remarquera tout de suite deux éléments caractéristiques de l'attitude de *Ch.* D'une part l'auteur donne un rôle prépondérant aux traits légendaires pour l'histoire de Louis ; à côté des passages empruntés au cycle de Guillaume, on trouve en effet le souvenir de la *Reine Sibille* :

> Aprés le trespassement de l'empereur Charlemeine, son fils Loys fut roy et empereur, dont la reine Sebille acoucha a Laigny [1] ;

d'autre part le chroniqueur s'efforce de lier les différents matériaux qu'il utilise : s'il introduit son récit des *Narbonnais* (ll. 1-44) par l'histoire de l'aumasseur de Cordes [2], que les *Grandes Chroniques* situent à la fin du règne de Charlemagne, c'est qu'un personnage de ce nom joue un rôle important dans l'histoire des fils d'Aymeri.

Cet exemple manifeste par ailleurs l'influence du *Roman de Guillaume* en prose (*P*) sur ce passage de la chronique. La chanson des *Narbonnais* ne connaît ni l'aumasseur de Cordes ni le roi Fernagu, alors que ces personnages sont les principaux chefs sarrasins dans *P* [3] ; elle ignore Gérard de Roussillon, alors que celui-ci est dans *P* comme dans *Ch* le vassal héroïque d'Aymeri [4] ; enfin l'action se termine dans le poème par la fuite des chefs sarrasins [5], alors que l'émir de Cordes et Fernagu sont tués dans *P* et dans *Ch* [6].

Le modèle épique n'est cependant pas abandonné par le chroniqueur. L'adoubement par Charlemagne de trois fils d'Aymeri (ll. 8-9) renvoie à la chanson [7], puisque dans le roman les Ayme-

---

1. 123 v. L'histoire de la reine a été déjà résumée en 94 r-v (cf. *Macaire*, éd. Guessard, p. 315-17) ; *Ch* y reviendra une troisième fois en 125 r.

2. Elle est empruntée à l'un des appendices du *Pseudo-Turpin*, « De altumajore Cordubae »,

3. Pour l'épisode des *Narbonnais* cf. Scherping, *éd. cit.*, p. 96-188 et H. Suchier, *Les Narbonnais*, t. II, *SATF*, 1898, p. 143-66.

4. Cf. Scherping, p. 141.

5. Éd. Suchier, vv. 7656-7.

6. Suchier, t. II, p. 152, 160-1.

7. *Éd. cit.*, vv. 3104-299.

rides seront adoubés au cours de l'épisode des *Enfances Guillaume* [1]. Il en est de même pour la scène du « panorama épique » — « et mena Aymery sa femme aux creniaux », ll. 35-8 —, que la chanson développe longuement [2], alors que le romancier l'omet.

Enfin l'absence de tous les fils d'Aymeri lors de l'attaque sarrasine et le retour, dans un premier temps, du seul Guibelin (ll. 3-5, 13-15), ne s'accorde ni avec la chanson, ni avec *P* : selon la tradition en effet le plus jeune des Aymerides n'a pas accompagné ses frères lors du « departement ».

Les lignes 44-51, à cause de la mention du nom de Thibault, évoquent sans doute les combats menés contre les Sarrasins au cours des *Enfances Guillaume*. Le rapport établi entre Thibault et Fernagu s'accorde avec *P*, car la chanson ne nous renseigne pas sur la généalogie du roi païen [3].

Enfin les lignes 52-57, déjà éditées par Langlois [4], nous rapportent, d'après le roman en prose, l'histoire du duel qui se déroule à Rome entre Guillaume et un champion sarrasin. Dans la chanson en effet le pape ne lance pas d'appel à la chrétienté [5], et le géant païen est nommé Corsolt [6].

FRAGMENT N° 3.

. . . .

125 v Sy cuida bien le bon empereur Loys tenir son pays paisible, mais ne (B:172v) pot estre sacré au royaume de France sy tost aprés la mort de son pere, tant trouva de contrairietés en son royaume de France, car

1. Cf. H. Theuring, *Die Prosafassung der Enfances Guillaume*, *Romanische Forschungen*, Bd. XXIX, 1911, p. 842-47.
2. *Éd. cit.*, vv. 5859-5932.
3. Voir l'édition P. Henry, *SATF*, 1935, et Suchier, t. II, p. 166.
4. *Éd. cit.*, p. LXXXVII.
5. Il se tourne vers Guillaume alors que ce dernier est déjà à Rome, vv. 327-53 ; voir au contraire dans C. Weber, *Die Prosafassungen des « Couronnement de Louis », des « Charroi de Nîmes » und der « Prise d'Orange »*, Halle, 1912, p. 44-47, la démarche des envoyés du pape auprès d'Aymeri.
6. Vv. 504 sqq. et Weber, *op. cit.*, p. 44.

372

plusieurs traictres voldrent faire roy d'un *a* aultre apelé Herneïs. En
5 ce temps que ce trouble estoit en France, Guillaume, le filz Aymery
de Nerbonne *b*, se parti de Romme et vint en France.

L'empereur Loys ot ung frere nommé (Dreue) *c*, qui estoit moult
preudoms et avoit tout son cueur a Dieu, et le fist l'empereur evesques
de Mes. (Cel) *d* evesque et Guillaume, le filz Aymery, assemblerent moult
10 de leurs amis et vindrent a Paris (173 r) a ung jour ou il avoit grant
assemblee de princes, et y en avoit (qui) *e* voulloient debouter l'empereur Loys de la couronne de France. Sy y ot moult grant desbat, car
aucunes croniques racontent que Guillaume occist Arneïs que on vouloit
faire roy et moult de ces complices, et fut esmeu tout le peuple de
15 Paris pour aidier *f* Guillaume, et vint l'empereur Loys a Paris *g*, et de
la *h* par l'esvesque son frere et le *i* conte Guillaume fut mené couronner
et sacrer a Rains a grant sollempnité et joye. Aprés le sacre de l'empereur Loys, Guillaume fut fait connestable de l'empire et desfenseur
de la terre crestienne. L'empereur donna a Hernault, le frere Guillaume,
20 la duché d'Orliens *j* et la duchesse qui estoit (vefve) *k*; sy *l* (touche-
rons) *m* ung pou de Guillaume *n* et de la noble lignee Aymery *o* de
Nerbonne, car les fais en sont dignes de memoire. Guillaume estoit
sy renommé de proesse et de chevalerie par toutes terres que la fille
du roy Desramé, qui estoit lors en la cité d'Orenge, qui estoit apelee
25 Orable, estoit moult amoureuse de luy, car il estoit l'un des biaux *p*
126 r chevaliers du monde, et avoit la || pucelle grant desir *q* d'estre crestienne.
Et se sot Guillaume et fist tant qu'il parla a elle secretement en la cité
d'Orenge, ou il ala en guise de pofvre home mendiant. Guillaume se
parti de France, et en sa compaignie *r* Regnauld de Mondidier et
30 aultres nobles chevaliers et combatans *s* de France *t*, et vindrent a
Nerbonne. La pucelle Orable estoit ou chastel d'Orenge, lequel chastel
Guillaume prist en guise de pelerin a l'aide de la pucelle et y bouta
grant gent, et puis prindrent la cité et y firent grant destrucion de
Sarrazins, mais (173 v) receurent tous a mercy ceulx qui voldrent
35 recevoir baptesme *u*. Guillaume amena la pucelle Orable devers Aymery son pere, et fut baptesmee *v* a grant joye et ot nom Guibour, et
fut moult sainte femme et bonne crestienne (toute) *w* sa vie.

---

a. roy ung a — *b. B omet* de N — *c*. Doeme *A* — *d*. ces *A* — *e*. qu'ilz
A — *f*. aidier a — *g*. et l'empereur L. vint a P. — *h*. et par — *i*. et par le
— *j*. Orleans — *k*. qui estoit sy *A* — *l*. se — *m*. toucheront *A* — *n*. de
fais de G. *A*; des nobles fais de G. *B* — *o*. d'A. — *p*. beaulx — *q*. voulenté
— *r*. acompaignié de — *s*. et de moult d'autres nobles princes et chevaliers
— *t. B omet* de France — *u*. mais ceulx qui vouldrent r. b. orent pardon
— *v*. baptisie — *w*. tout *A*

En ce temps ala l'empereur Loys en Espagne visiter l'esglise de
monseigneur saint Jacques et recevoir les hommages de ces hommes.
40 Sy come il estoit en Espaigne, ungne nef de Sarrazins fut gaignee
sur la mer, (plaine) *ᶻ* de gens et de biens, et la estoit ung jeune enfant
de l'aage de (.vii.) *ᵛ* ans, filz du roy Desramé, moult grant enfant de
son aage, et s'apeloit Renouart. Cel enfant fut donné a l'empereur Loys
des marchans qui avoient gaignee la nef, et luy dirent qu'il estoit filz
45 d'un grant roy sarrazin. L'empereur ordonna (qu'en son hostel fust
nourry) *ᶻ* et n'en fist gaires de conte. Quant l'empereur fut retourné a
Paris, Renouart demoura laiens *ᵃ'* jusques (atant) *ᵇ'* qu'il ot bien *ᶜ'*
xviii ans, et tournoit (le rost) *ᵈ'* en la cuisine, car il s'en tiroit volentiers
pres pour ce qu'il estoit de grant vie, et devint sy grant et sy fort que
50 merveilles estoit de sa force, et rompoit tout de batre ces aultres pail-
lars de la cuisine. Mais quant il ot aprins *ᵉ'* le langage de France et la
creance de Notre Seigneur, il fut en son courage ferme et parfait crestien. Guillaume conquist toute Provence et conquist la cité de Nymes *ᶠ'* ;
son frere Aÿmer conquist Venise et la pucelle Sarramonde (et) *ᵍ'* en ot
55 .ii. filz, dont Drogues fut l'un *ʰ'*, qui (fut) *ⁱ'* vaillant chevalier. Beuves,
(l'ung des) *ⁱ'* filz Aymery, fut sire de Commarchis et ot deux filz, Guerin
et Guibelin ; Garin, (l'autre) *ᵏ'* filz Aymery ot ii filz, Girardin et Vivien
(174 r) le vaillant. L'une des filles fut (femme) *ˡ'* Dreue de Mondidier et
ot iiii filz, Gaudin, Richart, Sanson et Guillaume ; la seconde fille fut
60 femme Raoul *ᵐ'* du Mans, dont vint Anquetin le Normant ; la iiie
fille ot le roy d'Escosse qui fut né a *ⁿ'* Clossestre en Angleterre, dont il
126 v ot v filz : saint Morant fut son filz qui est a Douay, ‖ Huon de Floriville
fut ung aultre. La iiiie fille fut mere Foucon de Candie qui conquist
Anseline, la vᵉ fut royne de France, femme l'empereur Loys. (Tous) *ᵒ'*
65 ces enfans furent enfans de Aymery et de ces enfans, qui conquirent
maintes terres et seigneuries, dont nous passons pour la paine d'escripre et auxy que *ᵖ'* n'affiert a nostre cronique.
      Le roy (Desramé) *�q'* et le roy Thibault d'Arrabbe, Libanor de Tur-
quie, Achillant de Luysarne et Clargis de Valdune, qui estoit nepveu
70 du roy Libanor, assemblerent de rechef grant gent et vindrent asseger
Nerbonne. La fut faite la iiie bataille des enfans Aymery qui vindrent
secourir *ʳ'* leur pere devant Nerbonne. Moult y ot cruelle bataille et y *ˢ'*
furent Sarrazins desconfis, mais le roy Libanor prinst Garin, le filz

---

      x. eplaine *A*. — *y*. viie *A* — *z*. en s. h. qu'il fust n. *A* — *a'*. leans —
b'. j. qu'il *A* — *c'*. *B omet* bien — *d'*. t. en la c. *A* — *e'*. apris — *f'*. *B* a rayé
le a de Naymes. — *g'*. *A omet* et — *h'*. dont le premier ot nom D. —
i'. *A omet* fut — *j'*. B., le filz *A*. *A* — *k'*. G., le filz *A* — *l'*. femmes *A*
— *m'*. Raous — *n'*. de — *o'*. tout *A* — *p'*. qui — *q'*. de France *A* —
r'. secourre — *s'*. *B omet* y

374

Aymery, Beufves de Commercis *t'*, filz d'Emery *u'*, et ces ii filz furent
75 prins et menés a la cité de Barbastre. Et ainsy qu'ilz estoient prisonniers, Clargis de (Valdune) *v'*, nepveu Libanor, se converti de la grace
de *w'* Nostre Seigneur et delivra tous les crestiens de la cité et du
chastel de (Barbastre) *x'* et prist *y'* la ville et le chastel, et se fist Clargis
baptisier et fut bon crestien depuis. Le siege fut mis aprés *z'* devant
80 Barbastre du roy Desramé, du *a* roy Thibault, du roy Libanor et de
plusieurs Sarrazins a grant multitude. Guillaume et ces freres et
Aymery leur pere et moult d'aultres (174 v) nobles crestiens françois,
alemans, lombars *b* et aultres, combatirent le *c* siege et desconfirent les
Sarrazins.

Après l'éloge de Louis, dont on vante l'accomplissement scru-
puleux des dernières volontés paternelles [1], la chronique abandonne de nouveau l'histoire pour la légende et rappelle la tradition de la *Reine Sibille* :

Ce Loys fut celluy qui fut né a Laigny quant la royne Sebille fut
boutee hors et Aubery de Mondidier fut occis par Maquaire et en fut
accusé par le levrier, et fut Loys nourri en la maison Varroquier, ung
boucheron [2] ;

on en vient donc naturellement aux difficultés rencontrées par
Louis pour asseoir son autorité, donc à l'aide accordée par Guillaume au jeune souverain.

L'épisode du meurtre de l'usurpateur, que la chronique avait
évoqué une première fois à propos du règne de Charlemagne [3],

---

t'. B omet de C. — *u'*. de E. — *v'*. Valdame A — *w'*. B omet de — *x'*.
Barstre A — *y'*. prindrent — *z'*. depuis — *a*. et du — *b*. lombars, alemans — *c*. le le

---

1. Cf *Grandes Chroniques*, éd. Viard, t. 4, p. 44 : « Ensi acompli
et rendi tout le testament son pere entierement, si com li escriz le
devisoit ».
2. 125 v.
3. « Et si raconte l'histoire ou roumant de la vie de Guillaume
d'Orange que cestui Arneïs, aprés la mort de l'empereur Charlemaine,
se volt faire roy de France et debouter Loys, le filz de l'empereur, dont
Arneïs fut occis de l'entreprise Guillaume d'Orenge, et donna l'empereur Loys Arnault, le fils Aimery de Narbonne, frere de Guillaume

est traité dans l'esprit du roman en prose. En témoignent la liaison établie entre les difficultés de Louis et les circonstances de sa naissance [1], le nom donné à l'usurpateur [2], le lieu du châtiment du traître et celui du couronnement de Louis [3], enfin l'attribution à Hernault du duché d'Orléans [4].

L'influence annalistique sur *Ch* reste pourtant sensible, avec la présence aux côtés de Guillaume de l'évêque de Metz Drogon (ll. 7-10) et de la dévolution de la charge de connétable à Guillaume (ll. 17-18). Les *Grandes Chroniques* mentionnent en effet, parmi les personnages qui, en 834, s'efforcent d'arracher Louis des mains de son fils Lothaire, « Guillaumes, li conoistables de France » et « li evesques de Mez, Droves, qui freres estoit l'empereor » [5]. Ici encore, *Ch* s'efforce donc de concilier histoire et poésie.

Les lignes 22-37 du fragment racontent ensuite dans quelles conditions Guillaume conquiert Orange et Orable ; pour ce récit notre texte est encore tributaire de *P*. La prose relate en effet comme *Ch* deux visites distinctes de Guillaume à Orable : dans l'épisode qui correspond aux *Enfances Guillaume*, le héros parvient en effet à se glisser dans Orange et à s'entretenir avec Orable [6], alors que le cycle épique ne connaît que la conquête de la ville et de la dame qui intervient dans la *Prise d'Orange*. Par ailleurs *P* raconte comme *Ch* que les noces des deux jeunes gens

---

d'Orange, le duché d'Orliens et la duchesse ». Ce passage, cité par G. Paris, *Histoire poétique*, p. 403 et par E. Langlois, *éd. cit.*, p. LXXXVI-LXXXVII, est plus bref que celui dont nous nous occupons mais ne contient aucun trait discordant.

1. Weber, *op. cit.*, p. 52-3 ; aucune allusion dans la chanson.

2. La chanson connaît Arneïs d'Orliens (99 sqq.) mais aussi Acelin (1781 sqq.).

3. Dans la chanson Arneïs est tué à Aix et Acelin à Tours, alors que le meurtre de l'usurpateur a lieu dans *P* à Paris; il est vrai pourtant qu'*Aliscans* et le *Charroi de Nîmes* font déjà de Paris le théâtre du drame, cf. Langlois, *op. cit.*, p. LXXVII-LXXXI. Le couronnement de Louis est situé par *P* à Reims (Weber, *op. cit.*, p. 63), alors que le poète épique situe la scène d'association au trône à Aix.

4. Cf. Weber, *op. cit.*, p. 66 ; la chanson passe cet élément sous silence.

5. *Op. cit.*, éd. Viard, t. 4, p. 120.

6. Theuring, *op. cit.*, p. 863-91.

376

ont lieu à Narbonne, et non à Orange comme dans le poème [1]. La mention du voyage à Narbonne entre les deux expéditions à Orange (ll. 28-31) ne s'accorde en revanche ni avec la prose ni avec la chanson.

Le récit de l'arrivée de Renouart à la cour de Louis (ll. 40-53) traduit de nouveau l'influence de *P*. Dans le roman en effet cet événement a lieu alors que

Louyz de France... venoit de visiter le païz de Galice... (et)... s'en retournoit de Saint Jacques [2] ;

dans *Aliscans* au contraire Louis dit seulement : « Je l'acatai sor mer » ; quant à l'interpolation du ms. *D* des *Enfances Vivien*, elle place la rencontre du roi et de l'enfant à la fin du siège de Luiserne et sans lien avec Saint Jacques [3]. Comme dans *P* encore Renouart est capturé par des chrétiens sur une nef sarrasine, alors que dans *Aliscans* ces chrétiens ont eux-mêmes enlevé l'enfant, et que dans les *Enfances Vivien* ils l'ont acheté à Picolet [4].

Nous trouvons ensuite une liste des descendants d'Aymeri. Guillaume est le premier fils cité, ce qui constitue décidément une originalité de *Ch* ; viennent ensuite Beuves, Garin et leurs fils. La mention de Drogues, dont parleront également *Hugues Capet* [5], les remaniements d'*Ogier* [6] et *Meurvin* [7], nous renvoie à *P*, qui n'attribue d'ailleurs que ce seul fils à Aymeri [8]. Le nom du frère de Vivien, Girardin, est également un souvenir de *P*, car ce même

---

1. Cf. Weber, *op. cit.*, p. 109 et la chanson, éd. Cl. Régnier, vv. 1863 sqq. (rédaction *AB*).

2. Weber, *op. cit.*, p. 126-7.

3. *Aliscans*, éd. Wienbeck, Hartnacke et Rasch, v. 3197 et *Enfances Vivien*, éd. Wahlund, p. 261.

4. Weber, *op. cit.*, p. 125-6 ; *Aliscans*, vv. 3197-8 et p. 497, v. 34 ; *Enfances Vivien*, p. 261.

5. Drogues y est l'un des alliés du héros, cf. éd. Guessard, *APF*, 1864, 42-5, 109-36.

6. Voir la version en alexandrins, Ms. Arsenal 2985, p. 656, qui utilise *Hugues Capet* et *Meurvin*.

7. Meurvin, fils d'Ogier, tombé aux mains des païens, est l'adversaire, puis le compagnon de Drogues.

8. Scherping, *op. cit.*, p. 95 ; la chanson d'*Aymeri de N.* n'attribue aucun enfant à Aÿmer (cf. vv. 4589-602).

personnage porte dans la chanson de la *Chevalerie Vivien* le nom de Guichardet [1]. On notera en revanche que *Ch* appelle Guerin l'aîné des fils de Beuves, alors que le *Siege de Barbastre* et le roman le nomment Gérard [2].

Pour les filles, dont la liste est ici complète [3], on constate que *Ch* s'accorde avec la chanson d'*Aymeri de Narbonne* pour donner cinq fils à la troisième fille d'Aymeri, alors que *P* se souvient seulement de saint Maurand [4] ; quant à l'indication selon laquelle Huon de Floriville serait l'un des quatre autres fils, il s'agit évidemment là d'un trait isolé, puisque l'accord entre le poème et le roman fait de Huon l'époux de la quatrième fille d'Aymeri [5].

Le fragment se termine (ll. 68-84) par une évocation du siège de Barbastre. Plusieurs traits montrent que *Ch* utilise essentiellement ici le roman en prose, comme la mention du secours apporté par les Aymerides à leur père assiégé dans Narbonne [6], ou la présentation simultanée de la capture de Beuves et de Garin [7]. Toutefois la prise de Garin par Libanor ne s'accorde ni avec *P* ni avec la tradition poétique [8].

Le troisième fragment atteste donc, lui aussi, le souci d'intégrer à une trame historique des éléments légendaires inspirés en premier lieu par le roman en prose, mais qui rappellent parfois des traits épiques ou manifestent l'indépendance du remanieur.

---

1. Voir l'éd. Terracher, vv. 1201 sqq.

2. Cf. aussi *Aymeri de N.*, v. 4585.

3. Celle des fils ne l'est pas, mais *Ch* a donné plus haut une liste complète, fragment 2, ll. 4-5.

4. Scherping, *op. cit.*, p. 95.

5. Scherping, *op. cit.*, ibid. ; *Aymeri de Narbonne*, vv. 4661-2.

6. Ce passage du roman est inédit : voir BN. fr. 1497, 192 v-194 v ; seuls Guillaume et Beuves sont aux côtés d'Aymeri dans le *Siege de Barbastre*, éd. J.-L. Perrier, vv. 9-10.

7. Le cycle épique raconte la prise de Beuves dans le *Siege de Barbastre* (vv. 309-10) et celle de Garin dans les *Enfances Vivien* (éd. Wahlund, p. 1-6).

8. Dans *P* (ms. 1497, 205 r) Garin est capturé par Archillant de Luiserne ; dans la chanson son geôlier est Mirados (ms. *C*) ou Cador (autres mss).

378

FRAGMENT Nº 4.

. . . .

127 r Guillaume d'Orenge avoit eu *a* le bout du nes couppés en la .iii.*e* bataille
(B : 175 r) ou il fut devant Nerbonne, sy l'appelerent plusieurs Guillaume au
court nes. Son nepveu Vivien, filz de Garin conte d'Assenne *b*, estoit
lors de l'aage *c* de .xviii. ans, et fut nouvel chevalier et fist tant de
5 proesses en pou de temps que merveilles seroit du *d* raconter. Il avoit
gaigné et conquis *e* Allechamps sur les Sarrazins. Les Sarrazins le
assegerent a grans *f* multitude. Guillaume d'Orenge assembla moult
grant nombre de crestiens *g* pour aller secourir son nepveu ; la y ot sy
pesme et sy cruelle bataille *h* qu'il y mourut bien .c. mille personnes
10 d'une part et d'autre, et y fut occis Vivien qui estoit sailli a la bataille,
et des gens Guillaume mouru *i* bien .xxxm. crestiens, et a paine en
eschappa. Et s'en vint Guillaume moult desconforté a *j* Orenge ou
estoit dame Guibour sa femme, qui estoit moult bonne et sainte dame,
dont on a fait depuis en mains lieux maintes paintures en murs et en
15 tappis de Guillaume qui fut desconforté, car il ploroit nuit et jour
la *k* grant perte qu'il avoit faicte de ces gens. Sy en dit on ung dit :
« Guillaume pleure et *l* Guibour le reconforte. La sage damme Guillaume conforta *m* et dist : « Guillaume, ne vous esmaiés ja ! tant que
preudons en se siecle vivra, maintiengne soy au plus bel qu'il pourra *n*.
20 Car pour mort d'omme plorer ne convient ja, et tel est vif qui gaires
ne vivra, tel a richesses qui tost aposvrira, et tel *o* est posvre qui tost
enrichira *p*. Tel a joy que *q* de doulleur mourra, tel a doulleur que Dieu
confortera. Rien n'est estable en ce monde dessa : tout fut autruy et
tout autruy *r* sera ; soyés preudoms et tout bien vous vendra » *s*. (175 v)
25 Lors vint Guillaume en France querir secours *t* a l'empereur qui sa
seur avoit espousee, car les Sarrazins vindrent devant Orenge et
127 v prindrent la cité, et *u* par le conseil de dame ‖ Guibour, qui *v* estoit une
dame moult asseuree et qui avoit grant esperance en Dieu, Guillaume
vint en France et Guibour garda le chastel d'Orenge. L'empereur Loys
30 ot moult grant pitié de Guillaume qui ne se pouoit reconforter, sy luy
bailla grant gent, lesquelz menoit Hernault son frere, duc d'Orliens *w*.

---

a. ot — *b.* Aussenne — *c. B omet* de l'aage — *d.* a — *e. B omet* et
conquis — *f.* a moult gr. — *g.* de gent de cr. *A* — *h.* si cruelle et si
mauvaise qu'il — *i.* estoit bien mort — *j.* en — *k.* de la — *l. B omet* et —
m. reconforta — *n.* qui p. — *o.* tost tel — *p.* qu'encor e. — *q.* qui — *r.* a
autry — *s.* vous en v. — *t.* querir s. en Fr. — *u. B omet* et — *v.* qui qui
— *w.* Orleans

Et ainci que Guillaume estoit ung jour a Paris avec l'empereur, il
regarda ˣ l'enfant Regnouar ʸ qui estoit en la cuisine de l'empereur
avec les soullars, et estoit sy grant et sy fort qu'il sembloit .i. droit
35 jayant. Guillaume demanda a l'empereur dont il estoit venu, et l'empereur luy dist que marchans l'avoient gagné sur mer et qu'ilz luy
avoient donné et luy avoient dit qu'il estoit filz d'un roy ou d'un
grant prince sarrazin. Sy le demanda Guillaume a l'empereur qui luy
donna ᶻ, et l'abillerent de vesture et d'abillement ᵃ′, et lui firent faire
40 ung grant tinel de boys, lié de fer tout autour, qu'il manioit auxy
legerement come ung aultre faisoit une espee ᵇ′ ; et alloit en l'ost
tout a pié, mais tousjours se tenoit pres de la cuisine, et s'on ne luy
donnoit a menger il en prenoit, ne nul ne luy osoit restourre ᶜ′ pour
sa grant force.

Guillaume et Hernault son frere et leur ostz vindrent a Orenge, et
45 s'enfouirent les Sarrazins qui avoient prinse la (cité) ᵈ′. Renouart,
quant il fut a Orenge, congnut bien dame Guibour (sa seur, mais il
n'en fist semblant ; si luy demanda Guibour) ᵉ′ qui yl estoit, mais il
luy respondi qu'il luy diroit ᶠ′ au revenir. (176 r) Guillaume et ses osts
allerent et tirerent vers Allechamp, ou toute (la force des) ᵍ′ Sarrazins
50 estoit, (come) ʰ′ le roy Desramé, le roy Thibault d'Arrabbe et moult
d'autres ⁱ′ Sarrasins. Et les crestiens estoient moult nobles gens, car
Aymery de Nerbonne, le pere Guillaume, et tous ces ʲ′ enfans estoient
la a belles compaignie de ᵏ′ François, Alemans et ˡ′ Lombars et aultres
crestiens. La bataille fut devant Allechamp, qui fut sy cruelle et sy
55 fiere c'onques puis que Dieu fut mis en crois ne fut (si) ᵐ′ merveilleuse.
Et la occist Renouart son frere, ung fort ⁿ′ Sarrazin qui (faisoit) ᵒ′
trop grant occision de crestiens. Et la parla Renouart au roy Desramé
son pere et l'amonnesta de recevoir baptesme, mais il dist qu'il n'en
feroit riens. Aymery et ses enfans firent moult d'armes en celle journee,
60 mais sur tous ce jour fut le pris de l'onneur ᵖ′ donné au bon Guillaume
au court nes et a Renouart. Ceulx firent grant discipline de mescreans,
128 r et dit l'istoire que il mourut ce jour.cᵐ.Sarrazins, ‖et les aultres s'enfouirent. L'osts ᑫ′ des François s'en retourna ʳ′ a grant gaingne a
Orenge ˢ, et la fist Guillaume une noble feste a son pere Aymery et a
65 tous les nobles princes et chevaliers qui la estoient venus ou service de

---

x. regardoit — y. Regnouart — z. donnast — a′. et abillemens —
b′. faisoit ung baston — c′. recourre — d′. la Renouart *A* — e′ *A omet*
sa seur ... Guibour — f′. disoit — g′. toute de Sar estoit *A* — h′. estoit
le r. *A* — i′. autres princes — j′. ces autres — k′. des — l′. *B omet* et
— m′. fut m. *A* — n′. fort prince — o′. fait *A* — p′. le pris donné —
q′. les ostz — r′. s'en retornerent — s′. a Orenge a grant g.

380

Nostre Seigneur Jhesucrist. Et la se fist congnoistre Renouart a sa
seur dame Guibour qui moult en fut joyeuse, et luy demanda se il
estoit crestien ; il dist que non mais il creoit en Jhesucrist. Baptisié
fut Renouart ; les nouvelles de la victoire (furent rapportees) *t'* a
70 l'empereur qui fist faire a Paris *u'* grans processions en merciant *v'*
Nostre Seigneur, et donna l'empereur Aalis sa fille, qui niepce estoit
Guillaume *w'*, a Renouart le fort, a la requeste de dame Guibour, et en
ot depuis Renouart ung filz, mais la mere en mourut de l'enfanter, dont
Renouart fut sy couroucé qu'il *x'* se rendi moine. Ce filz fut nommé
Maillefer pour sa grant force. Guillaume donna a Renouart la terre de
75 Nymes ; les enfans Aymery, c'est a savoir Guillaume et ces freres,
Renouart et son fils, occirent en leur temps mains (176 v) paians, et
mains *y'* par eulx *z'* furent convertis ; mais d'eulx nous deporterons pour
la poine de l'escripre et qu'il *a* n'affiert pas du tout a notre cronique.
Depuis que Renouart fut moine, parce qu'il mengoit trop, les moines et
80 l'abbé le traïrent et *b* vendirent aux Sarrazins, et fut mené à Gaiette
mais par sa grant force et proesse il en eschappa et prist la cité de
Gaiete, a l'aide de Guillaume et de Maillefer, puis fina il sa vie saintement. Quant Guillaume vit departir d'Orenge son pere, ses parens et les
nobles princes, il plora tant que nul ne le pouoit reconforter, et disoit
85 qu'il (ne) *c* verroit jamais tel noblesse assamblee. Depuis fut Guillaume
prisonnier dedens Salerne, une cité dont l'empereur assembla tant de
gent *d* qu'il le delivra. Assés tost aprés, dame Guibour trespassa, dont
Guillaume fut si marry qu'il devint hermite et usa sa vie ou service de
Nostre Seigneur Jhesucrist.

Avant de revenir à Guillaume, le chroniqueur résume en quelques
lignes les événements contenus au chapitre XI des *Grandes Chroniques*, avec la rébellion de Bernard de Lombardie, l'expédition
de Bretagne et le mariage avec Judith [1]. Il raconte maintenant,
dans un passage assez développé, la bataille « d'Allechamp » et
évoque la destinée ultérieure des principaux héros.

Les trois premières lignes font la transition avec l'épisode *Siege
de Barbastre* du roman en prose ; dans ce texte en effet la blessure

---

t'. fut racontee *A* — *u'.* a l'empereur a P. qui fist faire grans pr. —
v'. remerciant — *w'.* de G. — *x'.* qui — *y'.* m. Sarrazins — *z'. B omet* par
eulx — *a.* qui — *b.* l'abbé le vendirent — *c.* qu'il v. *A* — *d. gens*

---

1. Cf. éd. Viard, t. 4, p. 61-66.

fameuse de Guillaume intervient lors de la bataille devant Narbonne, alors que·la chanson du *Couronnement de Louis* rattache cet événement à la lutte contre Corsolt [1].

Le récit d'*Aliscans* proprement dit (ll. 3-74) offre peu de traits discriminants par rapport à *P* ou aux chansons de la *Chevalerie Vivien* et d'*Aliscans* [2], mais la consolation adressée par Guibour à Guillaume (ll. 12-24) pose un problème intéressant. Ce passage consiste en treize décasyllabes précédés d'un titre lui-même décasyllabique, qui ont été copiés dans les deux manuscrits de la chronique comme s'il s'agissait d'un texte en prose ; une tirade correspondante figure dans *Aliscans* et dans *P* : elle compte vingt-trois vers dans la chanson et dix-sept dans le roman [3]. Mais le fait curieux est qu'*Aliscans* et *P* sont d'accord pour placer la consolation de Guillaume par Guibour après la *revanche* d'Aliscans, alors que *Ch* situe ce texte après la *défaite*, en un passage voisin de la scène des portes d'Orange. Le chroniqueur suivrait-il une rédaction antérieure aux textes épiques conservés ? Nous verrons au contraire que *Ch* accentue le travail de remaniement entrepris par *P*. Sans doute serait-il en effet vraisemblable d'insister sur la douleur de Guillaume après la défaite plutôt qu'après la victoire, mais la chanson ne connaît que la logique de la démesure, et Guibour console son époux en lui rappelant sa mission :

> N'avés pas terre entre Orliens ne Paris
> Ainçois l'avés el regne as Arabis
>
> (*Aliscans*, vv. 1905-6)

Dans le roman en prose au contraire, Guibour adopte déjà un ton moralisateur :

> Les biens que vous possedés en cestui monde ne sont mye voustres a perpetuité. Dieux les vous a donnés, vous les lui lesserés, et en jouyra

---

1. Ms. 1497, 200 r-v. ; *Couronnement*, v. 1041. On sait que d'autres traditions épiques attribuent la blessure à Tebald (*G¹*) ou à Isoré (*Aliscans*), cf. J. Frappier, *Les chansons de geste du cycle de Guillaume d'Orange*, t. I, p. 92 n.

2. La mention du combat de Renouart contre son frère semble toutefois plus proche d'*Aliscans* (l. CXXI^c, v. 50 ; CXLVI^a, v. 2) que de *P*.

3. *Aliscans*, vv. 8392-8411 ; F. Reuter, *Die Bataille d'Arleschant*, Halle, 1911, p. 160.

382

.i. aultre aprés vous ; car tout fut aultruy et tout retournera a aultruy, si ne se doibt nul merveiller de ce qu'il voit avenir [1] ;

or ce type d'expression, proche de *Ch*, a certainement pour origine la consolation de Guillaume par Guibour que l'on trouve à la fin d'*Aliscans* ; le passage que nous venons de citer est en effet très proche des vers suivants :

> Teus a perdu ki regaaignera,
> Et teus est povres qui riches devenra.
> Teus rit au main, au vespre ploërra.
>
> (*Aliscans*, vv. 8394-6).

Tout en conservant la scène qui fait suite à la revanche d'Aliscans, le prosateur a donc contaminé avec elle la consolation donnée après le désastre. Loin de suivre une version perdue, le chroniqueur parachève le travail de remaniement en déplaçant complètement le passage, mais sans renoncer à montrer la douleur de Guillaume après le départ de ses amis :

> Il plora tant que nul ne le pouoit reconforter, et disoit qu'il ne verroit jamais tel noblesse assamblee (ll. 93-5).

Les indications relatives au sort de Renouart après Aliscans (ll. 73-82) attestent l'influence prédominante de *P* [2] ; quant au passage consacré au *Moniage Guillaume*, il est trop bref ici pour qu'on puisse en tirer argument [3].

FRAGMENT N° 5.

129[r]   Car l'evesque de Mes, son frere, et le bon Guillaume au court nes [a],
(B : 178 r) son connestable, et Garin, son frere, et ung conte d'Allemaigne, apelé Egebart, et le conte Berart ‖ de Bourgoigne assemblerent grans ostz. Et quant Loys, le fils l'empereur, vit l'entreprise, il s'en tourna [b]

---

a. G. d'Orenge — *b.* retourna

1. Reuter, *op. cit.*, p. 49.

2. Le don de Nîmes à Renouart ne figure que dans *P* (voir Reuter, *op. cit.*, p. 153), alors qu'*Aliscans* cite « Tortelouse et Pourpaillart » (v. 8476), à quoi le *Moniage Guillaume* II ajoute Orange (vv. 55-8).

3. Salerne au lieu de Palerne est peut-être le résultat d'un effort d'identification géographique.

5 avecques eulx, et vindrent a Paris ou l'empereur estoit. Et l'avoit fait
admener Lothaire pour (le) *c* cuidier faire moine de Saint Denis, mais
quant Lothaire vit sy grant force de gent contre luy, il s'enfouy
d'illec *d*, et l'empereur fut restitué a l'empire et a l'ordre de chevalerie
devant le maistre autel de Saint Denis en France.

Dans ce court texte qui raconte dans quelles circonstances Louis
est délivré des mains de Lothaire après l'emprisonnement à Saint
Médard de Soissons [1], le chroniqueur se contente d'assimiler le Guillaume de la légende et l'un des alliés de Louis : « Guillaumes, li
conoistables de France [2] » devient ainsi « le bon Guillaume au
court nes, son connoistable » (ligne 1.).

FRAGMENT N° 6.

130 v   En ce temps envoya le soudan de Babilloine ung grant jayant,
(B : 179 v) prince (des) *a* Sarrazins atout bien .xxx^m. Turs et Esclavons en France.
Ce jayant estoit filz de *b* Brohier, que Ogier occist devant Mont Laon,
et s'appeloit Ysoré *c*. Il avoit, comme on dit, .xvii. piés de lonc, et *d* fort
et fourni estoit *e* a la value. Il avoit requis ces ydoles qu'il eust respons
5 de quel mort il mourroit, et l'ydolle par l'ennemi luy avoit respondu *f*
qu'il pouoit seurement *g* gueroier crestienté, mais qu'il se gardast de
Guillaume d'Orenge. Et en ce temps n'estoit plus nouvelle de Guillaume, car il estoit hermite rendu et ne savoit on qu'il estoit devenu.
10 Ysoré et son ost vindrent devant Paris, et Paris n'estoit pas alors si
grant qu'il est, car la ville du costé de Saint Denis n'estoit point encore *h* fermee, et estoit Chastelet la porte de Paris. La cité estoit moult
forte ; Ysoré fist de moult grans assaulx a Paris et loga son ost vers
(180 r) Nostre Dame des Champs assés loing de Paris ; mais il estoit
15 sy grant et si fort qu'il ne doubtoit riens, et tous les jours venoit tout
seul devant les portes. L'empereur avoit assemblé gens de toutes les
parties de son empire et estoient a Paris, mais ils estoient sy esbahis
et desconfis come se toute (payennie) *i* fust devant eulx, tant doub-

c. pour cuidier *A* — *d*. *B omet* d'illec.
a. de *A* — *b*. *B omet* de — *c*. Ysoire — *d*. *B omet* et — *e*. *B omet* estoit
— *f*. l'ydolle luy respondit — *g*. pouoit bien — *h*. point alors — *i*. paix
mue *A*

1. *Grandes Chroniques, éd. cit.*, p. 117-24.
2. *Grandes Chroniques*, p. 120.

384

toient Ysoré. Ysoré venoit tous les matins crier aux portes de Paris :
20 « Haü ! Loys, maulvais roy failli et recreant, saulx dehors ! » Quant
l'empereur vit son peuple sy effraé, il faisoit querir par tout le monde
se il estoit nouvelle de Guillaume de Salerne ; il le volt amener a Paris
et Guillaume n'y volt *j* venir, mais Guillaume luy promist que tant
qu'il vesquit *k* ne luy fauldroit au besoing, et orent plusieurs paroles
25 ensemble. Ung des *l* chevaliers de l'empereur, nommé Anseÿs, qui
queroit Guillaume et l'avoit quis es parties de Provence, de *m* Bourgoigne
(et) *n* en moult de *o* lieux arriva en ung desers ou il trouva Guillaume
en habit d'ermite, mais point ne le congneut et demanda a l'ermite
nouvelle de Guillaume. Guillaume, qui le recongneut *p*, luy enquist
131 r pour quoy il le queroit, et il luy dist et conta ‖ tout l'affaire de l'empereur. Guillaume le fist menger de son pain et le loga et heberja une
nuit ; et ainsy que Anceÿs estoit en l'ermitage, il vit leans moult
biau *q* jardin, sy regarda Guillaume qui arrachoit toutes les bonnes
herbes et les fleurs de son jardin et plantoit des chardons et des orties.
35 Anceÿs demanda Guillaume pour quoy il *r* faisoit ce et Guillaume
respondi : « Certes, biaux amis, ainsy est il des cours *s* de *t* l'empereur
Loys et des roys et princes de ce *u* monde, car ilz deussent avoir et
atraire en leurs maisons gens de bien et 'vaillans homes, et ne nourrissent que flacteurs et bourdeurs (180 v) et gens de nul effect, et par
40 telle faulte *v* que a la court n'a nulz preudommes ne vaillans est le
peuple de Paris et de France *w* sy esbahy (qu'ilz ne savent que faire) *x*
car plus en vault ung que cent ». Anceÿs se desparti et ne trouva aultre
chose de Guillaume, et retourna a Paris et dist que de Guillaume
n'estoit nouvelles. Mais quant il conta a l'empereur la fasson de l'er-
45 mite, l'empereur dist a soy mesme que c'estoit Guillaume.

Quant Anceÿs se fut parti de Guillaume, Guillaume se parti de
l'ermitage et ala a une abbaye ou il avoit laissié ces armes et son
destrier, sy les prist *y* et vint a Paris. Quant il fut pres de Paris, de l'autre
part de l'ost, il se loga secretement en l'ostel d'un posvre homme qui
50 demouroit adont *z* dehors *a'* la ville en ung posvre caveau ou a grant
paine peult *b'* entrer luy et son cheval. Se bon homme n'estoit point
retrait en la ville, car il *c'* n'avoit que perdre et gaignoit sa vie a porter
boys en la ville ; Guillaume se fist a luy congnoistre et envoyoit *d'*
querir en la ville par luy se qu'il luy falloit et luy bailloit l'argent.
55 Guillaume enquist le gouvernement de Ysoré et comment il venoit

---

j. voult — *k.* vesquist — *l.* B *omet* des — *m.* et de — *n.* A *omet*
et — *o.* d'aultres — *p.* congneut — *q.* beau — *r.* A. demanda pour
quoy il — *s.* cueurs — *t.* B *omet* de — *u.* cest — *v.* la f. — *w.* de F. et
de Paris — *x.* esbahy car plus *A.* — *y.* le print — *z.* B *omet* adont —
a'. hors — *b'.* pot — *c'.* pour ce qu'il — *d'.* envoya

385

aux matins railler et huer aux portes, sy fist Guillaume ses oraisons
et prieres a Nostre Seigneur qui tousjours conduit *ᵉ'* ses amis en toutes
bonnes euvres, car sans sa grace n'eust il peu se faire, et se parti ung
matin, l'eaue passa et vint a la porte ou Ysoré avoit acoustumé de
60 venir, et la de la volenté Nostre Seigneur le *ᶠ'* trouva et moult hardi-
ment l'assailli comme cil qui en la querelle de Nostre Seigneur s'estoit
maintefois et hardiement combatu, et fist tant par sa proesse et vaillance qu'il l'occist. La maniere coment *ᵍ'* il le *ʰ'* combati est longue,
mais je m'en passe pour la paine d'escripre. Guillaume luy couppa la
65 teste et en prist la langue, (181 r) et au plus secretement qu'il pot s'en
revint a *ⁱ'* son bon hoste qui estoit apelé Bernart (des) *ʲ'* fossés, et luy
bailla Guillaume la langue Ysoré et luy dist certaines ensaignes com-
132 r ment il parleroit a l'empereur et que l'empereur le cresroit *ᵏ'*, et ‖s'en
retourna Guillaume en son hermitage user saintement le demeurant
70 de sa vie. La maison ou demouroit lors Bernart (des) *ˡ'* fossés hors de
Paris est maintenant bien avant dedens Paris.

Ne demoura gaires que Guillaume fut parti de Ysoré, que le peuple
et ceulx qui gardoient les murs virent l'ost des Sarrasins moult fort
effraé, sy commencerent tous a crier alarme et venir a la porte et sus *ᵐ'*
75 les murs. Tantost fust une voix partout que les païens estoient effraés
pour Ysoré qui estoit mort, sy saillirent de Paris moult grant peupple
de la joie qu'il avoient et ung chevalier de l'empereur, nommé Foucart,
trova le cors Ysoré mort sur le *ⁿ'* le sablon. Il prist la teste et la porta
vers la cité et dist qu'il l'avoit occis. Quant les gens d'armes qui estoient
80 grant nombre dedens Paris et le peupple virent la teste Ysoré, ilz
feurent tous asseurés et de grant cueur saillirent *ᵒ'* tous de Paris contre
les paiens, qui estoient sy esbahis de leur seigneur qu'ilz ne savoient
en eulx nulle maniere de deffense *ᵖ'*, et furent tous occis et desconfis
et chassés, et fut le siege levé, la cité et tout le pays delivré en pou de
35 temps, qui longuement avoient esté en grant doulleur, par la grace de
notre Seigneur et par la proesse du bon Guillaume, a qui Dieu face
merci.

Aprés la mort de Ysoré, qui ot **tenu le pays** en tel *�q'* subgeccion,
vint nouvelle a l'empereur que son filz **Loys** (181 v) avoit assemblé
grans osts contre luy.

Avant de raconter une dernière aventure de Guillaume, le
chroniqueur résume de façon plus détaillée que de coutume divers
événements qui marquent la fin du règne de Louis : crimes des

---

e'. conduit et maine — *f'*. il le tr. — *g'*. comme — *h'*. se combati —
i'. s'en rev. et son bon h. — *j'*. de *A* — *k'*. cresoit — *l'*. de *A* — *m'*. sur
— *n'*. sus — *o'*. sailloient — *p'*. deffendre — *q'*. grant

386

Normands, mort étrange des rebelles qui ont secondé Lothaire, réconciliation de Louis et de Lothaire, rébellion des seigneurs aquitains [1].

Il rapporte ensuite longuement le récit du düel de Guillaume et d'Ysoré, épisode qui sans doute l'a frappé, puisqu'il le mentionne plusieurs fois avant de le raconter [2].

La version qu'il propose manifeste encore l'influence de *P*. Dans la chanson du *Moniage*, en effet, Sinagon est le seul chef païen qui consulte le sort, alors que dans le roman Ysoré apprend grâce à la divination que Guillaume seul peut le faire mourir [3]. On notera aussi que le géant païen, dans *Ch* et dans *P*, s'installe auprès de Notre-Dame-des-Champs, alors que son camp est dressé à Montmartre d'après le poème [4].

En revanche *Ch* exploite certainement le modèle versifié lorsqu'il raconte la visite d'Anséis à Guillaume. Les propos tenus par l'ermite au sujet des mauvais conseillers que tolère le roi (ll. 36-42) n'ont pas d'équivalent dans le roman, où Louis reconnaît Guillaume sans toutefois comprendre le sens de son geste :

Il se pença que ce fust Guillaume, et que pour quelque moralité il avoit ainsi voulu besoigner [5].

Dans la chanson au contraire la diatribe de Galerant a le même sens que les paroles de l'ermite :

Tu as ta terre empirié durement
Des gentieus homes, des sages, des vaillans
Qu'ensus de toi as cachié laidement...
Perdu les as, rois, par ton malvais sens,
Dont douce Franche est tournee a torment

(Moniage II, 5124-6, 5130-1)

---

1. 129 v-130 v.

2. 94 v ; 121 r, *supra* fragment 1, l. 35.

3. Ms. 1497, 507 r ; cette consultation intervient dans un épisode antérieur à la guerre entre Ysoré et Louis, mais étroitement relié à cet événement.

4. Pour le *Moniage* dans *P*, voir l'édition Schläger, *Herrigs Archiv*, Bd. 97, 1896, p. 249 ; pour la chanson, voir l'édition Cloëtta, *SATF*, t. I, 1906, vv. 4748-9.

5. Schläger, *op. cit.*, p. 263.

Enfin *Ch* fait preuve ici encore d'esprit d'indépendance : la promesse d'assistance faite par « Guillaume de Salerne » (ll. 23-25) est étrangère au roman aussi bien qu'à la chanson [1].

* *
*

L'étude des fragments relatifs à Aymeri et Guillaume est donc riche d'enseignement. La parenté évidente entre de nombreux passages et le *Roman en prose de Guillaume d'Orange* nous permet tout d'abord de mieux connaître la date probable de composition de la chronique. F. Guessard pensait que cette œuvre avait été écrite à la fin du XIVe s. [2] ; L. Demaison, se fondant déjà sur le rapprochement avec *P*, situait le texte « dans le cours du XVe s. » [3] : nous proposerons pour notre part le troisième quart du XVe s., entre 1450, date à laquelle nos recherches nous ont permis de situer le *Roman de Guillaume*, et 1476, qui figure dans l'explicit du ms. *B*. D'autres fragments épiques, comme ceux de *Renaut de Montauban*, confirment que *Ch* n'est pas antérieur au début de la seconde moitié du XVe s. ; l'allusion au combat d'Yvon, fils de Renaut, contre les enfants de Rippeu de Ribemont [4], et l'histoire de la blessure infligée à Marsile par Roland et qui causera le drame de Roncevaux [5], ne se trouvent que dans le remaniement versifié des années 1440 et dans la mise en prose terminée en 1462 [6].

1. L'un et l'autre textes disent seulement que Guillaume rentre dans son ermitage et refuse d'accompagner le roi (cf. Cloëtta, 4609-4616 ; Schläger, p. 246).
2. *BEC*, 1864, p. 504.
3. *Aymeri de Narbonne*, t. I, p. CCLXXIX.
4. 109 v.
5. 110 r : « Et en l'une (bataille) Rollant couppa le poing senestre au roy Marcille, dont Marcille le hay moult, mais il s'en venga de Rollant es plains de Roncevaulx ».
6. Il s'agit du BN. fr. 764 (vers) et des BN. fr. 19173-19177 (prose). La date « approximative » de 1440 est proposée par J. Thomas dans *L'épisode ardennais de Renaut de Montauban*, Gand, t. I, p. 125 ; 1462 figure dans l'explicit du B.N. fr. 19177. Les deux événements signalés se trouvent respectivement aux ffs. 188 d et 214 b du ms. 765, et aux ffs. 19 r et 72 du ms. 19176.

388

Par ailleurs l'étude de nos fragments épiques permet d'apprécier la perspective originale du chroniqueur. Celui-ci ne s'est pas contenté en effet d'intercaler dans son texte des bribes d'épopée ou de roman, dont l'inventaire n'est d'ailleurs pas complet à ce jour : nous avons reconnu pour notre part, inséré dans l'histoire du règne de Dagobert, un résumé détaillé de *Florent et Octavian* vraisemblablement composé d'après le roman en octosyllabes [1]. Le chroniqueur va plus loin : il s'efforce de fondre ensemble tradition historique et tradition littéraire ; ainsi les difficultés dynastiques rencontrées par Louis le Débonnaire sont-elles évoquées aussi bien par le *Couronnement Louis* et la *Reine Sibille* que par le récit des *Grandes Chroniques*. L'auteur semble même privilégier les récits poétiques au détriment des sources annalistiques ; si les premiers représentent un peu moins de la moitié du passage consacré à Louis (quatre feuillets sur neuf), il faut considérer que les éléments historiques sont abrégés sans pitié : cinq feuillets correspondent en effet aux cent soixante pages des *Grandes Chroniques* dans l'édition Viard. La part des récits épiques est également très forte dans le texte que *Ch* consacre au règne de Charlemagne : dix-sept feuillets sur trente-deux sont étrangers à la tradition annalistique.

Est-ce à dire que le chroniqueur soit plus littéraire qu'historien ? il semble plutôt qu'il ne veuille laisser perdre aucune miette du passé, soit historique, soit légendaire. Or comme les *Grandes Chroniques* ont laissé de côté les récits épiques, il est naturel que *Ch* leur accorde une place de choix lorsqu'il traite d'une époque privilégiée par les légendes héroïques. Notre auteur est donc avant tout un chercheur passionné du témoignage que les textes, quels qu'ils soient, nous ont laissé du temps enfui, et l'on comprend que Claude Fauchet, cet autre amoureux de l'*antiquaille*, ait annoté avec ferveur un exemplaire de la chronique.

---

1. 85 r-89 r ; pour le roman, cf. l'édition d'*Octavian* par K. Vollmöller, Heilbronn, 1883. Dans *Ch*, Octavian est nommé *Anthoine le jeune* ou *Anthonien* ; le récit se termine par la reconnaissance entre *Anthonien* (le père) et ses fils, ainsi que par le mariage de Florent et de Marcebille.

LA PROSE MANUSCRITE AMPLIFIEE DE "RENAUT DE MONTAUBAN"

La translation en prose de *Renaut de Montauban*, composée au
XVe siècle à la demande de Jean de Créquy[1], offre un cas singulier et intéressant pour l'analyse. Cette oeuvre, restée manuscrite, et qu'on peut assurément appeler, à cause de ses dimensions généreuses, "rédaction amplifiée" - ce qui permet de
la distinguer de la "vulgate" en prose[2] - peut en effet être
comparée à la fois à un *Renaut de Montauban* remanié en vers
de la fin du XIVe siècle[3], et à certains imprimés du XVIe
siècle.

Mettant à profit cette situation, nous souhaitons tout d'
abord présenter cette prose, en indiquant les circonstances de
sa composition, sa structure et ses sources; mais nous ai-
merions surtout dégager quelques-unes des caractéristiques
littéraires du texte, et, plutôt que d'évoquer des traits qui
ne le distingueraient pas de proses analogues, nous voudrions
placer l'accent sur deux aspects plus significatifs, le désir
de mettre sous le regard du lecteur une action très visuali-
sée, et un travail systématique de mise en discours.

1. *Présentation de la prose amplifiée.*[4]

1.1. *Les manuscrits.* Nous connaissons pour cette rédaction
trois témoins manuscrits, dont une version courante, bien que
soignée, et deux manuscrits de collection. Il s'agit:
    - des mss. BN. fr. 19173-177. Ces cinq volumes, qui com-

portent respectivement 394, 302, 307, 235 et 242 fss., sont
écrits à pleine ligne, sur papier. Ils ont appartenu à l'écrivain héraldiste Jean Le Féron (1504-ca.1570), avant de parvenir dans la bibliothèque du chancelier Séguier (1588-1672),
d'Henri du Cambout de Coislin, évêque de Metz (1664-1732), enfin de l'abbaye Saint Germain des Prés. Il porte l'explicit
suivant:"Achevé et parfait l'an mil cccc soixante deux, ou
douziesme jour du moys de novembre. Sic est finis" (242r).
Cet exemplaire pourrait être la minute des deux manuscrits de
collection.

   - des mss. Arsenal 5072-75, compétés par Munich, Gall.7.
Ces volumes superbes, destinés à la Bibliothèque de Philippe
Le Bon et illuminés par L.Liédet, ont été souvent décrits[5].
Ils sont écrits à pleines lignes sur parchemin et comprennent
respectivement 395, 353, 350 339 et 399 fss. L'explicit est
identique à celui du BN. fr. 19177[6].

   - de deux mss. de la Bibliothèque des comtes de Schönborn,
à Pommersfelden (311-312). Ce sont des volumes luxueux, eux
aussi, écrits sur parchemin, à deux colonnes, et ornés de
grisailles;ils sont incomplets. Le ms. 311 contient en fait
deux volumes, qui correspondent aux deux premiers tomes de
la collection, et le ms. 312 correspond au 3e tome. Le texte
de Pommersfelden, réparti en 213,192 et 188 fss., prend donc
fin avant l'arrivée des fils de Renaud à la cour impériale.

1.2. *Circonstances de la composition.*On sait depuis longtemps
que l'oeuvre a été composée dans l'entourage des ducs de
Bourgogne, puisque l'exemplaire de l'Arsenal a figuré dans
la bibliothèque ducale. Il est possible de préciser un peu
plus les circonstances de composition, grâce à une indication
qui figure à la fin des deux témoins complets, et que nous
reproduisons d'après le BN. fr. 19177:

   "Duquel saint Mabrien se taist atant nostre histoire

extraicte de rime en prose et nagueres transmuee a la
requeste de Noble et Puissant Seigneur Monseigneur Jehan de Crequy" (241v)[8].

C'est donc Jean V de Créquy, conseiller et chambellan de
Philippe Le Bon (1438), mort en 1474, qui serait à l'origine
de notre texte. Cette affirmation du copiste - qui a échappé
jusqu'ici aux lecteurs de la prose - n'a rien d'étonnant,
étant donné les goûts bibliophiliques de ce personnage, et la
part qu'il a prise dans la translation des chansons de geste:
outre le cas, bien connu, des *Croniques et Conquestes de Charlemagne*, de D. Aubert[9], on peut citer la mise en prose de
Florent et Octavien, dont l'auteur écrit:

> "A la requeste de noble et puissant chevalier et mon
> treshonoré seigneur Jehan, seigneur de Crequy et de
> Canapples, j'ay mis et fermé mon propos de mestre par
> escript en langaige maternel les nobles fais d'armes
> et perilleuses adventures, paines et peris quy jadis
> advint a ung noble empereur romain, lequel se nommoit
> Octovien"[10].

1.3. *Conception et structure de l'oeuvre.* La prose amplifiée
se donne pour but de proposer une histoire complète de Renaud
de Montauban et de sa lignée.

Le premier volume évoque déjà l'histoire des quatre fils
Aimon et situe par rapport à elle le récit des aventures de
Maugis:

> "On treuve et lit on en pluseurs lieux et par especial
> ou livre qui parle des .iiii. filz Emond, de leur estat
> et guerre qu'ilz menerent a l'encontre de Charlemaine,
> comment Maugis qui fut leur cousin leur aida, et comment
> il employa sa force, son sens et son corps a leur faire
> et donner secours.." (BN. fr. 19173, 5r);

quand à l'explicit du dernier volume, il est ainsi rédigé:

> "fine ce cinquiesme et derrenier volume de Regnauld de
> Montauban et de sa lignie" (BN. fr. 19177, 242r).

Examinons comment le prosateur a conçu l'organisation de son
sujet. L'oeuvre commence par un récit des origines de Maugis,

qui se constitue comme le prologue de l'ensemble du roman.
Après avoir rappelé, ainsi qu'on l'a vu, les services rendus
par Maugis à ses cousins lors de leurs combats contre Charlemagne, l'auteur poursuit:

> "Maiz qui ne scet dont il vint, de quelle lignie, qui le
> nourrit, qui fut son pere et sa mere, ou il apprint sa
> science par quoy ses faiz se conduisoient, sa vie durant,
> et qui n'ot parler de ses jeunesses, il se peult moult
> esmerveillier" (19173, 6r).

Cette préhistoire est terminée, pour l'essentiel, avec le
premier volume de la compilation, puisque le texte évoque la
dispersion des protagonistes après le baptême de Vivien et
d'Esclarmonde:

> "s'en retournerent a Aigremont Beuvon le duc, Brandoine
> de Mayogres, Othon de Police, Hernault de Montcler,
> Maugis et Vivien" (19173, 394r);

on revient pourtant très rapidement au début du volume 2 à
l'histoire de Maugis, puisque c'est là que nous est racontée
la mort d'Espiet, suivie du don de Bayard à Renaud (19174,
1v - 2r).

Une certaine hésitation résulte de ce fait quant à la
place accordée au volume 1 dans les différentes collections.
Conçu dans tous les cas comme un prologue, il est un peu détaché des autres manuscrits dans la collection de la BN, puisque le volume 5 (19177, 1r), commence ainsi:

> "En ce quart et derrenier volume se continue la matere
> bien au long traictie es trois volumes precedens";

la collection de l'Arsenal l'intègre davantage à l'ensemble,
puisque le texte correspondant du ms. de Munich commence de
façon différente:

> "En ce quint et dernier volume se continue la matiere
> bien au long traictie es quatre volumes precedens" (1r)[11]

Avec le second volume s'ouvre l'histoire des quatre fils
Aimon et de Maugis; consacrée en priorité à Renaud,

"qui estoit l'aisné.., duquel en especial ce present
livre est composé, et de ses faitz qui tant sont beaux
a ouyr que ja ne devra l'istoire estre ennuyeuse a
ceulx qui la liront ou escouteront" (19174, 1r),

elle n'oublie pas les autres membres de l'illustre fratrie:

"Des quatre filz Aymon parlera doncques ce present
livre si amplement que la plus grant part de leurs faiz
seront en ce rommant contenus, et aussi seront les faiz
et vaillances du chevalier Maugis" (19174, 1v).

Comment la matière est-elle répartie entre les quatre volumes de la collection? Divers indices nous montrent tout
d'abord que le compilateur a conscience d'une certaine unité
formée par les volumes 2 et 3, ainsi que par 4 et 5. Les volumes 2 et 4 débutent par un prologue qui est à la fois de type
narratif - prologue-liaison - et de type rhétorique - éloge
du sujet traité.

Ainsi, pour le second aspect, le ms. 19174 déclare que son
histoire parlera

"d'armes, d'amours, de pitié joyeuse, d'envies et de
grans trahisons" (1r),

tandis que le ms. 19176 rappelle solennellement les vertus
d'un récit bien ordonné:

"On fait memoire de plusieurs choses afin qu'elles ne
soient mises en oubly; et quant elles sont escriptes,
leues et veues et bien retenues par gens qui y fichent
leur entendement, lors sont elles recordees plaisam-
ment et les fait bel oyr qui escouter les veult.
Maiz on ne peult mie tout commencer et parfaire a une
foiz, pource y convient il besongner l'un apres l'autre
et mectre les choses par ordre comme elles doivent aller,
pour avoir le sentiment de là matere de laquelle on
veult parler" (3r).

En ce qui concerne les indications relatives au contenu,
nous ne reviendrons pas sur le prologue du ms. 19174, déjà
cité; le ms. 19176 comporte de son côté un passage assez développé qui nous donne des renseignements utiles:

"Ou premier livre des quatre enffans a esté parlé de leur

> jeunesse, comment ilz allerent par le commandement de
> leur pere servir Charlemaine, comment Regnault tua Ber-
> toulet en jouant aux eschetz, comment lui et ses freres
> furent baniz pour ceste cause du royaume et habandon-
> nez comme a mort, comment ilz firent guerre longuement
> a Charlemaine, comment il les subjuga et desconfit
> trois ou quatre foiz, comment le noble chevalier Re-
> gnault fist sa paix envers lui, par ainsi qu'il iroit
> oultremer tout seul sans compaignie nulle.. et comment
> il conquist les sainctes reliques ou devoit conquerir,
> ce qu'il fist veritablement, comme en second livre est
> contenu et declairé" (3r-v).

Aux yeux du prosateur, les deux "livres" (volumes 2 et 3), font

donc un tout, articulé en deux parties: un premier élément ra-

conte la guerre contre Charlemagne et sa conclusion, la pro-

messe faite par Renaud de conquérir les reliques[12], un autre

montre de quelle façon le héros accomplit sa promesse[13].

Deux autres faits confirment l'existence du bloc formé par

les volumes 2 et 3. D'une part, aucun prologue ne figure en

tête du volume 3, qui poursuit le récit des suites de l'accord

conclu avec Charlemagne[14]; d'autre part le second volume de la

collection de l'Arsenal (ms. 5073) donne, à la suite les unes

des autres, les cinquante rubriques de ce colume, et les qua-

rante-huit du volume suivant (1r-3r et 3r-5v), ce qui ne l'em-

pêchera pas, du reste, d'inscrire de nouveau, en tête du ms.

5074, les rubriques de ce volume.

Qu'en est-il pour les deux derniers volumes de la collection?

Nous ferons la même analyse que pour les volumes 2 et 3, mais

avec quelques nuances. D'une part le rubricateur de la collec-

tion de l'Arsenal, tout en adoptant une procédure un peu dif-

férente, semble nous indiquer que les volumes 4 et 5 constituent

les deux parties d'un même ensemble; s'il inscrit en effet

en tête du ms. 5075 les quarante-trois rubriques qui lui cor-

respondent, il commence la table des matières du ms. de Munich

au chapitre 44, et la poursuit jusqu'au chapitre 88[15]. Mais

367

d'autre part le compilateur paraît sensible à la relative hétérogénéité des sujets traités dans la seconde partie du roman.
La fin du prologue du volume 4 contient donc des indications,
du reste partielles, sur le contenu du livre:

> "Or convient maintenant raconter comment il retourna en
> France soy acquicter par devers l'empereur Charlemaine,
> qui sa femme tenoit prisonniere et occupoit les terres
> de ses enffans jusques a ce qu'il eust nouvelles et cer-
> taine responce de lui, et qu'il sceust comment il avoit
> besongné. Maiz avant tout ce parlera l'istoire de ses
> enffans Yvon et Aymonnet, qui puis furent roys couronnez
> et dominerent en Jherusalem et en Angorye puissamment,
> devant et apres la mort de leur pere Regnault" (19174,3v).

On notera que la mort de Renaud, fait évidemment essentiel,
n'est évoquée ici que de manière incidente, qu'il n'est rien
dit sur les aventures héroï-comiques de Maugis après la mort
de Renaud, ni sur la nouvelle guerre qui surgit entre les
Aimonides à cause de la traîtrise de Ganelon[16]. Est-ce à cause
de ces silences que le dernier volume commence lui aussi par
un prologue, beaucoup plus bref que celui des volumes 2 et 4,
et qui se limite à des indications de contenu?

> "En ce quart et derrenier volume se continue la matere
> bien au long traictie es trois volumes precedens. Et
> premier parlera de la mort des quatre nobles chevaliers,
> c'est assavoir Maulgis, Allart, Guichart et Richart, pour
> laquelle vengier Charlemaine fust asseigié en la cité de
> Tresmoigne et puis a Laon, ou se trouva la paix entre
> Charlemaine et les enffans de Montauban. En apres se
> traictera de Mabrien, filz de Yvon, roy de Jherusalem,
> et de la royne Anglentine sa femme, qui lui fut emblé
> de nuyt et puis livré à l'amiral Barré, avec lequel il
> fist maintes proesses d'armes, et comment Mabrien sceust
> qui il estoit, et comment il alla en France querre son
> pere Yvon de Montauben et ramena oultremer et le remist
> ou royaume de Jherusalem par sa proesse, hardiesse et
> vaillance, et cetera.. et traictera dudit Mabrien jus-
> ques a sa mort, et puis fin" (19177, 3r).

Concluons. La compilation représentée par la prose amplifiée
de *Renaut de Montauban* veut proposer au lecteur une histoire

complète de la geste, édifiée à partir du thème de la guerre
entre les quatre fils Aimon, assistés de leur cousin Maugis,
et l'empereur Charlemagne. En amont, un premier volume est
senti comme un prologue: il raconte les enfances de Maugis,
personnage clé de l'ensemble. Viennent ensuite deux volumes,
étroitement liés l'un à l'autre: le volume 2 est consacré à
la guerre entre les vassaux et leur seigneur, le volume 3 au
pélerinage de Renaud outre mer et à la conquête des reliques.
Deux autres volumes, plus hétérogènes mais constituant cependant un tout, exposent, le premier, les exploits des fils de
Renaud, puis les dernières aventures de Maugis et de ses cousins, le second, la mort des Aimonides et de Maugis, suivie
de l'histoire de Mabrien, arrière petit-fils d'Aimon.

1.4. *Sources de la prose*. L'histoire de Maugis peut avoir été
rédigée à partir de la chanson du XIIIe siècle, récemment
éditée par Philippe Vernay[17]. Une comparaison sommaire des
deux textes montre en effet que le contenu narratif est identique, et l'on peut constater que la prose ne contient pas
les péripéties du séjour de Maugis à Palerme, présentées par le
seul ms. de Paris[18]: sur ce point au moins, la compilation se
rapproche des mss. de Cambridge et de Montpellier.

En ce qui concerne l'histoire des fils Aimon jusqu'à la
mort de Renaud, J. Thomas a montré depuis longtemps[19] que la
prose suit le remaniement en vers de *Renaut de Montauban* transmis par deux mss. de la première moitié du XVe siècle; la
date du remaniement, pour sa part, peut être reculée jusque
vers la fin du siècle précédent[20].

Mais le compilateur - profession oblige - connaît d'autres
versions que ce remaniement en vers. Il n'ignore pas en effet
le prologue traditionnel - le *Beuves d'Aigremont* -, que le remaniement a justement négligé. L'histoire en prose des fils
Aimon s'ouvre par le rappel des circonstances de la mort de

Beuves:

> "Charlemaine, ne sçay par quel conseil, manda le duc
> Beuvon, pere de Maugis le noble champion, et de Vivien
> le fort ammassour,..pour estre devers lui a Paris, ne
> racompte mie l'istoire pour quoy, car il n'a point de
> lieu, la mort de lui, qui le tua ne comment. Mais il
> fut occis en cellui voyage, dont commencement de guerre
> fut; ne dit point l'istoire comment la chose fut appai-
> see, ne comment le noble homme Maugis, son propre filz,
> fut pacifié, la dame contentee ne les parens et amis
> de lui d'accord" (19174, 3r-v).

La question des sources est plus complexe pour la fin du
roman. Le récit des dernières aventures de Maugis, de sa mort
en compagnie d'Alard, Guichard et Richard, figure dans un
petit texte en vers qui se trouve à la fin du ms. BM. Roy. 16
G II[21]; ce passage, qui fait suite à la "vulgate" en prose,
est proche de la compilation, dont il suit le déroulement essentiel: il pourrait donc lui avoir servi de modèle. En revanche nous ne connaissons pas de texte en vers qui aurait pu
inspirer la dernière partie de la compilation, à savoir la
vengeance exercée sur Charlemagne par les fils de Renaud, puis
l'histoire de Mabrien.

Pourtant le ms. BN. fr. 764, qui contient la version la
plus complète du remaniement en vers, connaît certains traits
de l'histoire de Mabrien:

> Mes Sarrasins l'emblerent des qu'il fu enffanchon,
> A l' amiral Barré depuis le bailla on
> Qui le fist dotriner a le loy de Mahon.
> Moult l'ama l'amiral et li canga son non,
> Marbrien le nommerent paien et Esclavon.
> Puis fist aux crestiens grande percussion,
> Jherusalem conquist par se possession,
> Et trestoute Surie entour et environ,
> Et Angorie aussi et trestout le royon..
> Tant guerroia sen pere et le sien oncle Aymon,
> Que le sien pere fist vider le region,
> Et le roynne aussi, Englentine au crin blon:
> En Franche s'en alerent le nobille royon.
> Marbrien si occhist le sien oncle Aymon,

370

> Mais il n'en savoit riens, pour vray le vous dizon;
> Mais puis sot il de vray qu'il estoit fieux Yvon,
> De quoy il se retraist a le loy de Jhezum
> Et rendy a son pere toute sa region,
> Et destruisi paiens a forche et a bandon,
> Si conquist maint royaume et mainte region,
> Onques ne se faindi sur le gent Baraton (215a-b)

De son côté, la prose revendique un modèle en vers:

> "D'icellui Mabrien dira l'istoire ce qu'il en peult
> avoir veu en cronicque rimee d'ancienneté au mieulx et
> le plus pres de la verité qu'il pourra.." (19176, 169r).

Dans ces conditions, deux hypothèses peuvent être envisagées: ou bien il a existé un *Mabrien* en vers, aujourd'hui perdu - peut-être le texte auquel fait allusion une notice de la *Bibliothèque des romans*, citée par Doutrepont[22]-, qui constituait la suite du BN. fr. 764 et du BM. Roy. 16 G II, ou bien le poème n'a jamais existé, sinon à l'état de projet. Si cette solution devait être retenue, on pourrait trouver dans les textes en vers et en prose de la fin du Moyen Age l'écho d'un vaste et ambitieux projet: écrire, à la fois en vers et en prose, l'histoire de la geste de Montauban. Ce projet, s'il a existé, a été complètement réalisé pour la prose, aux trois quarts seulement pour la rédaction en vers.

1.5. *Date de composition*. L'explicit des collections complètes porte la même date: 12 novembre 1462[23]; en réalité, la rédaction de cet ample travail a dû commencer bien avant: en tout cas, M. Piron a pu montrer que les chapitres consacrés par D. Aubert à l'histoire de Renaud dans ses *Croniques et conquestes* sont en partie inspirés par notre prose, qui est donc, pour les volumes 2 et 3, antérieure à 1458[24].

2. *Objectifs et caractéristiques littéraires de la prose.*

Dans le cadre nécessairement réduit de cet article, il n'est

évidemment pas question de nous livrer à une étude exhaustive
de la prose. Elle le mérite à coup sûr, et l'on peut souhaiter
qu'une monographie lui soit un jour consacrée, permettant de
situer avec précision sa place dans le corpus reinaldien. Pour
l'heure, il faut nous contenter de dégager, à partir d'une
comparaison avec la rédaction versifiée, quelques aspects ma-
jeurs de l'originalité littéraire de notre texte.

2.1. *Un auteur conscient des ambiguïtés de son sujet.* Comme
ses confrères, notre compilateur affirme le grand intérêt et
la haute valeur de son oeuvre[25], mais il se démarque aussi du
panégyrique habituel en soulignant certains aspects négatifs
de son sujet. A côté des "honneurs, vaillances et preudommies
et grans loyaultés" des figures héroïques, le prologue de
Maugis n'omet pas de signaler les mauvais coups perpétrés par
certains:

> "Or n'est mie ne oncques ne fut que entre les bons et
> plains de noblesse et de loyaulté n'eust des mauvaiz
> garniz de trahison et de faulceté, dont il fault aucune-
> ment parler en conduisant cest presente matiere, afin
> que les lisans et escoutans dient du bien le bien, et
> du mal ce qu'il leur semblera estre bon a faire" (19173,
> 5r);

cette idée est reprise dans le prologue du 2e [26], puis du 4^e
volume:

> "Si pourra l'en ouyr des merveilles du monde raconter,
> tant d'armes, d'amours, de chevalerye et de grans proes-
> ses, comme de traysons et de mauvaictiez subtilles, dont
> engins de creatures se pevent ou pourroient adviser, ou
> pevent apprendre du bien ou pevent retenir du mal; maiz
> a l'execusion est le prouffit ou le grant dommage" (19176,
> 3r).

Ce sens de l'ambiguïté du roman contraste par l'exemple avec
l'éloge sans partage que l'auteur du *Mabrian* imprimé fait de
son oeuvre:

> "Lisez doncques ce livre, directeur et conducteur de

toutes vertus, honnestetez et autres choses a vous
necessaires, si vous appetez estre mis au renc de vray
bruyt immortel.. Et a esté ce present livre nouvellement reduict de vieil langaige corrumpu en bon vulgaire
françoys, pour la delectation et passe temps de plusieurs qui ce livre liront, car il contient plaisantes
hystoires et nouyeaulx propos , subtilitez et de beaulx
faitz d'armes" [27].

La sombre image de Ganelon plane sans doute, aux yeux de
notre prosateur, sur l'histoire de la geste, mais Renaud lui-
même n'est pas toujours épargné. Au moment de la mort du héros, le texte propose quelques réflexions morales qui insistent assez longuement sur les dommages résultant de la guerre
menée par le vassal rebelle:

"Si est belle chose que de bien vivre, car la fin n'en
peult estre mauvaise; et mieulx vault avoir contricion
de cueur et soy amender et repentir de ses meffaiz que
soy endormir en pechié et soy endormir (sic) de mal en
piz, comme vous avez veu en la vie du noble duc qui
longuement guerroya Charlemaine et par qui, a l'ayde de
Maulgis et de ses trois freres maint mal advint en France,
maiz depuis amenda sa vie, tant qu'il est parvenu au
noble royaume des cieulx. Et ainsi puissons nous faire!
Amen." (19176, 177v) .

Or, au passage correspondant du remaniement en vers, on ne
trouve aucune réflexion critique de ce genre[28]. On peut se
demander si le prosateur n'est pas ici extrêmement attentif
à l'aspect exemplaire de son oeuvre, et si l'on ne trouve pas,
dans ce mélange de l'édifiant et de l'inquiétant, une première
approche de l'histoire tragique, que le XVIe siècle, on le
sait, allait bientôt illustrer[29].

2.2. L'appel au regard du lecteur. Mise à part cette attitude
générale du rédacteur à l'égard de son texte, son premier souci paraît être de donner au lecteur une appréhension visuelle
du roman: action et personnages doivent être aussi présents que
peut l'être un tableau. Or s'il manifeste ce souci, c'est
parce qu'il conçoit lui-même l'histoire de ses héros sous une

forme plastique, à la manière d'une fresque ou d'une enseigne,
comme le montre une remarque intéressante placée à la fin du
Maugis et destinée à annoncer l'histoire des quatre fils Aimon:

> "Et racompte d'eulx l'istoire veritablement que ce furent
> en leur temps le personnaige qu'on nomme les quatre filz
> Aimon. L'istoire dit le personnage pour ce qu'on en voit
> encores la figure pourtraicte en maint lieu, chevauchans
> et seans tous quatre sur ung cheval armez, comme s'ilz
> venoient de la guerre" (19173, 393v)

L'histoire des Aimonides se confond donc pour le compilateur
avec une image, et nous allons voir, à partir de quelques
exemples, qu'il se préoccupe sans cesse d'animer, pour le plaisir du lecteur, ce "personnage" qui le fascine.

On peut remarquer tout d'abord qu'il aime construire une
petite scène là où le remaniement ne donne que quelques éléments descriptifs. Lorsque Roland et les Français, après le
guet-apens de Vaucouleurs, viennent s'emparer du roi Yon, le
texte en vers évite même de donner la moindre précision:

> Par dedens l'abaye s'en sont alés mengier;
> Toute ont fourré l'abaye, n'y laissent que pillier,
> Voire de le viande qui fault pour essayer (ms. 764, 40d);

au même endroit, dans la prose, une énumération colorée permet
au lecteur de jouir d'une scène tout en mouvement:

> "Et qui lors eust veu les varlés des chevaliers et nobles
> hommes visiter l'abaye, tuer poulaille, coper gorge a
> moutons, rompre volieres et mues pour les pigons et
> chapons avoir, abatre beufs et cuisiniers metre en be-
> soigne, il eust samblé que ce eussent esté gens affamés
> et qui onques mais n'eussent veu viande. Puis firent grans
> feus pour faire leur appareil, et ce pendant cercherent les
> caves et celiers et firent leans si merveilleux desroy
> que l'abaye en apovry moult" (Ms. Arsenal 5073, 229v).

Quelques traits suffisent également au rédacteur pour camper
un personnage en train de réagir à une situation déterminée.
Ainsi lorsque Clarice, après avoir appris la trahison du roi
Yon, se prépare à revoir Renaud, le poète la montre si trou-
blée qu'elle s'enfuit dans sa chambre: pas de description,

puisque c'est le mouvement de la dame qui exprime ses sentiments:

> Aussi tost que la dame a la nouvele oÿe
> Que Regnault revenoit, si fort fu esbahie
> Qu'en se chambre s'enfuist, elle ne scest qu'en die:
> Mout fort se dementoit, que mout fu couroucie (Ms. 764,
> 38b).

Le prosateur choisit au contraire de peindre cette désolation
même, et décrit

> "sa face polie de douleur, reluisant des larmes qui au
> long de son visaige lui avoient coulé comme a ruy, et
> sur sa blanche poitrine qui toute mouilliee en estoit"
> (Ms. 5073, 220v).

Le texte devient particulièrement intéressant lorsqu'il
use d'intermédiaires, c'est-à-dire lorsque les scènes destinées
à être vues par le lecteur procèdent du regard de personnages
déjà inscrits dans le texte. Cette procédure n'est bien sûr
pas inconnue de la chanson de geste, mais le poème épique préfère tenir le public pour témoin direct des scènes qu'il lui
chante. Le remaniement en vers se coule dans ce moule, nous
conviant par exemple au spectacle de la bataille livrée par
Yon et ses alliés contre Begues de Toulouse:

> Le roy Yons i fist bien .c. trompes sonner,
> A ung les se combast a guise de princhier,
> Et Regnault d'aultre part le print a costoier;
> Maugis tient la banniere par desus son destrier,
> Par dedens la bataille va l'ensengne fichier,
> Et Alart et Guichart et Richart son desrier;
> Il gardoient l'ensengnie, c'on ne puist trebuchir
> (Ms. 764, 23c)

et ce n'est qu'à la fin de la scène que nous voyons Renaud à
partir du regard de Yon:

> Oultre s'en est passés et retournés arrier,
> Si que le roy vist bien la manche balloier,
> Encontre le solail reluire et flanboier.
> Il a dist a ses hommes: "Vela boin chevalier" (ibid.)

Dans la prose, au contraire, toute la scène est placée sous

le double regard du lecteur et des protagonistes. Ce sont les personnages qui, tout d'abord, jaugent la situation:

> "Quant chascuns *apperceut* que riens n'y valloit le reculler, lors se mist en arroy qui voulloir eut de combatre; si commanderent les seigneurs d'une partie et d'aultre qu'on fist devoir sans nulle faulte" (19174, 117v-118r);

puis vient la formule épique traditionnelle qui fait du lecteur un témoin direct:

> "Et lors *eussiez veu* archiers et arballestriers tirer l'un sur l'autre et navrer hommes et chevaulx, ainsi qu'il en pouoit advenir" (*ibid.*).

C'est après cette double introduction que commence le récit des exploits singuliers:

> "Et si longuement dura le trait qu'il ennuya aux chevaliers et escuiers et hommes d'armes qui leurs chevaulx ne pouoient tenir, si les convint habandonner apres Regnault qui le premier esperonna, brochant Bayart, qui tost se lança et le porta de si grant roideur, que du premier coup Regnault abatit ung chevalier de Toulouse" (*ibid.*).

Mais, vers la fin de la scène, Renaud est de nouveau placé sous le regard d'un personnage, puisque Yon le suit des yeux et fait son éloge, comme dans le passage du remaniement cité plus haut:

> "Et racompte l'istoire que bien *fut veu* Regnault a l'enseigne que la pucelle lui avoit envoyee, laquelle estoit bien atachee sur son heaulme, et la veoit l'en baller au vent par tout ou il alloit, dont le roi Yon fut plus content qu'on ne sauroit deviser, et le monstra a ceulx qui entour lui estoient pour la garde de son corps, et leur dist: "Vela bon chevalier, beaulx seigneurs" (*ibid.*).

Utilisant un procédé plus familier au romancier qu'au poète épique, le compilateur procède donc à une sorte de mise en abîme, emportant la scène qu'il décrit dans un mouvement qui va du regard du lecteur au regard des personnages qu'il crée.

2.3. *Du regard au discours*. Cette technique suppose un langage descriptif et analytique, dont nous avons repéré quelques aspects. Mais de même que le regard du lecteur est repris et

achevé par le regard du personnage, de même le travail du narrateur débouche le plus souvent sur un discours du personnage
qui peut, soit tirer les conclusions du récit, soit même prendre
la place de celui-ci.

Un premier exemple montrera la complémentarité entre récit
et discours. Il l'agit de la scène où, lorsque débutent les
amours de Renaud et de Clarice, Richard s'alarme de la galanterie de son frère. Dans le poème, Richard intervient avec sa
brutalité coutumière et apostrophe vivement Renaud:

> "Qu'esse, Regnault, dist il, avés de ce mestier?
> Or ne vous est il gaires de Karle guerier?" (Ms.764,20b-c).

La scène, dans la prose, est plus longue et plus complexe. Elle
commence par un regard, encore, celui de Maugis et des trois
frères qui surveillent Renaud:

> "Moult longuement les avoient Maugis et ses freres re-
> gardez, et qui bien doubterent que Regnault fust amou-
> reux de Clarisse" (19174, 107v);

puis un conciliabule s'établit, qu'instaure le style indirect:

> "Si en parlerent entreulx, disans que trop avant se pour-
> roit par avanture Regnault bouter, et que amours sont de
> trop subtil affere, et le feu perilleux a estaindre quant
> il est alumé" (*ibid.*);

enfin Richard entre en scène et commence un discours maintenant
tout-à-fait motivé:

> "Si s'est Richardin approuchié de luy, et en passant lui
> a dit pour se pensee changier: "Ainsi ne soulliez vous
> mie faire, Regnault, fait il, quant es forestz d'Ardenne
> conversiez, et tost avez mis en oubly les maulx que Char-
> lemaine vous a faiz""(*ibid.*).

Dans un tel passage, le désir de placer une scène sous le
regard du lecteur, par l'intermédiaire de celui du personnage,
est encore premier, mais nous sentons déjà que le discours est
le couronnement de la narration. D'autres exemples vont manifester le primat de la mise en discours, dont le récit n'est plus
que l'introduction. Ici encore, la prose n'innove pas, car le

RENAUT DE MONTAUBAN

377

remaniement a frayé la voie; mais l'oeuvre du XVe siècle systématise et utilise toutes les ressources de la rhétorique pour faire du discours un objet en soi.

Regardons, par exemple, les conseils donnés à Yon par son chambellan au moment où le roi, par désespoir, veut se pendre. Dans le poème, le conseiller argumente, mais relate d'abord les faits:

> "Sire rois debonnaire, or entendés a my.
> On truesve en l'escripture que le saint benaÿ
> Ont faite et ordonnee si com Dieu l'estably,
> On treusve que Judas, qui le filz Dieu vendy,
> Quant vit qu'il ot mal fait en desespoir chaÿ,
> Tellement com je voy drois cy le corps de ty.
> On truesve en l'escripture que, c'il eust mercy
> Priet a Dieu de gloire qu'il baisa et trahy,
> Il eust eut pardon, et pour ce y failly
> Qu'il s'en desespera, on le dist bien aussi,
> Se perdi corps et arme, pour certain le vous dy:
> Roys, ne resemble mie Judas, et je t'en pry" (Ms. 764, 37d).

La version de la prose est plus longue et rend un son assez différent:

> "Ne te courrouce, sire, fait il, car a toutes choses treuve l'en remede, qui le voeult et scet querir. Tu scez qu'il n'est si bon, si juste ne si saige qui ne mesprende a la fois, et celui qui mesprent se doit aviser par le sens que nature lui a donné de venir a amendement de la mesprensure qu'il a faicte. Or est il ainssi que tu as mespris, comme tu dis, et puis que tu as congnoissance de ton meffait, que s'ensieut il? Voeulz tu pour tant resambler a Judas, qui son seigneur vendi et livra en effect? - Dont il se repenti, mais il ne fu ou voulu mie estre si avisé qu'il en priaist a Dieu mercy, lequel luy eust debonnairement pardonné; ainçois par grant ayr et comme mal avisé se pendi par faulce desesperance, pour quoy il fu et est a tousjours mais condempné en peine pardurable qui jamais ne fauldra. Car c'est le vray jugement de Dieu, et l'Eglise dist qu'il n'est ou monde si fort pecheur que Dieu ne soit aussi ou plus grant pardonneur, ja soit ce que nul ne doie pour tant mesprendre a son pouoir s'il ne voeult doublement peschier.." (Ms. Arsenal 5073, 215v).

378

Le rappel de l'histoire de Judas tient peu de place; il est
précédé d'une très longue introduction ("Ne te courrouce..que
s'ensieut il?") et suivi d'une conclusion, toutes deux fortement didactiques. Elles adoptent notamment le style de la
maxime, auquel concourent des formules généralisantes, et particulièrement la consécutive hyperbolique *il n'est si..que* ("il
n'est si bon..qui ne mesprende"; "il n'est..si fort pecheur..").
L'ensemble du passage recourt du reste au genre délibératif
(*genus demonstrativum*), multipliant les séries synonymiques à
deux ou trois termes, et usant de la question rhétorique ("que
s'ensieut il? Voeulz tu pour tant?").

Nous sommes donc en présence d'une remontrance adressée au
prince, dans le style majestueux qui convient; l'éloquence du
chambellan est du reste intarissable puisque, non content de
rappeler l'*exemplum* de Judas, il en ajoute un autre, celui de
Sardanapale, victime exemplaire de

> "desesperance, qui est si mauvaise qu'il n'est homme qui
> jamais se doie entremetre d'en vouloir user, sur peine
> de dampnacion" (*ibid.*, 217v).

Dans le contexte où il est placé, le caractère rhétorique
du discours du chambellan de Yon ne surprend pas; mais la lecture suivie de la prose nous montre que tous les discours ressemblent un peu à celui-ci, même lorsqu'on devrait se trouver
devant une effusion lyrique. Est-ce pauvreté créatrice de l'auteur? Nous ne le pensons pas: il s'agit plutôt, à notre avis,
d'une réflexion constante, et peut-être excessive aux yeux
du lecteur moderne, du langage sur soi. Tout discours, dans la
compilation, est attentif à sa propre cohérence et cherche à
la faire éclater aux yeux de tous: tout discours, de la sorte,
relève presque nécessairement du genre délibératif.

Ainsi, lorsque le roi Yon prend conscience de sa trahison,
il adopte dans le poème un ton lyrique, destiné à vitupérer

son crime et à exprimer son désespoir:

> "Aÿ, dist il, mechant! Le diable m'enchanta!
> Maudite soit li heure que mere me porta!
> Oncques en mon lignage traÿtour ne regna,
> Fors mon corps seullement, qui ausi traÿ a
> L'homme de tout le monde qui plus de bien me fait a.
> Ains mon corps plus n'en fist, ne plus il n'en fera"
> (Ms. 764, 37c).

Dans la compilation, les propos de Yon gardent leur caractère lyrique, mais ils recherchent le pathétique à travers la justification de leur propre légitimité. Au moment où il se lamente et maudit son geste, le roi d'attache à prouver la pertinence des termes qu'il emploie:

> "Malheureux, fait il. Que dy je? Malheureux suy je plus que dire ne sauroie, et certainement, quant tous les malheureux qui vivent au jourd'uy seroient en une compaignie, ce ne devroit mie estre sans moy! Car, comme celui qui mieulx a deservi de vivre en malheureté, me devroit on bailler la baniere ou enseigne des malheureux a porter. Et bien l'ay deservi, quant j'ay celuy traÿ, vendu et voulu en perseverant toute mauvaistié livrer a mort, lequel je devoie plus amer que homme nul du monde" (Ms. Arsenal 5073, 213v-214r).

Redondance, *gradatio* et *correctio* ont indiscutablement ici un objectif lyrique, dans la mesure où l'accumulation sert à rejeter au-delà de toute saisie verbale l'image de la souffrance endurée. Mais le texte est dans le même temps exercice langagier, aux prises avec sa propre vérification. En ce sens, on peut dire que ce type de prose est particulièrement attentif à la médiation opérée par le texte littéraire: elle sait, et invite le lecteur à reconnaître, que l'émotion ou le sens ne sont pas à rechercher dans un au-delà du texte, mais dans la méditation constante du langage de l'oeuvre.

La prose de *Renaut de Montauban* amplifiée offre donc un exemple assez intéressant de prose épique au XVe siècle. Elle occupe tout d'abord une position singulière par rapport à

380

d'autres textes, avec laquelle la comparaison est possible: il
s'agit,pour le début de l'oeuvre, de la chanson de *Maugis'*, mais
aussi de la prose imprimée en 1518[30]; pour la partie centrale,
du remaniement en vers effectué au XIVe siècle; pour la fin, à
défaut d'un modèle en vers, du *Mabrien* imprimé en 1525.

Du point de vue de l'originalité littéraire, nous avons cru
pouvoir dégager deux pratiques complémentaires: d'une part le
souci de mettre en images un texte placé sous le double regard
du lecteur et des personnages du roman, d'autre part l'aboutissement fréquent de cette mise en images dans une mise en discours, moins soucieuse de variété que de réflexion sur soi.

Ces pratiques trouvent une réalisation à la fois symbolique
et des plus concrètes dans les deux collections richement enlu-
minées, celles d'Arsenal-Munich et celle de Pommersfelden, que
les siècles nous ont conservées. Un exemple, pris au début de
la guerre contre Charlemagne, le montrera. Peu après le meurtre
de Bertoulet, les quatre frères sont assiégés au domicile de
leur hôte par les soldats de Charlemagne; ils sont prêts à se
défendre jusqu'à la mort, mais le bourgeois leur suggère de
quitter la maison par une porte de derrière et d'échapper ainsi à leurs agresseurs. Les fils Aimon suivent cet avis et sont
sauvés.

Dans le ms. 5073 de l'Arsenal, ce passage et son illustration occupent les fols. 22v-23r. La vignette se trouve dans la
partie supérieure du f. 22v, dont elle occupe les 2/5e environ, sur toute la largeur de la page. Le reste est consacré au
discours du bourgeois, qui couvre encore un peu plus de la moitié du f. 23r, lequel se termine avec le récit de la fuite des
quatre chevaliers.

De droite à gauche, la vignette est divisée en trois parties:
le palais de Charlemagne tout d'abord, dans lequel l'empereur
est encore assis; au milieu, une rue, qui sépare le palais de

l'hôtel du bourgeois: des soldats sont dans cette rue, et l'un d'entre eux, grimpé sur une échelle, tente de pénétrer dans la demeure. A gauche, la cour de l'hôtel; les quatre fils Aimon s'y trouvent, montés sur le cheval Bayard, déjà prêts à partir; le bourgeois est là aussi, qui les exhorte: à quoi? Il n'est pas difficile de le comprendre, puisqu'au fond de la cour est un portail ouvert, qui donne sur une rue fuyant vers le lointain.

On voit assez facilement, avec une telle disposition, la connivence parfaite qui unit texte et image. L'illustration re- lie entre elles les différentes séquences du récit: le passé, avec le palais du roi, théâtre du meurtre de Bertoulet, le pré- sent, avec l'assaut des soldats et les conseils de l'hôte, l'avenir avec cette rue qui est promesse de sécurité.

Ainsi, le verbe n'en a jamais fini de renvoyer à l'image, et l'image de stimuler les pouvoirs du texte. En ce sens, la représentation iconographique apparaît à la fois comme la li- mite du langage, puisqu'elle est signe immobile contre lequel le texte vient buter, et comme incitation adressée au lecteur, puisque les différents plans de l'image sont autant de stations laissées en blanc, qui en appellent au langage, et à l'imagi- naire.

Notes

1. Sur ce personnage, voir Doutrepont, *Les Mises en prose des épopées et des romans chevaleresques du XIVe au XVIe siècle*, Bruxelles, 1939, pp. 64-65, 418-19, 426-28. L'auteur ignorait toutefois la part prise par J. de Créquy à la réalisation du *Renaut de Montauban* amplifié.

2. Celle-ci est constituée par la famille de mss., étudiée notamment par J. Thomas (*Les mises en prose de Renaut de Mon- tauban*, dans *Mélanges R. Guiette*, Anvers, 1961, pp. 128-132),

382

qui est à l'origine des incunables.

3. Voir J. Thomas, *art. cit.*, pp. 134-37 et *L'épisode ardennais de "Renaut de Montauban"*, Bruges, 1962, I, 116-23 et 181-88.

4. Nous reprenons et précisons ici des éléments qui ont été apportés par Doutrepont, *op. cit.*, pp. 198-207, 211-15, et par l'équipe de Gand, que dirige J. Thomas (voir notamment *Romanica Gandensia* XVIII, Gand 1981, passim). Dans la *Bibliographie des romans et nouvelles en prose française antérieurs à 1500* de B. Woledge, notre texte porte le n° 140.

5. Voir *Catalogue des manuscrits de la Bibliothèque de l'Arsenal*, t. 5, 1889, p. 38; Doutrepont, *op. cit.*, 419-20; J. Thomas, *art. cit.*, p.134, n.

6. Voir f. 399r.

7. Voir Doutrepont, *op. cit.*, 198-99.

8. Pour l'exemplaire de Munich, voir f. 398v.

9. Voir Doutrepont, *op. cit.*, 64-65.

10. BN. n. acq. fr. 21069, 1c.

11. Le ms. de Munich peut maintenant être facilement consulté, grâce au microfilm que l'IRHT a réalisé, à la suite d'une mission effectuée en Allemagne.

12. A la fin du volume 2, Renaud est à genoux devant Charlemagne,

> "mais oncques pour ce ne s'en voullut Charlemaine humilier ne lui faire quelque mercy" (19174, 302r).

13. A la fin du volume 3, après la capture et la mort de Dannemont, Renaud ouvre solennellement le coffre qui contient les reliques, puis il fait ses préparatifs pour rentrer en France (19175, 292v-307v).

14. Rubrique du premier chapitre:

> "Comment Maugis, le seigneur d'Aigremont, se partit de Tresmoigne pour aller veoir l'accord des deux princes"

(19175,1r).

15. Ms. 5075, I-IIIr; ms. de Munich, 1v-4v.

16. La mort de Renaud, dans le ms. 19176, donne lieu à un récit qui prend fin en 178v. Le récit se tourne ensuite vers Maugis, qui devient cardinal puis pape, et oblige par la ruse Charlemagne à lui pardonner; toujours jaloux des Aimonides, Ganelon blesse Richard après avoir revêtu un bliaut d'armes appartenant à Charlemagne, et une nouvelle guerre commence. Les trois frères de Renaud, accompagnés de Maugis, se trouvent isolés, et Ganelon suggère à l'empereur de les enfumer dans une grotte.

17. *Maugis d'Aigremont. Chanson de geste*, Berne, Francke, 1980.

18. *Ed. cit.*, pp. 21-22 et 147-165. Ce passage, qualifié d'interpolation par Ph. Vernay, occupe les vv. 1843-2440 du texte du ms. de Paris (P).

19. *Les mises en prose de "Renaut de Montauban". Classement sommaire et sources*, in *Mélanges Guiette*, Anvers, 1961, pp. 127-137.

20. Voir notre article *"Le développement de la geste de Montauban en France jusqu'à la fin du Moyen Age*, à paraître dans les Actes du Congrès de Kalamazoo de 1982.

21. Sur cette suite donnée au remaniement en vers, voir Ph. Verelst, *Texte et iconographie, Romanica Gandensia* XVII, 1980, pp. 147-162.

22. Le texte est indiqué sous la rubrique *"Anciens romans manuscrits en vers et en prose depuis l'an 1250 jusqu'en 1520, Le Roman de Mabrian en vers, in-4°, manuscrit"*, voir Doutrepont, *Mises en prose*, pp. 214-15.

23. BN. fr. 19177, 242r;ms. de Munich, 399r.

24. C'est la date à laquelle ont été achevées les *Croniques*, sans qu'on puisse évidemment préciser le moment où fut compo-

384

sée la partie qui correspond au *Renaut*.

25. Voir notamment le prologue de *Maugis*, dont le début est édité par nous dans *Perspectives Médiévales* 6, 1980, p. 50.

26. Voir *supra* quelques citations empruntées à ce prologue.

27. Edition princeps de Galliot du pré, 1525, AA 2.

28. BN.fr. 764, 217a, voir F.Castets, *Les quatre fils Aymon*, p. 239.

29. Voir Albert-Marie Schmidt, *Histoires tragiques*, in *Etudes sur le XVIe siècle*, Paris, 1967, pp. 247-259.

30. Edition Lenoir, 1518 (texte jumelé avec *Garin de Monglane*.).

CHANSON DE GESTE ET ROMAN DEVANT LE MATERIAU FOLKLORIQUE: LE CONTE DE LA *FILLE AUX MAINS COUPEES* DANS LA *BELLE HELENE DE CONSTANTINOPLE, LION DE BOURGES* ET LA *MANEKINE*

La présente réflexion se situe dans une perspective typologique. Ayant étudié à plusieurs reprises les relations entre chanson de geste et roman, notamment en Moyen Français, nous sommes en quête de critères permettant de situer les limites qui distinguent, au moins jusqu'aux mises en prose, écriture épique et écriture romanesque.

Dans cette perspective, l'examen des résultats obtenus en comparant le sort fait par l'épopée et le roman à un élément commun d'ampleur significative - motif ou thème, personnage - semble prometteur; le champ d'investigation est en effet très vaste, étant donné le nombre des interférences entre les deux genres depuis le début du XIIIᵉ siècle.

Parmi les diverses possibilités qui s'offrent à nous, nous avons retenu un exemple d'utilisation commune du domaine folklorique. Deux poèmes épiques tardifs, l'un de date incertaine, la *Belle Hélène de Constantinople*, l'autre du XIVᵉ s., *Lion de Bourges*, et un roman du XIIIᵉ s., la *Manekine*, de Philippe de Rémi, sire de Beaumanoir, fondent leur structure narrative sur le conte T 706, la *Fille aux mains coupées*[1], ou accordent du moins une place assez importante à ce récit d'origine folklorique.

___

1) Sur le conte T. 706, voir Delarue-Ténèze, Le conte populaire français, t. II, 618-32; H. Bernier, La fille aux mains coupées, Québec, Presses de l'Université Laval, 1971; S. Ruelland, La fille sans mains, Analyse de dix-neuf versions africaines, Bibliothèque de la SELAF, 1973.
La "Belle Hélène", encore inédite, est traditionnellement datée du XIIIᵉ s. Il est possible qu'une première version du texte, à laquelle paraissent faire allusion plusieurs références littéraires, ait existé à cette époque. La version que nous possédons - dont le ms, de la Bibliothèque d'Arras nous indique, du reste, qu'elle a été faite en 1407 - nous semble beaucoup plus tardive. La technique du vers et de la laisse, les traces de l'influence probable de la chanson du "Chevalier au cygne et de Godefroid de Bouillon", relevées par O. Brattö dans son éd. partielle, suggèrent la 2ᵉ moitié du XIVᵉ s. Dans l'attente d'une éd. complète, l'analyse de R. Ruths, Die französischen Fassungen des Roman de la "Belle Helaine", Inaug. Diss., Greifswald, 1897, est très utile. L'éd. de Brattö, thèse d'Université conservée à Arras, B. M., couvre les f. 1 - 71, 129r - 142r du ms. d'Arras.
Pour "Lion de Bourges", voir l'éd. Kibler, Picherit et Fenster,

Mettant à profit des études déjà menées sur ces oeuvres, ou sur les liens qui les unissent - nous songeons particulièrement à la belle communication de Cl. Roussel au IX° Congrès Rencesvals de Padoue[2] - nous examinerons d'abord la place occupée par le schéma folklorique dans les trois textes. Les différences apparues nous renverront à une interrogation sur la fonction qu'assignent au conte romancier et jongleur. Enfin les variations repérées dans le fonctionnement du conte à l'intérieur de la chanson de geste et du roman nous permettront de dégager chez le jongleur comme chez le romancier un sens de l'oeuvre qu'il est en train d'écrire, autrement dit une compréhension épique et une compréhension romanesque.

1. Place tenue par le conte dans les trois textes.

1. 1. Pour la clarté de l'exposé, il est nécessaire de proposer un résumé du conte de la *Fille aux mains coupées*: nous l'emprunterons à H. Suchier:[3]

"Un empereur (roi), après la mort de sa femme, s'éprend de sa fille unique. Il la veut épouser (ou posséder). La fille s'y refuse. Elle est exposée (Elle s'enfuit) dans la forêt (sur la mer). Elle parvient chez un roi qui en fait son épouse contre la volonté de sa mère. Pendant l'absence du mari elle accouche d'un fils (de deux fils). La belle-mère substitue à la lettre qui aurait dû annoncer au roi cette heureuse nouvelle une autre qui lui apprend la naissance d'un monstre (d'une bête). Le roi répond qu'il faut bien garder jusqu'à son retour la reine et ce qu'elle a mis au monde. Une seconde fois la belle-mère échange la lettre contre une fausse qui ordonne de tuer la jeune reine avec sa progéniture. Une seconde fois l'héroïne est exposée dans la forêt (sur la mer). Ayant appris ce qui s'est passé, le roi punit sa coupable mère, et à la fin il retrouve sa famille. - Dans un groupe de récits l'héroïne se coupe la main pour se soustraire aux importunités du père (ou on la prive des deux mains). La main, ou les mains, lui sont restituées par un miracle".

Droz, TLF, 1980. Le conte T. 706 est également utilisé par l'auteur de Tristan de Nanteuil (voir K. V. Sinclair, Tristan de Nanteuil, Thematic infrastructure and literary creation, Beihefte zur ZRPh 195, 1983, p. 105-113); nous avons écarté ce texte de notre corpus, parce que la version du conte qu'il présente a subi de nombreuses modifications: c'est un homme qui a le bras coupé et ce trait, contrairement aux contes africains où le héros est également un personnage masculin, est sans lien avec la question du mariage.
Pour la "Manekine", voir l'éd. H. Suchier, SATF, 1884, in: Oeuvres poétiques de Beaumanoir, t. I. et la traduction de Ch. Marchello-Nizia, Stock-Plus, 1980.

2) Voir "Chanson de geste et roman", dans: Essor et fortune de la chanson de geste, Modène, 1984, II, 565-82.

3) Ed. cit., p. XXIII-XXIV.

366

Le canevas narratif étant donné, comment.s'insère-t-il dans chacun de nos textes?

1. 2. Dans la *Manekine*, schéma du roman et schéma du conte sont superposables: "Les 8590 vers de la Manekine," écrit Cl. Roussel, "développent exclusivement le scénario (du conte) et s'organisent autour d'un nombre limité de personnages". Certes, Philippe de Rémi opère un important travail de création à partir du canevas qu'il utilise: il met en oeuvre, comme le montre également Cl. Roussel, des "schèmes récurrents" qui donnent à l'oeuvre une harmonie signifiante; mais jamais il n'introduit d'élément narratif qui ne soit susceptible d'être rattaché au mouvement du conte.

Il en va tout autrement avec la *Belle Hélène*, car si le conte reste bien l'armature du récit, ce dernier est presque deux fois plus développé que dans la *Manekine*. La chanson, qui comporte plus de 1500 alexandrins[4], a pratiqué une amplification systématique en introduisant des actions adjacentes ou en redoublant les épisodes.

Le cas de *Lion de Bourges* est encore différent. Loin de servir de cadre au développement du récit, le conte n'est que l'un des éléments constitutifs du poème; il n'apparaît que dans la dernière partie de la chanson, sous forme de séquences discontinues[5].

Les observations précédentes nous permettent une première conclusion. Seule l'action de la *Manekine* est conduite dans une étroite relation avec le conte de la *Fille aux mains coupées*: c'est donc que le projet essentiel de Beaumanoir est "la mise en roman" du schéma folklorique. Au contraire les deux chansons, chacune à sa manière, paraissent ne pas se satisfaire du schéma qui leur est proposé: la *Belle Hélène* ne cesse d'ajouter des éléments, *Lion de Bourges* réduit l'importance relative du conte dans sa construction propre.

---

4) Henry Bussmann, qui a fait une étude philologique du texte et a édité les f. 26v - 44r du ms. d'Arras, avec comparaison le ms. de Lyon, donne le chiffre de 15454 (Grammatische Studien über den "Roman de la Belle Helaine", Inaug. Diss., Greifswald 1907, p. 5); mais une vérification serait utile.

5) 27786-28252: Herpin de Chypre voit son épouse mourir et s'éprend de sa fille Joieuse; celle-ci se mutile afin d'échapper au mariage; son père la bannit et la jeune fille s'en va, accompagnée de l'écuyer Thierry. 29657-30152: Joieuse qui se fait maintenant appeler Tristouse parvient à Caffault, où réside Olivier, fils de Lion de Bourges. Olivier épouse la jeune fille, malgré l'opposition de Béatris, sa mère adoptive, mais il doit quitter sa femme afin de porter secours à son frère Guillaume. 30983-31757: Joieuse accouche d'un fils et d'une fille; les lettres sont falsifiées, et la reine condamnée au bûcher, dans lequel un traître lui est substitué. La dame s'embarque avec ses enfants, arrive à Rome et est recueillie par un sénateur. 32461-33142: Lion et Olivier découvrent la vérité; Beatris est enfermée dans une tour. 33921-34004: Herpin de Chypre apprend à Lion et Olivier qui est Joieuse/Tristouse. 34172-34270: Herpin et Olivier arrivent à Rome et retrouvent Joieuse et ses enfants.

Mais cette conclusion nous renvoie à une nouvelle question. Si Beaumanoir découvre dans le conte un "objet" romanesque, pourquoi? Quel est le rôle d'un tel objet dans sa construction littéraire? Et de même si les deux jongleurs dépassent, de façon diamétralement opposée, le donné folklorique, quel est le rôle assigné à ce dernier dans la création épique?

2. Fonctions du conte.

2. 1. On observe, dans la *Manekine*, une convergence parfaite des éléments folkloriques et des procédés romanesques, dont le résultat est la construction des personnages et l'expression des sentiments.

La mutilation de la jeune fille est, on l'a vu, un des éléments caractéristiques du donné folklorique. Beaumanoir retient ce trait, mais dans une mise en oeuvre qui fait ressortir la subtilité et la force d'âme de Joie. La jeune fille se coupe la main pour faire échec au désir de son père, visé à travers la fonction royale:

"Mais roïne ne doi pas estre,
Car je n'ai point de main senestre,
Et rois ne doit pas penre fame
Qui n'ait tous ses membres, par m'ame" (795-98);

mais elle sait aussi que le destinataire d'un tel message n'est pas dupe, et que sa vengeance est certaine:

"De moi nule pitié n'avra
Li rois, car vraiement savra
Que colpee l'arai pour lui
Escondire." (697-700)

L'apport du conte,_ c'est l'admirable richesse du symbole, qui renvoie sans cesse d'une fonction et d'un sexe à l'autre (roi-père-amant *vs* reine-fille-amante), parce que son rôle premier est de garder le lieu indéchiffrable d'une rencontre interdite. Le travail du romancier, pour sa part, consiste à utiliser les procédures romanesques - ici l'*opposition* entre une volonté et un péril - afin de dégager les traits constitutifs de ses héros.

Cette écriture romanesque prend souvent le pas, dans la *Manekine*, sur l'utilisation des éléments narratifs empruntés au modèle folklorique. Grâce aux monologues lyriques ou délibératifs, aux dialogues et à l'intervention du narrateur qui analyse le comportement et les pensées de ses personnages, ces derniers apparaissent comme une réalité complexe soumise à une histoire.

Ainsi, chez le roi de Hongrie, l'amour incestueux n'est pas immédiatement triomphant. S'il trouve son origine dans le regard imprudent que le père porte un jour sur sa fille:

Mout le regarde entientieument
Et voit c'onques plus soutilment
Nature feme ne fourma (391-93),

Raison triomphe d'abord et

Li dist que il d'iloec s'en voise,
Que il ne chiee en briquetoise (419-20);

le roi se reproche son désir insensé et veut le repousser:

"Legierement oster en doi
Mon cuer, qui tousjors a li pense;
Mais des or li mech en deffense" (464-66);
mais Raison est moins puissante qu'Amour, et lui cède la place:
Mais amours pas ne s'en parti,
Ains est lie quant sens s'en fuit,
C'ore est li rois en -son estruit,
Si le demaine a son voloir (494-97).

A l'évolution de cet amour interdit correspond le traitement romanesque de l'amour licite entre le roi d'Ecosse et la manchote: après de très longs monologues chargés d'exprimer les tourments amoureux des deux jeunes gens[6], la haine de la marâtre provoque l'aveu mutuel. Recourant ici au procédé dramatique de la menace retournée contre soi-même, Beaumanoir nous montre la méchante reine révélant à Joie que son fils est épris d'elle et l'autorisant du même coup à répondre à cet amour[7].

Ainsi le romancier trouve dans les figures qui lui sont proposées par le conte une sorte de champ d'application pour les techniques d'écriture qui lui sont familières; grâce à son travail, le personnage relativement peu fouillé du conte populaire acquiert une richesse nouvelle et connaît une évolution justifiée.

2. 2. L'intérêt pour la création de personnages complexes n'est pas le souci premier des auteurs de geste que nous étudions: le conte semble leur permettre d'abord, grâce à des procédés variables selon les textes, d'accroître la densité de la trame narrative.

Dans la *Belle Hélène*, tout d'abord, le motif de la main coupée devient surtout un moyen dramatique mis au service de la construction du récit. La mutilation n'est plus liée à l'inceste, mais aux conséquences de la haine de la marâtre: le sénéchal du roi Henri qui a reçu l'ordre de brûler la jeune femme, veut conserver une relique de la dame:

"Pas ne sera la dame toute arse n'embrasee,
Qu'une piece n'en soit a son seigneur moustree".[8]
Pourtant Glocestre ne conserve pas le bras d'Hélène, mais l'attache au bras d'un des deux petits enfants:

A l'un des .ii. enfans ly contes ataqua
Le brach qui fut se mere, et sy bien l'y lia
Que pour nesune cose perdre ne l'y pora (45r).

---

6) Voir 1529-1665, 1683-1736, 1753-1790.

7) Voir 1815-30.

8) Texte du ms. de Lyon, voir Bussmann, op. cit., p. 82. Dans le ms. d'Arras, on a: "Ne vous arderay mie, qu'il n'en ert retourné / Un membre de vo corps que ly aray moustré" (43v).

En revanche il garde auprès de lui le bras de sa nièce, qu'il a fait mourir à la place d'Hélène sur le bûcher (46v).

Ces déplacements apportés au motif de la main coupée dans la *Manekine* indiquent le changement opéré dans la fonction de la mutilation. Cette dernière obéit désormais au jeu complexe ordonné par le poète à propos de l'identité de ses personnages, donc à la construction narrative elle-même.

Moyen de tromper la marâtre en *assimilant* Hélène et Marie - la nièce de Clocestre -, la mutilation permet aussi de les *distinguer* tout en relançant l'action. Anthoine de Constantinople, en qui parle la voix du sang, ne reconnaît pas le bras de sa fille dans la relique montrée par le sénéchal et se trouve donc invité à une quête d'Hélène. Dans le même temps l'identité de Clocestre comme serviteur loyal est confirmée: le bras manifeste qu'il n'a pas hésité à sacrifier sa propre nièce.

On voit de la sorte que le poète utilise les deux aspects complémentaires du motif: le manque (la mutilation) et l'objet en trop (le bras conservé comme relique[9]). Il en va de même dans la suite du récit. Le bras d'Hélène attaché à l'un des deux enfants permet de le nommer:

A l'uns de ses enfans ly bras loiés estoit;
Pour che ot a non Bras, faux est qui ne le croit (46v);

plus tard, conservé dans un coffret, il est l'occasion de la reconnaissance entre le roi d'Angleterre et ses enfants (107r-v). En revanche, c'est la mutilation qui permet de rapprocher Hélène des siens, dans une reconnaissance repoussée jusqu'à la fin du récit (195v sqq.).

La fonction symbolique du motif est donc assez nettement atténuée au profit de sa fonction dramatique. Elle ne disparaît pas pour autant, mais le déplacement de son champ d'action nous renvoie à d'autres lectures: plus que de communication interdite, c'est d'indispensables relations qu'il paraît s'agir ici, à travers le couple mère-enfant: à la mutilation de la mère répond cet "objet en trop" dont l'enfant est dépositaire ou témoin, et c'est grâce à l'intercession ou à la médiation de l'enfant - la prière de Martin à la fin de la chanson[10] - que la guérison de la mère est procurée.

La *Belle Hélène* accuse donc une prédominance du narratif qui se traduit aussi par le recours à d'autres schémas de conte croisés avec celui de la *Fille aux mains coupées*. Il s'agit notamment du type T. 938, *La famille séparée*, pour reprendre le titre utilisé dans

9)   On peut noter ici une rencontre avec "Tristan de Nanteuil"; voir les vv. 22360-3 ("Dedans une malete aloit son bras portant...") cités par Sinclair, op. cit., p.111.

10) Autre rencontre avec "Tristan de Nanteuil": c'est à la prière de Gilles, fils de Blanchandin, que ce dernier retrouve l'usage de son bras (Sinclair, ibid.).

une étude récente de C. Bremond[11]. Les enfants d'Hélène ne restent pas en effet auprès d'elle, comme dans la *Manekine*: ils sont ravis, l'un par un loup, l'autre par un lion, puis recueillis par un ermite, qui les élève; dès ;qu'ils en ont atteint l'âge, ils quittent leur père adoptif et commencent une longue errance, au cours de laquelle ils accomplissent de nombreux exploits; ils retrouvent d'abord leur père et leur grand-père, puis leur mère.

Le jongleur procède à un véritable entrelacement des aventures afin d'assujettir les deux schémas narratifs et de les empêcher d'apporter trop tôt la conclusion de l'histoire, c'est-à-dire le rassemblement de la famille séparée. Ainsi, à Tours, Brice[12] aperçoit Hélène qui demande l'aumône; la vue de cette femme à qui il manque un bras lui rappelle sa mère, et il demande à son frère de se montrer particulièrement généreux; mais la reconnaissance n'intervient pas (90r-92v). Elle est repoussée le plus loin possible, grâce à l'utilisation répétée d'un motif caractéristique du conte, mais discrètement employé dans la *Manekine*: la crainte que l'épouse persécutée éprouve à l'égard de son époux. Par trois fois, Hélène se dérobe: à Tours, lorsque les fils retrouvent leur père (99 sqq); à Rome, où la jeune femme a vécu longuement sous le degré, à la manière de saint Alexis (154), à Tours enfin, où d'émouvantes péripéties retardent les retrouvailles générales (193-98).

Ainsi, le schéma narratif du conte devient, dans la *Belle Hélène*, un procédé rhétorique destiné à l'amplification. Il en est de même, malgré l'apparence, avec *Lion de Bourges*. Apparaissant dans la dernière partie de la chanson, les aventures de Joieuse / Tristouse apportent de nouveaux développements à une histoire familiale complexe, d'où l'esprit de croisade n'est pas absent. Le père incestueux, Herpin de Chypre, est un ancien adversaire de Lion, le héros du poème; il s'est converti au christianisme après avoir été vaincu. Le mari de la manchote, Olivier, est l'un des fils de Lion; quant à la marâtre, c'est la femme qui a autrefois recueilli le même Olivier, et lui a porté secours. Quant à la narration, elle est étroitement imbriquée dans les conflits féodaux (lutte menée contre les fils d'Hermer, qui se sont emparés de Bourges) ou les épisodes de croisade (reconquête de Palerme, qui était tombée aux mains des Sarrasins).

Comme dans la *Belle Hélène*, par conséquent, le conte de la main coupée donne lieu à une extension dramatique, mais selon une procédure différente. Dans le premier texte, il offre un cadre extrêmement souple à l'intérieur duquel viennent prendre place de multiples éléments; avec *Lion*, c'est le schéma folklorique lui-même qui devient matériau narratif.

---

11) Communications 39, Seuil 1984.

12) Brice est le nom, inspiré de Bras, que l'archevêque Martin de Tours a donné à l'enfant lors de son baptême.

La parenté entre les deux chansons va même plus loin, car *Lion de Bourges* n'ignore pas le rôle unificateur qu'un élément folklorique peut jouer dans le texte: c'est un motif - l'histoire du *mort reconnaissant*[13]- qui, repris constamment dans le poème, et devenu par là procédé d'amplification, rejoint la fonction attribuée dans la *Belle Hélène* au conte 706. Le *mort reconnaissant* qui, dans la version christianisée suivie par le jongleur, est "ung corpz sains" (6580), apparaît dès les premières aventures du héros (5081 sqq.) et le protège, sous la forme du *Blanc chevalier*, presque jusqu'à la fin de son histoire (30956); mais il vient aussi en aide à la famille de Lion, puisqu'il permet à Olivier de venir à bout du monstre marin qui met en péril les navires se rendant en Terre Sainte (28520-561). Mettant à profit sa très vaste culture épique, le poète a su varier la présentation du personnage que lui léguait le folklore: retrouvant les accents de la *Chanson de Jérusalem*, il montre le *Blanc chevalier* accompagné de myriades de guerriers célestes:

Trante mil corpz saint du divin parraidis
Estoient avuec ly, lez blanc haubert vestis (17027-28);

mais il se souvient aussi de *Huon de Bordeaux*, et fait de son personnage une sorte de maître spirituel à la manière d'Auberon, qui exhorte à fuir le péché (9573-81) et retire son aide - moins longtemps que le fils de Morgue - lorsqu'une faute a été commise (10416-26).

2. 3. Du point de vue de la fonction remplie par le conte, la comparaison entre la *Manekine* et nos deux chansons de geste fait apparaître des différences assez claires. Entre roman et conte, on ne discerne pas de ligne de rupture, mais plutôt une convenance mutuelle: le récit folklorique propose à l'écrivain un objet romanesque déjà achevé dans sa structure et dont les personnages constitueront, si l'auteur applique avec bonheur les procédés d'école, les facettes les plus lumineuses.

Pour l'auteur de geste, le schéma folklorique n'est plus objet, mais moyen rhétorique permettant, autant qu'il le souhaite, l'amplification et la diversification de sa matière. Si l'on qualifie de *romanesque* un texte dans lequel intervient une telle complexité de la trame narrative, il faut donc reconnaître que les deux poèmes épiques tardifs que nous étudions doivent leur caractère romanesque à la médiation du conte et qu'ils sont, de ce point de vue, beaucoup plus *romanesques* que la *Manekine*.

---

13) Il s'agit du motif E 340-41 dans le "Motif-Index Literature" de Stith Thompson, vol. 2, qui est utilisé contes T 505-508 (voir Delarue-Ténèze II, conte T 235-37). J.L.Picherit a consacré une étude à ce 1 Annuale Medievale, 1974, p. 41-52.

372

3. Univers du roman, univers de la chanson de geste.

Romancier et poètes épiques assignent au conte de la *Fille aux mains coupées* des fonctions littéraires différentes; mais toute fonction littéraire est productrice de sens et contribue à la création d'un univers imaginaire. Il nous faut donc maintenant comparer le faisceau de significations qui procède de l'objet romanesque perçu par Philippe de Rémi et du procédé rhétorique utilisé par les auteurs de geste.

3. 1. *La Manekine*: une histoire tragique aux prolongements heureux et à la visée édifiante.

Au commencement, par la vertu du conte, règne le destin, force de mort et de destruction:

> Dont vint la mors, qui ja n'iert lasse
> De muër haute cose en basse,
> Ne n'espargne roi ne roïne (79-81);

ainsi disparaît l'épouse aimée, non sans avoir voué - mais elle l'ignore - son époux à l'inceste:

> "Bien vous otroi, se vous avoir
> Poés femme de mon sanlant,
> Qu'a li vous alés assanlant." (138-40).

Pourtant la main du romancier fléchit bientôt la terrible fatalité, et le père est tout à la fois excusé dans son désir et mis dans l'impossibilité d'aller jusqu'à l'exécution de la faute. Non seulement Beaumanoir, on l'a vu, souligne la toute-puissance d'Amour, mais les barons du roi conseillent eux-mêmes l'union incestueuse et prennent sur eux la responsabilité de la transgression:

> "Si vous prions qu'en mariage
> Le prendés; nous le vous loons
> Et sur nous l'affaire prendons" (354-56).

Et quand la mutilation de Joie, rendant le mariage impossible, pousse le roi au meurtre de sa fille, cette dernière échappe, grâce à la loyauté du sénéchal (879 sqq.)

Le destin, dans la *Manekine*, est donc ambigu, puisqu'il place les héros dans une situation paroxystique mais les épargne au moment où il semblait devoir les écraser. Comme une telle ambiguïté est sensible tout au long du texte, avec les conséquences à la fois tragiques et heureuses du mariage avec le roi d'Ecosse, on peut se demander si le *fatum* ne se voit pas assigner dans le roman une fonction essentiellement rhétorique: la création de situations pathétiques où se condense en quelque sorte l'existence des personnages. Sans doute une telle fonction est-elle indissociable du schéma folklorique, mais il revient au travail de l'écrivain de la privilégier en l'ordonnant aux fins qui sont les siennes.

Il s'agit, avec le pathétique, de créer l'émotion et la compassion du lecteur, tout en gardant une certaine réserve. Deux mannequins sont les seules victimes de la férocité de la marâtre, "deux bones ymages",

> Une petite pour l'enfant,
> Et pour sa mere une plus grant (3799-800),

et la punition infligée à la criminelle reste empreinte de clémence, puisque la méchante reine est enfermée dans une tour, d'où elle ne sortira jamais, mais où elle ne meurt pas de faim:

> Ne n'eut viande qui fust bele
> Fors sans plus de l'iauwe et du pain,
> Que on li portoit cascun main
> Et avaloit par la fenestre (4550-53).

Cette édulcoration relative est peut-être encore un procédé rhétorique - le romancier cherchant à ménager l'intérêt du lecteur en n'accablant pas sa sensibilité -, mais elle paraît relever surtout d'une compréhension morale et religieuse du sujet.

On a déjà remarqué en effet, avec Cl. Roussel, "la présence de nombreuses prières où s'exprime notamment une intense dévotion mariale"[14], et Ch. Marchello-Nizia n'hésite pas à qualifier la *Manekine* de "roman chrétien édifiant"[15]. Prenant en quelque sorte le relais du *fatum*, c'est Dieu qui conduit Joie vers l'Ecosse (1161-71) ou vers le Far (4739-66); mais, en retour, il exige de ceux qu'il a sauvés un comportement ascétique: réunis par la grâce divine, la manchote et son époux ne pourront goûter le bonheur des étreintes

> "... tant que soit passee
> La passions nostre signeur
> Pour chou qu'il vous tiengne en honeur" (6644-46).

L'explicit du roman fait d'ailleurs du texte une sorte de guide de la constance chrétienne, et préfigure les premières réceptions de la *Patience de Griselda*[16]:

> Toutes pertes et tous tormens
> Et tous pechiés petis et grans
> Puet bien Dix et veut pardoner (8569-71).

Dans la *Manekine*, le conte folklorique est donc la source de l'émotion et de la tension dramatique, mais le tragique est fortement atténué sous l'influence du propos d'édification.

3. 2. Les chansons de geste: intégration du tragique à l'épopée.

Dans les deux oeuvres épiques, le tragique ne subit pas l'atténuation à laquelle il est soumis dans le roman: il est, soit totalement pris en compte dans la *Belle Hélène*, soit adapté aux procédés épiques dans *Lion de Bourges*.

---

14) Cité par Cl. Roussel, art. cit., p. 573.

15) Dans sa traduction de la 'Manekine', op.cit., p. 253.

16) Il s'agit, bien sûr, de la lettre de Pétrarque à Boccace et des traductions qu'elle reçut en France, cf. E. Golenistcheff-Koutouzoff, L'histoire de Griselidis en France au XIV° et au XV° s., Droz, 1933.

3. 2. 1. Le poète de la *Belle Hélène* se sent parfaitement à l'aise dans l'atmosphère tragique créée par le schéma folklorique: non seulement il n'évite pas les conséquences pathétiques des scènes imposées, mais il a tendance à redoubler les situations extrêmes, développant dans la chanson un véritable univers de la cruauté.

La colère du roi incestueux, frustré de l'objet de son désir, ne fait pas de victime dans la *Manekine*: il en va différemment ici, et la maîtresse d'Hélène, Béatris, qui a incité la jeune fille à prendre la fuite, est livrée au bûcher par Anthoine de Constantinople (f. 12). La haine de la marâtre, dans le roman de Beaumanoir, ne cause la mort de personne, puisque deux mannequins ont pris dans les flammes la place de la mère et de son enfant; même substitution ici, mais uniquement pour les enfants, qui sont au nombre de deux:

Deux samblanches d'enfans, ch'est bien cose averee

Jeta on ens ou feu de grande randonee (46r),

et c'est une femme véritable, Marie, nièce du sénéchal Clocestre, qui est jetée dans le brasier à la place d'Hélène.

Pourquoi ces deux drames, que Beaumanoir a su éviter? Nous pénétrons déjà ici, nous semble-t-il, dans l'univers caractéristique de la *Belle Hélène*, univers déchiré par une cruauté analogue à la démesure épique: dans le sort tragique imposé à Béatris ou à Marie se révèle en effet la lutte entre forces démoniaques et puissance de Dieu.

Clocestre, en immolant sa nièce, est du côté de la démesure héroïque, puisqu'il scelle dans son sacrifice la fidélité à son maître:

"Je suy ly plus dolans qui soit jusqu'en Surie

Car je pensse a tel cose pour vo corps faire aie

De quoy j'amenriray men sanc et me lignie;"

mais il est aussi l'instrument de la puissance divine, puisque Marie meurt en martyre:

Ensement fu Marie ens ou feu enbrasee;

Lassus en paradis fut sen ame portee (46v).

La mauvaise reine est au contraire du côté du démon, et le poète noircit autant qu'il le peut son personnage: trois fois meurtrière[17], prête à faire périr son propre fils afin de pouvoir épouser Anthoine (f. 74), la marâtre mérite bien le supplice qui lui est infligé - elle trouve la mort sur le bûcher - et le nom d'*Anthecris* que le jongleur lui donne.

On trouve donc dans la *Belle Hélène* des portraits extrêmement contrastés, opposés les uns aux autres de façon quasi-manichéenne, mais les bons, tout comme les méchants, peuvent avoir beaucoup à souffrir. Terribles sont les supplices de Béatris ou de Marie, mais aussi d'Amaury d'Ecosse, le bon converti: menacé d'être crucifié s'il

---

17) Elle fait disparaître successivement l'orfèvre qui a contrefait le sceau du roi Henri (28v - 29a, Bussmann p. 32-34), le chapelain qui falsifie la nouvelle de l'accouchement d'Hélène (35v - 36a, Bussmann p. 51-52) et un autre chapelain, qui fabrique une fausse réponse d'Henri (40r-v, Bussmann p. 66-68).

ne renie pas sa foi, il cherche à détourner de lui un genre de mort
dont il se trouve indigne:

"Bien veul pour Toy souffrir le mort et endurer,
Mais que de cheste mort tu me saiches garder,
Car il n'afiert a moy de telle mort passer" (159v);

les paiens lui infligent pourtant le supplice de Jésus:

.ii. claux parmy les mains, ly sans ly est salis;
Sur les piés en eut un qui fu lons et traitis.
Hé Dieux! qu'a piés perchier jeta ly bers hault cris

Mort glorieuse donc, mais aussi mort terrible, et l'on peut se demander si la chanson de geste ne subit pas une véritable fascination
du mal. A aucun moment, par exemple, le poète ne cherche à in-
nocenter Anthoine: à mesure qu'Hélène grandit, le père devient
amoureux de sa fille; il soumet le pape et son légat à un véritable
chantage lorsque Clément demande assistance contre les paiens:
il répond en effet qu'il ne viendra que s'il reçoit la dispense nécessaire pour accomplir son désir (5r). A certains moments, l'attitude
de l'auteur est presque ambiguë, puisqu'il note, sans commentaire,
que le penser amoureux du roi à l'égard de sa fille lui donne du
courage pour combattre les paiens (8v), et montre la victoire
d'Anthoine, alors que le vaillant et honnête Richier trouve la mort
au combat pour avoir refusé de côtoyer le père incestueux:

"J'aime mieulx que je muire en servant Jhesucris
Que ma cousine voye, qui tant a cler le vis,
Gesir avec son pere: che n'est point ses pourfis" (8r)

On remarquera encore, avec Cl. Roussel, la réduplication du
motif de l'inceste dans l'histoire du païen Grabaux, amoureux de sa
fille; mais cet épisode nous fournit une clé efficace pour comprendre
la signification de l'importance accordée au mal. L'origine du désir
de Grabaux est nettement repérée ici, puisqu'elle est le fait de
l'ennemi, un démon qui se dissimule dans une statue de cuivre:

Et ly faux anemis, qui de maux est tout plain..
Voiant tous a parlé, et dist par mos haultain:
"... Je voeul que tu espouses en che palais haultain
Clariande ta fille, qui tant a douc le sain" (59v)

On peut donc voir dans la présence du mal et de la souffrance
l'exaltation de l'enjeu des combats menés par les héros chrétiens,
qui ne doivent pas seulement affronter, comme autrefois, les guerriers paiens, mais aussi les puissances du démon.

3. 2. 2. *Lion de Bourges*, comme l'ont remarqué les éditeurs du
poème[18], subit d'assez près l'influence de la *Manekine*: on ne
trouve donc pas dans ce texte la grande intensité dramatique de la
Belle Hélène. Certains éléments sont même atténués par rapport au
roman: ainsi le roi de Chypre, après avoir voulu brûler sa fille, la
condamne seulement au bannissement (28163-68). La chanson,

---

18) Op. cit., 1. XCIX - CIII.

376

pourtant, n'ignore pas le tragique, dont certains aspects sont originaux.

Le personnage de Béatris, la mauvaise mère, est intéressant du fait de son ambiguïté. Son ;mari, le vacher Elie, la présente comme une "malle damme" (15329), mais elle se prend d'affection pour Olivier, l'enfant trouvé qu'Elie lui apporte (15348-64), et éprouve un grand chagrin lorsque le jeune homme la quitte pour suivre sa vocation chevaleresque:

> Que don veyst la damme a la terre verser
> Et cez palme debaitre et gemir et plourer...(24798-99).

C'est le même personnage pourtant qui devient l'ennemie de Joieuse et se met à la persécuter, dans des conditions qui se rapprochent du récit de la *Belle Hélène* plutôt que de la *Manekine*. Comme dans le poème, en effet, il y a une violente altercation entre marâtre - adoptive - et future belle-fille (29903-24 et 18v), et le moyen de la trahison est le sceau du roi laissé à son épouse et falsifié par la méchante reine (30992-95 et 27r-29r). De même le clerc qui accepte de transformer le contenu du message annonçant au roi l'heureuse naissance est cupide et porte, dans les deux textes, le nom de Thierry (31063-72 et 35r-v).

L'opposition peu explicable entre ces différents comportements de Béatris donne à ce personnage un certain tragique; ailleurs, c'est l'ingratitude du destin qui crée le pathétique. Bannie par son père, Joieuse est accompagnée dans son errance par l'écuyer Thierry, qui se fait paysan afin de nourrir la dame:

> Oncque jour de sa vie ne seust labourer,
> Maix pour sa damme norir, aidier, alever,
> Alloit trestoute jour lez bleif baitre et vaner (28221-23);

ce personnage est bien mal récompensé de son dévouement, car il se noie accidentellement en voulant accompagner Joieuse lorsque celle-ci échappe à Béatris (31641-57).

L'auteur de *Lion de Bourges* est donc sensible, lui aussi, à une sorte de démesure du destin et des protagonistes de l'action; il ne va toutefois pas aussi loin que l'auteur de la *Belle Hélène*, car la marâtre, par exemple, ne tue pas ses complices, se contentant de faire du clerc Thierrry son amant (31063-72). A plusieurs reprises, du reste, le jongleur déploie une vision héroï-comique plutôt que tragique. S'inspirant à la fois de la *Manekine* et de la *Belle Hélène*, il nous montre par exemple le traître Garnier remplaçant Joieuse sur le bûcher:

> Quant oyrent lez cris et lez hideux ton,
> Il cudoient moult bien, pour voir le vous disons,
> Que se fuit la royne a la clere faisson (3162-23);

il y a donc bien une victime, contrairement à la *Manekine*, mais ce n'est pas la victime innocente de la *Belle Hélène*.

Ailleurs, c'est par un combat plaisant entre le messager Henri, dont la lettre a été autrefois falsifiée, et le clerc Thierry, que l'innocence de Joieuse est prouvée (33780-33022). Au total, *Lion de Bourges* manifeste un esprit intermédiaire entre la Manekine et la

Belle Hélène: proche du roman pour la conduite générale de l'action, le texte a tendance à retenir comme équivalents épiques des motifs héroï-comiques; mais il construit aussi des situations et des figures marquées par la démesure, l'exemple le moins étonnant n'étant pas, du reste, l'attitude d'Olivier, qui refuse de faire périr Béatris, malgré ses crimes:

"Ainsi comme son anffans me fist elle honnorer" (33095).

Si nous revenons, au terme de cette étude, à la question posée au départ - comment distinguer entre chanson de geste et roman à partir de la mise en oeuvre d'un élément commun significatif -, nous croyons pouvoir poser les conclusions suivantes.

Il y a bien, tout d'abord, convergence habituelle des deux textes épiques, en dépit des différences notables qui les opposent, sur des traits pertinents par rapport au roman. Autrement dit, bien que *Lion de Bourges* soit assez fortement influencé par la *Manekine*, alors que la *Belle Hélène* révèle une construction narrative relativement autonome, ces deux poèmes relèvent d'une pratique d'écriture commune, que nous continuerons d'appeler épique, et qui s'oppose à l'écriture romanesque de la *Manekine*.

Nous retiendrons essentiellement deux traits. Pour l'épopée, le conte est un moyen fructueux de création narrative, qui permet, tout en gardant un fil directeur, d'accumuler et de relier entre elles les péripéties les plus diverses. Pour le romancier, le conte est une sorte de vivier de personnages, que son art est tout prêt à animer et à parer des couleurs les plus émouvantes. Ainsi le matériau folklorique constitue-t-il un principe possible d'explication pour l'évolution des deux genres, en ce qu'il apparaît comme une médiation entre eux. Le "romanesque" de la chanson de geste ne serait pas de la sorte directement issu du roman, mais de la liberté donnée par le canevas folklorique; de même, le caractère édifiant du roman - dont les procédés, comme la prière fréquente, peuvent être inspirés par la chanson de geste - est rendu nécessaire par l'extraordinaire dureté du conte.

Mais s'il contribue à l'évolution des deux types d'écriture, le matériau folklorique est aussi principe de fidélité à la tradition du genre. Dans le tragique potentiel du conte de la *Fille aux mains coupées*, les chansons de geste découvrent de nouvelles expressions de la démesure épique, et la *Belle Hélène*, tout particulièrement, fait des épreuves subies par les héros autant d'étapes de la lutte inexpiable qui se livre entre Dieu et les forces du mal. Quant au roman, il confirme, dans la priorité accordée à l'étude des personnages, sa vocation à l'analyse.

Epopée plus romanesque que le roman, mais continuant de célébrer situations et héros exceptionnels; roman plus édifiant que l'épopée, mais toujours voué à la construction des personnages: tels sont les déplacements et les permanences que peut nous révéler l'étude du traitement apporté par la *Manekine*, la *Belle Hélène* et *Lion de Bourges* au schéma folklorique qui les réunit.

PIERRE DESREY ET *LA GENEALOGIE DE GODEFROY DE BOUILLON*

L'intérêt d'un public très divers pour la croisade et tout ce qui concerne la Terre Sainte ne prend pas fin, on le sait, avec la chute du royaume chrétien de Jérusalem. Jusqu'à la fin du Moyen Age des œuvres de toute sorte − récits de voyage, chansons de geste développant des récits d'aventures outre-mer, exhortations à la croisade[1] − témoignent d'un goût toujours très vif pour une épopée religieuse et guerrière achevée depuis longtemps, mais dont on espère − ou feint d'espérer − qu'elle pourrait un jour revivre.

Nous voudrions envisager ici le cas d'une compilation historico-littéraire parue pour la première fois en 1500: il s'agit d'une œuvre du troyen Pierre Desrey, connue sous le titre *La Genealogie de Godefroy de Bouillon*[2]. A travers ce texte nous pourrons examiner un aspect de la relation tardive de la croisade, ainsi qu'un certain type de lettré de la seconde moitié du XVe s. et du début du XVIe s.

1. Pierre Desrey, *«simple orateur troyen»*.

L'auteur de notre compilation est né à Troyes, ou plutôt à quelques kilomètres de cette ville, au fief des Rais, aujourd'hui la Grange-au-Rez, commune de Macey[3], vers 1450. Il a sans doute vécu en Champagne jusqu'à la fin du XVe s., mais est arrivé à Paris avant 1510, puisque le prologue à son édition du *Parement des dames* d'Olivier de la Marche fait allusion à une récente installation à Paris[4]; il est sans doute mort après 1515.

C'est un érudit, qui manifeste tout d'abord une réelle culture religieuse. Il a été acteur de mystère − il a joué le rôle du Père Eternel dans le *Mystère de la Passion* représenté à Troyes en 1497[5] − mais il a peut-être été également auteur dans ce domaine: on s'est demandé si l'œuvre qu'il a jouée n'a pas été rédigée en partie par lui[6]. On connaît de lui un *Memoire pour l'ordonnance des hystoires et misteres qu'ils seront contenus, faicts et portraits en une tapisserie ... / de / la vie, legende et devote conversacion du glorieux sainct*

---

1 Voir J. Richard, *Les récits de voyage et de pèlerinage*, Typologie des sources du Moyen Age occidental, n° 38, Brepols, 1981.

2 Voir G. Doutrepont, *Les mises en prose*, Bruxelles, 1939, 52−59; L. Scheler, «L'édition originale du *Chevalier au cygne*», *Bibliothèque d'Humanisme et Renaissance*, t. IV, 1944, 419−426; A. Foulet, «La Chanson de croisade reproduite par P. Desrey, *Bibliothèque d'Humanisme et Renaissance*, t. XV, 1953, 68−70.

3 Voir E. Socard, *Biographie de Troyes et du département de l'Aube*, Troyes, 1882; *Dictionnaire de biographie française*, t. XI, 47.

4 BN. Rés ye 1253, prologue: «Mon amy, il m'a esté d'aucuns recité que tu, naguieres venu de Troyes en Champaigne, arrivé en ceste tresfamee, illustre et populeuse cité de Paris...»

5 Il reçoit cent sous pour cette tâche (cf. Th. Boutiot, *Recherches sur le théâtre à Troyes au XVe s.*, *Mémoires de la société d'agriculture, des sciences, arts et belles lettres du département de l'Aube*; t. XVIII, 1854; L. Petit de Julleville, *Les Mystères*, Paris, 1880, t. II, 58−59, 75, 411−413.

6 Le tome I du *Mystère de la Passion* (ms. 2282 de la Bibliothèque de Troyes) comporte, f. 83r−146v, des passages originaux que la tradition locale a attribués parfois à notre auteur. J.Cl. Bibolet, auteur d'une édition du texte à paraître prochainement et à qui nous devons de précieux renseignements, ne croit pas pouvoir se prononcer; Th. Boutiot restait lui aussi dans le doute, puisqu'il écrit «peut-être P. Desrey», art. cit., 446).

152

Urbain[7], une édition de la *Danse Macabré* en latin[8] et surtout des traductions, accompagnées de commentaires, des *Postilles* de Nicolas de Lyre. La préface à son édition des *Postilles et expositions des epistres et evangiles dominicales* (Guillaume Le Rouge, 1492)[9] nous donne des renseignements particulièrement intéressants sur les objectifs et les méthodes de travail de P. Desrey:

> «Et pour ce, soubz correction que plusieurs simples prestres, gens d'esglise et autres clercs n'ont point eu les livres a leur aise et voulenté, ne aussi le temps oportun pour suivre et frequenter l'estude, et pource aussi pareillement que par poureté et indigence ilz ont petit estudié en la saincte escripture, je, Pierre Desrey, simple orateur, natif de Troyes en Champaigne et bon françoys..., ay translaté en langage françois les postiles et expositions des epistres et evangilles dominicales..., lesquelles ont esté veues et corrigees par venerable, discrete et tresscientificque personne maistre Jehan de Barro, docteur en saincte theologie, de l'ordre des freres mineurs du couvent dudit Troyes, laquelle chose j'ay faicte et compilee soubz le dit docteur a la requeste et supplication de honorables et discrectes personnes noble homme Nicolas Ludot, marchand papetier, et Guillaume Le Rouge, imprimeur de Troyes».

L'auteur apparaît ici comme un traducteur, travaillant, à la demande d'un éditeur et sous l'autorité d'un théologien, à vulgariser une connaissance de l'Ecriture réservée à une petite élite: cette perspective, qui deviendra celle de la Contre Réforme, explique probablement le succès d'une telle œuvre, plusieurs fois rééditée au XVIe s.[10]

P. Desrey est connu également comme historien mais, comme ses confrères de la fin du XVe s., c'est un compilateur qui puise dans cette «matière hystoriale» indistincte dont nous parle H. Hauser[11]: on lui doit l'amplification du *Compendium Gaguini super Francorum gestis*, de la *Chronique* d'Enguerrand de Monstrelet et du *Fasciculus temporum* de W. Rolewinck. Ce faisant, il se défend de vouloir corriger le texte qu'il reprend, mais déclare céder au désir d'écrire l'histoire, discipline riche d'exemple: ainsi, il continue E. de Monstrelet:

> «moy estant en ceste populeuse et triumphante cité de Paris, non pas touteffois pour vouloir reprendre ou corriger ledit Enguerran de Monstrelet ne autres, car aussi n'ay je pas ceste charge, mais l'ay fait comme fidele et loyal françois, et tel veulz estre et demourer. Et aussi pour moy occuper en evitant oysiveté, mere et nourrice de tous maulx, et affin pareillement de demonstrer les voyes et sentes de noz princes et souverains, lesquelz sont memorativement a ensuivre s'ilz ont droictement precedez»[12].

7 Voir Ph. Guignard, «Mémoires fournis aux peintres chargés d'exécuter les cartons d'une tapisserie destinée a la collégiale Saint Urbain de Troyes...», *Mémoires de la société d'agriculture de l'Aube*, 1849–50, 421–534). Bien que l'œuvre ne soit pas signée, l'attribution ne fait à notre avis aucun doute: les références sont exactement celles que P. Desrey donne dans la *Genealogie*: «... comme notemment descripvent plusieurs souverains et famez historiographes, et mesmement es volumes du *Miroir Historial* de Maistre Vincent Gale, de l'ordre des fresres prescheurs, en la *Somme anthonine*, en la *Martinienne*, au *Supplement des Cronicques* et au *Fardeau des temps...*» (art. cit., 440). Vincent Gale, comme l'explique Ph. Guignard, est *Vincentius Gallus*, Vincent le français: on retrouve cette dénomination dans la *Genealogie*.
8 *Chorea ab eximio Macabro versibus alemanicis edita et a Petro Desrey, traecacis quodam oratore nuper emendata*, 1490, BN. Rés. vélins 780, fac simile de Rés. m. Yc 1035)
9 Nous avons pu consulter, grâce à l'obligeance de Mme. le Conservateur de la BM. de Troyes, un ex. de cette édition, donné en 1875 par Corrard de Bréban (in fol., 234f.; BM. Troyes, n° 179).
10 Voir J.-C. Brunet, *Manuel du libraire*, 4, 841–843, qui signale une éd. O. Arnoullet à Lyon, 1530.
11 Voir «Etudes critiques sur les sources narratives de l'histoire de France au XVIe s., II. 1», dans *Revue d'histoire moderne et contemporaine*, t. 5, 1903–1904, 471–482.
12 Voir éd. Jehan Petit et Michel Le Noir, *Les genealogies avecque les gestes et nobles faicts d'armes du trespreux et renommé prince Godefroy de Boulion*, Paris 1511, 274c.

Enfin il ne dédaigne pas de s'attaquer au travail poétique; auteur de quelques pièces, il a remanié, on l'a dit, le *Parement des dames*[13]. Sa préface montre un écrivain qui répugne à voler de ses propres ailes, préférant se former à la méditation du style d'autrui:
«Tu... quiers», lui dit la dame qui fixe son chemin, «a composer quelque chose de nouveau affin que tu soyes recogneu, mais laisses encores ung peu quiescer et refreschir ta memoire, mettant ta fantasie arriere, et reçoy ce present livre que je te donne et administre» (Aiii); du reste, comme pour son amplification de E. de Monstrelet, il se défend de modifier le texte original:

> «Par quoy, ma fantasie du tout arriere regettee, me suis seullement occupé a veoir et visiter ce noble opuscule des dames non pas pour y riens corriger, mais pour sçavoir seullement se aulcune corruption seroit ou auroit esté faicte par ceulx qui depuis l'ont par copie redigé, comme souventeffoys est advenu; et aussi pour commenter le texte, affin de montrer le prenommé seigneur y avoir songneusement labouré» (*ibid.*).

Nous avons donc affaire à un érudit, soucieux d'édification et panégyriste de l'histoire nationale, préférant le commentaire à la «fantasie», c'est-à-dire à la création personnelle: tels sont les traits que paraît rassembler la formule qui revient fréquemment sous la plume de P. Desrey, «simple orateur troyen, et bon françoys».

2. La Genealogie de Godefroy de Bouillon.

2.1. Le texte et ses objectifs.

La première édition connue de la *Genealogie*, dont nous n'avons pas conservé de manuscrit[14], date de 1500; elle porte le titre suivant:

> «La genealogie avecques les gestes et nobles faitz d'armes du tres preux et renommé prince Godeffroy de Boulion et de ses chevalereux freres Baudouin et Eustace: yssus et descendus de la tresnoble et illustre lignee du vertueux chevalier au cygne. Avecques aussi plusieurs aultres cronicques et hystoires miraculeuses: tant du bon roy sainct Loys comme de plusieurs autres puissans et vertueux chevaliers»[15] .

Cette édition a été suivie de sept autres au cours du XVIᵉ s.[16], ce qui indique un grand succès pour cette période, alors qu'on ne connaît pas d'édition après 1600.

Titre et prologue indiquent les objectifs de P. Desrey. S'adressant à Louis XII et à Engelbert de Clèves[17], il veut leur conter l'histoire des ancêtres qui ont combattu pour la défense de la foi: le roi de France peut se reconnaître en Louis VII, Philippe-Auguste et sur-

---

13 Le travail de P. Desrey est fort peu apprécié par l'éditeur des *Mémoires* d'Olivier de la Marche, qui fait de lui «un arrangeur de mauvais goût, qui a profondément remanié et altéré le poème d'Olivier en y ajoutant des passages tirés de l'Ecriture» (éd. H. Beaune et J. d'Arbaumont, Mémoires d'Olivier de la Marche, Paris 1883–1888., *Introd.* p. CXXXV.
14 P. Desrey, à la fin de son prologue, déclare avoir «translaté de latin en françoys» son texte en 1499; nous n'avons pas de trace de la minute de ce travail, à supposer qu'elle ait existé; en tout cas il ne s'agit certainement pas d'un texte traduit du latin.
15 Voir L. Scheler, art. cit.
16 Voir B. Woledge, *Bibliographie des romans et nouvelles en prose française antérieurs à 1500*, Genève 1954, nº 39. Nous avons utilisé l'édition de Michel Le Noir (1504, BM. Rés. Ln²⁷ 38857) et l'édition Jehan Petit (1511, Ars. 4º BL Rés. 4287).
17 Il s'agit du troisième fils de Jean I, duc de Clèves; il épouse en 1489 Charlotte de Bourbon et meurt en 1506.

154

tout saint Louis, et Engelbert de Clèves dans le Chevalier au cygne, puisque telle était, au XVe s., la revendication généalogique de cette maison[18].

Il ne s'agit donc pas d'une généalogie, même légendaire, limitée à la chair, mais d'une filiation selon la prouesse, mise au service de la foi: l'auteur écrit:

> «considerant les vigoreuses proesses de plusieurs nobles princes et victorieux chevaliers, vos bons et tresrenommez predecesseurs qui, esmeuz du sainct esperit, ont du tout mis leur desir et affection a augmenter la foy de Dieu, ainsi que aujourd'huy est trouvé en plusieurs romans et anticques hystoires» (prologue).

Son ouvrage doit être situé – avec les nuances que nous apporterons plus loin – dans une perspective de propagande pour la croisade, puisqu'il cherche à

> «esmouvoir et susciter les cuers et nobles courages de tous vaillans, preux et loyaux chevaliers qui par bon droit et juste titre desirent batailles pour sóustenir la saincte foy catholicque et sa querelle en exadversant les desloyaux ennemys de Dieu» (prologue).

2.2. Composition de l'œuvre.

Après le prologue, qui donne les intentions du texte et accumule les références savantes à la Bible ou à l'histoire[19], une «epistre en vers huitains» – 18 strophes décasyllabiques – résume le livre: en voici la quatrième strophe, vision attristée de l'épopée outre-mer:

> Jusques au temps du bon roy saint Loys
> Les crestiens tindrent ainsi Surie,
> Si conquirent plusieurs autres pays
> Es environs par leur chevalerie;
> Mais tout ce bruyt par quelque trescherie
> Commença lors ung peu a decliner,
> Et fut en fin de tout point deffaillye
> La jouyssance par faulte de ordonner.

S'ouvre alors une première partie (aiiii – gld, 34 f[o], soit un peu moins du 1/5e de l'œuvre) qui raconte l'histoire du Chevalier au cygne, suivie des enfances de Godefroy et de la visite de Cornumarant; elle se termine avec le retour de Cornumarant à Jérusalem.

Une deuxième partie (gld – r1d, 60f[o]), soit un peu plus du 1/3 du texte, fait le récit de la première croisade, depuis la prédication de Pierre l'Ermite, et l'histoire de la conquête de la Terre Sainte jusqu'à la deuxième perte d'Edesse par les chrétiens (1146).

La troisième partie, de proportions égales à la seconde, pousse l'histoire des croisades jusqu'à la seconde expédition de saint Louis (72a–B6c); mais si la cronique prend fin à l'avènement de Philippe le Bel, c'est en recourant, pendant et après les septième et huitième croisades, au légendaire Baudouin de Flandre[20]: P. Desrey ne nous raconte pas la fin du royaume de Jérusalem.

---

18 Voir F. Baron de Reiffenberg, Introduction à l'éd. du Chevalier au Cygne et Godefroy de Bouillon, (voir infra n. 29), p. XXXII et O. de la Marche, Mémoires, II, 341 sq. où Adolphe de Clèves, en 1453, fait crier une joute peu de temps avant le fameux Banquet de Lille, en se proclamant Chevalier au cygne: «et fut le cri tel, que le Chevalier au cygne, serviteur aux dames, faisait assavoir... que... on le trouveroit en ladicte ville, armé de armes de jouste.» On sait que Berthault de Villebresme composa à l'intention de Marie de Clèves, fille du même Adolphe de Clèves, une autre mise en prose du Chevalier au cygne, réalisée d'après un ms. du 1er cycle, selon l'obligeante indication d'E. Emplaincourt.

19 P. Desrey cite Moïse, David, Job et Sénèque.

20 Voir S. Duparc-Quioc, Le cycle de la croisade, Bibliothèque de l'Ecole des Hautes Etudes 305, Paris 1955, 236–271.

Enfin une *complainte de la Terre Sainte* en 27 strophes de huit vers clôt le livre. L. Scheler a montré qu'il s'agit d'un poème de P. Gringoire[21] inséré par l'éditeur, ce qui renforce
évidemment l'aspect de propagande pour la croisade du volume. Voici la première strophe
du poème:

> Triumphans princes, aumenteurs de foy,
> Regardez moy et ayez souvenance
> Qu'on me gouverne sans justice, sans loy.
> Gastee me voy, car prince, duc ne roy
> Ne prent esmoy de ma dure grevance;
> Nul ne s'avance de monstrer sa puissance,
> Ma doleance me grefve au cueur le sens:
> Qui pert le sien, il pert quasi le sens (B 5a).

2.3. Les sources.

Compilateur dans ses œuvres historiques, Desrey se montre également compilateur dans la
Genealogie, qu'il désigne du reste le plus souvent par le terme de *cronique*[22]. Il revendique
des sources nombreuses, dont il a tiré ce que «la capacité de mon simple et delibere entendement en a peu recueillir, extraire et acumuler de plusieurs livres et volumes» (gl d).

Quels sont ces documents? P. Desrey cite plusieurs textes: «tant en la *Martinienne* comme au *Fardeau des temps*, en la *Somme anthonine* et au *Miroir historial* de maistre Vincent» (gl d); ces œuvres, auxquelles il faut ajouter le *Supplément des chroniques*, sont bien
connues.

La plus célèbre d'entre elles, le *Miroir historial*, consacre de nombreux chapitres à l'histoire des croisades aux livres 25, 26, 29, 30 et 31, où est racontée la première expédition de
saint Louis. La *Chronique martinienne*, chronique synoptique des papes et des empereurs,
composée par le dominicain Martin de Troppau *(Martinus polonus)* s'arrêtait primitivement
en 1277[23]; elle fut poussée, par une série d'additions, jusqu'en 1424 et traduite sous cette
forme par S. Mamerot, puis de nouveau démesurément augmentée pour devenir, comme
l'écrit P. Champion «une espèce de chronique du royaume... depuis l'an 1400 jusqu'à
l'an 1500»[24].

Le *Fardeau des temps* est l'un des titres donnés à la traduction française, effectuée par
P. Farget à Lyon en 1483, du *Fasciculus temporum* composé par le chartreux W. Rolewinck, et dont la première édition date de 1474[25]. P. Desrey connaissait bien ce texte auquel, nous l'avons dit, il a apporté une continuation. L'*explicit* de l'édition de 1513, préparée par Jehan de la Roche pour Jehan Petit et Michel Le Noir – sous le titre *Les fleurs et
manieres du temps passez et des faitz merveilleux de Dieu...* – nous dit que le livre, traduit
par P. Farget en 1483, a été «depuys par Pierre Desrey, simple orateur de Troyes en Champaigne augmenté et additionné de plusieurs nouvelles hystoires et croniques dignes de memoire...» (BN. Rés. G. 413, 90v).

La *Somme anthonine* est la chronique universelle composée par Antonin, archevêque de
Florence, sous les titres de *Chronicon, Opus historiarum* ou *Summa historialis*. Editée à

21 Voir L. Scheler, art. cit., qui voit dans la version de 1500 une édition «préoriginale» de la *Complainte.* Une complainte comparable de l'église figure dans les *Mémoires* d'O. de la Marche, lors du Banquet de Lille (éd. cit., II, 363–366).
22 gl d «Pour... venir à l'objet de plusieurs hystoires et vertueuses *cronicques* que j'ay empris d'escripre»; r2 c: «Pour au commencement de ce tiers livre et dernier volume des *cronicques* du Chevalier
au cygne».
23 Voir P. Champion, *Cronique martiniane*, Paris 1907, p. V. Ed. A. Potthast, *Regesta pontificum
Romanorum inde ab a. post Chr. natum 1198 ad a. 1304*, Graz 1957, t. 1–2, 770–772.
24 P. Champion, p. VIII.
25 Voir A. Potthast, 982 sq.

156

Venise dans la série des œuvres complètes du prélat (1474–1479), cette œuvre, qui eut de nombreuses éditions, va de la création du monde jusqu'en 1457[26].

Enfin, le *Supplément des Chroniques* renvoie au *Supplementum chronicorum* de J. Foresta de Bergame, chronique abrégée depuis la création du monde jusqu'à l'an 1482, et imprimé pour la première fois en 1483[27].

Telles sont les références proposées par P. Desrey. Pouvons-nous reconnaître en elles la source de sa compilation? Il n'en est rien, évidemment, pour la première partie du livre, qui suppose un modèle littéraire où l'auteur aura trouvé l'histoire

> «du prenommé tresillustre, noble et decoré chevalier au cyne, filz du roy Oriant, et de sa noble femme et espouse la royne Bietris, laquelle conceupt et enfanta six fils et une fille pour une seulle fois; lesqueulx en leurs jeunes sages repceurent et endurerent merveilleuses fortunes, mais depuis furent tous eslevez et constitués en estat royal» (prologue).

Ce modèle, pour la partie considérée, est à chercher du côté du ms. en prose décrit par C. d'Orville dans le tome 6 des *Mélanges tirés d'une grande bibliothèque*[28]. Ce ms., intitulé *Histoire miraculeuse du Chevalier au cyne... fils du puissant roy Oriant, duquel est issu Godeffroi de Billon... avec les faits de ce roi et de plusieurs autres princes et barons crestiens*, se présente lui-même comme une compilation mi-romanesque, mi-historique:

> «de l'ancien manuscrit», écrit C. d'Orville, «qui est divisé en deux parties, je dois prévenir mes lecteurs que la première et la seconde sont d'un genre assez différent: l'une n'est qu'une fable absurde...; la seconde partie est une histoire à demi-véritable de Godeffroi de Bouillon» (p. 4–5).

Cette compilation, selon C. d'Orville, serait la source du texte de P. Desrey, source complétée par «une suite assez considérable qu'il a tirée des autres manuscrits, contenant l'histoire de l'orient et celle des croisades» (p. 62).

Or l'analyse du ms. et les citations faites par le critique ne laissent aucun doute: P. Desrey s'est bien inspiré, au moins pour la 1ère partie de sa *Genealogie*, d'un ms. analogue à celui que cite C. d'Orville. On relèvera, par exemple, la manière dont Matabrune est désignée la première fois: «Et au devant d'icelle vint la *royne blanche* Matabrune» (a5 c) écrit P. Desrey, sans s'expliquer sur ce qualificatif qui ne sera plus employé; C. d'Orville indique à son tour: «La royne blanche dissimula» (p. 8) et, dans une note, il explique qu'on appelait encore ainsi au XIVe s. les reines douairières.

Les instruments de musique énumérés lors de la fête qui accompagne les noces sont «cors, tabours, doulcines, lins, rebecz, orgues, eschiquiez, manicordes» chez P. Desrey (a 5 d): on trouve «cornets, tabours *(tambourins)*, doulcines, lins, rebecqs, violons ou vielles, échiquiers, manicordes» chez C. d'Orville (p. 9).

La correspondance entre les deux textes dépasse même le cadre du *Chevalier au Cygne* et des *Enfances Godefroi*, puisqu'on trouve, au début de la 1ère croisade, le passage commun le plus développé, à propos des Grecs

«qui sont une espece de chrestiens, combien qu'ilz consacrent le precieux corps de Jesu christ de pain levé, autrement que l'eglise rommaine ne l'a ordonné, et si ne croyent pas le benoist saint Esperit proceder du Pere et du Filz, en quoy ils errent grandement» (P. Desrey, g4 a).	«qui sont espèce de chrétiens, combien que ils consacrent le précieux corps de Jésus-Christ de pain levé, au contraire que l'Eglise Romaine l'a ordonné, et ne croyent pas le benoist Saint Esprit proceder du Pere et du Fils, en quoi ils errent grandement» (C. d'Orville, p. 51).

---

26 Voir A. Potthast, 113 et *Repertorium fontium historiae medii aevi* II, 377.
27 Voir J.-C. Brunet, *Manuel du libraire*, I, 787.
28 F, Paris, Moutard 1780. Les informations données par C. D'Orville ont été reprises par G. Doutrepont, mais sans qu'une vérification soit opérée sur le texte de P. Desrey.

De tels rapprochements sont trop précis et trop nombreux pour autoriser l'hypothèse de la rencontre fortuite: nous pouvons ajouter foi à l'affirmation de C. d'Orville: il a existé un ms. en prose du *Chevalier au Cygne*, dont s'est inspiré l'auteur de la *Genealogie*. Ce ms. associait déjà la fable et l'histoire: après la généalogie, entièrement romanesque, de Godefroy de Bouillon, il proposait l'«histoire, a demi veritable» de la première croisade. En effet, s'il ne reproduit pas la légende de l'empoisonnement de Godefroy par Eracles, il évoque le mariage du héros:

> «Il n'étoit point encore marié, et il épousa la belle Florie, fille de cette même reine Calabre d'Holophernie, que l'on nous dit avoir esté si habile dans l'astrologie» (p. 60).

Desrey n'a pas suivi son modèle bien longtemps après le début de la croisade: on ne trouve chez lui ni mariage de Godefroy, ni résistance aux croisés menée par Cornumarant, ni retour d'Eustace de Boulogne en Flandre. Il s'est tourné très rapidement et de façon exclusive – sauf, on le verra, à la fin de sa compilation – vers les sources historiques. Mais avant d'évaluer la part de l'histoire dans la *Genealogie*, essayons de situer, dans ses aspects romanesques, le modèle du ms. perdu décrit par C. d'Orville et suivi par P. Desrey.

Ce modèle, tel que nous pouvons le reconstituer à partir de la *Genealogie*, est très certainement un ms. du second cycle, proche du *Chevalier au cygne et Godefroid de Bouillon (CCGB)*, édité par F. de Reiffenberg[29]. C'est l'hypothèse formulée par l'éditeur lui-même, reprise par G. Doutrepont et par Mme S. Duparc-Quioc[30], et qui ne semble pas devoir être remise en question. En effet les transformations opérées dans la *Genealogie* pour la *Naissance du Chevalier au Cygne*, par exemple, sont justement de celles qu'opère le *CCGB*: le nom des principaux héros est emprunté à la version *Beatrix* (Beatris, Matabrune, Oriant, Mauquarés), ainsi que certains épisodes (la jeune épouse calomniée est jetée en prison et ne meurt pas), alors que d'autres éléments sont empruntés à *Elioxe* (la rencontre du roi et de sa future épouse dans la forêt).

Nous ne pouvons évidemment pas savoir si le modèle du ms. en prose était le *CCGB* tel que nous l'avons conservé: la *Genealogie* nous offre un texte fidèle dans l'ensemble à la version que nous connaissons, mais avec une tendance au délayage pieux et des rencontres curieuses avec les versions du premier cycle. Ainsi, lorsque Biétris apprend qu'elle a été accusée devant son mari d'avoir envisagé un meurtre, elle élève vers le ciel une prière assez courte dans le *CCGB* (vv. 1050–1058), qui est amplifiée dans la prose par une allusion à l'histoire de Suzanne:

> «Helas! mon Dieu, mon createur, qui par vostre divin vouloir suscitastes l'esperit du jeune Daniel pour retourner au jugement et garder de mourir la noble Suzanne, laquelle estoit publiquement menee a la justice par deux faulx juges, lesquelz a tort et injustement l'avoient accusee du vice et peché d'adultere, en quoy jamais n'avoit pensé, comme puis après devant tout le peuple fut notemment approuvee la verité par le bon Daniel qui rendit confus les deux juges» (c2 b–c).

Or, dans *Beatrix*, la jeune reine évoque elle aussi Suzanne dans sa prière:

> Et la dame s'escrie: «Aidiés, Dex, par vo non!
> Qui aidastes Susane del mauvais faus tesmon,
> Tu me souscors, biaus Sire, par ta sauvacïon» (833–835)[31]

Ce type de rencontre n'oblige pas à postuler un *CCGB* différent du nôtre: pourquoi le travail du compilateur se limiterait-il à associer – comme nous pouvons le prouver – sources

29 *Le Chevalier au Cygne et Godefroid de Bouillon*, Bruxelles, 1846–1859, 4 vol.
30 Op. cit., 241–242.
31 *La Naissance du Chevalier au Cygne. Elioxe*, éd. E.J. Mickel, *Beatrix*, éd. J.A. Nelson, *The Old French Crusade Cycle*, I, University, Alabama, 1977. J. Nelson me signale aimablement qu'une autre invocation à sainte Suzanne figure dans le *Chevalier au Cygne*, éd. à paraître, vv. 2000 sqq.

romanesques et sources historiques? Il peut aussi consister à insérer dans une trame romanesque prédominante certains éléments narratifs extérieurs.

Reste la question des sources historiques suivies par P. Desrey, au moment où il abandonne la route tracée par le ms. en prose[32]. Disons-le tout de suite, elles nous semblent
différentes de celles que l'auteur allègue. La raison essentielle est qu'aucun des textes cités ne procure d'histoire suivie de la croisade, travail auquel se livre précisément notre compilateur. Vincent de Beauvais lui-même propose un récit fragmentaire: il sert donc essentiellement, comme ses collègues, d'*autorité*, comme on le voit à propos du récit de l'invention de la sainte lance, dont la version (XXV, 100) est assez différente de celle de P. Desrey, puisqu'elle évoque l'apparition − négligée par la *Genealogie* − du Seigneur reprochant
«cuidam vero sacerdoti» les débauches des croisés. C'est du reste comme *autorité*, et non
comme *source*, que Vincent de Beauvais est cité dans le prologue de P. Desrey à propos de
cet épisode:

> «ils recouvrerent la lance et aulcunes des autres enseignes de la passion de nostre saulveur et
> redempteur Jhesucrist, ainsi comme il appert au .lxxxvi. chapitre et aultres après ensuyvans du
> .xxvi. livre et aultres du *Miroir Historial* de maistre Vincent Galle».

Si la référence, au moins dans le texte imprimé, est inexacte, d'autres sont correctes: quand
P. Desrey, à propos de l'arrivée de Baudouin de Flandre au trône de Constantinople, allègue le «premier chapitre du treziesme livre du *Supplement des cronicques*» (x4 d), confir-
mation peut effectivement être donnée au passage indiqué de l'œuvre de J. Foresta[33].

Mais le modèle essentiel du compilateur, pour toute la partie historique de l'œuvre, reste la chronique des croisades connue sous le nom d'*Histoire de Guillaume de Tyr* ou *Histoire d'Eracles* avec ses différentes continuations, notamment celle que fournit le ms.
Rothelin[34]. Parmi les différents sondages qui nous ont convaincu de ce fait, nous gardons
deux exemples, qui se situent à des moments très éloignés du récit. Il s'agit d'abord de la
capture de Baudouin de Jérusalem par le turc Balac (1123):

Et ainsi comme ils s'enfuyoient, le turc Balac getta la main a la bride du cheval du roy et le print, combien que pour l'heure ne sçavoit qui il estoit, mais nonobstant en eut il assez tost congnoissance. Et quant il sçeut que c'estoit le roy, il le saisit plus seurement et oultre le fleuve du Fratre le mena prisonnier en ung chasteau appellé Tapiere (*Genealogie*, n5 c)	En la noise qui i estoit et en la presse, Balac gita les mains et prist le roi par le frain: ne savoit mie que ce fust il: toutevoie le retint. Quant il sorent que c'estoit li rois, tantost se partirent, tant qu'il vindrent a un fort chastel qui a non Cartapiert. (*Eracles*, XII, 17; t. I, 459)

D'autre part, vers 1239, frère Guillaume, pénitencier du pape, exhorte les chrétiens:

Et mesmement y avoit entre les aultres ung frere mineur penancier du pape, nommé maistre Guillaume, lequel disoit souventeffois en la fin de son sermon: «Je vous pry, mes amis, que vous priez a Dieu qu'il luy plaise de rendre et donner les cueurs de noz princes et barons; car je doubte moult qu'ilz	Il y avoit en l'ost .i. frere meneur, qui avoit a non frere Guillaume, qui estoit peneancierz l'apostole, legaz en l'ost; cil dist plussieurs foiz en la fin de ses sermonz ces parolles: «Por Dieu! bone gent, proiez Nostre Seigneur que il rande as granz hom-

---

32 Le texte cité par C. d'Orville paraît continuer à suivre, sauf pour les circonstances de la mort de Godefroy, un ms. du 2e cycle.
33 Anno 1202. Balduinus, natione gallicus, flandriensis comes... imperium una cum Venetis invasit et
  in Gallos transtulit atque ipse imperator proposito imperavit annis 5.
34 Nous suivons l'éd. donnée par P. Paris, *Guillaume de Tyr et ses continuateurs*, 1879, 2 vol. et, pour
  les continuations, le *Recueil des historiens des croisades, Hist. oc.*, II.

ne les ayent tous perduz par peché. Car si grant nombre de crestiens comme il y a eu et a encores de present en ceste saincte terre deussent bien avoir conquis tout le pays des sarrazins et les mettre en exil (*G*, y5 d).

mes de cest ost leurs cuerz; car bien sachiez certainnement que il les ont parduz par leur pechiez; car si grant gent comme il a ci de la Crestienté deussient avoir povair par tout contre les mescreans, se Diex preist leur afairez en gré» (Cont. Rothelin, XXXI, p. 550 sq.).

Si donc *Eracles* est pour P. Desrey le modèle prédominant, nous ne pouvons affirmer qu'il constitue la source unique, ni même discerner quelle version de la chronique a été privilégiée. De façon générale, le compilateur abrège, surtout à partir de la 2e croisade: peut-être reproduit-il une version courte particulière. On est frappé en tout cas par certaines ressemblances avec les *Passages d'outre-mer* de S. Mamerot (1474)[35], là même où la Généalogie se distingue d'*Eracles*:

Messagiers furent envoyez de par les barons et devotz chevaliers qui estoient en la cité de Jherusalem a Baudouyn de Rohays pour lui signifier la mort et devot trespas de son frere le roy Godeffroy (*D*, 13c).	Messagiers furent envoyez par les barons et devots chrestiens qui estoient en la cité de Hierusalem a Baudouyn de Rohaiz pour luy signifier la mort de son frere (75b).

L'hypothèse d'une utilisation de S. Mamerot par P. Desrey, que la date de composition des *Passages* pourrait autoriser, est peu probable, car S. Mamerot est généralement plus bref que P. Desrey: il y a donc vraisemblablement rencontre à partir d'une source commune.

A certains moments, enfin, l'auteur de la *Genealogie* semble nous proposer une version autonome; il en est ainsi lorsque le texte évoque les circonstances dans lesquelles le retour de saint Louis vers la France est décidé. Alors que les chroniqueurs ne mentionnent que le conseil tenu à Acre après la libération du roi, et qui conduit à la décision de rester en Egypte, P. Desrey mentionne une nouvelle assemblée au moment où la décision de partir va être prise: «les ungs estoient d'oppinion que luy et ses freres retournassent au pays de France et qu'il laissast monsieur Godefroy de Sargines pour son lieutenant général, a laquelle chose se consentit le roy...» (75a) et c'est à cette occasion, selon P. Desrey, qu'aurait été composé un *dicté* – chanson de croisade –, attribué à Raoul de Soissons, farouche adversaire du retour:

On ne sauroit de maulvaise raison
Bonne chançon bien faire ne chanter[36] (75b).

Il reste à dire quelques mots sur la partie de la *Genealogie* qui commence avec le récit de la 7e croisade. Après avoir, au début de la compilation, utilisé une source romanesque, puis, dans la plus grande partie du texte, une ou plusieurs sources historiques, il combine, pour le récit des expéditions de saint Louis, les continuations d'*Eracles* avec le *Livre de Baudouin de Flandre*, puis termine son ouvrage en recourant uniquement à ce texte légendaire.

Voici donc notre auteur en train de montrer une nouvelle facette de son talent de compilateur. On aurait tort en effet de l'accuser de supercherie. Au moment où Baudouin de Flandre s'est emparé de la couronne de Constantinople, P. Desrey a pris ses distances par rapport à la légende:

35 S. Mamerot, originaire de Soissons, a été chantre et chanoine de Saint Etienne de Troyes. Il composa son œuvre entre 1472 et 1474; celle-ci est représentée par 3 mss. (BN. fr. 4769, 5594 et 2626, ce dernier ayant déjà reçu une continuation) et plusieurs éd. à la fin du XVe et au début du XVIe s. Nous citons d'après l'éd. F. Regnault, sd. (voir J.-C. Brunet, 4, 415).
36 Voir les art. cit. de L. Scheler et A. Foulet.

160

> «Et quelque chose qui soit autrement escript en ung petit livret ou traicté vulgairement appelé et intitulé *Baudouyn le comte de Flandres*, sauf la reverence de l'acteur, car il conquist et gangna Constantinople vaillamment et par la maniere icy devant dicte, selon les souverains docteurs et hystoriographes maistre Vincent Galle et les autres» (x4 d).

S'il reprend maintenant, à partir de la naissance de Jehan Tristan[37], un texte légendaire qu'il a préalablement répudié, c'est afin d'entrelacer deux récits qu'il sait parfaitement distincts, mais qui lui tiennent l'un et l'autre à cœur, nous essayerons de comprendre pourquoi.

Donnons d'abord quelques exemples de cet entrelacement. P. Desrey raconte, d'une manière conforme à l'histoire, la prise de Damiette, la bataille de la Mansourah et la mort de Robert d'Artois. Il évoque une pause dans les actions militaires: «Et en ce temps se tindrent les Turcqz une piece sans assaillir ne demander aulcune chose aux crestiens ne aussi les crestiens a eulx» et une rubrique introduit aussitôt la légende de Jehan Tristant: «Comment le roy sainct Loys avoit ung beau filz nommé Jehan Tristan que la royne sa femme luy enfanta en la cité de Damyette, lequel fut desrobé en ladicte cité par une sarrazine esclave» (Z5b).

Le récit du rapt montre la concordance évidente entre P. Desrey et *Baudouin de Flandre:*

Et en ce temps avoit en la cité de Damyette une sarrazine esclave, laquelle avoit longuement espié le royaulme de France, et puis s'en estoit venue en Damyette avecques le roy saint Loys, et ainsi l'avoit envoyee le souldan par deça la mer pour espier toute crestienté (z5 c).	En ce temps avoit en Damiete une esclave espie, qui avoit espié le royaulme de France et s'en estoit venue en Damiete avec le roy en son naviere, et l'avoit le souldan envoiee deça la mer pour espier la crestienté (*BF*, p. 152).

Après avoir conté l'enlèvement de Jehan Tristan, P. Desrey reprend, selon l'histoire, le récit de l'épidémie qui règne au camp français, puis celui de la capture du roi, mais il revient à *BF* pour évoquer les problèmes posés par la rançon de Louis, avec la demande présentée à l'abbé de Saint Denis:

> «Vous avez en l'eglise saint Denis ung crucifix d'or que de long temps a esté fait et donné des tres crestiens roys de France pour le parement de vostre eglise» (3 d; cf. *BF*, p. 159-60: «Vous avés en vostre esglise de saint Denis ung crucifix d'or qui piesça fut fait par les seigneurs de France»).

En revanche, dès la libération du roi, les événements qui se déroulent en Terre Sainte jusqu'en 1453 sont relatés en utilisant les sources historiques. Le récit de la 8e croisade est essentiellement emprunté à *BF*, ce qui produit une disparate avec l'histoire de la 7e croisade. P. Desrey écrit en effet que le roi est accompagné par «Robert d'Artoys son frere, le conte de Flandres, le conte de saint Paul et le sire de Chastillon» (76b, cf. *BF*, p. 161) et que «Robert d'Artois, frere du roy sainct Loys, Huue de sainct Pol, Henry de Chastillon» (76d) trouveront la mort devant Jacque: or P. Desrey nous a déjà conté la mort du frère de Louis à la Mansourah, au cours de la 7e croisade[38].

---

37 Que P. Desrey légitime par des arguments extrêmement édifiants: «le bon roy sainct Loys avoit amenee avecques luy la royne sa femme en la saincte terre, ensuyvant la doctrine du glorieux saint Paoul... lequel rescripvoit aux Corinthiens que l'homme qui est mis et ordonné par le vouloir de Dieu au saint sacrement de mariage ne peult de droit avoir la puissance de son propre corps, mais sa femme». (z5 b).

38 Voir z 3-4.

Une fois encore, pourtant, le compilateur revient à l'histoire, affirmant son intention de «retourner a la matiere precedente du royaulme de Jherusalem durant le temps que Jehan Tristan alla au pays de Cecille...»; de fait, il raconte avec une relative précision les événements qui se déroulent depuis la baillie de Godefroy de Sergines jusqu'à la fin de la croisade mongole (1260), puis il reprend le fil de *BF,* en prétextant une accalmie — guère conforme à l'histoire — de la situation en Terre Sainte (94b): suivent les aventures de Jehan Tristan et les démêlés de Robert de Béthune avec le duc de Bourgogne, jusqu'à la conclusion du roman, ainsi libellée:

«puis fut roi Phelipe le Bel en l'an de grace mil(deux) cenz quatre vingtz et douze, et consequemment ses successeurs de ligne en ligne au bon plaisir et vouloir de tout puissant Dieu nostre doulx saulveur et redempteur Jhesus qui triumphamment vit et regne au siecle des siecles. Amen» (B5 a; cf. *BF,* p. 191–92).

Comment expliquer l'utilisation par P. Desrey de *BF* pour la dernière partie de la *Genealogie*? On peut envisager plusieurs hypothèses, qui se complètent l'une l'autre.

L'équilibre interne de l'œuvre, tout d'abord, n'est pas mis en cause par la source utilisée: de même qu'il a suivi longuement au début un modèle légendaire, l'histoire du *Chevalier au Cygne,* P. Desrey termine son récit par un texte qui n'a pas la véracité de la chronique. Le recours à *BF* lui permet aussi de donner la pleine mesure de sa virtuosité et de ses qualités d'«orateur», lorsqu'il entrelace un moment histoire et affabulation romanesque.

BF, d'autre part, joue le rôle d'une généalogie légendaire des rois de France entre Louis IX et Philippe le Bel: il s'inscrit donc dans la perspective globale du texte qui est, on l'a vu, celle d'une histoire exemplaire des ancêtres, selon la chair et selon la vaillance, du roi Louis XII.

Reste enfin que ce texte à succès, bien connu de l'auteur, offre l'avantage de couvrir la période qui va jusqu'à la disparition du royaume franc de Jérusalem (1291) tout en dispensant de raconter la catastrophe. La mort de Louis IX ne sonne plus le glas des espérances des croisés, puisque la conquête par Jehan Tristan du royaume de Tarse apporte une éclatante revanche. Dès lors, la *Genealogie,* tout en étant tournée vers le passé, puisqu'elle exalte les «princes, roys, ducz, contes, marquis, barons et vaillans chevaliers, qui noblement par triumphe victorieux ont en leur temps recouvrez et possedez la saincte terre de Jherusalem et tout le pays de Surie, d'Antioche, de Rohays et aultres plusieurs» (B 5 a) peut constituer une incitation à reprendre la lutte, dans un esprit de fidélité à l'exemple donné par les prédécesseurs.

3. Place de l'œuvre.

Décevante à bien des égards pour l'historien des croisades, à qui elle apporte très peu d'éléments nouveaux, et pour les fervents de littérature épique, à qui elle offre un écho extrêmement affaibli des épopées de croisade, l'œuvre de P. Desrey représente toutefois une étape importante dans la conservation et dans la transmission des traditions relatives à la croisade.

A côté des *Passages d'outre-mer,* de S. Mamerot, la *Genealogie* est en effet le seul texte relatif aux croisades qui ait été imprimé au cours de la 1ère moitié du XVIe s. Il faut attendre, comme on sait, 1549, pour que Ph. Poissenot procure, à Bâle, une première édition de l'*Historia belli sacri* de Guillaume de Tyr, et 1573 pour que C. du Préau donne une traduction française du texte[39]. La *Genealogie* et les *Passages* ont donc certainement joué un rôle de relais.

39 Voir J.-C. Brunet 2, 1815, et la collection de J. Bongars, *Gesta Dei per Francos,* Hanovia 1611 (J.-C. Brunet, 1, 1098).

162

Les deux œuvres, pourtant, sont différentes. La seconde est plus proche de l'histoire, et même de l'actualité, que la première: mis à part le récit du voyage de Charlemagne à Jérusalem et de la conquête des reliques[40], elle emprunte peu à la légende et mène la relation jusqu'à la fin du XIVᵉ s., avec l'expédition de Boucicaut effectuée à la demande de l'empereur de Constantinople. Dès l'étape des mss., l'œuvre sera prolongée jusqu'à la conquête de Constantinople puis enrichie dans les éditions par des récits de voyage et des descriptions de la Terre Sainte[41]. Les *Passages* revêtent ainsi un aspect d'utilité immédiate pour qui veut, au XVIᵉ s., se documenter sur tout ce qui concerne la Terre Sainte.

La *Genealogie*, plus tournée vers le passé, est d'abord une réussite stylistique, pour nous bien désuète, du travail de compilation: matériaux d'origine diverse, littéraires et historiques, sont associés de manière à constituer un tout cohérent, dont les éditions successives ne modifieront pas l'équilibre.

Elle est aussi le musée précieux d'une activité littéraire et historique dont elle permet de reconstituer les modalités. Grâce au relais fourni par les analyses de C. d'Orville, nous découvrons au XVᵉ s. un vif intérêt pour l'épopée de croisade, connue surtout à travers le 2ᵉ cycle, qui se trouve associé à des récits historiques, dont certaines versions ont été ensuite perdues.

A ces titres divers, l'ouvrage de P. Desrey n'a pas usurpé son titre: généalogie des princes combattants pour la foi, il est aussi pour nous le lieu d'une généalogie des textes relatifs à la croisade.

---

40 Description utilisant l'*Iter Hierosolimitanum*, cf. L. Gautier, *Les épopées françaises*, II, 283–289.
41 Ce qui l'apparente à une œuvre comme *Les saintes peregrinations de Jérusalem* de B. de Breydenbach, traduites par J. de Hersin et par N. Le Huen, qui eurent de nombreuses éd. à la fin du XVᵉ et au début du XVIᵉ s. (Voir J.-C. Brunet, 1, 1249–51).

Le «Beuves de Hantonne» en prose: importance et expression du sentiment amoureux

Dans la chanson d'errance que constitue *Beuves de Hantonne*, l'amour, tour à tour heureux et contrarié, source des plus hautes prouesses mais aussi occasion de crimes affreux, joue un rôle très important.

Il est au point de départ du récit, puisque c'est par amour que la dame de Hantonne trahit son mari: dépitée d'avoir épousé un vieil homme incapable de lui donner du plaisir, elle fait tuer Guy de Hantonne par Doon de Mayence, qu'elle épouse ensuite. Elle tente même de faire périr son fils Beuves et réussit du moins à le vendre à des marchands.

Bientôt nous assistons à la naissance des amours de Beuves pour la belle Josianne, fille du roi Hermin d'Arménie. Les jeunes gens sont dénoncés et Beuves, bien qu'il ait porté secours à Hermin, est emprisonné à Damas; pendant ce temps, son amie est mariée contre son gré à Yvorin de Montbrant mais parvient, grâce à des procédés magiques, à garder sa virginité et à rester fidèle à Beuves.

Un troisième épisode fait encore une grande place à l'amour. Au bout de sept ans, Beuves réussit à s'évader de Damas et retrouve Josianne; il enlève la jeune fille et part avec elle à la reconquête de sa terre. Une fois encore, on tente de lui enlever son amie: cette fois c'est un chrétien qui, à Cologne, veut l'épouser de force.

Enfin réunis par le mariage, les époux ne vont pas connaître un bonheur paisible; ils sont contraints à l'exil, le cheval de Beuves ayant tué le fils du roi d'Angleterre. En chemin, Beuves et Josianne sont séparés l'un de l'autre, au moment où la dame vient de mettre deux fils au monde. La trace d'un des

74

deux enfants est aussitôt perdue et Josianne, accompagnée de son autre enfant, part à la recherche de Beuves qui, sur ces entrefaites, est contraint d'épouser Vancadoce, la reine de Sivele. Déguisée en jongleur, Josianne retrouve son époux, qui renoue aussitôt avec elle, Vancadoce acceptant d'épouser un jeune chevalier, ami de Beuves. Un peu plus tard, le second fils du héros est à son tour retrouvé.

Notre résumé, en dépit de sa brièveté[1], donne une idée de l'importance que revêt le sentiment amoureux dans la construction d'une intrigue aussi complexe que celle de *Beuves*. Il en est ainsi dans la plus ancienne version de la chanson, représentée par un texte anglo-normand de la fin du XIIᵉ ou du début du XIIIᵉ s.[2], dans les trois rédactions continentales qui se succèdent au cours de la première moitié du XIIIᵉ s.[3], dans les nombreuses imitations étrangères de cette histoire à l'extraordinaire fortune[4], enfin dans la rédaction en prose française du XVᵉ s.[5] que populariseront, au cours du XVIᵉ s., cinq éditions[6].

Dans les textes en vers, le rôle important attribué à l'amour se manifeste encore par la facilité avec laquelle le poète a redoublé certaines scènes, qu'il reprend de façon identique ou dans lesquelles il introduit au contraire des éléments discriminants. Ainsi, à la scène où Beuves ne se fait reconnaître de Josianne que tardivement, lorsque le cheval Arondel a déjà identifié le jeune homme[7], répond la façon dont Josianne se fera recon-

---

[1] On trouvera une analyse assez complète de la trame narrative de *Beuves* dans Ch. Boje, *Ueber den altfranzösischen Roman von Beuve de Hamtone*, Halle, 1909, Beihefte zur *ZRP*, 19, p. 29-42.

[2] Édité par Albert Stimming, *Der anglonormannische Boeve de Haumtone*, Halle, 1899, Bibliotheca Normannica VII.

[3] Voir A. Stimming, *Der festländische Bueve de Hantone*, Fassung I, II, III, Halle, 1911-1920, Gesellschaft für Romanische Literatur, 5 vol.

[4] Il existe des versions néerlandaise — *Buevijne van Austoen* —, anglaise — *Sir Beues of Hantoun* —, irlandaise —*Bibius o Hamtuir* —, galloise — *Bovo of Hamtwn* —, norroise — *Bevis saga* —, italienne — *Bovo d'Antona* —, russe — *Bovo* —, judéo-allemande —*Bovo-Buch* — et roumaine (voir Boje, *op. cit.*, p. 9-12).

[5] Il en existe deux mss. Paris BN. fr. 12554 et 1477, dont le second représente une version abrégée (voir G. Doutrepont, *Les mises en prose des Epopées et des Romans chevaleresques du XIVᵉ au XVIᵉ s.*, Bruxelles, 1939, p. 37-41.)

[6] Voir B. Woledge, *Bibliographie des romans et nouvelles en prose française antérieurs à 1500*, n° 24.

[7] Pour les textes en vers, nous donnons les références de la 2ᵉ réd. continentale, qui

naître plus tard de son époux à Sivele[8]. De même, on l'a vu, Josianne est l'héroïne de deux scènes de mariage forcé[9], et ces deux scènes sont proches l'une de l'autre; une troisième, en revanche, est symétrique des deux autres: alors que Josianne a su se garder des atteintes d'Yvorin et d'Hindemer de Cologne, Beuves, dans certaines versions, cède à Vancadoce après l'avoir épousée[10].

Le personnage féminin mis en scène ressort par ailleurs pour une bonne part de la volonté d'insérer une figure épique conservant ses caractéristiques essentielles dans une histoire aux perspectives souvent romanesques: à cet égard, le sentiment amoureux, on s'en doute, joue un rôle considérable. On peut donc voir dans le personnage de Josianne un exemple de la «sarrasine amoureuse», puisque c'est elle qui propose son amour au héros:

> Cor me prendés a per et a moullier,
> Tout cest païs arés a justichier,
> Ou tu m'en mainnes en France, en ton regnier,
> C'est une terre dont j'ai grant desirier. (2189-92).

On peut songer également, pour la scène du mariage forcé à Cologne, à un rapprochement possible avec *Erec*[11]; pourtant, même dans cette scène, le caractère épique reste net. Alors qu'Enide est frappée par le comte

> Et li cuens la fiert an la face;
> ele s'escrie, et li baron
> an blasment le conte an viron (4788-90)..
> Lors ne se pot cele teisir,
> einz jure que ja soe n'iert (4802-803),

Josianne n'hésite pas à frapper Hindemer:

> Hauce le poing, tel cop li a donné,
> Que tout le vis li a ensanglenté (7200-201).

---

a servi de modèle au prosateur (voir Boje, *op. cit.*, p. 13-14. Pour la reconnaissance de Beuves par Josianne, cf. v. 3544-3805.

8 V. 12648-13220.

9 V. 2733-2753 et 6641-7332.

10 V. 12495-12527.

11 Il s'agit de l'épisode du comte de Limors, *Erec*, éd. M. Roques, 4636 sqq.

76

L'héroïsme d'Enide se mesure donc à sa constance devant la violence, tandis que celui de Josianne consiste aussi dans l'intervention vigoureuse qui est la sienne. Plus tard, au cours des combats contre Yvorin de Montbrant, Josianne fera figure de véritable guerrière; armée de pied en cap

> Un auqueton de soie d'Aumarie
> Giete en son dos par moult grant signourie
> Et par desus une broigne a vestie,
> Puis lace un hiaume, ou li ors reflambie,
> Prist une hace trenchant et aguisie... (14261-265),

elle sait faire le meilleur usage de son équipement:

> Fiert un païen, que ne l'espargne mie,
> A mont en l'elme, u li ors reflambie,
> Onques li cercles ne li fist garandie,
> De si es dens est l'espee glacie (12475-78).

Le poète nous propose donc avec Josianne une figure paradoxale, à la fois plus belliqueuse que les grands modèles épiques, comme Guibour, et en même temps plus sensible qu'eux à la toute-puissance de l'amour.

Le prosateur du XVe s. a-t-il repris à son compte, et de quelle façon, ce jeu entre les éléments épiques et les éléments romanesques auquel s'est livré le poète des XII-XIIIe s.? En examinant la version du BN. fr. 12554, collationnée avec le texte de la première édition[12], nous voudrions essayer de répondre à cette question en suivant deux pistes complémentaires. Par une approche «quantitative» tout d'abord, nous devons nous demander ce qui a été conservé, supprimé ou transformé, en ce qui concerne les épisodes amoureux, de façon à proposer un diagnostic global sur l'équilibre de la prose.

Dans le même temps, attentif comme nous le sommes au travail d'écriture qui s'opère dans la translation d'un modèle versifié, nous souhaitons examiner comment certains styles utilisés pour traiter les passages qui nous intéressent manifestent, à travers la diversité même des solutions envisagées, la présen-

---

12 Voir l'édition procurée par M-M. Ival, *Beufves de Hantonne*, Publications du Cuer-MA, 1984; le texte reproduit est celui de l'éd. A. Vérard, *ca* 1500.

ce simultanée de différents types d'écriture, image fidèle de la luxuriante prose du XVe s.

Dans la chanson, le thème de l'amour donne lieu à deux grands types de scènes. D'une part l'auteur et son public semblent prendre plaisir aux passages lestes, aux situations scabreuses; d'autre part l'émotion, le pathétique sont sensibles aussi bien dans les scènes de séparation ou de retrouvailles que dans les passages où est attestée la puissance de la passion ou du destin. D'un côté, par conséquent, l'écriture enjouée, soucieuse de divertir; de l'autre le souci d'étonner et d'émouvoir.

On retrouve dans la prose le même découpage. Le romancier ne se montre pas pudibond et ne rejette pas, comme indignes de son art, les scènes où le corps a sa part; il aurait même tendance à gloser quelque peu son modèle, comme dans la scène où Beuves, après avoir longtemps résisté à Vancadoce, finit par lui céder. Le poète, dans un passage digne du fabliau, montrait Beuves expliquant à Vancadoce que ses caresses lui rendraient la virilité qui lui avait été prétendûment ôtée (12506-12510); le prosateur n'est pas en reste, puisqu'il montre l'exploration manuelle à laquelle se livre la dame, exploration qui la convainc que tout se porte «comme il se devoit porter»[13].

De même, et de manière plus fine, il brode sur les indications du poète, lorsqu'il s'agit de décrire les malheurs d'Yvorin, le malheureux époux de Josianne, réduit par les pratiques magiques de celle-ci à l'impuissance. La chanson, sur ce chapitre, est brève et discrète:

> Par ses conjures, par ses sors qu'ele fist
> Ainc l'amiraus ne pot gesir a li,
> Il en fu moult coureçous et maris   (2740-42).

Le prosateur voit au contraire dans la déception et les efforts du mari ensorcelé une scène tragi-comique, qu'il imagine avec un certain bonheur:

> Pour la grant amour que la damoiselle avoit en Beufvon, et pour l'espoir qu'elle avoit de le veoir en aucun temps, avoit elle trouvé

---

13 Pour l'éd. Vérard, voir M-M. Ival, *op. cit.*, p. 213.

> maniere au moyen de Bonnefoy son chambellan, qui ce lui aprist,
> qu'onques Yvorin le roy ne la sçeut habiter par charnalité, ains
> lui failli toute sa puissance, quelque vouloir qui y feust: sy ne la
> pouoit que baisier et mannier, et elle le soufroit tout de gré, fei-
> gnant le plus de plaisir qu'elle pouoit lui faire...Il la regardoit par
> grant amour, et elle lui rioit par grant fixion amoureuse, qui son
> grief mal lui faisoit doubler. Mais quant il se trouvoit pres d'elle,
> toute nature se refroidissoit en lui, si qu'il n'eust jamais sa plaisan-
> ce eschevee, dont il avoit si grant deil qu'il ne le savoit a qui dire.
> Sy en estoit honteux envers elle qui par samblant le confortoit, en
> lui disant que ce ne lui venoit que par trop grant superfluité d'a-
> mour.» (31 r) [14]

Le motif, certes, n'est pas neuf; non seulement il est dans le
modèle, mais on le trouve dans de nombreux textes narratifs,
épiques ou romanesques, du Moyen Age; on reconnaîtra toutefois au prosateur de *Beuves* une grande facilité, sur laquelle
nous reviendrons, à peindre une scène.

Il est également sensible, nous l'avons dit, à l'émotion que peuvent recéler certaines scènes; il reprend les passages lyriques fournis par le modèle, mais peut en ajouter d'autres. Ainsi, le
romancier, comme le prosateur, montre qu'au début l'amour
de Josianne n'est pas payé de retour; la jeune fille, dans la
chanson, ne paraît pas en souffrir; elle revient plusieurs fois,
et de plusieurs manières, à son propos, et finit par convaincre
Beuves (2185-2325).

Dans la prose, au contraire, la jeune fille éprouve une grand
chagrin devant les premiers refus du héros, et Josianne exhale
une longue plainte lyrique inconnue du modèle:

> «Lasse, moy dolante, fait elle, que m'est il advenu? Qu'ay je fait
> de mon cueur, et que sera ce de mon corps? Bien puis dire que
> je sui la plus maleureuse damoiselle du monde, quant j'ay mon

---

[14] «Pour la grant amour que la damoiselle avoit en Beufves et pour l'espoir qu'elle avoit
de le veoir en aucun temps, avoit elle trouvé maniere, au moyen de Bonnefoy son cham-
bellam qui ce luy aprist, que oncques le roy Ignorin ne la sçeut habiter par charnalité,
ains luy fallit toute puissance, quelque vouloir qui y fust, si ne la pouoit il que baiser
et manier et elle le souffroit tout de gré, faignant le plus de plaisir qu'elle pouoit luy
faire.. il la regardoit et elle rioit par fiction; quant il se trouvoit pres d'elle tout se refroi-
dissoit en luy si que il n'eust jamais sa plaisance achevee; dont il avoit si grant dueil
en son cueur qu'il ne le sçavoit a qui dire. Si en estoit honteux envers elle, qui par semblant le confortoit en luy disant que ce ne luy venoit que par trop grande superfluité
d'amours...», *éd. cit.* p. 53.

cueur assiz en ung lieu dont retraire ne le puis par nulle voie! Et si n'en puis de rien mielx valloir, ne mon corps n'en peut sinon empirer et souffrir peine et meschief. Si ne m'en sçay ne je ne m'en puis repentir de rien, non lasse repentir, car je n'avoie mie failli a le bien asseoir et bien estoie d'amours pourveue, se fortune et bon eur se feussent pour moy entremis. Or me ont esté contraires a ce commencement premier, et me conviendra ainsi vivre en langueur pour l'amour de mon ami. Amy, lasse, que dy je, ami? Non pas ami, car il ne m'a pas monstré signe d'amitié quant il m'a reffusee pour amie...
Helas! et il estoit tant a mon gré que, pour luy complaire, eusse le mien pere lessié! Il estoit chascun jour en mon encontre, et si ne le veoie mie; il estoit chascune heure en mon chemin, et ne le rencontroie point; il estoit toujours en ma pensee, car je ne le pouvoie oublier... Lors n'y aura que mercy qui de nostre discord sera chargie, car espoir m'a dit que son cueur amollira et du myen et du sien fera l'apointement; sy ne plaise ja a Dieu que pour ung reffus s'il m'a esté fait je ne poursuive, et tout pour l'amour de mon amy» (23v-24r). [15]

On peut donc constater que le prosateur, fidèle aux caractéristiques essentielles de son modèle, est aussi à l'aise avec le récit alerte d'épisodes facétieux qu'avec le ton lyrique de la plainte amoureuse et que, dans les deux cas, il est capable d'aller plus loin que le poète. Le lecteur moderne peut être surpris de la facilité avec laquelle le roman passe de l'enjoué au grave, et vice-versa; il peut y reconnaître aussi l'existence de plusieurs

---

[15] «Lasse, moy dolente», fait elle, «que m'est il advenu? Que ay je fait de mon cueur et que sera ce de mon corps? Bien puis je dire que je suis la plus maleureuse damoiselle du monde, quant j'ay mon cueur assis en ung lieu dont retraire ne l'en puis par nulle voye. Et si n'en puis mieulx valloir, ne mon corps n'en peut sinon empirer a souffrir paine et meschief. Si ne m'en sçay ne je ne m'en puis repentir, non lasse repentir, car je n'avoye pas failly a le bien asseoir et bien estoie d'amour pourveue, se fortune et mon eur se feussent pour moi entremis. Or me ont esté contraires a ce commencement premier, et me conviendra ainsi vivre et languir pour l'amour de mon amy. Ainsi, lasse, que dy je, amy? Non pas amy, car il ne m'a monstré signe d'amistié quant il m'a reffusee pour amie.
Helas! il estoit tant a mon gré que pour luy complaire eusse le mien pere laissié! Il estoit chascun jour en mon encontre, et si ne le veoie pas; il estoit chascun jour en mon chemin, et ne le rencontroye pas, il estoit toujours en ma pensee, car je ne le pouoye oublier. Lors n'y aura que mercy qui de nostre discord sera chargee, car espoir m'a dit que son cueur s'ammollira et du myen et du sien fera alliance et appoinctement; si ne plaise ja a Dieu que pour ung reffus s'il m'a esté fait je ne poursuive jusques a la fin, et tout pour l'amour de mon amy» *éd. cit.* p. 41-42.

80

types d'écriture mises au service de la translation d'un texte en vers, et c'est une telle recherche stylistique que nous voudrions maintenant approcher.

On distinguera tout d'abord un type d'écriture marqué par la recherche en matière de rythme et de sonorités: échos sonores, cadences, parallélismes ou chiasmes. Nous aurions pu étudier ces phénomènes dans les passages lyriques cités plus haut, mais nous préférons les analyser dans un monologue lyrique figurant à la fois dans la prose et dans le modèle, de façon à montrer un travail de traduction proprement dite. Il s'agit de l'invocation au vent de France, motif lyrique dont l'origine peut être recherchée dans un poème attribué à tort à Rimbaud de Vaqueyras, mais que certains auteurs épiques, outre celui de *Beuves*, ont apprécié[16]. Voici, successivement, la version du poème et celle de la prose.

> «Hé! vens de France, com tu ventes seri!
> El non de Dieu, bien puisses tu venir;
> Se fuisses hom, par Dieu qui ne menti,
> Que je peüsse baisier et conjoïr,
> Je te mesisse en ma chambre avoec mi
> Et te fesisse hounerer et servir
> Et te donnaisse du mien au departir
> Pour l'amour Bueve de Hantone la cit.»   (3752-59).

> «Bien puisses tu venir, fet elle, doux vent qui tant as mon cueur esjouy et qui nouvelles me aportes de mes amours! Haa, vent françois, que tant tu confortes mon cueur! Haa, vent courtois, que tant je te desire et que, se je te peusse avecques moy tenir, je te acolasse et baisasse! Tu eusses toutes tes necessitez, et en ma chambre te feisse gesir pour l'amour de mon cher amy Beufves de Hantonne, que je tant aime et ay amé.» (41 r)[17].

Comme le texte en vers, la prose recourt à la métaphore cen-

---

[16] Voir l'article de J. M. D'Heur, *Le motif du vent venu du pays de l'être aimé*, ZRP LXXXVIII, 1972, p. 69-104. Le ms. D. du *Charroi de Nîmes* et de la *Prise d'Orange* utilise un tel motif.

[17] «Bien puisses tu venir», fait elle, «doulx vent qui tant as mon cueur esjouy et qui nouvelles m'aportes de mes amours. Ha ha, vent françois qui tant confortes mon cueur! Ha ha vent courtois que tant je desire, et comme se je te peusse avecques moy tenir je t'acollasse et baisasse se tu eusses toutes mes necessitez et en ma chambre te feisse gesir pour l'amour de mon trescher amy Beufvon!» *éd. cit.*, p. 68.

trale du vent métamorphosé en messager d'amour, lui-même substitut de l'ami, mais elle se livre à un important travail de mise en forme qui recourt aussi bien aux procédés poétiques qu'aux procédés rhétoriques.

La cadence du vers n'est pas absente, en effet, d'un tel passage, dans lequel il est facile de repérer un alexandrin:

> Haa, vent françois, que tant tu confortes mon cueur!

et un décasyllabe:

> Haa, vent courtois, que tant je te desire!;

on peut aussi noter des échos en-*ir* (puisses tu *venir*.. je te *desire*.. je te peusse *tenir*.. te feisse *gesir*) ou en -*asse* (*acolasse, baisasse*), outre ceux qui résultent de l'usage du polyptoton (aime et ay amé).

Mais le travail rhétorique consiste surtout dans la recherche des séries. On notera le redoublement des propositions, qu'il s'agisse des relatives (*qui* tant as mon cueur esjouy et *qui* nouvelles..) ou de propositions exclamatives introduites par un adverbe (*que* tant je te desire et *que*.. je te acolasse). Cette tendance à la réduplication est enrichie par toutes sortes de variations qui conjurent la monotonie: effets de chiasme (qui tant as mon cueur.. qui nouvelles me aportes), passage du *tu* au *je* (*tu* confortes.. *je te* desire), élargissement d'une proposition par l'introduction d'un système hypothétique (je te desire..se je te peusse..je te acolasse).

On aboutit ainsi à une prose rythmée, riche en images, dans laquelle les séries syntaxiques tiennent lieu de mètre, sans toujours les faire disparaître, comme on l'a vu. Elle peut être aussi particulièrement attentive au lexique, comme le montre le passage suivant, autre invocation au vent de France:

> «He, Bueves sire», dist la dame gentis,
> «Or es en France avoeques tes amis,
> Je sui ci, lasse! que porrai devenir?
> La moie foi loiaument Dieu plevis
> Que ja cis rois n'avera part de mi.»   (2749-53)

«Haa! doux amis et gent chevalier Beufvon! Comment vous va il maintenant? Si estes vous a l'aise de vostre cueur en ce doulx païs dont je sent le vent venir, et je suy cy esloignee de vous, qui estes non pourtant ma souvenance et cordialle non mise en oubli. Pour tant, se de mes yeulx ne vous puis a mon plaisir veoir, j'ay vostre gaige, lequel vous me lessastes pour tous ostaiges, et mon cueur avez emporté qui, comme je croy, ne souffrira le vostre reposer en paix seurement, jusques a ce que l'un soit avecq l'autre rejoint. Car se le vostre est veritable, le mien ne sera menteur de sa partie, et ausi ne peut ou doit bon cueur mentir, comme on le dit en langaige commun.» (31v) [18]

On remarquera des constructions intéressantes comme «cordialle non mise en oubli» ou «le vostre reposer en paix» dans lesquelles le romancier, semblable au poète, fait sens par la juxtaposition substantivée de termes jusque-là disjoints. On peut donc reconnaître ici une prose poétique, qui constitue un équivalent intéressant pour les passages lyriques du poème.

Mais une autre tendance de l'écriture romanesque s'inscrit dans une opposition assez nette avec la précédente; il s'agit du souci, très manifeste chez le prosateur, de traduire la construction proprement narrative de son modèle dans une écriture destinée à montrer, à mettre en scène, et non plus à chanter: écriture qu'on peut qualifier de théâtralisée, dont la tonalité peut être, selon les circonstances, souriante ou grave, mais qui prend de toute façon ses distances avec le lyrisme.

On le verra tout d'abord avec le prologue du récit qui, dans une scène gracieuse et impertinente, nous montre la dame de Hantonne se levant un matin d'auprès son vieil époux et regrettant sa jeunesse mal employée:

«Et quant elle fut levee et entree en son retrait, qui bel et plaisant estoit, elle se lassa gentement en manniant son corps qui gentement estoit fait, prist ung mirouer bel et cler pour soy veoir, si parçeut sa face belle, couloree et plaisant, la façon de sa blanche poitrine ornee et large, et les mammelles dessuz assises, rondes et droictes; si ne se peust tenir de rire, qui bien lui seoit et mignotement. Puis regarda par une fenestre en ung jardin ou il faisoit deduisant,

---

[18] «Chevalier Beufves, comment te va il maintenant?» fait elle. «Or estes vous a l'aise de vostre cueur en ce doulx pays de France dont je sens le vent venir. Et je suis icy eslongnee de vous qui estes pourtant ma souvenance et mon desir cordiallement non mise en oubli; pourtant, se de mes yeulx ne vous puis a mon plaisir veoir, j'ay vostre gage, lequel vous me laissastes pour tous ostages; et mon cueur avez emporté, qui comme je croy ne souffrira le vostre reposer en paix seurement jusques a ce que l'ung soit avecques l'autre resjouy, car se le vostre est variable le myen ne sera jamais menteur de sa partie, et aussi ne peut ne ne doit bon courage mentir, comme on dit en langage commun.», *éd. cit.*, p. 53-54.

et y chantoient les oyselles pour ce que c'estoit ou temps d'esté; sy fut comme ravie en joie, et pença plus que devant aux biens qu'Amour envoie, dont il lui sembloit avoir petite part.» (lv)[19]

Dans la chanson, le passage correspondant est le suivant:

> Moult noblement s'estoit apareillie
> De riches dras de soie d'Aumarie,
> Moult bel estoit aprestee et garnie,
> Son chief mist fors par moult grant seignourie,
> Vit l'erbe vert et la rose espanie,
> Le rousseignol, qui cante a vois serie,
> Un mireoir tint qui vint de Percie,
> Mout se vit bele et gente et eschavie,
> Plus que n'est rose, vermille et coulourie.. (139-147).

Au-delà des ressemblances contextuelles, les différences éclatent. La chanson ne présente que l'ébauche d'un portrait et se limite à quelques adjectifs ou comparaisons traditionnels; le miroir n'apporte pas de perspective nouvelle, puisqu'il ne renvoie qu'à des éléments habituels («gente et eschavie»). Le roman, tout en recourant a des éléments eux-mêmes stéréotypés (évocation du visage, de la poitrine) met habilement ces passages obligés du portrait en relation avec une situation, une action: la dame est à sa toilette, et c'est à travers son propre regard que le lecteur découvre le spectacle plaisant d'une jeunesse savoureuse; le miroir n'est pas un accessoire inutile, mais devient le moyen d'une sorte de mise en abîme, dont le terme lointain est la joie: l'image de sa beauté comble la dame de satisfaction, et son rire est lui-même source de beauté.

Le prosateur peut aussi utiliser son aptitude à mettre en scène pour donner une vibration particulière à des scènes émouvantes. Lorsque Josianne, déguisée en jongleur, parvient à Sivele où se trouve son époux, la chanson s'intéresse à l'accoutrement de la jeune femme:

[19] «Et quant elle se fut levee, elle se lassa gentement en maniant son sein qui gentement estoit fait, et aprés elle print ung mirouer bel et cler pour se veoir, si apperceut sa face belle et coulouree, et plaisant la façon de sa bouche, sa poictrine belle et large et les mamelles dessus assises rondes et droictes; si ne se peut tenir de rire, car bien luy seoit et mignotement. Aprés ce, regarda par une fenestre en ung jardin ou il faisoit deduisant, et y chantoient les oyseletz pource que c'estoit ou temps d'esté, comme ravye de joye et pensant plus que devant aux biens qu'amour envoye, dont il luy sembloit avoir petite part», *éd. cit.*, p. 8.

84

> Cote ot fendue et derriere et devant,
> Et si fu chainte d'un baudré par les flans,
> D'un doit a l'autre i ot pierres seant,
> De l'or d'Arrabe cler et resplendissant (12806-12809);

le romancier, pour sa part, s'intéresse au mécanisme même de la reconnaissance entre les époux; et, afin de la préparer, il imagine un détail émouvant qui intrigue Beuves, témoin de la scène; en effet la dame, tout en contant une histoire qui n'est autre que celle des héros, porte son jeune fils dans ses bras:

> «Si se assemblerent la tant de gens que merveille, a ouir la pitié que Jozianne racomptoit haultement. Mais qui plus est, elle tenoit son petit enfançon, filz de Beuves le seigneur de Sivelle, que chasun et chascune regardoit moult ententivement, si que on disoit que mais n'avoit l'en veu plus bel, et assez ou ausques pres retraoit au petit filz de Vancadoce la dame de Syvelle» (134 r)[20].

Le regard posé par la foule sur le petit enfant est assurément une trouvaille, car il anticipe, par le moyen d'une telle image, sur la scène de la reconnaissance entre les deux époux. Pourtant, si la théâtralisation que nous voyons ici à l'oeuvre illustre parfaitement le travail dramatique du prosateur, elle marque aussi la différence inévitable qui sépare poésie et prose, chant et récit, en ce qui concerne la création du pathétique.

Dans la chanson en effet, l'essentiel n'est pas l'image, mais le discours qui institue de nouvelles relations entre locuteur et destinataire, entre l'instant de la parole et le temps recréé. Sous le déguisement du jongleur, ce qui compte, c'est l'histoire commune de Josianne et de Beuves; à travers l'appel à tous, c'est Beuves qui est visé:

> «Or m'escoutez, chevalier et sergant,
> Et les puceles et dames et enfant,
> Un son nouvel de la terre des Frans,
> Cou est de Bueve, un chevalier vaillant,
> Et de s'amie, Josiane au cuer franc..» (12811-814);

---

[20] «Si s'assemblerent la tant de gens que merveilles, a ouyr la grant pitié que Josienne racomptoit haulttement. Mais qui plus est, elle tenoit son petit enfant, filz de Buefves le seigneur de Cynelle, que chascun et chascune regardoit moult ententivement, si qu'on disoit que oncques mais n'avoit on veu plus bel enfant, et assez ou ausques pres ressemboit au petit enfant de Vaucadoce la dame de Cynelle.», *éd. cit.* p. 222.

et s'il est question de l'enfant, ce ne peut être que dans ce discours où le chant vient condenser toute l'extension d'un long récit d'aventures, où se dédoublent les fonctions du personnage — locuteur aussi bien qu'acteur de son propre rôle —. où s'enfle enfin l'instant du texte qui, à travers le travail de remémoration, rejoint la totalité de l'histoire des amants:

> «Dedens la vile prisent herbergemant
> Chiez un lor oste, qui ot non Fouquerant,
> C'est li peschieres ki en mer prist l'enfant..» (12846-12848).

Dans le poème, l'enfant ne peut être qu'absent, et pourtant donné à voir dans le travail de mémoire qu'il suscite:

> Quant Bueves ot parler de son enfant,
> Tant li fu bon oïr et dit et chant
> K'en son ostel en est venus courant,
> D'une grant lieue ne dist ne tant ne quant,
> Ne cele nuit ne menja il noiant.. (12852-12856).

Le prosateur au contraire, du fait même de son travail scénographique, se trouve lié à la succession linéaire des faits et passe à côté de la récapitulation de la durée, qui serait pour lui l'exact opposé de ce qu'elle est pour le poète, une *perte de temps*:

> «Elle commança a racompter de bout en autre toute la vie de son seigneur ainsi qu'elle l'avoit ouy racompter du par avant qu'elle le congneust oncques, et du temps meesmement qu'elle l'avoit congneu, jusque a l'eure qu'il fut pardu, et *ainsi comme ce present livre l'a declairé ça en avant*» (134 r)[21].

Ainsi le prosateur, justement parce qu'il prosateur, apparaît moins susceptible que le poète de rejoindre une fulguration qui n'appartient qu'à un texte où se mêlent, par la magie des mots, tous les instants de la durée, alors que le fait de suivre, et de manière remarquablement fidèle, un modèle épique, l'oblige à se confronter assez souvent à des scènes qui sont de l'ordre du poétique.

---

21 «Elle commença a racompter de bout en autre toute la vie de son seigneur ainsi qu'elle luy avoit ouy racompter et a plusieurs autres, par avant qu'elle le congneust oncques, et du temps mesmement qu'elle l'avoit congneu, et ainsi comme ce present livre l'a declairé cy en avant», *éd. cit.* p. 222.

86

Un autre type d'écriture, très bien représenté dans la prose, est le style argumentatif qui, le plus souvent dans des discours destinés à persuader, fait du récit une construction essentiellement logique et s'oppose, de la sorte, à la vivacité de l'enchaînement dramatique. Ainsi, lorsque Beuves reconnaît Josianne, le jongleur nous propose une émouvante scène de retrouvailles, dans laquelle se lit la rupture des liens avec Vancadoce:

> «He, Dieus!», dist Bueves, «ensi a il esté.»
> Il passe avant, cele part est alé,
> Cent fois li baise et le bouche et le nes
> Et les vairs ieus et le viaire cler.
> Et Vencadousse a Buevon apelé:
> «He, Bueves sire, frans chevalier membré,
> Est ce la dame dont vos oï parler?»
> «Oïl voir, dame», ce dist Bueves li ber,·
> Je l'espousai a moullier et a per». (13062-13070).

La prose nous offre au même endroit un très long discours justificatif, qui cherche moins à émouvoir le lecteur qu'à excuser l'abandon de Vancadoce:

> «J'ay vostre plaisir fait, dame, fet il, jusques a ores et feroie encores tant qu'a moy seroit possible du faire. Mais vous savez que plus ne puis a toute bonne raison considerer, car ceste qui premiere estoit est venue, et puis que tant a travaillié pour moy trouver, je croy que trop envis s'en retourneroit sans moy, et bonne amour ne devroit mie vouloir que je lui fallisse. Et ad ce que de nul ne peusse estre repris aprés mon departement, vous veil je bien dire, Madame, devant ces notables seigneurs et chevaliers qui cy sont, que quant vous me demandastes a seigneur, je vous notifiay et feiz loyalment savoir que j'avoie dame espousee en estrange terre; et veritablement ne fut mie de mon vray consentement ce qui fait en fut, comme assez le pouez savoir, mais de vostre bien m'aviés tant chier que je ne me sceuz de vous escondire. Or fault maintenant que la grant amour quy de vostre costé venoit seulement, c'est a dire que de ma part j'amoye ailleurs, soit maintenant departie, par quoy est aprouvé ce que dist ung saige par gentielx notable:

> L'amour qui vient seulement d'une part
> Ne peut long temps durer, ains se depart.

> Or prendray je de vous congié, fet il, Madame, et m'en iray quant il vous plaira aveques celle qui j'aime plus que je n'aymay oncques dame ne damoiselle. Et bien y suis tenu, car c'est m'amour premie-

re, et celle a qui mon cueur fut premier obligié; et de vostre compaignie ne sauroie faire autre chose que de vous mercier, si m'en iray d'aveques vous comme j'y vins.» (137v-138r)[22].

Un tel propos n'exclut pas les recherches rythmiques de la prose poétique («car c'est m'amour premiere,/ et celle a qui mon cueur fut premier obligié», 6 et 12 syllabes), mais il se préoccupe d'abord d'établir, par le raisonnement, une chaîne logique entre les faits; il motive par ailleurs les actes des personnages et propose ainsi une analyse du comportement des héros. Fréquemment, du reste, le souci d'autoriser personnages et événements dramatiques conduit essentiellement à l'usage de distiques sentencieux comme celui que nous venons de citer.

Si nous récapitulons les résultats de notre enquête, il semble possible d'énoncer les propositions suivantes. La fidélité du prosateur de *Beuves de Hantonne* à son modèle reste évidente en ce qui concerne les épisodes amoureux; de là un texte qui peut être qualifié à la fois de roman d'errance et de roman d'amour. Séduit par les scènes enjouées, auxquelles il n'hésite pas à ajouter quelques éléments de son crû, le romancier est également sensible à la puissance d'émotion que recèle l'histoire d'une passion combattue par la fortune, mais qui parvient à triompher d'elle; enfin il recherche une histoire cohérente, aux enchaînements motivés.
Différents types d'écriture apparaissent donc, et leur disparate surprend parfois le lecteur d'aujourd'hui: le récit alerte avoisi-

22 «J'ay vostre plaisir fait, ma dame», fait il, «a mon pouoir jusques a ores et feroye encores tant que a moy seroit possible de faire, mais sçavez que plus ne puis, a toute bonne raison considerer, car ceste qui premiere est venue est ma femme. Et puis que tant a travaillé pour moy trouver, je croy que trop envis s'en retourneroit sans moy, et bonne amour ne devroit vouloir que je luy faillisse. Et ad ce que nul ne puisse estre repris, mon partement vous vueil je bien faire assavoir et dire, ma dame, devant ses nouvelletz seigneurs et chevaliers qui cy sont, que quant vous me demandastes a seigneur je vous notiffiay et fis loyaulmant assavoir que j'avoye dame espousee en estrange contree, et veritablement ne fut mye de mon vray consentement ce que fait en fust, mais de vostre bien vous me prinstes a seigneur. Mais maintenant prendray je de vous congié», fait il, «ma dame, et m'en yray quant il vous plaira avecques celle que j'ayme plus que n'aymay oncques dame ne damoyselle, et bien y suis tenu, car c'est m'amour premiere et celle a qui mon cueur fut premierement obligé. Et de vostre compaignie ne sçauroye je ou pourroye faire autre chose que de vous mercier: dont je vous remercye treshumblement. Si me donnez congié s'il vous plaist, si m'en yray je d'avecques vous comme je y vins», *éd. cit.*, p. 229-230.

88

ne des passages fortement théâtralisés mais aussi des discours très argumentés. Il s'agit là de directions divergentes dans lesquelles notre prosateur, mais aussi tous les translateurs du XVe s., s'engagent afin d'exprimer les tendances elles-mêmes contradictoires du système lyrico-narratif de la chanson de geste, surtout s'il s'agit de modèles du XIIIe s., dans lesquels les éléments narratifs ont tendance à bouleverser l'équilibre antérieur.

Chacun de ces styles a son mérite: l'écriture alerte des passages érotiques s'apparente à celle de la nouvelle des XVe et XVIe s., parce qu'elle descend des fabliaux; la théâtralisation ne manque pas de force et permet une peinture vive des moments dramatiques; enfin l'argumentation précise s'effectue dans un style élevé. Les différences de tonalité sont elles aussi bien réelles, et résultent de l'emploi de procédés littéraires imposés de l'extérieur — ceux que suggère un modèle inévitablement divers —, contrairement à la logique d'un style qui rencontrerait dans son invention constante sa propre nécessité.

Pourtant l'apport de ces recherches, que des romans ultérieurs, et notamment la série des *Amadis*, saura perfectionner, nous semble capital pour la construction progressive de la prose narrative française: avec elles apparaissent en effet trois éléments essentiels de l'écriture-prose: la possibilité d'exprimer le pathétique, l'art de la mise en scène, la conténation logique.

La légende de Gérart de Fraite en français du XIVᵉ au XVIᵉ siècle

Trois textes en prose, échelonnés de la fin du XIVᵉ s. à 1549, nous transmettent des fractions plus ou moins étendues de l'histoire de Gérard de Fraite et signalent la trace d'un ou de plusieurs modèles en vers disparus. Il s'agit d'un passage du livre II du *Myreur des Histors* de Jean d'Outremeuse[1], du texte contenu dans le manuscrit 12791, fonds français, de la Bibliothèque Nationale[2], enfin du roman imprimé en 1549 par Etienne Grouleau sous le titre: *Le premier livre de l'histoire et ancienne cronique de Gerard d'Euphrate*[3].

Parmi ces textes, la prose manuscrite du BN. fr. 12791 n'a fait jusqu'ici l'objet d'aucune étude approfondie. Après avoir rap-

---

[1] Edition Ad. Borgnet, t. III, p. 81-109. La place du passage dans le *Myreur* et son rapport aux sources ont été étudiés par L. Michel dans *Les légendes épiques carolingiennes dans l'oeuvre de Jean d'Outremeuse*, Bruxelles, 1935, notamment p. 187-211. Comme P. Meyer, l'auteur considère que Gérard de Fraite est le héros d'un récit distinct de *Girart de Roussillon* et de *Girart de Viane*.

[2] Texte signalé par G. Doutrepont, *Les mises en prose*, Bruxelles, 1939, p. 275-80; l'auteur n'avait pu consulter le ms. Indications très rapides dans R. Louis, *Girart, comte de Vienne*, II, 1ère partie, Auxerre, 1947, p. 157. R. Louis considère que l'*Ancienne cronique* est très proche du ms. 12791, ce qui est, pour l'essentiel, inexact.

[3] On note, comme l'indique R. Louis, *op. cit.*, p. 158, deux autres éditions, à Lyon, chez B. Rigaud, 1580, puis chez Chastelard, 1632; plus tard, en 1783, Constant d'Orville remanie le texte et ajoute l'histoire du conflit avec Charles, qui se termine par la soumission de Gérard (*Ancienne Chronique de Gérard d'Euphrate... avec rencontres et aventures merveilleuses de plusieurs chevaliers de son temps.*, Paris, Moutard, 2 vol.). L'édition de 1549 a été étudiée de façon intéressante par K. Raders, *Ueber den Prosaroman « L'histoire et ancienne cronique de Gerard d'Euphrate »*, Inaugural-Dissertation, Greifswald, 1907.

pelé les caractéristiques des deux autres oeuvres, nous souhaitons examiner cette prose en détail, de façon à préciser ses
relations avec les autres versions et avec le modèle qu'elle a
pu utiliser, de manière également à préciser son originalité.
Pour désigner notre héros, il nous faut choisir entre les variantes nombreuses d'un patronyme fluctuant, puisque Jean d'Outremeuse parle de « Gerart del Fraite», la prose manuscrite de
« Gerard du Frattre» et l'*Ancienne cronique* de « Gerard d'Euphrate»; nous retiendrons Gérard de Fraite, proche du *Myreur*
et qui rejoint aussi Aubri de Trois-Fontaines[4].

1. L'ANCIENNE CRONIQUE

Bien que cette oeuvre soit la plus tard venue, nous pouvons
commencer par elle: comme l'a montré K. Raders, c'est un
roman de chevalerie qui paie tribut à la vogue des *Amadis*.
Sans souci de fidélité à l'égard d'un modèle quelconque, il se
conçoit comme le prologue de l'histoire de Gérard:

> «si son enfance vous est agreable, apres sa jeunesse vous
> verrez l'aage viril»,

conclut le prologue.
Ce récit d'enfances, qui contient tous les ingrédients du genre
– entrelacement des aventures, coups de théâtre, séparations
et retrouvailles –, avec la tonalité fantastique et galante qu'il
doit aux *Amadis,* vaut tout d'abord par son écriture. Celle-ci
ne relève pas seulement du style vif et orné que Des Essarts a
mis à la mode, mais elle manifeste un véritable talent de conteur, parfaitement à son aise dans les anecdotes pittoresques.
On trouvera en annexe quelques exemples de ce brio de nou-
velliste.
Mais la *Cronique* est riche d'autres enseignements. D'une part
l'auteur connaît un texte comparable à celui du BN. 12791: il
y fait quelques emprunts dans les premières pages de son
oeuvre, avant de l'abandonner. Nous citerons deux passages

---

[4] *Gerardus de Frado,* cité par R. Louis, *op. cit.,* p. 134, n. 2.

de ce préambule, qui consiste en l'évocation des trois gestes de France: ils manifestent de grandes ressemblances textuelles. Voici d'abord la lignée de Charlemagne:

Ms. 12791

1v Charles le grant... fut le chef de la premiere geste, duquel est issu le tres ilustre sang de France, qui a regné par ligne masculine jusquez a Hue Capet, usurpateur du royaulme sur le roy Charles, filz de Loys ve.
Mais depuis, icelle posterité de sy exellant hom issue rentra par ligne femenine au bon roy Loys, pere de sainct Loys, quy fut filz de Philippes Auguste et Yzabel, fille de Bauldouyn surnomme ilustre, conte palatin de Haynau et d'Artois...

Cronique

11r Charles le Grand.. a esté le chef de la premiere lignee de Gaule, dunquel est yssu le trescrestien sang de France, qui a regné jusques a Hue Capet (filz de Hue le grand, comte de Paris), usurpateur du royaume sus Charles duc de Loraine, filz de Loïs troisiesme et frere de Lothaire, pere de Loïs quatriesme, qui deceda sans hoirs.. Ceste ligne ou posterité saillie de si excellante souche r'entra en la royale corone par ligne femenine, en Loïs huitiesme, pere de saint Loïs, filz de Philipe Auguste, dit le conquerant et Dieu donné, et de ma dame Elizabet, fille de Baudouyn surnommé Illustre, comte pallatin de Haynau et d'Artoys...

On voit que la version de la *Cronique* est plus précise et plus complète que celle du ms., mais en substance identique. Un second extrait évoque, dans la lignée de Doon de Mayence, notre héros, Gérard de Fraite:

2r Le quart (filz) fut le puissant, oultrecuydé, roux, duc Gerard du Frattre, prince d'Orbendas, conte de Limoge et d'Auvergne, duc de Bourgogne et baron d'une partie de la spacieuse Lombardie, duquel ce présent volume porte le non. Et combien que de plusieurs aultres belles et plaisantes matieres soit aorné, touteffois s'adonne notre aucteur Turpin plus sur luy que sur aul-

Le quatreiesme, Gerard d'Euphrate, duc de Bourgongne, comte de Lymoges et d'Auvergne, prince d'Orbandas, marquis, baron et seigneur d'une partie de la Lombardie, et vicaire (en la temporalité) du Saint Siege Apostolique, auquel nostre auteur Turpin a reservé (tant pour ses faitz amirables, son orgueil excessif, que pour les extremes afflictions qu'il fit souffrir au roy Charle-

tres; car pour ses faictz merveilleux a voullu et luy a reservé cestre presente cronicque

maigne, et a tout le royaume) ceste presente cronique: encores qu'elle soit decoree d'infinité de combatz.. d'iceluy grand empereur Charlemaigne, des pers de France et autres vaillans chevaliers, ses fideles vassaux: si a il arresté sa principale intention a iceluy Gerard d'Euphrate

Les différences sont ici plus sensibles, mais la parenté reste incontestable, tant pour l'énumération des titres de Gérard que pour la référence à Turpin.

Le troisième exemple présente la geste de Garin de Monglane; il offre l'intérêt de montrer comment le texte de la *Cronique* comble une lacune du ms., ce qui confirme que les deux versions ont un modèle commun.

2v De la tierce et derniere geste de France fut l'exorde et principe le belliqueux et tres magnificque chevalier Guerin de Monglane, geniteur des heritiers de milice Arnault roy de Bellaude, pere de sire Aymery de Narbonne, Milles roy de Puille et de Calabre, Regnier duc de Gennes et vif roy en France, pere du marquis Ollivier, compains du prince Rolland.
3r Le dernier fut Gerard, noble duc de Viennois et plusieurs aultres princes et vaillans chevaliers nommés Bennes et Savary, Gallien Rethoré et aultres..

3v De la tierce et derniere lignee, le triumphant et belliqueux Guerin, duc de Montglave, fut l'exorde et commencement, qui seul, au trenchant de l'espece, conquist sur le sarrazin Gafier la forte tour et seigneurie de Montglave, que nous nommons a present Lyon sur le Rosne, et sa fille unique Mabile, qu'il espousa, laquelle luy produisit les martiaux heritiers de prouesse Arnaud de Beaulande, pere du fier Aymery de Narbonne, Millon roy de la Pouille et de Calabre, Regnier duc de Gennes, pere du marquis Olivier, compagnon d'armes du prince Roland et Gerard, duc de Viennoys, qui n'eut aucuns enfans, au moyen de quoy il adopta la princesse Audin, sa niece. D'icelle lignee sont pareillement descenduz Bannes, Savary, Gallian Rethorez, et tant d'autres bons chevaliers..

Une lacune existe en effet dans le ms. entre «noble duc de Viennois» et «plusieurs aultres princes», que le texte de la *Cronique* permet de combler.

L'imprimé a donc puisé, pour son prologue, dans un modèle en prose que le ms. 12791 a utilisé de son côté. L'imitateur des *Amadis* pouvait, de la sorte, insérer son oeuvre dans une tradition autorisée. Il connaissait aussi l'histoire du conflit entre Gérard et Charlemagne, puisqu'il fait allusion, dans sa préface, aux guerres «d'un grand seigneur, apellé Gerard d'Euphrate.. contre le roy de France et empereur de Rome Charlemaigne», tandis que la fin de l'ouvrage signale «la temeraire arrogance, presumption et felonnie, de cest obstiné duc de Bourgogne» (137v).

Ces indications sont insuffisantes pour nous permettre de savoir quel type de récit était connu de l'auteur en ce qui concerne la guerre de Gérard contre son seigneur. Le contexte dans lequel ce conflit semble situé est toutefois intéressant, puisque le romancier veut raconter en son second livre «la conqueste des Espaignes, faite par le grand roy Charlemaigne» (137v). Or le cadre géographique choisi – l'Espagne – nous rapproche, comme on le verra, des données du ms. 12791, à la différence des versions qui situent la lutte contre les Sarrasins d'Aspremont, prélude à la révolte de Gérard, en Italie. Ajoutons que l'expression retenue «la conqueste des Espaignes, faite par le grand roy Charlemaigne» rappelle le titre de la prose imprimée de *Fierabras* par Jean Bagnyon, chanoine de Lausanne *(La conqueste du roy Charlemagne des Espagnes),* et que le ms. 12791 contient de son côté la mise en prose de la deuxième partie de *Fierabras.*

On notera enfin que la *Cronique* contient des allusions assez précises au remaniement du XIVe s. de *Renaut de Montauban* contenu dans le ms. 764 du fonds français de la BN, texte mis en prose en 1462 (voir, par exemple, les mss. B.N. fr. 19173-177)[5]. Elle raconte, au chapitre LXXXV (p. 550 de l'éd. de

---

[5] Le texte en vers a fait l'objet d'une édition de Philippe Verelst (thèse de l'Université de Gand, 1985), publiée à Gand en 1988. La rédaction en prose, dite amplifiée, n'a pas été imprimée à la fin du XVe s., contrairement à la prose réalisée d'après la chanson de geste du XIIIe s.

144

1580), comment Robastre devient roi de Jérusalem, et surtout comment Danemont construit une tour à Angorie afin d'enfermer les reliques de la Passion, qui plus tard seront transportées à Paris et déposées à la Sainte Chapelle. Cette allusion est d'autant plus surprenante que la prose amplifiée de *Renaut,* issue du remaniement du XIVe s., n'a jamais été imprimée. Le romancier avait certainement pu consulter un ms. de la rédaction amplifiée, dont le succès a peut-être été plus important que nous ne le pensons.

2. GÉRARD DE FRAITE DANS LE MYREUR DES HISTORS

Jean d'Outremeuse connaît les liens entre *Aspremont* et la guerre de Gérard de Fraite contre Charles, mais il ne raconte pas *Aspremont,* se contentant de quelques allusions: il écrit notamment, à propos d'Agolant:
«Cil fut Agolant ou Nalmon fist le messaige, ou Gerart del Fraite servit Charlemaigne a ix^m hommez; et il relevat le chapel Charlez et luy remist sur son chief, dont Turpin de Rains mist en escript qu'il avoit servit Charlez, sy en vint grant mal aprés»[6].
L'histoire de *Gerard de Fraite* proprement dite se rattache directement à Aspremont; le récit du pèlerinage, qui en constitue la première partie, apparaît comme la suite d'un voeu prêté par Charlemagne lors de la guerre contre Agolant[7]; dans le même temps, le départ de l'empereur pour Jérusalem est précédé par une violente altercation avec Gérard[8], qui annonce les conflits futurs.
A Jérusalem, Charles et ses compagnons découvrent les reliques de saint Pierre le Mineur, qu'avec l'accord du patriarche ils s'apprêtent à ramener en France. Mais au cours du voyage de retour, les chrétiens sont attaqués par Sinagon de Palerme

---

[6] Voir l'édition André Goosse, *Ly Myreur des Histors. Fragment du second livre,* Bruxelles, 1965, p. 209.
[7] «Charles, en accomplissant son vowe qu'il avoit fait i an devant contre Agolant d'aleir a saint sepulchre» (éd. Borgnet, t. III, p. 79).
[8] Éd. Borgnet, t. III, p. 79-80.

qui les fait prisonniers. Gracienne, tombée amoureuse d'Ogier, favorise la libération des français, tandis que Sinagon, père de Gracienne, se rend à La Mecque pour annoncer l'extraordinaire capture qu'il a réalisée. Pendant ce temps également, Milon d'Auvergne, bâtard de Gérard de Fraite, qui accompagnait l'empereur dans son pèlerinage et a échappé aux Sarrasins, se rend à Orbendas et réclame à son père de l'aide pour délivrer Charlemagne. Le rebelle refuse, mais Milon obtient à Paris du secours de Renier de Genève: la victoire des chrétiens, marquée principalement par les exploits d'Ogier, est totale, et tous reviennent en France[9].

Une deuxième partie[10] développe surtout les conséquences des péripéties auxquelles a donné lieu le pèlerinage, tout en rappelant le thème de la rébellion.

Agramart et Sinagon, ayant compris le parti qu'ils peuvent tirer de la captivité des barons de France – ils ignorent en effet leur libération – viennent mettre le siège devant Orbendas, la capitale de Gérard. Celui-ci envoie ses fils à Paris pour demander du secours à Charles, qui refuse, en raison du déni d'hommage. Gérard se dérange en personne, et l'empereur finit par céder, tout en portant à son vassal un défi «maintenant et pour adonques»[11], si celui-ci maintient à l'avenir son attitude. Les païens sont vaincus par l'armée de secours, dont le chef, Agramart, est capturé et se convertit, tandis que sa fille, la belle Rozemonde, nouvelle sarrasine amoureuse, devient l'épouse d'Escorpion.

Après ces épisodes de type romanesque, la troisième partie[12], consacrée à la guerre entre Gérard et Charles et à la mort du rebelle, a un caractère plus nettement épique. Après un nouveau refus d'hommage, Gérard met le siège devant Paris, mais doit prendre la fuite. C'est alors que son histoire croise celle de *Renaut de Montauban;* le rebelle propose son aide à Maugis et aux fils Aymon, tandis que Jean d'Outremeuse fait allusion au siège de Montfort et à la punition d'un traître par Ogier.

---

[9] Ed. Borgnet, t. III, p. 79-88.
[10] *Ed. cit.*, t. III, p. 88-95.
[11] P. 92.
[12] P. 96-109.

146

C'est l'occasion pour lui de vanter la supériorité de sa version de *Renaut:*

> «Chu n'est pas en la gieste Renart de Montabain, qui fut fait par i menestreit anchienement, qui ne contient en li nulle veriteit, ne je ne trovay onques plus fausse gieste que celle»[13]

Gérard, pour assouvir sa haine insensée contre Charlemagne, passe en Espagne pour faire alliance avec le roi de Parde:

> «si dist que anchois ilh serat Mahon adorant, que ilh ne mete Charle et ses aidans a fin»[14].

Avec soixante mille Sarrasins, Gérard entre en France et ravage tout sur son passage; il propose son aide aux fils Aymon, que ceux-ci refusent, puisqu'elle vient d'un renégat. Gérard s'en prend alors à l'empereur, mais il est battu et ses fils sont capturés, puis bientôt délivrés.
S'engage alors l'étape finale de cette lutte formidable. Gérard met le siège devant Laon et refuse les propositions de négociation qu'Ogier, de la part de Charlemagne, lui offre. Une bataille générale commence, au cours de laquelle les fils de Gérard sont tués, et Gérard lui-même est grièvement blessé par Ogier. Laissé seul quelques instants dans une chambre de Laon, le rebelle – ainsi le raconte «i garchon» qui assistait à la scène – s'arrache le coeur:

> «Gerart butat sa main en son sain, disant: "Hey, roy Charlon! faux trahitre! ja n'en tenray de toy! tu es vilain, miez ayme morir forseneit". Atant sachat son cuer; atant fut mis en terre»[15].

Cette mort tragique met fin à la guerre; Milon d'Auvergne, qui n'a pas suivi Gérard dans sa rébellion, hérite de ses possessions.

---

[13] P. 99. Sur la version donnée par Jean d'Outremeuse de *Renaut de Montauban*, voir L. Michel, *op. cit.*, p. 211-236.
[14] P. 99.
[15] P. 109.

On notera que la *Geste de Liège* contient un très bref résumé du *Gerard de Fraite* où l'on reconnaît l'épisode du pèlerinage à Jérusalem, la liaison avec l'histoire de Renaut et l'abjuration de Gérard[16].

3. LA PROSE MANUSCRITE.

Le ms. 12791 comporte trois parties, dont la première lui est propre. Il s'agit d'une version de *Fierabras* (1-25v) limitée à la seconde partie de la chanson; elle commence avec la captivité des barons français, puis raconte la rescousse de Charles, le combat du pont de Mautrible, la mort de Ballant et le baptême de Florippes.

Cette première partie, totalement ignorée du *Myreur,* est solidement reliée à la suivante, *Aspremont* (25v-106r), par un lien logique: la mort de Ballant est annoncée par Sinagon de Palerme à son frère Yamont, et ce dernier envoie aussitôt défier Charlemagne dans Aigremoire, la cité de Ballant (35r). L'action d'*Aspremont* est donc fondée par celle de *Fierabras,* d'autre part un personnage comme Sinagon est destiné à jouer un rôle important dans l'épisode du pèlerinage de Charlemagne.

Mais *Fierabras* sert également à mettre en place le personnage de Renaut, appelé ici Regnault de Dordonne, et à raconter ses enfances. Le jeune homme – qui n'apparaît nullement dans la chanson de *Fierabras* – accomplit ses premiers exploits, tuant Sortibrant de Conimbres (20v), de sorte qu'au repas festif qui célèbre la victoire, il

«fut faict gros estime du jeune filz de Aymon nommé Regnault et de son grant portement qu'il avoit faict» (25v)

La version d'*Aspremont* que présente la deuxième partie du manuscrit ne peut être qu'indirectement comparée au *Myreur,* puisque ce texte se contente d'une allusion; la mise en rapport ne laisse pas cependant d'être instructive, ainsi que l'étude de quelques autres versions.

---

[16] Voir annexe 3.

Comme dans la partie *Fierabras*, Renaut continue d'être à l'honneur, alors que la chanson d'*Aspremont* l'ignore totalement[17]. C'est lui qui combat victorieusement les deux envoyés d'Yamont, Brandoire et Yzoré, qui viennent défier Charlemagne (38r); il remporte le prix d'un tournoi organisé avant le début de la campagne, et l'empereur lui demande de porter son diadème, avec lequel il a fière allure:

> «Quant le preux Regnault de Dordonne eut la riche couronne imperialle, bien resembloit prince de trop hault affaire; il estoit jeune, fort, puissant, hault et droit, et dit l'istoire que pour lors n'eut on sceu trouver chevalier qui de beauté on bonté le passast» (59v).

Plus tard, c'est lui qui tue Angoullant, père d'Yamont:

> «cil qui trop bien savoit la lance manier le frappe au piz sy droictement qu'il luy met fer et fust aux travers du corps. Angoullant le geant chei mort sur la prairie, es son esprit mauldit va es enfers avec les damnés (72v)

La deuxième caractéristique de notre version est que le premier rôle, parmi les Sarrasins, est confié à Yamont et non à Angoullant. Dans la chanson, on le sait, le combat de Charlemagne, puis de Roland, contre Eaumont, est un épisode capital de la geste; mais il se situe à peu près à la moitié du poème (1. 309), alors que la lutte ne sera terminée qu'après la mort d'Agolant (1. 504). Ici, au contraire, la mort d'Angoullant, procurée par Renaut, – et non par Clairon – n'est qu'un préambule à la bataille d'Aspremont, dont Yamont, du côté païen, est le héros.

La troisième caractéristique est le cadre géographique dans lequel se déroule l'action. Aspremont se situe ici en Espagne, et non en Calabre. Ainsi, c'est parce que Gérard, ayant franchi la «Bisquaye» (61v), se rend en pèlerinage à Saint Jacques, qu'il peut affronter une armée païenne venue au secours d'Ya-

---

[17] Voir l'édition L. Brandin, Paris, CFMA, Champion, 1924, 2 vol.

mont puis prend part à la bataille d'Aspremont. Après la victoire, Charles s'empare de l'Espagne entière:

> «Ce temps pendant le roy Charles, a l'aide de ses barons, subjuga tous ses ennemis et ordonna loix, status par toutte Hespaigne» (92 v).

Il se rend ensuite à Compostelle et fonde le privilège de l'église Saint Jacques:

> «...avons fait fonder en Compostelle le temple, lieu sacré et eglise dedie ou non du glorieux apostre et amy de Dieu Nostre Saulveur Jhesucrist monseigneur sainct Jacques, filz de Zebedee, frere de sainct Jehan l'evangeliste et vulgairement apellé sainct Jacques le grant; lequel temple avons dit et nommé, disons et nommons (par privilege imperial) apostolicque eglise, principal et capital, et sur toutes aultres eglises par nous establies esdites provinces, royaulmes et regions» (99 r).

L'église est dedicacée au mois de juillet (101 r), après quoi l'armée repart par voie de mer vers la France.

On reconnaît ici un souvenir du *Pseudo-Turpin,* avec les événements qui clôturent la seconde expédition d'Espagne. Au chapitre XXIX en effet, Charles affirme la précellence du siège de Compostelle:

> «Tunc constituit per civitates antistites et presbiteros, et adunato in urbe Compostella episcoporum et principum concilio, instituit amore beati Iacobi quod cuncti praesules et principes et reges christiani, hyspani scilicet et galleciani praesentes et venturi, episcopo sancti Iacobi obedirent» [18].

La témoignage du ms. 12791 s'ajoute à ceux qui permettent de reconnaître l'existence d'une version d'*Aspremont* qui faisait de l'Espagne le théâtre de la guerre. Il s'agit, comme l'a rappelé R. Louis, de la *Chronique* de Mouskés, au moins pour ce qui concerne le lieu où débarquent les deux rois sarrasins:

> En Espagne vinrent d'Aufrike
> Agoulans et ses fius Iaumons,

---

[18] Edition C. Meredith-Jones, *Historia Karoli magni et Rotholandi,* p. 169-71.

car le texte ne permet pas ensuite de localiser exactement Aspremont:

> Vers Apremont s'en est venus.
> Gens le suivent et plus et plus,
> Et commencerent si fort gierre
> Qu'il preerent toute la tiere [19].

Mais il s'agit surtout, comme l'indique également R. Louis, du résumé d'Aspremont qui se trouve au 4e livre de la *Karlamagnussaga.* [20] Combattant avec ses quatre fils, Gérard lutte pour enlever l'Espagne aux païens et Charlemagne, avant de rentrer en France, reconstruit églises et monastères.

Il a donc existé, avant la fin du XIIIe, une version d'*Aspremont* qui, sous l'influence du *Pseudo-Turpin,* identifiait l'Agoland d'Aspremont avec le païen que Charlemagne avait combattu en Espagne, modifiait la localisation géographique de l'action et faisait une place inévitable à la chistianisation de l'Espagne. S'agit-il de la «gieste» avec laquelle Jean d'Outremeuse, dans son bref résumé, prend ses distances? Vraisemblablement pas, car elle est

> «asseiz veritables selon les cronicques, sy que portant l'ay leiseit a mettre cy que la gieste le dist bien»;

elle a pourtant le tort de parler d'Aymon, et de dire

> «que Rollant fut la faiz chevalier, qui n'est point veriteit» [21].

Mais ces indications se trouvent précisément dans les versions traditionnelles de la chanson d'*Aspremont,* alors que, dans notre prose, Roland tue Yamont avec Durendal, qu'il possède déjà (83r).

Il nous reste une remarque à faire sur la manière dont est traité, dans notre prose, l'incident du chapeau. Le fait, soi-

---

[19] Ed. Reiffenberg, v. 4429-30, 4444-47 voir R. Louis, *op. cit.,* p. 134-35.
[20] *Op. cit.,* p. 135.
[21] Ed. A. Goosse, p. 209.

gneusement étudié par S. Szogs[22], comporte deux aspects: les circonstances dans lequelles il se produit et la fonction qui lui est attribuée.

Au regard des circonstances, le ms. 12791 est seul face aux autres témoins. Selon ce texte, le chapeau impérial est une coiffure de guerre, un «chapel d'acier» (82v) que Yamont fait tomber en portant à Charlemagne un coup vigoureux pendant son duel avec lui. Dans toutes les autres versions, le «chapel», sans doute coiffure habituelle, tombe lorsque Gérard vient saluer l'empereur. Dans *Aspremont* par exemple:

> Illuec se sont andui entrebaisié.
> Ains que li rois se fust a mont drecié,
> Est de son cief son capel jus glacié (4144-46).

Or le caractère dérisoire de l'incident est très certainement constitutif du motif dans sa version ancienne, car il contraste avec le parti que Turpin en tire (preuve d'hommage de la part de Gérard). La lecture proposée par le ms. 12791 a donc tous les caractères du remaniement: incompréhension à l'égard du détail, souci de vraisemblance.

En revanche, la prose s'accorde avec les textes – ils sont les plus nombreux – qui ont établi un lien entre l'incident du chapeau et la guerre future. Comme le *Myreur* et l'*Aspramonte* en prose, le ms. 12791 montre une relation immédiate entre le geste de Gérard relevant le chapeau de l'empereur et la guerre qui éclatera ensuite:

> «le bon roy l'en mercie grandement, et moult luy agree le service et courtoisie du duc, qui pour lors fut trop courtois, et myeulx luy vausist onques le chapeau ne avoir veu. Car par ceste achoison encores soy clameras, chetif et dollant, et la Gaulle en tramblera encores de pour. Car après cette grant courtoisie luy montera tel orgueil au ceur qu'il ne prisera Charlemagnes ne son bernaige, et de luy ne vouldra tenir plain pied de terre, ainçois par orgueil sera tant aveuglé qu'il conspirera le royaulme et empire usurper sur

[22] Voir *Aspremont, Entwicklungsgeschichte und Stellung innerhalb der Karlsgeste*, Halle, 1931.

> son seigneur lige, et menra l'empereur sy acertes qu'il le
> contraindra menger ses chevaulx, ras et souris, et tant le
> molestera qu'il le menra jusquez a pour de sa terre perdre»
> (83r)

Au contraire *Aspremont,* on le sait, ne reconnaît pas à l'épisode du chapeau une fonction annonciatrice de l'avenir, puisque la chanson se termine, au moment où Gérard fait présenter à Charles la tête d'Agolant, par une véritable déclaration
d'allégeance:

> «En cest besoing vos trait a avoé
> Et a segnor enaprés Damerdé» (10698-99).

Le geste courtois du baron relevant la coiffure de l'empereur
ne peut donc annoncer un conflit futur: l'hommage final est
au contraire affirmé dès ce moment. Quelle signification peut
être donnée à l'incident? Celle d'une sorte de précaution prise
par Turpin, qui se rappelle le péril auquel il a échappé et veut
disposer d'une garantie:

> Devant Karlon s'estut le jor Turpin.
> Quant li ramenbre de Girart son cosin,
> Ki li jeta son cotel acerin
> Dedens Viane sus el palais marbrin..
> Il a pris penne et enke et parcemin,
> Escrist le cartre del romans en latin,
> Si com Girars descendi el cemin
> Encontre Karle et con li fist enclin,
> Con li rendi son capel sebelin.
> Celui homage ot Karles en la fin;
> Girars covint qu'il fust a lui aclin. (4149-50, 4153-61)

L'incident peut même, d'après ce texte, passer pour une répé-
tition de l'hommage final.
Reste pourtant l'ambiguïté de l'attitude de Gérard, soulignée
par la dernière laisse, mais exprimée dès le v. 10698. La
reconnaissance comme *avoé* n'a été faite qu'en *cest besoing, en
la batalle* (11341). Gérard reste à jamais indépendant:

> «Quanque jo ai en ma prosperité
> Ne tenrai jo de nul ne mais de Dé» (11337-38)

et de nouveaux conflits sont possibles avec Charles, puisque celui-ci murmure:

«Se je puis vivre longement par aé,
De l'un de nos iert l'orguel avalé» (11354-55).

Conflits possibles donc, mais non certains. On peut même penser que s'il en avait eu connaissance, le poète eût terminé son oeuvre par des allusions plus précises, au lieu de se livrer à un bilan du coût de la guerre contre Agolant (1. 533)[23]. Il nous laisse en fait sur un clin d'oeil: le rebelle, que l'on croyait assagi, reste entièrement fidèle à lui-même. Quant à l'incident du chapeau, il reste limité aux relations entre Turpin et Gérard: c'est à coup sûr le travail d'un continuateur que d'avoir établi un lien narratif entre un tel épisode et les guerres futures. La troisième partie du ms. 12791 contient le récit du pèlerinage de Charlemagne à Jérusalem; elle se termine avec le retour des chrétiens en France[24]. Une comparaison avec le *Myreur* nous permet de supposer un original commun, que la prose manuscrite élague moins que la chronique. Après la scène violente de la querelle entre Gérard et l'empereur, qui sollicite l'hommage de son vassal au moment de partir pour Jérusalem, le ms. développe assez longuement les dispositions prises par Charles pour assurer la régence en son absence. Renier de Gennes, qualifié plus tard de «vif roy» (167r) est désigné comme «chef, conducteur et souverain regent especial» (119r); cette désignation provoque la colère de Ganelon, auquel s'oppose Roland, et il est décidé qu'Aymon de Dordonne assistera Regnier (121r).
Rien de tout cela dans le *Myreur;* pourtant, lorsque la duchesse d'Orbendas, épouse de Gérard, reçoit l'appel au secours de Milon d'Auvergne en faveur de l'empereur, elle lui recommande d'aller trouver Renier:

«Milon, dist ilh, vas tout droit a Paris, a Renier de Geneve que Charle l'empereire at laisiet por li lieutenant»[25],

---

[23] L'idée d'une guerre inexpiable entre les deux protagonistes est même en contradiction avec le v. 4160, cité plus haut.
[24] F. 106r-228r.
[25] *Ed, cit.,* p. 83.

154

et Renier conduit effectivement l'armée de secours que Milon ramène de Paris. Le modèle commun aux deux textes comportait donc la désignation de Renier que Jean d'Outremeuse a négligée.

De même, alors que le *Myreur* raconte immédiatement l'entrevue avec le pape qui se trouve à Geneve, «ou ilh astoit fuys por Agolant et les Sarasin»[26], la prose manuscrite fait précéder l'entrevue[27] par un assez long récit d'aventures fantastiques en Lombardie, dont Ogier est le héros principal. Le géant Carimos s'attaque aux chrétiens; il trouve la mort de la main de Renaut (129v), mais c'est Ogier qui pénètre dans la chambre du trésor. Il doit pour cela combattres des idoles animées (137r), puis résister à l'assaut de deux tigres et de deux léopards (138r); il est aidé dans cette tâche par un cerf rouge portant au cou un écu

«qui jadis avoit esté au bon chevalier vert, nommé Lamoral de Galles, jadiz chevalier preux et vaillant et compaignon de la Table Ronde et de la maison du bon roy Artus de Logres» (139v)

Cet intermède – l'épisode n'a en effet aucune conséquence pour le pèlerinage proprement dit – est de la veine des romans arthuriens (Lamoral intervient, par exemple, dans le *Tristan* en prose), mais aussi des continuations en vers de *La Chevalerie Ogier:* les combats du héros évoquent en effet les épreuves qu'Ogier doit subir lorsqu'il pénètre dans le royaume d'Arthur et de la fée Morgue[28].

L'épisode a pour intérêt principal de mettre en avant, dès le début de cette troisième partie, le personnage d'Ogier, ce qui est le cas pour l'ensemble de la partie «pèlerinage». On pourrait dès lors s'étonner de ne pas trouver le passage dans le *Myreur;* ce serait oublier que Jean d'Outremeuse conte à d'au-

---

[26] *Ed. cit.,* p. 80.
[27] L'entrevue a lieu à Rome (147r). Le pape n'a pas eu besoin en effet de s'enfuir, puisque l'invasion d'Agolant a eu lieu en Espagne.
[28] Il s'agit des versions contenues dans le mss. BN. fr. 1583 et Ars. 2985, ainsi que dans le roman en prose imprimé.

tres moments de son oeuvre[29] les aventures merveilleuses d'Ogier, et qu'il procède ici avec un constant souci d'abrègement. Bien que ces combats fantastiques soient tout à la gloire d'Ogier, que le ms. 12791 qualifie à cette occasion de

> « prince tresecellant, plus preux et hardi et entreprenant que Hector de Troye, miroir de terrienne gloire, plus vaillant et invincible que Lancellot du Lac ou Tristan de Leonnois, plus courtois, frans et liberal que le debonnaire, plus que victorieux Lamoral de Galles et Giron le courtois » (135v),

nous pensons que le *Myreur* a pu négliger un passage qui existait dans son modèle commun avec la prose manuscrite. Dans le récit du pèlerinage proprement dit, le ms. continue d'être plus prolixe que le *Myreur*. Les circonstances dans lesquelles Milon d'Auvergne échappe à la capture par Sinagon sont mises ici en rapport avec la vertu des reliques de saint Pierre le Mineur, portées dans un « challant » qui, dès le moment où Milon a sauté dedans, se met à voguer si rapidement « qu'il sembloit voller par dessus les undes » (158v). De son côté, Jean d'Outremeuse écrit simplement que « Mylons d'Avergne se lanchat en i vacheal et s'enquippat en meire »[30]. Le ms. explique également avec une grande précision les raisons de l'amour de Gracienne pour Ogier, évoquant notamment la trahison de Brunamont (160r) et la façon dont Ogier s'empare des armes d'Alori (186r), alors que le *Myreur* est plus discret[31].

En revanche, la discordance entre les deux textes sur la façon de raconter l'issue des relations entre Ogier et Gracienne s'explique par la volonté de Jean d'Outremeuse de mettre son récit en accord avec la tradition concernant Ogier. Dans le ms. en effet, Ogier épouse Gracienne et engendre une fille, égale-

---

[29] *Myreur*, éd. Borgnet-Bormans, IV, p. 41-58; V, p. 124-138, 144-5 et 186. Voir L. Michel, *op. cit.*, p. 102-104.
[30] *Ed. cit.*, III, p. 81.
[31] Gracienne a entendu parler de ses conquêtes, notamment de celles d'Orient: « car elle amoit ja ii ans devant, pour la renomme de sa halte proeche, si quant elle vit qu'elle l'ait en sa prison, si est li amour resprisse » (p. 83).

ment nommée Gracienne, mais la dame meurt des suites de ses couches:

> «La dame Gracienne, aprés auchuns jours que elle se fut delivree, escheut malade en une fiebvre continue, et finablement- la convint deceder de ce siècle et heureusement mourir en la confession de Jhesucrist, dont Ogier porta telle amertume et doulleur qu'il fut plus de deux jours sans boire ne menger» (227v)

Dans le *Myreur,* Gracienne est traitée de façon assez désinvolte:

> «..ly archevesque Turpin l'at baptesiet, si detient son nom et fut amie a Ogier sans espouseir iiii ans, et puis si en oit i filhe qui oit nom Marie, et aprés les iiii ans, si l'oit a moilhier Bareit, li soverains cambrelans Ogier, qui astoit i noble et puissant banerisse»[32]

La dame ne peut en effet prétendre qu'au rang de concubine, puisque Jean d'Outremeuse ne connaît à Ogier qu'une épouse, Aélis d'Angleterre[33].
Autre différence à signaler entre les deux textes: le rôle important que continue de jouer, au moins avant l'embarquement pour Jérusalem, Renaut de Dordonne. Il fait merveille, aux côtés de Roland et d'Olivier (108r) lors du tournoi de Laon qui fête le retour des chrétiens d'Aspremont; défié à cette occasion par le géant Marboart comme le traître qui a autrefois tué l'un des envoyés d'Yamont, il l'affronte et le tue (111r). Il est même à l'origine d'un nom de couleur, car la teinte de ses armes devient si célèbre que l'empereur la nomme incarnat, «et singulierement ressemble a chair nouvellement incarnee» (112r). En Lombardie, Renaut met à mal Carimos (129v); il jette Singloire à l'eau lors de l'attaque de Sinagon (154r).

---

[32] *Ed. cit.,* p. 88.
[33] Voir L. Michel, *op. cit.,* p. 97, 101-102.

Après la mort de Gracienne, la prose du ms. 12791 s'interrompt presque immédiatement sur la promesse de passer au
récit des aventures de Renaut:

> « Cy laisse le treschatolicque archevesque de Rains Turpin,
> grant chancellier imperial, les gestes du duc Gerard du
> Frattre et de ses enffans, et insculpe en sa cronicque l'oul-
> trecuydance de Barthelot, nepveu de l'empereur, et comme
> Regnault le occit, les grant debatz et guerres qui en sourdi-
> rent, et finablement l'histoire d'icelluy noble chevalier
> Regnault surnommé de Montauban, qui moult est belle et
> plaisante. Laquelle (combien que aulcuns saiges acteurs
> ayent mise en avant), je redigeray selon le vray en plus
> ample maniere (car tel qui l'a escript n'a faict que passer
> par dessus) » (228r)

Que conclure de cette affirmation? Plusieurs observations
sont nécessaires.
On notera d'abord que la prose connaît la guerre inexpiable
que Gérard, après l'épisode du pèlerinage et ses conséquences, livre à Charlemagne; elle y fait plusieurs allusions. Outre
les prédictions qui suivent l'incident du chapeau, on trouve au
terme du récit de l'expédition d'Espagne une indication extrêmement précise: Gérard

> « conspira par orgueil et oultrecuydance chasser le bon roy
> de France. Dura ceste guerre tant et sy longuement qu'il
> convint a Charlemagne et a ses nobles barons manger che-
> vaulx, raz et souris en la ville de Laon. Mais en la fin ne
> voulut Nostre Seigneur Dieu advenir sy grant scandalle en
> la crestienté, et fut le duc desconfit, et par son orgueil
> aracha le ceur de son ventre par une grant plaie que luy fit
> le duc Oger son nepveu, *comme plus a plain pourés oyir sy*
> *après* » (92v)

Le siège de Laon est en effet raconté par le *Myreur,* qui ignore
toutefois l'épisode de l'extrême famine à laquelle l'empereur
est réduit; quant à l'épisode du coeur arraché, il figure aussi
dans le *Myreur* et constitue sans nul doute un épisode capital
de la tragique histoire du rebelle.

158

Mais plus intéressante encore est l'annonce du romancier («comme plus a plain....»), qui est en contradiction avec l'interruption de la prose manuscrite dès la fin du pèlerinage. Jointe aux éléments qui précèdent, elle nous permet de penser que la clôture du ms. 12791 est arbitraire, et que la promesse de raconter par la suite les aventures de Renaut de Montauban s'apparente aux affirmations qui terminent l'*Ancienne Cronique:* elle n'est qu'un procédé commode pour terminer un texte en laissant prévoir une suite... qui ne viendra jamais. Le choix de Renaut de Montauban, toutefois, obéit à une certaine logique, puisque ce personnage, on l'a vu, intervient constamment dans la prose manuscrite, et qu'il joue un certain rôle dans la guerre de Gérard contre Charlemagne, telle que la raconte le *Myreur*.
Il ne fait donc aucun doute que le ms. 12791 suit un modèle proche de celui de Jean d'Outremeuse[34]. Avant de tenter de préciser la nature de ce modèle, il nous faut examiner l'écriture du ms., qui présente plusieurs traits remarquables.
Le texte, en bien des endroits, constitue une translation de poème épique relativement traditionnelle: motifs, formules, et même certaines rimes sont aisément repérables, comme dans cette prière d'Ogier, exemple classique de prière du plus grand péril:

«Doux Jhesus, saulveur des humains, qui Jonas le profette delivrastes du ventre du poiss*on*, les enfants d'Israel de la main de Phara*on*, Judit la bonne matrone de Oloferne, et Daniel de la fosse aux li*ons,* il plaise vous me delivrer du peril cuisant ouquel je suis. Sire Dieu, ainsy qu'il est vray et comme le croy fermement selonc ce que je ay dit, veuillés moy preserver et garder de mort, affin que je puisse (avec

---

[34] Il faut signaler encore que le ms. 12791 connaît Rozemonde – la future épouse d'Escorpion – et nous la montre en parfait accord avec le rôle que le *Myreur* seul est en mesure de lui faire jouer. Elle refuse en effet d'épouser un Sarrasin, «Et bien luy samble, si elle peut aller en Pallerne, qu'elle delivrera Charlemagne et tous ses barons, et par tel moyen subtil elle acquerra sa grace et begnivolence et la marira a quelque grant prince, duc ou baron de France» (181v). L'interruption de la prose manuscite laisse l'histoire en suspens, et l'auteur n'a pas cherché à corriger les incohérences que le parti choisi par lui ne pouvait manquer de provoquer.

mon souverain Charlemaigne) aller en la sainte cité de Jerusalem adorer vostre sainct sepulchre, ouquel ressuscitastes le jour de pasques de mort a vie» (136v).

Mais le prosateur, ou son modèle, est un érudit, particulièrement féru de latin. Il n'hésite pas à donner «dans le texte», avant de la traduire, l'inscription gravée sur la statue des deux idoles que doit affronter Ogier:

«Hic est divus Mavors, deus fortitudinis et bellorum», c'est a dire «vez cy le puissant dieu Mars, prince de force et dieu de bataille»[35];

il fait de même à propos de la tombe de saint Pierre le Mineur:

«Hic jacet Petrus minor, Christi martir sanctissimus», qui signiffie «icy gist le corps glorieux du tressaint martir de Nostre Seigneur Jhesucrist Pierre le Petit» (149v).

Il connaît peut-être aussi le grec, mais ceci se borne à la formule «telos» qui. derrière la devise «Espoir loyal», clôt le texte (228r). On notera surtout le recours à des tournures hérissées de latinismes, notamment pour des passages de transition. Le phénomène est particulièrement remarquable lorsque le passage transpose un motif bien connu de la tradition médiévale, comme celui de l'éveil printanier:

«C'estoit au temps que Philomene, encores memorative de ses injures, commençoit jargonner et de sa suave gorgette resonner les dolleantes querelles par continuelz et tresdelicieux souppirs; et que la gelide oris delaissoit son glacial mantheau, se revestant de joyeuse revocatifve verdeur de boutons et de florettes; et que les abres fructiferes commençoient a boutter et getter savourans florons, pour l'universel emplir de fruictz» (176v)

---

[35] 137r; plus loin se trouve l'inscription de Bellone.

160

On retiendra encore cette évocation de la naissance du jour:

> «la candide et faschee femme du chanu, decrepite Titon,
> ennuyee des non savourans baisers d'icelluy son espoux, a
> grant haste asermonnoit le bel Apollo a illuminer les terres
> affin de aller ambrasser et gesir entre les bras de son ami
> Cephalus, et l'oriental domicille de Phoebus (a portes
> patentes) commensoit eslargir rutillante lumiere, ains que
> le prince Charlemaigne et son train fussent prestz pour
> mouvoir» (148r)

L'écrivain qui manifeste son goût pour le latin et la mythologie est aussi un amoureux du vers et des formes poétiques. La seconde particularité d'écriture de notre prose est en effet la présence de nombreux passages versifiés. Le décasyllabe est fréquemment utilisé, mais il peut alterner avec des vers plus brefs. Le couplet à rimes plates est fréquent, mais d'autres schémas de rimes se rencontrent; enfin l'auteur a utilisé des formes fixes, notamment le type du rondeau, mais aussi la ballade.

Voici une *épitaphe,* celle de Coradin, fils d'Yamont (décasyllabes à rimes plates):

> La fleur du monde, le bras dextre invincible,
> Le preux des preux, des paiens propugnacle,
> Coradin, filz de Yamont, roy fertille,
> Gist en ce lieu ou faict son habitacle.
> De Mesques estoit successeur veritable,
> De Valfondee, de Mede et Tartarie[36].
> Sur les Parsans obtenoit seigneurie,
> Comme d'iceulx le souverain protecteur;
> Des faulx crestiens estoit dissipateur,
> Adnichillant leur loy ville et infame.
> Mort l'a supprins, mais hault triumphateur
> Le ont fait les dieux quant au regard de l'ame. (52v);

un appel adressé par Charlemagne à ses barons, au début de *Fierabras,* ayant la forme du *rondeau:*

---

[36] «D'Orcanie» a été rayé.

Ilustres princes ou proesse redonde,
Ausquelz vertu et hardiesse surabonde,
Conseillés moy, alegés ma douleur,
Quant mes barons tant remplis de valleur
Voyez languir en detresse profonde!

Endureray je que ung chien payen confonde
(Sans secourir) la fleur de tout le monde?
Las! ce seroit pour nous trop grief malheur!
            Ilustres princes..

Esveillés vous tost, qu'on lasche la bonde,
Gentilz Gaullois et Germains, qu'on se fonde!
Rabaissons tost de Ballant la folleur:
Ou non de Dieu extinguerons la challeur!
Sa malice est contre nous furibonde. (4v);

une exhortation de Naimes à l'empereur, au début d'*Aspremont,* qui recourt à la même forme:

Cesar auguste, marche quant tu voudras!
Nous sommes prestz de ton voulloir parfere.
Puisqu'il te plaist, Yamont fault deffaire:
Entre tes mains captif tu le tiendras.

Ne doute point, car sur lui obtiendras
Plaine puissance, victorieuse affaire,
            Cesar..
Somme, je say que quant tu le tiendras,
De luy coupper le chef est necessaire,
A celle fin qu'il n'y ait que refaire,
Dont a tousjours gloire et honneur auras;
            Cesar.. (59r)

les supplications de la duchesse, qui voudrait que Gérard
porte secours à l'empereur, emprisonné dans Palerme: c'est ici
la forme de la *ballade* qui est utilisée:

Franc duc Gerard, entendés ma pencee!
Est le bon roi detenu prisonnier?
S'il est ainsy, j'en seray couroussee
Jusquez au ceur pour ce grief encombrier.

Mon franc seigneur, mandés au duc Regnier,
Qui est vif roy et grant regent de France,
Que tost ammasst la françoise puissance,
Et son edit il envoye a Dordone
Au duc Aymon, tant remply de vaillance,
Affin que a Charles bien brief secours on donne.

La loy crestienne Charles a surhaulcee,
Payens occis en plain estour plainier;
Sa renommee sur tous est surhaulcee,
Il est trop preux, on ne le peult nier.
Qui est celluy qui vouldroit devier
A luy porter ayde, faveur, finance,
Or ou argent, corps, bien, avoir, chevance?
Nul ne pourroit, car souvent il s'adone
Et ses amis et alliés guerdone.
Donc fault pourvoir, sans quelque difference,
Affin..

Mon cher amy, ta benniere haulcee
Soit mise au vent pour Charles ramener,
Et ton armee soit en brief avancee
Pour les barons tes parens delivrer.
C'est le tien sang, que tu ne peux regnier,
Qui tant est noble, de si haulte excellance!
Il est captif et mis en grant souffrance:
A le ravoir, tout ton bien habandonne,
Et que partout ta proesse redonde.
Prens ton escu, haches d'armes et lance,
Affin..

Prince Gerard, amende ta conscience!
Ne seuffre point par orgueil, arrogance,
Perir le prince qui valleur trop étonne,
A luy aider ta noblesse consonne,
Et bien serés de a luy faire aliance,
Affin.. (167v-168r)

Le texte connaît aussi des strophes en vers coupés, comme dans la scène où l'empereur, dans une longue supplication, demande de l'aide contre Yamont:

Entendés tous a ce que je diray!
Grant dueil auray, de ceur souppireray,

Raison le veult. Car je trepasseray,
On le peult croire,

Se d'Yamont le tirant n'ay victoire,
Qui par orgueil, envie et vaine gloire
Me veult chasser par faict gladiatoire
De ceste terre (56v-57r)

Il recourt aussi aux vers très brefs (4, 5 ou 6 syllabes) et propose même un exemple de rimes enchaînées (Naimes, après
les outrages de Gérard, console son seigneur):

Sy desplaisir a ton franc ceur *suppris,*
Supprens en toy, o roy d'excellant *pris,*
Prisié de tous, confort, joye et li*esse!*
Esse a ung roy d'excellante no*blesse*
Blesser son corps par deuil et *fanta*sie?
*Fanta*stiquer, ce n'est que *frenazie,*
Frenasiant du prince *magnifi*que,
Magnificence tresclere et autenticque.

Les passages versifiés ne sont pas exceptionnels dans les proses épiques: la prose de la *Belle Hélène de Constantinople,*
dans un ms. au moins, en présente des exemples. La fréquence et la variété des types représentés dans le ms. 12791
sont toutefois exceptionnelles.
Elles suggèrent une sorte de jeu, dans lequel l'auteur ferait
étalage de son habileté – fort modeste du reste – dans le
maniement des mètres et des rimes. Mais elles permettent
d'imaginer également une intention plus directement en rapport avec le travail du translateur.
Dans la mesure en effet où les passages versifiés se repèrent
dans des situations de discours aux enjeux importants (scènes
de conseil, avec les exhortations, supplications, complaintes
auxquelles elles donnent lieu) il semble bien que le prosateur
trouve dans une écriture lyrique adaptée aux goûts du temps
– ceux, pour faire bref, des rhétoriqueurs – un équivalent des
procédés lyriques de la chanson de geste[37].

---

[37] L'*Ancienne Cronique* contient également un passage versifié, qui correspond à
une inscription mystérieuse. Voir Annexe 4.

Les particularités du ms. 12791 ayant été mises en évidence, il nous reste, pour conclure, à tirer de la comparaison que nous avons faite entre les trois témoins examinés quelques hypothèses sur la légende de Gérard de Fraite et sur sa transmission.

3. LES PROSES ET LA TRADITION DE GÉRARD DE FRAITE

Gérard de Fraite est un personnage paradoxal: il est, comme l'écrit G. Paris «un des plus célèbres des premiers poèmes»[38], mais nous ne possédons aucune chanson de geste qui lui soit exclusivement consacrée[39]: d'où l'importance de nos oeuvres en prose pour éclairer l'histoire de cette figure épique.

Il apparaît pour la première fois dans la *Chanson d'Aspremont* (XIIe s.). Personnage de rebelle, il possède à cet égard des traits propres, dont certains passeront à la postérité. Caractéristiques physiques et morales en même temps: la rousseur, signe de violence et d'orgueil, mais aussi liens généalogiques, la parenté avec Turpin, qui déclare:

«Mais Gerars est durement orghellos;
Mes parens est et li fel et li rous» (v. 1046-47).

Ceci se retrouve dans les proses: le ms. 12791 parle (2r) de l'«oultrecuydé, roux» Gérard, et le *Myreur* du «rosseals, fels et orgulheux»[40]; dans les deux textes, Gérard est l'oncle de Turpin.

Sur le plan narratif, la relation privilégiée avec Turpin s'exprime par deux scènes que les textes ultérieurs retiendront, tout en les modifiant: l'ambassade tumultueuse de l'archevêque auprès de Gérard (1071-1213) et l'incident du chapeau (4142-4163). Il n'y a pas, en effet, d'ambassade de Turpin dans les proses, mais l'incident du chapeau joue un rôle essentiel, et son rappel par l'archevêque donne lieu à une scène de violence inspirée par le souvenir de l'ambassade.

---

[38] *Histoire poétique de Charlemagne,* p. 324.
[39] Voir R. Louis, *op. cit.,* p. 115.
[40] *Ed. cit.,* t. II, p. 521.

On peut d'autre part penser que l'idée de confier, dans la prose manuscrite (et dans la *Cronique*) la conduite du récit à Turpin est inspirée à la fois par le *Pseudo-Turpin* et par le rôle du prélat dans *Aspremont*.

Gérard est également défini par quelques possessions: Bourgogne (1023, 1410), Auvergne (1023, 1411), Limoges («Gerart d'Eufrate l'apielent Limosin», 2504), et la prose manuscrite le présentera comme «conte de Limoge et d'Auvergne, duc de Bourgogne».

Enfin c'est un personnage extrêmement puissant, et Charlemagne s'étonne, après la mort d'Eaumont, qu'il ne soit pas roi:

> Respont li dus: «N'est pas remés en moi.
> Je ne val tant ne n'en ai le pouoir;
> Mais em pais tieng ce que je tenir doi» (7156-58);

il intervient, avec son corps de troupes estimé à soixante mille hommes (1579), de façon presque constamment autonome, et le ms. 12791 le suit parfaitement.

Mais en même temps, le personnage ne se dégage pas complètement de Gérard de Vienne, à commencer par le fait que Vienne est sa résidence (1081, 3478, 4152) et, au moins une fois, son cri de guerre (5032). Par ailleurs, son patronyme d'*Eufrate* n'est pas expliqué.

Tout ceci est insuffisant pour nous faire croire, comme le voudrait R. Louis, que le héros de la chanson d'*Aspremont* «est sans conteste, le même personnage que Girart de Vienne»[41].

Il n'est pas plus indispensable de supposer, avant *Aspremont*, l'existence d'un *Girart de Fraite* perdu où le patronyme était expliqué[42], car ce type de lacune est constant dans les chansons de geste. Reste que la liaison avec l'histoire de Gérard de Vienne et l'incertitude sur le patronyme vont influer sur la tradition ultérieure de *Gerard de Fraite*.

Le premier temps, au cours du XIIIe s., est sans doute «l'hispanisation» de la localisation d'Aspremont, dont témoigne la

---

[41] R. Louis, *op. cit.*, p. 124. Nous ne pourrions en être convaincu que si, dans *Aspremont*, un siège de Vienne était prévisible, ce qui n'est pas le cas.
[42] R. Louis, *op. cit.*, p. 132.

branche IV de la *Karlamagnussaga*. A ce stade, il n'est pas encore nécessaire de supposer l'existence d'une suite guerrière donnée à la lutte contre Agolant, avec un conflit entre Gérard et Charles.

Cette suite est en revanche repérable dans les allusions de l'*Entrée d'Espagne,* d'une part à un duel entre Roland et Clairon, neveu de Gérard, sous les murs de Vienne, d'autre part à une alliance entre Gérard et Marsile[43]; ces allusions, confirmée par *Aquilon de Bavière*[44], s'éclairent par la version développée que donnent de l'histoire l'*Aspramonte* en vers et l'*Aspramonte* en prose[45]. Dans les deux textes, une suite d'*Aspremont* raconte un siège de Vienne mis par les Sarrasins, le meurtre de Boson, neveu de Gérard, par un traître, ce qui entraîne une expédition de représailles contre Paris, suivie du siège de Vienne par Charlemagne et de la mort de Clairon (don Chiaro) dans un duel contre Roland. La conversion de Gérard succède à ce drame dans l'*Aspramonte* en vers; dans le texte en prose au contraire, Gérard devient renégat, s'allie aux Sarrasins et réussit à prendre pied dans Vienne. Un duel entre Roland et Olivier a lieu à cette occasion, mais les fils de Gérard enferment leur père dans une tour où il meurt.

Dès la fin du XIIIe s. par conséquent, une suite, autonome ou non, est donnée à *Aspremont* (l'Aspremont d'Italie); elle comporte de nombreux traits que nous rencontrerons ensuite dans le *Myreur* (siège, mis par les Sarrasins, de la capitale de Gérard, expédition contre Paris, abjuration de Gérard), mais elle reste très liée à *Girart de Viane,* notamment pour l'*Aspramonte en prose* (duel de Roland et Olivier).

Les proses que nous avons examinées traduisent un développement nouveau de la légende: entièrement libéré de ses liens avec Vienne, Gérard de Fraite a maintenant pour capitale Orbendas. Le point de départ de la rébellion est l'incident du chapeau, qui est mis à profit au début d'un épisode romanesque, le pèlerinage de Charlemagne suivi de la captivité à Palerme et de sa libération par la belle Gracienne. On assiste,

---

[43] R. Louis, *op. cit.,* p. 150-151.
[44] R. Louis, p. 155.
[45] R. Louis, p. 136-41 et 145-49.

comme dans les textes italiens, à un siège de la capitale de Gérard – ici Orbendas – mis par les Sarrasins, puis la guerre éclate, non à cause d'un meurtre, mais du fait de l'orgueil de Gérard. Elle comporte, à côté de l'expédition contre Paris, d'autres actions, et notamment le siège de Laon, et se termine, comme on l'a vu, par la mort de Gérard et de ses fils. Au point de départ de ces différentes versions, faut-il supposer des poèmes perdus? On ne peut faire que des hypothèses pour les textes italiens [46], mais les versions françaises permettent de repérer des fragments versifiés. C'est le cas pour le *Myreur,* où L. Gautier a signalé la présence de décasyllabes [47]; quant au ms. 12791, il n'est pas impossible de retrouver, derrière les couplets à rimes plates, la rime unique d'une laisse, comme dans cet extrait cité par R. Louis [48], où se devine une finale en *-ant.*

> «Vas tost aux armes et te monstre vaillant,
> Et Charlemagne, qui te vient assaillant,
> Mettras a mort avecques sa puissance.
> Le faulx vieillard a trop d'outrecuidance
> De te venir maintenant assaillant [49]»

Le manuscrit suivi par J. d'Outremeuse – ms. picard [50], à en juger par l'exemple donné par L. Gautier – n'est sans doute pas le même que celui d'où résulte la version du ms. 12791. Mais il a existé plusieurs manuscrits de l'oeuvre, sans doute du XIVᵉ s., qui a servi de modèle aux proses: on sait en effet que Cl. Fauchet cite un alexandrin tiré de *Gerar du Frate* [51]. La cohérence que nous avons repére e entre les différentes parties du ms. 12791 et son absence de contradiction avec les épiso-

---

[46] R. Louis, p. 151 suppose l'existence «d'un renouvellement – peut-être franco-italien» à la base de ces textes.
[47] *Epopées françaises,* II, p. 549n; cité par R. Louis, p. 152.
[48] P. 157.
[49] On pourrait en effet lire, pour les trois derniers vers: «Mettras a mort avecques ses aidans. Le faulx vieillard est trop outrecuidant / Lui qui te vient maintenant assaillant».
[50] Est-ce à un ms. de ce genre que fait allusion l'auteur de la *Cronique,* lorsqu'il parle du «poëte vuallon» qui lui a servi de modèle?
[51] «Son mareschal a fait tout devant mener», cité par R. Louis, p. 156.

des du *Myreur* n'obligent pas à supposer plusieurs sources différentes en vers[52].

On notera, pour finir, que ce remaniement tardif de *Gerard de Fraite* – et les proses qui en dépendent –, s'il s'est affranchi de l'influence de *Girart de Viane,* associe l'histoire de son héros à d'autres chansons de révolte, *Renaut de Montauban*[53] et *Ogier le danois.* Ce fait est caractéristique de l'importance considérable prise par les deux gestes et leurs continuations au cours du XIIIᵉ et surtout du XIVᵉ s; mais il montre surtout comment la figure héroïque du Gérard de Fraite, dans l'imaginaire de la fin du Moyen Age, acquiert sa spécificité tragique: ce n'est pas une victime, directe ou indirecte, de l'empereur qui, à la manière de Renaut, trouverait une issue à son destin douloureux dans le pèlerinage et une mort édifiante. Ce personnage, qui bénéficie des plus hauts appuis – il est l'oncle de Turpin – est entièrement victime de son obstination:

> «O fol, cruel et despit prince, écrit le prosateur du ms. 12791, voy regarde et considere ton bombant et singulier arogacion! voy orgueil qui te surmonte! par ta serpentine, venimeuse lange as par trop mespris de desgouler le mortel venin qui fera perir dix mille nobles princes, et cent ou deux cens mille bons et loyaulx soudars..» (11v).

On ne pouvait donc songer, pour manifester tout le tragique de cette révolte sans fin, à de meilleurs révélateurs que Renaut qui, lui aussi en état de rébellion, refuse l'aide de

---

[52] Le texte du ms. 12791, comme le suggère la comparaison avec le début de l'*Ancienne Cronique,* est sans doute la copie d'une prose elle-même issue d'un texte versifiée. Cette copie a été effectuée de la main de Jacques Legros, dont la devise et les armes figurent dans le ms., qui comporte aussi un inventaire des livres du même Legros, bourgeois parisien, de 1533. Nous ne pouvons évidemment savoir si les textes poétiques qui figurent dans le ms. ont tous été copiés par lui, ou si certains sont de son crû.
[53] Nous ne pouvons non plus être sûr que le texte utilisé par Jean d'Outremeuse faisait autant de place à Renaut de Montauban que celui qu'a utilisé le ms. 12791. Mais l'auteur du *Myreur* pouvait aussi bien supprimer toute allusion à Renaut avant d'aborder – de façon très résumée – l'histoire de la geste des fils Aymon lorsqu'il la croise avec celle de Gérard de Fraite.

Gérard par ce qu'elle vient d'un renégat, et Ogier, qui tentera jusqu'au bout de ramener la rebelle à la raison avant de le réduire à l'impuissance, fidèle en cela à la mission tradition-nelle du héros épique. [54]

---

[54] Le remaniement opéré en 1783 sur l'*Ancienne Cronique* comporte le récit de la rébellion et de l'abjuration de Gérard; le dénouement est toutefois heureux, comme dans l'*Aspramonte* en vers. On trouvera en Annexe 5 un extrait du passage mélodramatique dans lequel la duchesse amène son époux àu repentir. Le « complément » de Constant d'Orville peut être inspiré par une version proche de nos proses, qu'il aurait modifiée dans un sens optimiste; mais il a pu se servir aussi des *Aspramonte,* qui ont été imprimés.

ANNEXES

1. Le style de conteur de l'auteur de la *Cronique*. Des paysans un peu éméchés s'apprêtent à pêcher au détriment de leur seigneur.

> « Ce jour mesmes dix ou douze pitaux du vilage prochain, pour traiter un marché de vingt solz, se mirent entre deux traiteaux, et beurent a la flamande, de maniere que la pane passa le drap, et venant sus le soir, qu'ilz eurent le vin en corne, dresserent la partie de pescher le poisson aux estangs de leur seigneur Dyonas. Car, disoient ilz, luy, toute sa maison, famille, serviteurs et officiers, sont empeschez de traiter le duc d'Euphrate » (11r)

Le magicien Aldéno, tombé dans l'étang, est tiré de ce mauvais pas par quelques gaillards, qui s'encouragent mutuellement :

> « Tiens bien! courage, mon amy, pousse a l'espaulle! de la, pied ferme, tu lasches la prise! Mais toy, lourdaut, tu n'en peux plus! mordienne, je sue d'angoisse, je le tiens par le pied, il est a nous! », et tel autre jargon que ces grifons de montagne ont acoustumé dire ».

Toute la troupe des « pitaux » vien à la rescousse :

> « Troussans leurs jambes a leur col, acoururent de grand'vitesse, et Dieu sçait (voire s'il se mesle de telles gens) s'ilz avoient les piedz en un boisseau : car de haste (pour avoir part au butin), pensant diligenter, cheoient l'un sus l'autre. Et ne faut douter, sans la faveur du dieu Bachus, auquel ilz venoient de sacrifier, qui leur aydoit, ilz se fussent rompu colz, braz ou jambes, tant avoient bonne afection d'estre assez a temps pour butiner (11v).

2. Danemont d'Angorie, ayant perdu son épouse, chasse les chrétiens d'Angorie :

> « Au moyen de quoy il fut si triste, qu'il commanda sur l'heure que tous chrestiens vuidassent sa terre, sur peine de la vie, leur donnant option toutesfoys de demeurer, renonçant la foy chrestienne, en toutes leurs franchises et liberté ;

et que ceux qui ne voudroient y consentir se retirassent avec leurs biens. Car sa douleur estoit si extrême, qu'il n'eust sceu voir ceux qui la (Clarice) servoient et estoient de sa loy. Mesmes il fit edifier dans la tour du chasteau un donjon magnifique, au plus haut duquel il enferma les saintes reliques de la Passion de Notre Seigneur, a sçavoir: une partie du fust de la vraye croix, le chapeau d'espines, les cloux, le fer de la lance, et aultres insignes de nostre redemption (desquelles aujord'huy l'excellance des villes, nourrice des sciences, Paris, cité seule digne de tel merite, est aornee et illustree en la sainte chapelle du palays royal), et sa fille unique Sinamonde, qui ne fut pour l'eure baptisee. Mais pleut a Dieu que depuis elle receut ceste grace, et fut femme espousee du magnanime Aymon, filz du prince Renaud de Montauban, ainsi qu'il est narré amplement en la conqueste d'Angorie» (éd. de 1580, p. 558-559).

3. *Gérart de Fraite* dans la *Geste de Liège* (ed. Borgnet, II, p. 754)

En Aspremont oit Charle mult grant poine a porteir;
Dedens l'estour vowat a Dieu qu'il outre meir
20020 Yroit aprés la guerre le sepulcre aoreir,
S'a honour le voloit Dies del estour getteir.
Et portant droit en may se vout acheminneir,
Luy et li xii peres vorent meire passeir.
Roy Synagons les prist quant vint al retourneir,
20025 Mains par une pucelle, qui vout Ogier ameir,
Escaperent Franchois, et puis al repasseir
Commenchat mult grant guerre qui mult fist a dobteir,
Entre Gerar de Fraite et Charle l'empereir,
Portant que son paiis ne voloit relever
20030 Del roy, ne luy servir ne de rins honoreir:
Asseis pres de iiii ans pout la guerre dureir.
A cel temps propre Charle guerroiat sans celleir
Renar de Montabain, qui fut herdis et beir,
Et ses freres o luy, qui orent grant miseir.
20035 Ogier en vout al roy soventes fois parleir,
Mains ne pot faire pais, car trop grant vitupeir
Faisoit Gerar de Fraite, qui fut i vif malfeir:
Contre Carle aminnat Sarasins et Escleir.
Mains de Renart fut fait la pais et acorder
20040 Les vout son grant linage..

172

On voit qu'ici la paix entre Charles et les fils Aymon est retardée par la haine qu'éprouve l'empereur à l'égard de Gérard de Fraite.

4. *Ancienne Cronique,* 132r: une inscription mystérieuse.

> Ce mont ardant, nommé de la Vengeance,
> Ne tombera jamais en decadance
> Que le phenix unique de prouesse
> Vers l'Orient n'ayt pris voye et adresse,
> Et triumphé du Tigre violent.
> Le Tigre mort, cest oyseau excellent
> Remettra tost en pleine liberté
> La vision de paix comme a esté.
> Lors finiront tous les tourmens du corps
> De ceste royne. Et sur ce fois recors,
> Toy qui as leu la presente escriture,
> Que ce sera pour faire ample ouverture
> Es bas enfers a la peine eternelle,
> Du malheureux esprit de la cruelle.

5. *Ancienne Chronique,* remaniement de Constant d'Orville, II, 344.

> « Barbare, lui répondit Ameline en étouffant ses sanglots, puisque la loi du devoir ne peut rien sur ton ame hautaine, il faut te porter de plus rudes coups! Oseras-tu la fermer aux reproches des Chrétiens consternés, pour lesquels tu as si long temps combattu; aux cris de la Nature qui doit te représenter tes frères, tes amis baignés dans leur sang, ta femme expirante, tes fils égorgés.. et je dis plus, ta mémoire devenue exécrable?.. » – « Arrête, Ameline, arrête, s'écria Gérard. Quel tableau! Non, je ne puis. Dieu, que j'adore, inspirez-moi » (Gérard se sépare à l'amiable des Sarrasins et revient vers les siens).

Table des Matières

TABLE DES MATIÈRES

Imprimé pour PARADIGME
par LETTR'IM
13, bd du Maréchal Juin
14000 CAEN
Imprimé en France – Dépôt légal janvier 1994